포스트 코로나 시대의
청년 심리

ADOLESCENT PSYCHOLOGY
in the Post-COVID-19 Era

김혜수 · 허혜경 공저

학지사

📖 머리말

　우리는 고도로 발달된 과학문명을 누리며 급변하는 지식기반사회에 살고 있다. 발달된 문명의 이기와 세계화에 따른 문화적 개방은 '미래의 주역'인 청년들의 생활에 직간접적으로 영향을 미치고 있다. 청년기는 전 생애 중 발달적으로 상당히 민감한 시기이다. 청년기에는 청년들의 주요 생활공간인 가정, 학교, 지역공동체 등의 환경적 맥락이 유기적으로 상호작용하여 발달에 결정적인 영향력을 행사한다.

　'청년' '청년기' 등은 문화적인 개념이다. 과거에는 아동이나 성인과 구별되는 '청년'이나 '청년기'라는 독립된 개념이 존재하지 않았으며, 아동에서 성인으로 바로 성장한다고 여겨졌다. 그래서 동양이나 서양에서는 각 문화마다 고유한 방식으로 성년식, 할례의식 또는 사냥의식 등과 같은 통과의례(initiation rites)를 거쳐 아동에서 바로 성인이 되었다.

　우리나라의 사회적 합의(social consensus)라 할 수 있는 법률 중 비교적 연혁이 오래된 「아동복지법」과 「민법」에서는 18세 미만을 아동으로 보고 20세 이상을 성인으로 보고 있다. 그러나 오늘날에는 국민경제 수준이 높아지고 식생활을 비롯한 제반 생활여건이 개선되어 청년들의 신체발달이 향상된 결과로 과거에 비해 사춘기 개시 시점이 앞당겨져서, 대부분의 경우 초등학교 고학년 무렵에 사춘기를 맞고 있다. 「청소년 기본법」에서 9세 이상 24세 이하의 시기를 청소년으로 규정하고 있는 것은 이러한 연유로 보인다. 반면, 청년기가 점점 연장되고 있는 것도 우리가 실감하고 있는 사회적 추세이다. 교육여건이 보편적으로 개선되어 장기간 고등교육을 받고 있는 청년, 고도로 발달된 사회에 적응하기 위해 진로교육을 이수 중인 청년, 성인기로 진입하기 위한 준비기간을 가지고 있는 청년, 군복무 중인 청년 등 연령적으로는 이미 성인이 되었으나 사회적으로는 독립하지 못한 청년인구가 크게 증가하였기 때문이다. 통계청의 장래인구추계(2021. 12. 8.)에서 19세부터 34세까지를 청년

인구로 분류하고 있는 것은 직업 및 진로에 대한 사회적 요구의 증가와 교육 및 사회 준비 기간의 연장으로 청년기의 종결 시점이 늦어지고 있는 현실을 반영하고 있다. 이와 같이 넓은 스펙트럼을 형성하고 있는 청년층에 대하여 각별한 이해와 관심이 요구되며, 이에 따라 청년심리학의 중요성이 더욱 부각되는 바이다.

이 책은 청년기에 대한 이해를 돕기 위하여 제1부 발달 전환기로서의 청년기, 제2부 청년기의 발달 특성, 제3부 청년기의 사회적 맥락, 제4부 청년기의 문화와 미래로 구분하였다.

제1부는 이 책의 도입부이며, 제1장에서는 아동기에서 성인기로 넘어가는 발달 전환기로서의 청년기에 대한 이해의 기초를 마련하였다.

제2부는 청년기의 발달 특성을 영역별로 구성하였다. 제2장에서는 가장 외형적인 특징인 신체와 생리적 발달을 다루고 있으며, 제3장과 제4장에서는 청년기의 인지발달적 특성과 지능 및 창의성의 발달을 기술하고 있다. 제5장과 제6장에서는 청년기의 가장 대표적인 발달과업 중 하나인 자아개념 및 자아정체감의 형성에 대하여 소개하였으며, 제7장에서는 도덕성 발달에 관한 다양한 이론을 수록하였다.

제3부에서는 청년발달에 영향을 미치는 중요한 사회적 맥락에 대해 구성하였다. 제8장에서는 영유아기나 아동기 못지않게 청년기에도 중요한 가정의 영향에 대하여 살펴보았다. 제9장에서는 청년기에 점차 중요한 환경적 맥락으로 영향력을 행사하는 학교의 영향 및 한국 청년들이 접하게 되는 특수한 상황에 대해 논하였다. 제10장에서는 청년들에게 부모와 함께 중요한 영향을 미치는 동년배 집단에 대해 다루었다. 제11장에서는 청년기의 사랑에 대해 논하였으며, 제12장에서는 청년기 비행에 관해 살펴보았다.

제4부는 청년기의 고유한 문화와 청년들의 미래에 관하여 알아보는 내용으로 구성하였다. 제13장에서는 청년들의 일, 직업, 진로의 개념과 함께 코로나 팬데믹과 2030세대의 변화 양상, 직업선택의 영향 요인, 진로발달이론 등 청년들의 미래에 대해 살펴보았다. 제14장에서는 다른 세대와는 구별되는 고유한 특징을 가지고 있는 청년문화에 대하여 알아보는 내용을 담았다.

이 책은 구성상 청년기 발달 영역의 주제별로 기술되어 있으나, 실제로는 모든 주제가 서로 유기적으로 연관되어 있다. 따라서 이 책에서는 한 청년이 청년기라는 수년 동안에 겪게 되는 일련의 발달적 변화를 편의상 나누어 논하고 있음을 밝혀 두는 바이다.

이 책의 완성은 많은 이들의 도움이 있었기에 가능하였다. 누구보다도 저자들의 오랜 작업으로 인한 불편함을 오히려 격려와 사랑으로 인내해 준 사랑하는 가족들에게 깊은 감사를 드린다. 끝으로 출간을 허락해 주신 학지사 김진환 사장님과 편집부 여러분께 심심한 감사를 드린다.

2022년 3월

김혜수 · 허혜경

차례

제1부

발달 전환기로서의 청년기

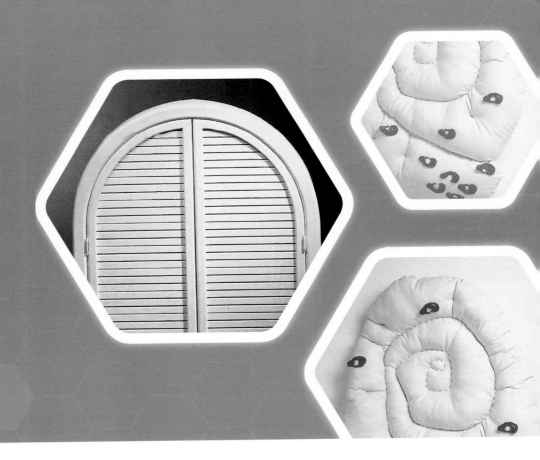

제**1**장

청년기의 이해

청년기(adolescence)는 아동에서 성인으로 발달하는 시기로, 부모에게 의존적이 던 미성숙한 아동이 점차 독립적이고 성숙한 성인으로 전환하는 발달 전환기이다. 청년기는 전 생애(life-span) 동안 아동이나 성인과는 뚜렷하게 다른 발달적 특성을 보이는 과도기라 할 수 있다.

이 장에서는 청년기의 개념과 발달적 특성을 소개함으로써 청년과 청년기에 대 한 이해를 돕고자 한다. 청년기가 발달 단계상 아동기에서 성인기로 넘어가는 발달 전환기라는 데에는 학자들 간에 이견이 없다. 하지만 청년기의 시작과 종결 시점에 관해서는 사회적·문화적·법적 배경 등에 따른 견해가 다양하기 때문에 청년기의 개념과 청년기의 범위에 대해 살펴보는 것은 의미 있는 일이다.

1. 청년기의 개념

1) 청년기의 정의

먼저, 청년기의 어원을 통해 발달 전환기적 의미를 알 수 있다. 청년기의 영어 표현인 adolescence는 'adolescere'라는 라틴어에서 유래하는데, 이는 성인으로 '성장하다(grow up)' 또는 '성숙에 이르다(to grow into maturity)'라는 의미를 지니고 있다(Kimmel & Weiner, 1995). 다시 말해, 청년기는 아동기에서 성인기로 전환하는 시기임을 알 수 있다. 또한 청년은 성인과 같이 '완성된 존재(being)'가 아니라 성인으로 '발달해 가는 상태(becoming status)'인 발달 전환기에 놓여 있는 존재라 할 수 있다(김청송, 2009; 허혜경, 김혜수, 2015). 청년기는 신체적 발달뿐만 아니라 심리적·사회적 발달을 급격하게 이루는 변화의 시기임을 알 수 있다.

청년기는 시대, 사회, 문화 및 학자의 관점에 따라 다양하게 정의되고 있다. 청년기의 시작과 종결 시점은 사회, 문화, 법적 조망 등에 따라 다르게 규정된다. 대부분의 발달심리학자는 청년기가 생물학적으로 시작되어 사회적으로 끝난다고 주장한다. 다시 말해, 청년기는 생식기관과 2차 성 특징이 나타나는 '사춘기(puberty)'와 함께 시작되며, 시간이 경과하여 청년들이 속한 사회의 기대와 기준에 따라 심리적·사회적·경제적 독립을 이루어 성인의 책임을 수행할 수 있을 때 비로소 종결된다는 것이다.

물론 각 사회나 문화마다 성인을 규정하는 기준은 다양하다. 예를 들면, 투표권을 행사하거나, 운전면허를 취득하거나, 성관계를 가지거나, 법적 결혼 적령기에 있거나, 범죄 시 성인의 형량이 적용되거나, 경제적으로 독립하는 등의 기준에 따라 성인 여부를 결정지을 수 있다. 즉, 청년이 속한 사회의 기대에 부응하고, 성인으로서의 법적 또는 사회적 의무를 다하였을 때 비로소 완전한 성인으로 여겨지는데, 이것은 '사회적 나이(social age)'라는 개념으로 설명할 수 있다.

우리나라에서는 청소년 또는 청년을 정의함에 있어 다양한 법령에서 제시하는 연령 준거를 활용하고 있다. 「청소년 기본법」에서는 "다른 법률에서 청소년에 대한 적용을 다르게 할 필요가 있는 경우에는 따로 정할 수 있다."(「청소년 기본법」 제3조

제1항)라고 명시함에 따라, 여러 법률에서 적용되고 있는 청년기의 범위가 다양함을
시사하고 있다. 구체적인 예시를 들어 보면, 「청소년 기본법」에서는 청소년을 9세
이상 24세 이하의 사람으로 정의하고 있다. 우리나라 고용노동부에서는 18~29세
를 청년기로 구분하고 있으며, 「청년고용촉진 특별법 시행령」에서는 청년의 나이를

표 1-1 청소년 시기의 법률적 구분

분야	법률상 명칭	연령	규정 법률	준용 법률
육성	청소년	9~24세	「청소년 기본법」	• 「청소년활동 진흥법」 • 「청소년복지 지원법」
유해 환경 보호	청소년	19세 미만	「청소년 보호법」	• 「출판문화산업 진흥법」 • 「방송법」 • 「정보통신망 이용촉진 및 정보보호 등에 관한 법률」(제42조) • 「옥외광고물 등 관리법」(제5조) • 「풍속영업의 규제에 관한 법률」(제1조) • 「공중위생관리법」(제11조) • 「식품위생법」(제44조)
	청소년	18세 미만	「영화 및 비디오물의 진흥에 관한 법률」(제2조)	
	연소자	18세 미만	「공연법」(제2조), 「근로기준법」 「직업안정법」	• 「헌법」(제32조)
성 보호	아동 · 청소년	19세 미만	「아동 · 청소년의 성보호에 관한 법률」	
비행	소년 (범죄소년) (촉법소년) (우범소년)	10~19세 미만	「소년법」(제2조)	• 「보호소년 등의 처우에 관한 법률」 • 「소년심판규칙」(대법원)
복지	아동	18세 미만	「아동복지법」(제2조)	
	특별지원 청소년	9~18세 미만	「청소년복지지원법 시행령」(제8조)	
일반	미성년자	19세 미만	「민법」(제4조)	
	형사미성년자	14세 미만	「형법」	• 2005년 개정

출처: 신성철, 신종우, 정희정, 김윤진(2015) 수정.

15세 이상 29세 이하로 명시하고 있다. 이 외에도 「청소년 보호법」에서는 청소년을
만 19세 미만의 사람으로, 「소년법」에서는 19세 미만인 사람을 소년으로, 「근로기준
법」에서는 18세 미만인 사람을 연소자로 분류하여 근로시간을 제한하고 있다. 「민
법」상으로는 19세 이상을 성년, 19세 미만을 미성년으로 보고 있으며, 「아동 · 청
소년의 성보호에 관한 법률(약칭 청소년성보호법)」에서는 19세 미만의 자를 아동 ·
청소년으로 정의하고 있다. 우리나라에서는 만 17세 이상부터 주민등록증이 발급
되고 있으며, 선거연령은 만 18세 이상이고, 군 입대 연령은 18세 이상 28세 이하
이다.

　　2021년 청소년통계(통계청, 여성가족부, 2021)에 따르면, 우리나라 9~24세에 해당
하는 청소년 인구는 830만 6,000명으로 총인구의 16.0%를 차지하고 있다. 1982년
당시 1,420만 9,000명으로 전체 인구의 36.1%를 차지하였던 청소년 인구가 지속적
으로 감소하고 있는 추세이며, 나아가 2060년에는 청소년 인구가 총인구의 10.4%
인 445만 8,000명으로 줄어들 것으로 전망되고 있다.

　　청년기는 문화나 사회, 국가에 따라 그 시기가 다르게 정의되고 있다. 청년기의
시작 시점과 종결 시점에 대해 영역별 기준을 제시하면 〈표 1-2〉와 같다. 청년기를
결정짓는 요인으로는 생물학적 성숙도, 심리적 성숙도, 취업, 결혼, 경제적 독립 등
과 같은 성인의 역할 수행 정도를 포함한 사회문화적 성숙도를 들 수 있으며, 이 외

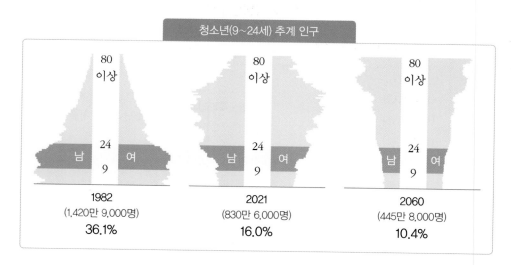

[그림 1-1] 청소년 추계인구

출처: 통계청, 여성가족부(2021).

| 표 1-2 | 청년기의 시작과 종결 | |

기준	청년기의 시작	청년기의 종결
생물학적	사춘기의 시작	성적 성숙과 생식능력의 획득
정서적	부모에게서 정서적 분리, 정서적 독립 시작	자아정체감 형성
인지적	논리적 추론능력 출현	논리적 추론능력 확립 자율적 의사결정
대인관계적	부모 지향에서 동년배 지향	동년배 또는 이성과 친밀감 형성
사회적	성인으로서의 역할 훈련 시작	성인의 지위 획득
교육적	중등과정 시작	공식적 학교교육의 종결, 평생교육
법적	청소년 지위의 획득	성인 지위의 획득
연령(우리나라)	청년기 연령 시작(9, 10세)	성인기 연령 도달(25, 26세)

출처: Steinberg (1999) 수정.

에도 법적 · 교육적 요인 등이 작용할 수 있다.

최근에는 청소년의 신체적 발달이 빨라져 사춘기가 보다 이른 연령에 시작되고 있으며, 직업 및 진로에 대한 사회적 요구가 증가하여 교육 및 사회 준비 기간이 연장됨에 따라 청년기의 종결 시점이 점점 더 늦어지고 있는 추세이다.

미국을 포함한 대부분 국가에서는 청년기가 10~13세경에 시작하여 18~22세에 끝난다고 보고하고 있다(Arnett, 2018; Santrock, 2006). 미국은 「연방 청소년정책 조정에 관한 법률 2008(Federal Youth Coordination Act 2008)」에 의거하여 청소년을 24세 이하로 규정하고 있다. 우리나라의 경우 실제로는 20대 중반까지 청년기가 지속되고 있는 경향이다. 독일의 경우에도 14~23세 청년들을 대상으로 한 종단연구 결과, 만 23세까지도 성인기가 시작되지 않았다고 보고함으로써 연장된 청년기가 나타나고 있다(Seiffge-Krenke & Gelhaar, 2007: 장휘숙, 2007에서 재인용).

일반적으로 우리나라에서는 아동과 청소년에 관한 근거가 되는 「아동복지법」 및 「UN아동권리협약」에 따라 0~18세 미만을 아동으로 규정하여 아동 정책을, 「청소년 기본법」 등에 따라 9~24세 청소년을 대상으로 청소년 정책을 운영하고 있다.

우리나라의 경우에도 현실적으로 대학교육의 보편화, 의무적 군 복무, 취업 준비 등의 상황으로 24세 전후가 되어도 대학생이거나 경제적 독립을 이루지 못하고 부모에게 의존하고 있는 경우가 흔한데, 사회적 기대 측면에서 이러한 청년들을 성인으로 보기는 곤란하다.

청년기가 연장되어 10년이 넘게 지속되므로 청년기를 청년 초기, 청년 중기, 청년 후기로 구분해야 한다는 의견이 있다. 청년 초기와 청년 중기에 해당하는 10대를 통합하여 '청소년'으로 부르기도 하고, 20대를 '청년(youth)'으로 지칭하자는 의견도 있다. '세계은행(World Bank)'은 '아동(child)'을 12세 미만으로, '청소년(youth)'을 12~24세로 규정하고 있다. 최윤진(2000)은 교육, 취업, 독립, 결혼 등의 사회적 역할 과업을 기준으로 10대 중심의 의존적인 청소년기(adolescence)와 20대 중심의 반의존적인 청년기(youth)로 연장된 청년기를 나누어 설명하고 있다. 우리나라에서는 일반적으로 초·중·고등학교 학제를 반영하여 아동을 6~12세, 청소년을 13~18세, 청년을 19~24세로 규정하고 있다.

〈읽기자료〉에서는 청년을 의미하는 다양한 용어를 소개하고 있다. 이 책에서는 청년기를 사춘기가 시작되는 9세경부터 25~26세경까지의 시기로 폭넓게 규정하고, 청년들의 발달 양상을 다루고자 한다.

읽 기 자 료

청년을 의미하는 용어

- **Adolescent**
  - 'adolescere'라는 라틴어에서 유래한 용어로, 인간의 발달 단계에서 신체적으로 급격히 발달하고, 성적으로 성숙하며, 자아에 대한 개념이 성숙하는 아동기에서 성인기로 이행하는 발달 단계를 지칭하는 발달적 관점의 용어이다.
- **Youth**
  - adolescent보다 연령적으로 더 성숙한 사람을 의미하며, 이 시기 청년의 자율성과 책임감, 그리고 사회적 권리와 참여 등을 강조하는 사회적 관점의 용어이다.
  - 유엔(United Nation)이나 세계보건기구(World Health Organization: WHO) 등에서는 Youth 통계를 15~24세를 대상으로 산출한다.

- Juvenile
  - 주로 18세가 되지 않은 청년을 지칭하는 법률적 관점의 용어이다.
  - Juvenile은 미성년(minor)과는 구분되며, 법률적으로 성인으로 취급될 나이는 아직 되지 않은 젊은 사람을 의미한다.
- Teenager
  - Teenager는 주로 13~19세의 청년을 지칭하는 용어이다.
  - 10대가 대중문화의 소비자로서 영향력이 커지기 시작한 1940년대에 미국에서 처음으로 만들어진 용어이다.
- Preteen
  - 이미 사춘기에 들어선 9~12세 연령의 청년 초기 청년들을 지칭하는 용어이다.
  - 아동도 아니고 청년도 아닌, 곧 틴에이저가 되는 pre-teen이라는 의미이다. preteen으로 붙여 쓰기도 하고, preteenager라고도 한다.
- 1318 청소년
  - 우리나라 문화에서는 중·고등학생을 지칭하는 '1318 청소년'이라는 용어가 종종 사용된다.
- 젊은이
  - 젊은이는 일반적으로 18~30세 전후의 연령층을 지칭하는 용어이다.
  - 청년을 나타내는 우리말 고유의 표현이다.

2) 청년기의 발달과업

　아동에서 성인으로 발달하기 위해서는 청년기에 수행해야 할 발달과업이 있다. 발달과업(developmental tasks)은 해비거스트(Robert Havighurst)에 의해 최초로 사용된 개념이다. 그는 인간에게는 각 발달 단계에서 습득해야 할 발달과업이 있다고 주장하였다. 해비거스트는 『발달과업과 교육(Developmental Tasks and Education)』(1952)이라는 저서에서 발달과업을 다음과 같이 정의하고 있다.

해비거스트

발달과업은 개인의 일생의 어떤 시기에 일어나는 과업으로, 이를 성공적으로 잘 수행하면 다음 단계의 발달과업 수행에 행복과 성공이 수반된다. 반면, 특정 단계의 발달과업을 수행함에 있어 실패하게 되면 개인의 불행, 사회의 무시, 또는 다음 단계 발달과업 수행의 어려움을 겪게 된다.

다시 말해, 발달과업이란 인간이 환경에 적응하기 위해서 각 발달 단계에서 요구되는 능력이나 수행해야 할 과제라 할 수 있다. 해비거스트는 인간의 전 생애를 6단계로 구분하였으며, 발달 단계별로 획득해야 할 발달과업을 제안하였다. 발달과업은 개념상으로는 타당하지만, 구체적인 내용은 시대적 맥락이나 사회문화적 특성에 따라 달라질 수 있다(이성진, 박성수, 1999).

해비거스트는 청년기를 13~22세경으로 규정하고, 이 시기에 수행하여야 할 발달과업을 다음과 같이 제시하였다.

- 자신의 신체를 인정하고 효율적으로 사용하는 것을 인식한다.
- 동년배 동성 또는 이성 간에 보다 새롭고 성숙한 관계를 확립하는 것을 배운다.
- 신체발달의 변화 양상과 남성 또는 여성으로서의 성 역할이 무엇인지 학습한다.
- 부모를 포함한 다른 성인에게서 정서적으로 독립한다.
- 경제적 독립의 필요성을 느낀다.
- 직업을 선택하거나 준비한다.
- 유능한 시민으로서 갖추어야 할 지적 능력을 획득한다.
- 사회적으로 요구되는 책임 있는 행동을 실천한다.
- 개인의 행동에 지침이 될 수 있는 가치관과 윤리체계를 형성한다.
- 결혼과 가정생활을 준비한다.

발달과업을 성공적으로 완수할 경우에는 다음 단계의 발달과업을 수행하는 데 큰 도움이 된다. 청년들이 발달과업을 성공적으로 수행할 경우 청년기에 적절하게 적응함과 동시에 다음 단계인 성인기의 발달과업을 성취하는 데 도움이 된다. 하지만 청년기의 발달과업을 제대로 수행하지 않은 청년들은 청년기, 나아가 성인기 동안에 사회적 부적응과 어려움을 초래할 수 있다. 해비거스트의 발달과업이론은 한 개인이 속한 사회에서 건강한 발달과 적응을 하고 있는지를 판단할 수 있는 이정표를 발달과업이라는 개념으로 제시하고 있다.

2. 청년기의 발달 특성

발달(development)이란 인간이 수정되는 순간부터 전 생애에 걸쳐 인지적 · 사회적 · 심리적 행동, 신체적 특징 등과 같은 전 영역에서 양적 및 질적으로 변화하는 패턴이라 정의할 수 있다. 다시 말해, 발달은 인간의 심신의 형태, 구조, 기능이 변화하는 과정이다. 발달은 전 생애를 통하여 계속적이고 점진적인 과정으로 진행되며, 일정한 순서와 방향성에 따라 이루어진다. 인간발달은 유전적 요인과 환경적 요인이 상호작용함에 따라 개인차가 나타나게 된다.

청년기는 다른 발달 단계에 비해 급속도로 발달이 진행되는 특성을 지닌다. 청년은 아동도 아니고 성인도 아닌 상태에서 급격한 양적 및 질적 발달을 경험하게 된다. 여기서는 청년기의 신체적 발달, 인지적 발달 및 정서적 불안정과 사회적 적응에 대해 살펴봄으로써 청년기의 발달 특성을 간략하게 소개하고자 한다.

1) 신체적 발달

청년기는 전 생애에 걸쳐 가장 왕성하고 활력적인 신체적 발달 양상을 보이는 시기이다. 청년기는 사춘기와 함께 시작되며, 신체적 발달이 급격한 속도로 진행되는 특성을 보인다.

청년기에는 성장급등과 성적 성숙 현상으로 인해, 신장과 체중이 증가하고 체형이 극적으로 변화한다. 이 시기에는 호르몬의 활발한 분비로 인하여 성적 성숙이 이루어져서 외관상 남녀의 생리적인 특징인 '제2차 성징(secondary sex characteristics)'이 나타난다. 또 신장과 체중이 현저하게 증가하고 골격과 근육, 신체 내부기관의 비약적 성장이 이루어지는 '성장급등(growth spurt)' 현상을 보인다. 신체적 발달은 성차가 뚜렷하여, 여성은 월경이 시작되고, 체지방이 증가하고, 상대적으로 골반이 커지고, 가슴이 발달하며, 임신이 가능해진다. 반면에, 남성은 어깨가 넓어지는 등 성인의 골격으로 변모하고, 변성기가 나타나며, 수염과 체모가 자라고, 사정과 몽정 (wet dream)을 경험하게 된다.

성장급등과 성적 성숙은 청년의 심리적·사회적 발달에 영향을 주는 주된 요인 으로 작용한다. 청년은 때로는 본인 체형에 대한 불만, 성적 관심과 호기심, 월경에 대한 불쾌감, 급격한 성적 성숙, 전반적인 신체적 발달에 따른 감정적 변화 등으로 인해 정서적으로 불안정한 시기를 보내게 된다. 개인차가 있으나 대부분의 청년은 이러한 변화를 성인이 되기 위해 누구나 겪어야 하는 생리적인 과정으로 생각하고 큰 어려움 없이 겪는다.

2) 인지적 발달

청년기는 아동기와는 달리 사고체계의 질적·양적 변화가 두드러지는 시기이다. 영유아나 아동의 사고체계와 같이 감각적인 행동이나 구체적인 대상에 적응해 나 가는 사고과정과는 달리, 청년은 성인과 같이 논리적이고 추상적인 사고가 가능해 진다.

피아제(Jean Piaget)는 출생하면서부터 청년기에 이르기까지 연령을 기준으 로 하여 사고의 양적 및 질적 발달을 감각운동기(sensorimotor stage), 전조작기 (preoperational stage), 구체적 조작기(concrete operational stage), 형식적 조작기 (formal operational stage)의 4단계로 구분한 인지발달이론을 제시하였다. 피아제 는 아동과 청년의 인지발달에 관심을 두었는데, 특히 청년의 인지발달에 대해서는 『논리적 사고의 성장(The Growth of Logical Thinking)』에서 자세히 기술하고 있다 (Inhelder & Piaget, 1958).

청년들은 형식적 조작기에 접어들면서 점점 더 성인 수준의 인지적 사고가 가능 하게 된다. 형식적 조작 사고가 가능해짐에 따라 추상적인 개념을 이해할 수 있으 며, 가능성을 염두에 두고 가설적 사고를 하는 것이 가능해진다. 이 시기에는 자아 에 대한 관심이 증가해서, 미래의 자기 모습을 상상하기도 하고 이를 향해 구체적인 계획을 세우기도 한다. 그리고 자신의 존재에 의문을 가지기도 하며, 자신이 처한 환경이나 자신의 역할을 통해 자아를 발견하기도 한다.

청년들은 논리적 사고와 추상적 사고가 발달함에 따라 이념·정치·철학·사회적 이슈에 관심을 갖고 이상주의적 경향을 띠게 되어, 자신의 생각과 다를 경우에 변화와 개혁을 요구하는 성향을 가지게 된다. 또 일부 청년은 이상과 현실 간의 괴리를 비판하며 기성세대와 사회의 고정관념에 반기를 들기도 한다. 청년들은 때로는 미숙한 이상주의자와 같이 행동하기도 한다. 예를 들면, 신랄하게 기성세대를 비판하지만 정작 자신은 이상과는 별개의 행동을 하고 있어 일관성이 결여된 면모를 보이기도 한다.

청년들은 자신의 관념을 가장 가치 있게 여기고, 다른 사람의 관념 세계와 비교하지 못하는 자아중심성(egocentrism)에 빠져 사고하고 행동하며, 자신을 매우 독특한 존재로 여기기도 한다(Elkind, 1967). 청년기에는 자의식이 높아지고 독립성이 강해져 자신의 문제에 관한 의사결정을 본인 스스로 내리고 싶어 한다. 때로는 청년들이 내린 결정이 지나치게 이상적이기도 하지만 그들은 자신의 삶에 있어서 더 많은 자율성을 획득하고자 노력하고, 또 부모에게서 심리적으로 이유(離乳)하고 싶어 한다 (Dacey & Kenny, 1997). 청년들은 이와 같은 인지적 발달 특성을 보이며 성숙한 성인의 사고체계를 형성해 간다.

청년기에 나타나는 가설 연역적 사고는 추상적이고 융통성 있는 사고를 가능하게 해 준다. 청년들은 기존에 직접 경험한 구체적인 것을 뛰어넘어 상상력과 창의성을 통해 새로운 형태나 구조, 내용들을 창조할 수 있다.

3) 심리사회적 발달

청년기는 개인차가 있으나 질풍노도의 시기라고 묘사될 정도로 정서적인 불안정이 특징적이다. 청년들은 신체 변화와 사고체계의 변화, 그 밖의 다양한 이유로 인해 정서적 불안정을 경험하기도 한다. 먼저, 사춘기와 함께 시작된 제2차 성징으로 청년들은 성적 성숙 및 충동을 겪게 되며, 이로 인해 정서적으로 불안한 상태를 경험하게 된다.

청년기는 감수성이 예민하고 감정의 기복이 커서 쉽게 화를 내거나 불쾌해하기도 하며, 성인과 같이 행동하다가도 아동과 같은 면을 보이는 등 비일관적인 양상을 띤다. 청년들은 기본적으로 성인의 지원을 필요로 하나, 심리적으로는 독립성과 자율성을 추구하고자 한다. 따라서 청년들은 다른 사람의 훈계나 가치관의 대립으로 잦은 갈등을 빚기도 하고, 또 기성세대와 마찰을 빚거나 반항하기도 한다. 이러한 정서적 불안정이 간혹 심리적 또는 사회적 부적응을 초래하기도 하나, 이는 발달 전환기에 일어날 수 있는 일시적인 현상이다. 청년들은 환경과 상호작용하면서 갈등과 해결 과정을 반복함으로써 서서히 정서적 안정을 찾고, 건강하고 긍정적인 심리사회적 발달을 이루게 된다.

청년에게 일어나는 두드러진 사회적 변화 중 하나는 부모에게서 서서히 이유하기 시작하는 것이다. 청년기에 민주적인 부모 밑에서 양육된 청년의 경우 자율성(autonomy)을 더 많이 획득하는데, 이는 궁극적으로 청년의 긍정적인 심리사회적 적응과 관련이 있다(Steinberg & Silverberg, 1986). 또래집단의 역할은 아동기보다 청년기에 더욱 부각된다. 청년들에게는 교우관계가 점차 중요한 위치를 차지하게 되며, 이성을 향한 관심도 더욱 증가한다.

청년은 형식적 조작 사고가 발달하면서 자아정체감이 발달하게 된다. 청년들은 자신에 대해 탐색하며 자신의 존재를 확인하고, 자신의 진로를 놓고 고민하면서 현실세계를 파악해 간다. 청년 후기에는 자기중심적이던 대인관계에서 점차 상대방과의 관계를 이해하기 시작하며, 자신의 존재와 위치를 재정의(redefinition)하고자 한다. 청년은 수개월에서 수년의 시간을 통해 자아정체감을 확립하기 위해 갈등하고, 인간관계를 형성하며, 사회적으로 적응해 간다. 이러한 과업을 수행하는 데에는 개인차가 있어서 일부 청년은 유난히 힘든 상황에 직면하여 위기를 겪기도 하지만, 대다수의 청년은 무난히 청년기를 보낸다. 일반적으로 청년 초기보다는 청년 후기로 갈수록 점점 더 정서적으로 안정되고 사회적으로도 더 잘 적응하게 된다.

3. 청년발달에 관한 이론

1) 청년발달이론의 기초

(1) 고대 그리스 시대

심리학의 역사가 비교적 짧은 것과 마찬가지로 청년발달심리학의 역사도 길지 않다. 청년기에 대한 관심은 인간발달의 본질에 의문을 가졌던 고대 그리스의 철학자들에게서 그 기원을 찾을 수 있다.

먼저, 고대 철학자 플라톤(Platon)은 인간의 본질을 영혼과 육체로 구분할 수 있다고 보았다. 영혼은 서로 다른 세 층으로 나뉘어 있는데, 최하층은 인간의 욕망이나 욕구이며, 이는 주로 신체적 욕구의 만족에 대한 관심과 관련이 있다. 중간층은 용기, 신념, 인내, 절제, 담력을 포함하는 정신이다. 최상층은 신성하고 초자연적이며 영원한 것으로서, 이성으로 표현된다.

플라톤

플라톤은 청소년기 이후에 이성과 지성이 발달한다고 보았다. 그는 『국가론(The Republic)』에서 아동과 청년에 관해 언급하고, 그들의 행동을 어떻게 통제할 것인지에 대해 조언하고 있다. 플라톤은 이성이 나타나는 청년기에는 이성적 사고와 비판적 사고가 가능하므로 이 시기에 수학과 과학을 공부하도록 권하였다. 플라톤과 그의 제자 아리스토텔레스(Aristoteles)는 청년기의 특성으로 열정과 가변성을 들었다.

아리스토텔레스

아리스토텔레스는 영혼과 육체의 분리를 반대하였다. 그는 육체가 영혼에 앞서 발달하고, 비이성적인 것이 이성적인 발달에 선행한다고 보았다.

아리스토텔레스는 인간의 발달을 7년 간격의 3단계로 나누어 좀 더 체계적으로 설명하였다. 그는 생후 첫 7년을 유년기, 8~14세를 소년기, 15~21세를 청년기라고 명명하였다. 그는 청년기의 가장 중요한 발달 특징을 선택할 수 있는 능력, 즉 자기결정(self-determination)으로 보았다. 청년들은 자발적이며 신중한 선택을 통해 성격이 형성된다고 보았다. 흥미롭게도 플라톤이나 아리스토텔레스가 언급하였던 청년기의 특징은 아직까지도 청년기를 대변하고 있다. 그러나 플라톤과 아리스토텔레스는 단지 청년기의 특징과 교육에 주목하였을 뿐 청년발달에 대한 연구를 과학적으로 수행한 것은 아니기 때문에 체계적인 발달이론과는 다소 거리가 있다.

(2) 근대

17세기에 와서 로크(John Locke)는 홉스(Thomas Hobbes)의 자연법 사상의 영향으로, 인간의 육체와 정신이 모두 자연질서의 일부라고 주장하였다. 로크는 인간은 모두가 백지 상태(tabula-rasa)로 동등하게 태어나며, 모든 사고와 지식의 차이는 후

로크

천적 경험으로부터 생겨난다고 보았다. 따라서 인간은 어떠한 환경에서 성장하느냐에 따라 개인의 발달적 차이가 나타난다고 주장하였다. 로크의 견해에 따르면, 환경적 자극과 교육을 통해 인간의 본성을 변화시킬 수 있다. 로크는 인간은 보상, 벌, 자극, 모방 등을 통한 교육과 훈련으로 신체적 · 지적 · 도덕적으로 고르게 발달할 수 있다고 주장하였다.

18세기에 와서 루소(Jean-Jacques Rousseau)는 인간의 본성을 자연적 선성(善性)으로 보고, 교육은 지식을 강제적으로 주입하는 것이 아니라 자유로운 상황에서 자율적인 자기계발을 도와주는 활동이라고 보았다.

루소는 인간을 연령에 따라 여러 단계로 나누어서 설명하였다. 유아기는 태어나서 4, 5세까지이며, 쾌락과 고통의 감정에 의해 지배되는 동물과 유사한 단계로, 이

루소

시기에는 감각지각, 운동협응훈련, 자연의 이치에 맞게 느끼게 되는 감정을 자연스럽게 배운다. 5~12세에는 야만인의 단계로 놀이, 운동, 게임 등을 통해 감각능력이 발달되며, 자의식과 기억력이 향상되고, 인간에게 필요한 감각을 활용할 수 있게 된다. 12~15세에는 이성과 자의식이 더욱 발달되며, 원초적 호기심에 의한 학습이 이루어지게 된다. 15~20세의 시기에는 정서기능이 절정에 이르며, 이기심에서 벗어나 사회적인 이해와 자아존중감이 발달하게 된다. 마지막 시기는 성숙의 단계로서 의지가 발달하고, 의사결정능력이나 대안을 선택하는 능력이 발달하게 된다.

루소는 그의 저서 『에밀』에서 아동을 '축소된 성인(miniatured adult)'으로 취급해서는 안 되며, '독립된 인격체(independent character)'로 보아야 한다고 주장하였다. 또한 청년기를 자신만의 가치와 특성을 정립하여 다시 태어나는(rebirth) 제2의 탄생(the second birth)을 경험하는 시기라고 주장하였다.

2) 청년발달이론

청년발달에 대하여 과학적인 방법으로 연구한 시기는 20세기에 들어서면서부터라고 할 수 있다. 여기서는 청년발달의 특성을 설명하는 데 기여한 대표적인 이론인 생물사회학적 이론, 정신분석이론, 심리사회이론, 인지발달이론, 사회학습이론, 생태학 이론을 대표적인 학자를 중심으로 살펴보고자 한다.

(1) 생물사회학적 이론

청년심리학의 아버지, 스탠리 홀

19세기에 접어들면서 다윈(Charles Robert Darwin)의 진화론에 영향을 받아 발달심리학이 발족되었다. 그리고 발달 단계로서 청년기의 개념은 1900년대에 스탠리 홀(G. Stanley Hall)에 의해 부각되기 시작하였다.

스탠리 홀은 청년기를 하나의 독립적인 발달 단계로 규정하고, 과학적인 방법으로 청년기를 연구하였던 최초의 심리학자이다. 클라크 대학교의 교수와 총장을 역임하였던 홀은 '청년심리학의 아버지'라고 불린다. 그는 최초로 질문지를 설계하여 과

스탠리 홀

학적이고 경험적인 방법으로 청년기를 연구하고 1904년에 『청년기(Adolescence)』라는 두 권으로 된 저서를 발간하였다. 이 두 권의 책에는 다양한 영역에 걸쳐 청년심리에 대한 체계적인 이론을 담고 있는데(〈표 1-3〉 참조), 그 세부 영역을 살펴보면 현대의 청년발달이론으로도 손색이 없을 정도이다.

홀은 다윈의 생물학적 진화론을 인간발달에 수용하여 발달에서의 유전적 요인을 강조하였다. 그리고 헤켈(Haeckel)의 영향을 받아 개체발생(ontogeny; 개별적 유기체의 생물학적 발달)은 계통발생(phylogeny; 종의 역사적 진화)을 반복한다고 주장하였으며, 라마르크(Lamarck)의 영향으로 습득된 형질도 유전된다고 보았다(장휘숙, 2009; 정옥분, 2008).

홀은 인간발달을 유아기, 아동기, 전 청년기와 청년기, 성인기로 나누었으며, 청년기는 사춘기를 기점으로 시작되어 22~25세에 비교적 늦게 끝난다고 보았다. 그

표 1-3 홀의 『청년기(Adolescence)』 목차 구성

	제1권		제2권
제1장	신장과 체중의 성장 (Growth in Height and Weight)	제9장	감각의 변화와 변성 (Changes in the Sense and Voice)
제2장	신체 기관의 성장 (Growth of Parts and Organs during Adolescence)	제10장	진화와 감정과 본능: 정상 청년기의 특징 (Evolution and the Feelings and Instincts: Characteristics of Normal Adolescence)
제3장	운동 기능의 성장 (Growth of Motor Power and Function)	제11장	청년기의 사랑(Adolescent Love)
제4장	심신의 질병 (Diseases of Body and Mind)	제12장	자연에 대한 청년기 감정과 새로운 과학교육(Adolescent Feelings toward Nature and a New Education in Science)
제5장	청년기 비행, 부도덕성, 범죄 (Juvenile Faults, Immoralities, and Crimes)	제13장	성년식, 전통적 규범과 관습, 신앙고백식(Savage Public Initiations, Classical Ideals and Customs, and Church Confirmations)
제6장	성적 발달: 그 위험과 소년 위생 (Sexual Development: Its Dangers and Hygiene in Boys)	제14장	전환의 청년심리학 (The Adolescent Psychology of Conversion)
제7장	주기성 (Periodicity)	제15장	사회적 본능과 제도 (Social Instincts and Institutions)
제8장	문학, 생물학, 역사 속의 청년기 (Adolescence in Literature, Biography, and History)	제16장	지적 발달과 교육 (Intellectual Development and Education)
		제17장	청년기 여성과 교육 (Adolescent Girls and their Education)
		제18장	인종심리학, 교육 또는 청년들의 인종과 해법(Ethnic Psychology and Pedagogy, or Adolescent Races and their Treatment)

출처: Hall (1904).

는 유아가 성인으로 발달하면서 원시적 특징에서 벗어나 문명인으로 발전하는 과정을 〈표 1-4〉와 같이 설명하고 있다.

홀은 유아기는 원숭이와 같은 동물 단계, 아동기는 수렵과 어로의 시기, 전 청년기는 미개 사회의 단조로운 삶, 청년기는 '질풍과 노도의 시기(period of storm and stress)'에 비유하였다. 영아기는 감각발달이 두드러지므로 자기보존에 필요한 감각운동 기술을 습득하고, 아동기에는 주로 놀이와 활동을 한다고 보았다. 전 청년기는 일상적인 훈련과 읽기, 쓰기, 셈하기를 비롯한 각종 배움을 위한 황금기라고 할 수 있다. 그는 청년기의 특징적 행동을 사춘기로 인한 생물학적 변화, 심리적 혼돈, 정서적 불안, 사회적 기대 등과 같은 갈등을 경험하는 '질풍과 노도'의 개념으로 설명하고 있다. '질풍과 노도'는 이상주의, 열정, 혁명 등을 소설로 담아 낸 독일 작가 괴테(Goethe)와 실러(Schiller)에게서 인용해 온 표현으로, 프로메테우스의 열광과 비판적 세계관, 대립되는 충동을 비유적으로 설명하고 있다. 홀은 청년기의 '질풍과 노도'를 정상적이고 자연스러운 발달 특성으로 보았다. 이는 전 세계적으로 '질풍과

표 1-4 홀의 발달 단계별 특성

발달 단계	연령	발달 특성
유아기	0~4세	이 시기의 유아가 걸어 다니는 것은 인류가 네 다리를 사용했을 때의 동물 단계를 반복하는 것이다. 이는 유아가 동물적이고 원시적인 발달을 재현하는 것으로 자신의 생존에 필요한 감각운동기술을 습득한다.
아동기	4~8세	인간의 주요 활동이 사냥이나 낚시였던 시대를 반복하는 것으로 아동은 술래잡기, 새총놀이, 장난감 무기놀이 등을 하며 인류의 동굴, 수렵, 어획 활동을 재현한다.
전 청년기	8~12세	인류가 야만적 특징에 인간적인 특징을 추가적으로 가지게 되는 시기로 야영시대를 반복하는 것이다. 연습과 훈련을 통해 읽기, 쓰기, 셈하기 등을 학습하고 기술을 획득한다.
청년기	13~22 또는 25세	인류가 야만사회에서 벗어나 문명사회로 진입하는 시기이다. 청년은 이러한 과도기적 단계에서 급속하고 많은 변화에 따라 질풍 노도의 불안정한 시기를 겪게 된다.
성인기	25세 이후	인류가 문명적인 생활을 하게 된다.

출처: 김영화, 최영진(2017).

노도'가 청년기를 대표하는 고정관념으로 자리 잡는 데 크게 기여하였다.

　　그러나 1960년대 이후 정상적인 청년에 대하여 체계적으로 연구하게 되면서 청년기가 질풍노도의 시기라는 주장에 많은 학자가 반론을 제기하였다(Offer & Offer, 1975; Offer, Ostrov, & Howard, 1981). 대다수의 청년은 그들의 부모나 기성세대와 심각한 갈등 없이 청년기를 보내고 있으며, 친구들과도 좋은 관계를 유지하면서 원만하고 순조롭게 사회에 적응하는 것으로 나타났다(Offer et al., 1981). 따라서 청년기가 일부 청년에게는 긴장과 불안의 과도기적 시기이지만 질풍노도와 같은 불안정을 청년기의 보편적인 현상으로 보기는 어렵다. 즉, 대부분의 청년에게는 청년기가 큰 갈등이나 동요 없이 아동에서 성인으로 전환하는 시기라는 것이다.

　　또한 홀은 기본적으로 인간발달에 환경보다는 유전이, 양육(nurture)보다는 타고난 본성(nature)이 더 결정적인 영향을 미친다고 보았다. 이러한 홀의 입장은 발달에 있어서 생물학적 결정 요인을 지나치게 강조하였다는 비판과 함께 교육과 환경 등 사회문화적 요인을 간과하였다는 지적을 받게 되었다. 하지만 전반적으로 홀은 과학적이고 체계적인 방법으로 청년발달연구를 수행하였으며, 학문적으로 긍정적인 영향을 끼쳤다는 평가를 받고 있다.

(2) 정신분석이론

지크문트 프로이트와 정신분석이론

　　정신분석이론은 지크문트 프로이트(Sigmund Freud)가 1896년에 '정신분석(psychoanalysis)'이라는 용어를 처음으로 사용하면서 창시되었다. 프로이트의 정신분석이론은 크게 의식의 구성, 성격구조론, 심리성적 발달이론으로 설명할 수 있다.

지크문트 프로이트

① 의식의 구성

　　인간의 의식은 의식, 전의식, 무의식으로 구성된다. 프로이트는 의식을 자신이 전혀 자각하지 못하는 정신작용인 '무의식', 자신이 이미 알고 있는 정신작용인 '의식', 주의를 집중하면 의

식할 수 있으나 그렇지 않으면 자각하지 못하는 '전의식'으로 분류하였다. 프로이트
는 의식은 무의식에 비하면 빙산의 일각이라고 주장하였다. 그는 인간은 무의식적
인 존재이며, 따라서 인간의 발달도 자연히 무의식적이라고 보았다.

② 성격구조론

프로이트는 인간의 성격은 원초아(id), 자아(ego), 초자아(superego)의 세 가지 체
계로 구성되어 있으며, 각각의 작동원리가 다르다고 설명하였다.

원초아는 본능으로 구성되어 있으며, 무의식에 자리 잡고 있다. 프로이트가 가
장 관심을 가졌던 본능 중 하나가 성적 본능이다. 원초아는 쾌락의 원리(pleasure
principle)에 의해 작동되므로 본능적 욕구의 충족은 쾌감을 가져오지만 욕구 만족
이 지연되거나 봉쇄되면 불쾌감이나 긴장을 자아낸다.

자아는 본능적 욕구와 현실을 중재하는 역할을 하는 성격의 한 부분으로 의식과
무의식으로 구성되어 있다. 자아는 인간의 이성으로 내적 욕구를 현실에 맞도록 조
절하는 역할을 한다. 인간 내면에서는 본능적 욕구를 충족하려는 원초아와 현실을
고려하는 자아 간의 정신적 갈등이 존재한다. 자아는 현실적 상황을 고려하는 현실
의 원리(reality principle)에 의해 지배된다.

초자아는 자아와 같이 의식과 무의식에 걸쳐 자리 잡고 있다. 초자아는 옳고 그름

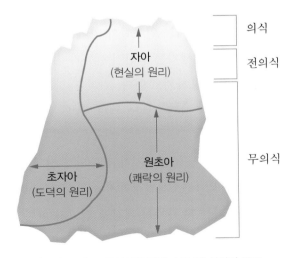

[그림 1-2] 프로이트의 자각 수준 및 성격의 구조

출처: 노안영, 강영신(2003), p. 72.

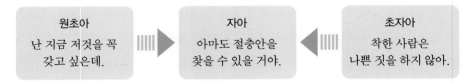

[그림 1-3] 원초아, 자아, 초자아의 상호관계

출처: 이병승, 우영효, 배제현(2008), p. 141 수정.

을 판단하는 역할을 하는 성격의 한 부분이다. 초자아는 주로 도덕의 원리(morality principle)에 의해 작동된다. 초자아는 도덕에 위배되는 원초아적 본능을 억제하며, 자아의 현실적 목표를 도덕적이고 이상적인 목표로 유도한다. 초자아는 부모와 사회적 기준을 내면화하여 발달한 것으로 양심과 이상적인 자아상(ego ideal)이라는 두 종류의 하위 체계로 발달한다. 초자아는 잘못된 일을 행했을 때 양심의 가책을 느끼게 하는 반면에, 잘한 행동에 대해서는 이상적인 자아상을 형성한다.

예를 들면, 어떤 남학생이 지나가는 여학생을 보고 성욕을 느꼈다면 이는 원초아가 작동한 것이며, 이때 '이런 생각은 자제해야 해.'라고 생각했다면 이는 자아가 작동한 것이다. 또 '내 욕구대로 행동하는 것은 옳지 못해.'라고 생각했다면 이는 초자아가 작동한 것이다. 초자아는 부모나 다른 권위자, 또는 사회에서 획득한 규범이나 가치관에 따라 내 마음속의 재판관처럼 자아와 원초아를 감시하는 역할을 수행한다.

정상적인 성격을 형성하기 위해서는 원초아와 자아, 초자아 간의 조화가 중요하다. 하지만 원초아와 초자아 간에 생기는 정신적 갈등과 긴장에 대처하기 위해 자아가 다양한 종류의 방어기제를 사용하기도 한다.

③ 심리성적 발달이론

프로이트는 리비도(libido), 즉 성적 에너지가 집중되는 신체 부위에 따라 발달 단계를 구분하였다. 태어나서부터 1년 6개월경까지는 구강기(oral stage)로, 이 시기의 영아들은 구강 욕구가 강해 빠는 행위에서 쾌감을 얻고자 한다. 그러나 이 욕구가 과도하거나 부족할 경우 손가락을 빨거나 손톱을 뜯는 등 구강 고착적 성격이 나타나기도 한다.

1년 6개월부터 3세경까지는 항문기(anal stage)로, 이 시기 유아들은 배변의 보유와 배설로 인한 쾌감을 얻고자 하며, 배변훈련을 통해 그 욕구가 좌절되면 심하게 낭비하거나 어지르는 등의 항문기 강박적 성격을 형성하게 된다.

3～6세경까지는 남근기(phallic stage)로, 성적인 관심이 나타나기 시작한다. 프로이트는 구강기, 항문기와 함께 남근기에 인간의 기본 성격이 형성된다고 보았다. 남아는 어머니에 대한 성적인 애정으로 오이디푸스 콤플렉스(oedipus complex)가 나타나며, 이로 인해 아버지와 갈등을 경험하고 거세 불안(castration anxiety)의 공포를 느끼게 된다. 그래서 남아는 아버지로 인한 갈등과 공포를 느끼는 대신 아버지와 동일시(identification)하려고 무의식적으로 노력하게 된다. 마찬가지로 여아도 이성 부모에게 엘렉트라 콤플렉스(electra complex)를 느끼게 되며, 이러한 갈등을 동성 부모, 즉 어머니와의 동일시로 해결한다고 보았다.

6～12세까지는 잠복기(latent stage)로, 성적 욕구가 철저히 무의식 속에 억압되어 잠복하는 평온한 시기이다. 따라서 이 시기에는 성적인 것보다는 지적 탐색과 사회성 발달이 이루어지게 된다.

마지막으로 12세 이후부터 성인기 직전까지는 생식기(genital stage)로, 청년기와 거의 일치한다. 이 시기에는 제2차 성징이 나타나고 무의식적인 성적 에너지가 의식세계로 드러나게 된다.

프로이트는 20세기 심리학 발전에 독보적인 영향을 미쳤음에도 불구하고 신랄한 비판을 받았다. 프로이트의 정신분석이론에 대한 대표적인 비판으로는 그의 이론을 뒷받침하는 과학적 연구가 적다는 점, 지나치게 인간의 심리성적 욕구를 강조하였다는 점, 일반인이 아닌 신경증 환자를 대상으로 연구하여 정립한 이론이라는 점 등이 있다. 프로이트는 청년기를 발달 단계로 인정하였으나, 청년기의 중요성에 대해서는 비교적 적게 언급하였다.

안나 프로이트와 청년기의 정신적 갈등

안나 프로이트(Anna Freud)는 정신분석학의 창시자였던 지크문트 프로이트의 딸로서 교사의 꿈을 지니고 성장하였다. 이후 교사생활을 하던 중 그녀는 정신분석가 훈련을 받기로 결심하고 1922년에 임상 실습을 시작하였다(Young-Bruehl, 1988). 그녀는 아버지 프로이트의 정신분석이론을 학문적으로 더욱 발전시켰으며, 특히

안나 프로이트

청년기의 발달과정에 많은 관심을 가졌다.

안나 프로이트는 청년기를 스탠리 홀과 마찬가지로 정서적 갈등, 혼란, 방황 등의 개념으로 설명하였다. 청년기에는 잠복기에 억압되었던 오이디푸스 콤플렉스가 재등장하며, 외부 요인뿐 아니라 내적으로 성적 충동(sexual drive)이 증가하면서 성적 에너지를 중심으로 한 원초아, 자아, 초자아 간의 갈등으로 인해 불안정한 시기를 보내게 된다고 하였다.

안나 프로이트는 청년들의 혼란과 갈등은 정상적인 발달과정이며, 잠잠히 청년기를 보내는 청년이 오히려 문제가 있다고 주장하였다. 청년기에 대한 그녀의 이러한 관점이 최근에는 받아들여지지 않고 있는데, 그 이유는 대부분의 청년들이 갈등을 경험하지만 전반적으로는 큰 문제가 없이 청년기를 넘기고 있기 때문이다.

안나 프로이트는 1936년에 집필한 저서인 『자아와 방어기제(The Ego and the Mechanisms of Defense)』를 통해 사춘기의 시작으로 야기되는 불안을 해소하기 위해 청년들이 방어기제를 어떻게 사용하고 있는지를 설명하였다(Kimmel & Weiner, 1995). 청년들은 원초아, 자아, 초자아의 갈등으로 인한 혼란을 해소하기 위해 방어수단으로 방어기제를 사용한다고 주장하였다.

안나 프로이트는 청년기에 나타나는 두 가지 두드러진 방어기제로 금욕주의(asceticism)와 지성화(intellectualization)를 꼽았다. 먼저, 금욕주의는 청년기에 증가하는 성적 욕구 및 유혹에 대한 두려움과 불안을 통제하려는 방어기제로서, 철저한 자기부정의 형태로 나타난다. 금욕주의는 사춘기에 급격하게 증가하는 성적 충동을 자기를 부인하거나 신체와 관련된 모든 욕구를 거부하는 것 또는 혐오하거나 분노하는 행위를 통해 약화시키고자 하는 방어기제이다.

지성화는 청년기에 인지발달을 이루어 획득한 추상적 사고로 지적 활동에 몰입하거나 원인을 탐색하며 도덕적이거나 윤리적인 이슈에 대해 비교적 개인적인 감정을 드러내지 않는 태도로 토론을 하는 등 지적 활동을 통해 욕구에서 벗어나고자 하는 방어기제를 말한다(정옥분, 2019; Kimmel & Weiner, 1995). 즉, 지성화는 청년들이 종교, 문학, 철학 등과 같은 지적 활동에 몰입함으로써 성적 욕망에서 벗어나고자 하는 방어기제이다(김청송, 2009). 예를 들면, 청년기 여성들은 사랑을 위해서 순결을 지켜야 하느냐 마느냐로 토론을 하면서 마치 자신과는 무관한 듯 논리를 펴지만, 사실은 그 논리를 통해 자신의 욕구를 해소하거나 표현하는 것이다.

청년들이 방어기제를 활용함으로써 불안을 해소하는 데에는 큰 도움을 받으나, 방어기제를 통해 표현되는 태도나 행동이 종종 방어적이고 미성숙하며 비현실적일 수 있으므로 방어기제에 지나치게 의존한다면 심리사회적 적응에 어려움을 초래할 수도 있다.

(3) 심리사회이론

에릭슨과 자아정체감

에릭슨(Erik Erikson)은 1927년부터 1933년까지 비엔나에서 안나 프로이트와 아우구스트 에이크혼(August Aichhorn)의 지도 하에 정신분석에 대한 훈련을 받았다. 그러나 그는 심리성적인 요소가 개인의 성격 형성에 지배적이고 개인의 성격발달이 남근기 이전에 대부분 이루어진다고 보는 정신분석학적 이론에는 반대하는 입장을 취하였다. 인간의 심리성적인 욕구를 강조하였던 프로이트와는 차별적으로, 에릭슨은 자아 형성에 있어서 생물학적 요인과 함께 심리사회적 환경을 고려하였다.

에릭슨

에릭슨은 발달이 태어나서부터 죽을 때까지 전 생애 동안 계속적으로 이루어진다고 주장하는 인생주기이론을 정립하였다. 에릭슨의 전 생애 8단계 이론은 그의 저서 『아동기와 사회(Childhood and Society)』를 통해 알려졌다. 에릭슨은 자신의 이론을 생물학적 용어로 발생 후의 분화·발달을 의미하는 '점성원리(epigenesis)'라고 지칭하였다. 점성원리는 '이후(以後)'라는 의미를 지닌 'epi'와 '발생(發生)'이라는 의미의 'genesis'의 합성어로서, 인간의 발달은 기존의 발달적 기초 위에서 이루어진다는 것이다. 단, 점성원리에 의해 인간의 자아발달에서 이전의 발달이 다음 발달의 필수 조건이지만 충분조건은 아니라고 보았다.

에릭슨의 이론은 인간의 전 생애에 걸친 발달과정에 관한 이론이다. 에릭슨은 심리사회적 발달이론에서 성장과정에서 생물학적 요인과 개인적 요인, 문화적·사회적 경험으로 인해 사회적 존재인 인간의 성격이 변할 수 있다고 주장하였다.

에릭슨의 심리사회적 발달이론은 주로 성격발달에 관한 내용의 8단계로 구성되어 있다. 에릭슨은 다른 발달이론과는 달리 독창적으로 각 발달 시기에 성취해야 할 발달과업을 제시하였으며, 동시에 이에 대비되는 개념을 '대(對, versus)'의 개념으로 설명하였다. 에릭슨의 심리사회적 발달이론은 각 발달 단계에서 수행하여야 할 발달과업의 긍정적인 양상과 발달과업이 불만족스럽게 해결될 때 나타나는 부정적인 양상을 모두 포함하는 심리사회적 위기이론(psychosocial crisis theory)이라고 할 수 있다. 그는 자아의 성장이 삶 속에서 심리사회적 위기를 극복해 나가는 과정이라고 보았다.

에릭슨은 인생주기 중에서 특히 청년기에 많은 관심을 기울였다. 그는 청년기를 자아정체감이 형성되는 결정적인 시기로 보았다. 이러한 주장은 그의 저서 『자아정체감: 청년과 위기(Identity: Youth & Crisis)』를 통해 잘 피력되고 있다. 에릭슨은 청년기를 11~22세 정도로 보았다. 그의 발달이론에서 청년기는 '자아정체감 대 역할 혼돈(identity vs. role confusion)'으로 설명된다.

형식적 조작기에 도달한 청년들은 발달된 인지능력을 통해 '나는 누구인가?' '나는 무엇을 할 수 있는가?'라고 의문을 제기하며, 그 답을 찾기 위해 고뇌한다. 청년들이 여러 가지 상황 속에서 또는 부모, 친구, 국가 등의 관계를 통해 '~로서의 자기(自己)'를 파악하며 다양한 면모의 자아를 통합해 나아갈 때, 긍정적인 양상인 '자아정체감'을 확립하게 된다. 반면에, 여러 가지 방법으로 자신의 역할을 확인해 나가는 과정에서 혼란을 경험하고 좌절할 경우 '역할 혼돈'에 빠지게 된다.

에릭슨은 발달 단계상 청년기가 가장 중요한 시기이며, 청년기에 획득해야 할 발달과업은 자아정체감의 확립이라고 보았다. 에릭슨은 자아정체감이 반드시 질풍노도의 시기를 통해 확립되는 것은 아니라고 보았다. 에릭슨은 청년기를 자아정체감 확립을 위해 자신의 미래에 대한 결정을 잠시 보류하고 진정한 자아를 찾기 위해 탐색하거나 역할 실험을 해 보는 '심리적 유예기간(psychological moratorium)'으로 삼는 것이 바람직하다고 주장한다. 에릭슨이 제시한 청년기의 자아정체감 확립과 정체감 위기는 아직까지도 청년 발달을 설명하는 중요 개념으로 많은 심리학자가 인용하고 있다. 에릭슨의 자아정체감에 대해서는 제6장에서 구체적으로 살펴보고자 한다.

(4) 인지발달이론

피아제의 인지발달이론

인지(cognition)란 지식의 구성, 획득, 유지, 활용 등을 포함하며, 이 외에도 사고, 개념화, 범주화, 문제해결력, 추리능력, 상상력, 창의력 등과 같은 고등 정신과정으로 정의할 수 있다. 피아제(Jean Piaget)는 인지발달이 인간발달을 주도하며, 인지발달이 뇌와 신경계의 성숙과 환경의 상호작용의 결과라고 보았다.

피아제

피아제는 인지발달을 설명하기 위해 도식(schema), 동화(assimilation), 조절(accommodation), 평형화(equilibration) 등의 개념을 사용하였다. 도식은 유기체가 환경에 대해 이해하고 생각하는 인지구조를 의미한다. 동화란 새로운 요소를 기존의 도식에 통합시킴으로써 적응하는 과정이다. 조절이란 새로운 대상을 동화하는 데 적합하지 않을 경우 유기체 자신이 지니고 있는 도식의 구조를 변형시킴으로써 적응하는 것이다. 모든 유기체는 주변 세계의 새로운 정보를 이해할 때 기존의 도식과의 인지적 갈등을 줄이고 조절을 하여 평형 상태를 유지하고자 하는 경향이 있다. 이러한 현상을 피아제는 유기체가 조절을 통해 평형화하고자 한다고 설명하였다.

피아제는 인지발달이 질적으로 다른 4단계, 즉 감각운동기, 전조작기, 구체적 조작기, 형식적 조작기의 순서로 진행된다고 보았다. 그는 감각 및 운동능력의 결과로 이루어지는 인지발달에서부터 추상적이고 논리적인 사고의 습득과 활용, 즉 형식적 조작 사고로 완성되는 인지발달 단계를 제시하였다. 인지발달 단계가 높아질수록 인지적으로 더 복잡해지고 체계적으로 발달한다고 주장하였다. 이 단계에 대해 살펴보면 다음과 같다.

첫 번째 단계는 감각운동기(sensorimotor stage; 0~2세)이다. 영유아들은 주로 신체적 감각, 운동발달, 반사 등을 통해 환경에 적응하게 된다. 새로운 정보를 획득하기 위해 감각을 사용하고, 새로운 경험을 하기 위해 운동능력을 사용하며, 감각운동적 지능을 발달시키는 단계이다. 영유아들은 자신과 사물의 관계를 알게 되고, 다른 사람의 행동을 모방하며, 목표물을 향해 움직인다. 감각운동기는 초기 유아적 언어발달과 관련 있는 상징적 사고가 시작될 무렵인 2세경에 종료된다.

두 번째 단계는 전조작기(preoperational stage; 2~7세)이다. 이 단계는 감각운동적 도식에서 조작적 도식으로 전환하는 과도기이다. 언어가 급격하게 발달하고, 감각운동능력이 더욱 정교해지며, 상징적으로 사고하는 능력도 증가한다. 그러나 아직은 비체계적이고 비논리적이어서 눈에 보이는 지각적 속성에 의해서만 판단하는 직관적 사고를 하며, 자아중심적 사고의 특징도 가진다.

세 번째 단계는 구체적 조작기(concrete operational stage; 7~12세)이며, 이 시기에는 전조작기에서는 가지지 못하였던 가역성이라는 특성을 가진다. 조작의 순서가 전환될 수 있고, 보존 개념을 획득하고, 분류화와 서열화가 가능하며, 논리적 추리력을 가지게 된다. 그러나 아동의 사고가 여전히 구체적으로 관찰할 수 있는 현실에 한정되어 있다.

마지막 단계는 형식적 조작기(formal operational stage; 12세 이후)이다. 청년기의 인지발달에 해당하는 단계이며, 논리적이고 추상적인 사고가 가능하다. 이 시기에는 눈에 보이는 구체적인 사실이 아니더라도 이해할 수 있는 추상적 사고가 가능하고, 가능성과 이상적 상황에 대해서도 사고할 수 있으며, 가설 연역적 사고가 가능하다. 도덕적 문제나 가치관 등에 대해 이해하기 시작하며, 정치·사회·철학적인 문제들에 대해 관심을 가지게 된다.

(5) 사회학습이론

밴듀라의 사회학습이론

사회학습이론을 주장하는 학자들은 청년기의 발달 특성을 이해하는 데 있어서 직접 관찰하고 측정 가능한 행동을 연구하는 것과 환경의 중요성을 주장하였다. 대표적인 사회학습이론가인 밴듀라(Albert Bandura)는 전통적 학습이론을 확대하여 인간의 사회적 행동을 설명하고자 하였다. 그는 『사회학습이론(Social Learning Theory)』(1977)이라는 저서에서 관찰 학습을 강조하며, 인간은 자신의 행동과 그 행동의 결과에 대해 생각하는 인지적 존재라고 설명하였다.

기본적으로 밴듀라는 관찰 학습을 통해서 학습이 이루어진다고 믿었다. 관찰 학습 과정은 관찰대상이 되는 모델의 행동과 관찰자의 인지적 의사결정과정이라는 두 요인으로 구성된다(Bandura, 1973; 2000). 관찰 학습에는 먼저 관찰자가 다른 사

람의 행동을 관찰한 다음, 그것을 인지적으로 처리하거나 마음
속에 그려 본 후(represent) 자신의 행동을 결정하는 의사결정과
정이 포함된다. 예를 들면, 어떤 학생이 아버지의 폭언과 적개
심에 찬 행동을 관찰하였다면 친구에게 아버지가 한 것과 같은
공격적인 행동을 하게 될 수도 있다. 관찰 학습에서는 다른 사
람의 경험을 관찰하는 것이 자신의 행동에 영향을 미칠 수 있
는데, 밴듀라는 이것을 대리적 경험(vicarious experience)이라
고 하며, 직접적 경험 못지않게 대리적 경험의 역할을 강조하고
있다.

밴듀라

관찰자의 연령에 따라 관찰대상의 범위나 영향력에는 차이가
있다. 아동의 경우 성장하는 동안 모방하거나 관찰하는 사회적 모델은 부모, 형제,
또래, 교사, 친척, 만화나 영화 주인공 등이며, 청년기에 이르면 자신이 선호하는 연
예인이나 스포츠 스타와 같은 대중매체의 주인공 등으로 범위가 좀 더 확대되거나
선호도가 분명해진다.

학습과 발달에 관한 밴듀라(1997)의 최근 모형은 행동(Behavior: B), 인간과 인지
(Person & Cognition: P), 환경(Environment: E)을 포함한다. 즉, 밴듀라는 발달의 주요
요인으로 행동, 환경, 인간과 인지를 들었다. [그림 1-4]에서 보는 바와 같이 행동,
인간과 인지, 환경은 서로 상호작용한다. 행동이 인간과 인지 요인(지능, 사회적 기

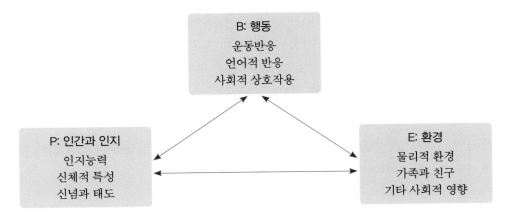

[그림 1-4] 밴듀라의 상호결정론 모형

출처: Shaffer & Kipp (2012).

술, 자기통제능력 포함)에 영향을 미치거나 그 반대 방향으로 인간과 인지 요인이 행동에 영향을 주며(P ↔ B), 청년의 인지활동이 환경에 영향을 미치고, 그 환경은 다시 청년의 사고과정에 영향을 미친다(P ↔ E). 그리고 행동은 환경의 영향을 받지만 이 환경은 청년의 반응에 따라 각기 다르게 구성된다(B ↔ E).

전반적으로 사회학습이론이 청년발달에 주는 시사점은 다음과 같다(Atwater, 1996).

첫째, 청년발달은 환경에 달려 있기 때문에 청년기가 반드시 질풍노도의 시기이거나 이유 없는 반항을 하는 시기는 아니다. 밴듀라는 청년에 대한 질풍과 노도의 시각은 규범에서 벗어난 일부 청년에게만 적용된다고 보았다.

둘째, 청년들의 대부분의 행동은 자기 주변 사람의 행동에 대한 관찰 학습의 결과에서 비롯된다. 청년들의 행동 중 다수가 부모나 교사, 또래와 같은 '의미 있는 타인(significant others)'의 행동을 관찰하고 모방하는 경우가 많다. 따라서 부모가 술을 마시고 담배를 피우면서 자녀에게 음주나 흡연을 하지 말라고 훈계하는 것은 어불성설이다. 실상 부모의 훈계보다 자녀가 이미 관찰하고 학습한 부모의 행동이 자녀에게 더 큰 학습효과를 주기 때문이다. 이뿐만 아니라 TV나 영화 속의 공격행동과 아동의 폭력행동 사이의 관계를 연구한 연구 결과도 관찰 학습의 중요성을 보고하고 있다(Comstock & Scharrer, 2006).

셋째, 청년은 정보처리과정을 통해 자신의 행동을 통제한다. 정보처리과정에서 청년들이 자신의 환경을 스스로 통제한다고 생각하는지, 아니면 자신이 환경의 통제를 받는다고 생각하는지에 대한 자각은 매우 중요하다. 왜냐하면 자신이 환경을 통제할 수 있다고 믿는 청년은 자신의 인생에서 일어나는 다양한 일이 자신의 통제 하에 달려 있다고 생각하므로 주도적으로 행동할 수 있기 때문이다.

넷째, 청년발달은 내적 · 외적 영향의 상호작용으로 이해해야 한다. 청년은 자신의 내적인 힘뿐만 아니라 자신을 둘러싼 환경과 같은 외적인 힘에 의해서도 영향을 받는다. 그러므로 청년발달은 자신의 생물학적 요인과 환경의 사회적 영향 간의 상호작용에 의해 이루어진다.

(6) 생태학 이론

브론펜브레너의 생태학적 체계

브론펜브레너(Urie Bronfenbrenner)는 인간을 사회라는 큰 틀속에서 생물학적 · 심리적 · 사회적으로 적응하고 발달하는 존재로 규정하였다. 그는 인간의 발달을 맥락(context) 속에서 연구해야 한다고 확신함에 따라 발달을 생태학적 모델로 이해하는 생태학 이론(ecological theory)을 정립하였다.

브론펜브레너는 발달을 인간과 환경의 함수관계로 주장하였다[D=f (P · E); D는 발달, P는 인간, E는 환경, f는 함수]. 그의 생태학적 접근은 인간의 전 생애를 다루며, 이 중에서도 특히 청년발달에 중요한 시사점을 제시한다. 청년발달 역시 가족, 이웃, 친구, 학교, 국가 등의 환경과 사회적 영향의 산물이라 볼

브론펜브레너

수 있다. 생태학(ecology)은 유기체와 그 유기체를 둘러싼 사회물리적 환경 간에 존재하는 복잡하면서도 짜임새 있는 상호 의존적인 체계를 연구하는 학문으로, 브론펜브레너는 맥락 속의 발달, 즉 인간발달의 생태학을 연구해야 한다고 주장한다(김청송, 2009). 인간발달을 설명하는 사회문화적 견해인 생태학적 이론에 의하면, 미시체계(microsystem), 중간체계(mesosystem), 외부체계(exosystem), 거시체계(macrosystem), 시간체계(chronosystem)와 같은 다섯 가지의 환경체계가 있다(Santrock, 2004).

첫째, 미시체계는 청년을 직접적으로 둘러싸고 있는 환경을 의미한다. 즉, 청년들이 생활하고 있는 장면이자 각 개인에게 가장 인접한 수준의 환경으로, 예를 들면 가족, 학교, 또래, 이웃 또는 그 환경과의 경험이나 관계 등이 미시체계에 포함된다. 청년은 환경과 직접적인 상호작용을 하며, 환경의 영향을 받는 수동적인 존재가 아니라 환경을 능동적으로 구성하는 존재이다. 청년기에 들어서면 부모보다 또래집단이 점차 중요한 미시체계로서 영향력을 미치게 된다. 또래집단은 청년들에게 사회적 지위와 보상 그리고 정서적 안정감을 제공하기도 하지만, 음주, 흡연, 폭력과 같은 각종 비행과 연관되어 부정적 영향을 미치기도 한다.

둘째, 중간체계는 미시체계 사이의 연결망, 즉 미시체계에 속하는 환경 간의 상

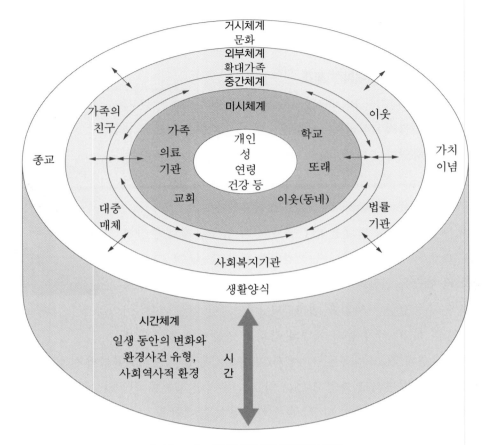

[그림 1-5] 브론펜브레너의 생태학적 체계

출처: Santrock (2004), p. 50 수정.

호관계를 의미한다. 다시 말해, 가족 경험과 학교 경험 간의 관계, 친구 경험과 교회 경험 간의 관계, 가족과 또래와의 관계 등이 그것이다. 예를 들면, 부모에게서 사랑 받지 못한 청년들은 교사와 긍정적인 관계를 맺는 데 어려움을 가질 수도 있다.

셋째, 외부체계는 청년이 살고 있는 좀 더 큰 지역사회의 맥락을 의미하며, 청년 발달에 직접적인 영향을 미치지 않으나, 간접적인 영향을 미치는 생태적 환경을 말 한다. 청년기 외부체계의 대표적인 예로는 부모의 직업을 들 수 있다. 부모의 직업 은 청년이 직접 경험하는 체계는 아니지만, 부모의 행동과 부모-자녀 관계에 영향 을 미침으로써 청년이 영향을 받게 되는 환경이다. 부모의 고용주, 공공기관, 교육 체제나 교육정책, 교통·통신기관, 대중매체 등도 외부체계에 포함될 수 있다.

넷째, 거시체계는 청년들에게 직접적으로 영향을 미치지는 않지만, 간접적으로 개인의 가치, 신념, 문화, 생활양식 등에 영향을 미치는 체계를 의미한다. 거시체계는 간단히 설명하면 개인이 생활하는 문화라고 할 수 있다. 즉, 청년 개인의 삶에 직접적으로 개입하지는 않으나 미시체계, 중간체계, 외부체계에 포함된 모든 요소, 그리고 개인이 접하고 있는 문화적 환경까지 포함하는 포괄적인 것으로서, 간접적이지만 매우 강력한 영향력을 발휘하는 체계이다. 문화 특유의 이념, 제도, 종교, 법, 정치 등이 거시체계의 대표적인 예이다. 우리나라에서 자란 청년과 미국에서 태어나 자란 한국 교포청년의 문화권이 두드러진 차이를 보인다면, 이는 거시체계의 영향이 크기 때문이다.

다섯째, 시간체계는 전 생애에 걸쳐 일어나는 변화와 사회역사적 환경을 모두 포함하는 체계이다. 예를 들면, 부모의 이혼이 아동에게 미치는 영향에 관한 연구에서 연구자들은 이혼의 부정적인 영향이 이혼한 첫해에 최고조에 달하며, 딸보다는 아들에게 더 부정적인 영향을 미친다고 보고한다. 그리고 이혼 후 2년쯤 지나면 가족 간의 상호작용도 점차 안정을 되찾는다. 사회문화적인 환경과 관련해서는 20년 전에 비해 더 많은 여성이 직업을 가지기를 원하는데, 이와 같이 시간체계는 청년들의 삶에 영향력을 발휘하게 된다.

브론펜브레너의 생태학적 접근에 의하면, 시간체계 및 거시체계에서의 변화가 외부체계에 영향을 주고, 외부체계의 변화가 다시 청년들의 중간체계와 미시체계에 영향을 미친다는 것을 알 수 있다. 청년들과 환경의 관계와 맥락 속에서 청년발달을 이해하여야 하며, 청년심리 연구가 미시체계뿐 아니라 중간체계, 외부체계, 거시체계, 시간체계에까지 확대되어야 함을 시사한다(이옥형, 2006).

제2부

청년기의 발달 특성

제**2**장

신체발달

1. 사춘기

1) 사춘기와 청년

청년(adolescent)의 단어를 살펴보면 '성숙한 사람으로 성장한다(to grow into maturity)'는 의미를 지니듯, 청년들은 사춘기를 시작으로 하여 성인으로 발달한다. 사춘기(puberty)라는 단어는 'pubertas'라는 라틴어에서 비롯되었으며, '성인다운 연령' 또는 '모발의 성장'을 의미한다. 사춘기는 청년기의 시작을 알 수 있는 핵심 징후로서, 아동기에서 볼 수 없었던 생식능력이 생기고 성적 성숙이 뚜렷하게 나타나는 시기이다.

사춘기는 청년 초기에 한 개인에게 일어나는 내분비선과 중추신경계의 발달로 급격한 신체적·성적 성숙이 이루어지는 기간이다. 초등학교 1~2학년 정도의 아동을 보면 남아와 여아를 구분하는 특성이 외관상으로는 뚜렷하지 않다. 아동은 남녀 모두 굴곡 없는 일자형의 체형이고 특별히 발달한 신체적 특성이 적으므로, 남녀를 구분하는 외형상의 뚜렷한 단서는 머리 모양이나 옷차림 정도이다. 이러한 남녀 아동의 외모는 사춘기가 진행됨에 따라 11, 12세경부터 완전히 바뀌게 된다.

　사춘기는 어느 날 갑자기 나타나는 월경이나 사정, 몽정과 같은 생리적인 사건에 의하여 드러나므로, 이를 하나의 갑작스러운 사건으로 여기기 쉽다. 그러나 사실 사춘기의 징후가 외부로 발현되기 훨씬 전부터 몸 안에서는 생리적 준비가 체계적으로 진행되고 있다. 사춘기가 되면 생리적 시계에 따라 호르몬이 분비되어 제2차 성징이 나타나며 2~3년에 걸쳐 생식기관의 발달이 진행된다.

　일반적으로 사춘기의 시작 시점에 영향을 주는 요인으로는 영양, 건강, 유전, 체중을 든다. 사춘기의 시작 시점은 인간의 유전자 내에 프로그램화되어 있어 이것이 내분비기관에 변화를 일으켜 사춘기를 시작하도록 지시할 것이라 짐작되지만, 개인의 건강 특성 및 영양과 같은 환경적인 변인도 영향을 미친다(van den Berg & Boomsa, 2007). [그림 2-1]을 살펴보면, 적절한 영양 공급과 의료혜택에 따라 전반적으로 건강이 개선됨에 따라 최근 약 150~200년 동안 초경 연령의 저연령화 경향이 뚜렷하게 나타나고 있다. 개발도상국과는 달리 선진국, 서구 국가들, 우리나라와 같이 급속한 경제발전을 이룩한 국가들에서도 성숙의 가속화 현상이 나타나 초경 연령의 하강 패턴이 발견되고 있다.

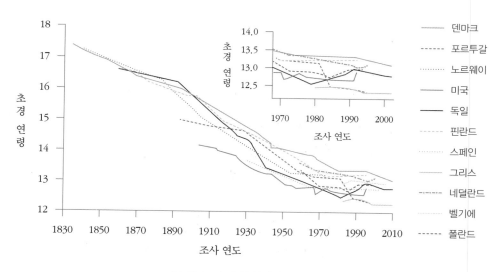

[그림 2-1] 초경 연령의 저연령화

출처: Sørensen, Mouritsen, Aksglaede, Hagen, & Morgensen (2012): Arnett(2018)에서 재인용.

이 외에도 사춘기의 시작을 결정하는 주된 요인으로는 체중을 들 수 있다(정옥분, 2008). 사춘기가 되어 난소와 고환이 발달함에 따라 성 호르몬의 분비가 증가하여 성적 성숙을 이룬다. 여성의 경우 초경은 대부분 체중이 45~47kg 정도일 때 시작되며, 월경을 계속하기 위해서는 체중의 17% 정도가 지방으로 구성되어야 하므로 체중이 지나치게 적게 나가거나 운동을 많이 하는 경우에는 월경이 불규칙해질 수도 있다.

우리나라의 경우 초경 연령에 영향을 주는 요인으로는 체질량지수를 들 수 있다(최문정, 2011). 체질량지수(Body Mass Index: BMI)란 자신의 몸무게(kg)를 키(m)의 제곱으로 나눈 값으로서, 체질량지수가 높을수록 초경 연령이 낮은 것으로 나타났다. 초경을 일찍 시작한 여성이 초경을 늦게 시작한 여성보다 최종 신장이 작고, 체질량지수는 더 높은 것으로 나타났다.

사춘기 청년들에게 나타나는 두드러진 신체적 변화는 다음과 같다. 첫째, 신장과 체중의 급격한 증가를 가져오는 성장급등(growth spurt)과 같은 성장 가속화 현상이 나타난다. 둘째, 유방의 발달, 음모, 체모, 수염 등 2차적 성 특징이 나타나고, 남성의 고환과 여성의 난소 등과 같은 생식기관이 급속도로 발달하여 비로소 생식능력을 갖추게 된다. 셋째, 청년은 성별에 맞게 지방, 근육, 골격이 변화하여 외형적으로 성인의 신체에 가까워진다. 넷째, 사춘기에는 운동능력과 지구력이 증가하게 되며, 호흡기와 순환기도 발달한다.

2) 내분비계의 변화

사춘기의 신체적 변화를 일으키는 원인이 완전히 밝혀지지는 않았으나 호르몬이 사춘기 변화의 주역이며, 뇌와 내분비계에서 일어나는 일련의 복잡한 작용에 의해 사춘기의 생리적 발달이 이루어진다는 사실이 밝혀졌다. 사춘기의 변화를 일으키는 호르몬의 변화는 외부적으로 나타나는 사춘기보다 먼저 시작되는데, 여자의 경우는 7~10세, 남자의 경우는 8~11세에 진행된다.

사춘기의 시작은 뇌 안쪽의 깊숙한 곳에 위치한 솔방울 모양의 송과선(pineal gland)과 관계가 있다. 송과선은 수면주기를 조절하는 것으로 알려져 있는 멜라토닌(melatonin)을 분비한다. 멜라토닌의 농도는 청년기 생식과 밀접한 관련이 있다.

아동의 연령이 증가함에 따라 멜라토닌의 분비량이 일정 수준 아래로 점차 감소하게 되면 사춘기가 시작된다. 청년기에는 멜라토닌 양은 감소하고 반대로 생식선 호르몬의 양은 증가하므로 멜라토닌이 생식선을 자극해 호르몬 분비를 조절하는 역할을 한다. 다시 말해, 멜라토닌의 농도가 높으면 생식세포의 발달을 억제하고, 멜라토닌의 농도가 낮으면 생식세포의 발달을 촉진한다.

내분비계(endocrine system)는 혈액 속에 직접 호르몬을 분비하고 조절하는 역할을 하며, 전뇌에 위치한 시상하부(hypothalamus)는 뇌하수체(pituitary gland)를 자극하여 내분비계의 호르몬 분비 활동을 활성화하거나 조절하는 기능을 한다.

사춘기 변화는 내분비계의 매우 복잡한 조절체계에 의해 작동된다. 이 체계는 마치 자동 온도조절장치와 같아서 특정 호르몬 수준이 적정 농도 이하로 떨어지면 호르몬을 분비시키고, 적정 수준에 도달하면 분비를 일시적으로 멈추어 조절하는 기능을 한다. 이때 자동 온도감지기 역할을 하는 것이 시상하부이다. 내분비기관의 호르몬이 일정 수준 아래로 떨어진 것이 감지되면 시상하부는 뇌하수체에 영향을

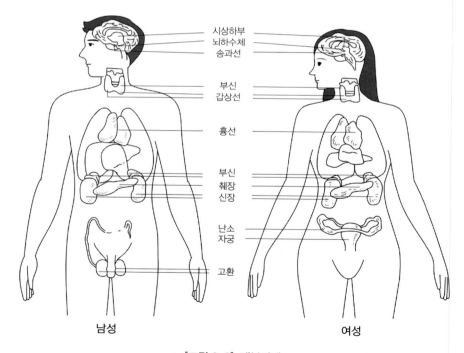

[그림 2-2] 내분비계

출처: Spencer et al. (1992).

주어 뇌하수체가 혈관 내부에 호르몬을 분비시키거나 호르몬 수준을 조절하는 기능을 담당한다.

뇌하수체는 생식선(sex glands)에서의 성 호르몬의 생성과 유출을 자극하는 중요한 기능을 하며, 또한 신장과 체중의 발달 및 골격발달에 관계된 성장 호르몬을 분비하는데, 이는 청년기에 중요한 영향을 미친다. 생식선은 남성의 고환과 여성의 난소를 의미하며, 여기서 안드로겐(androgen)이나 에스트로겐(estrogen)과 같은 성 호르몬을 분비한다.

안드로겐과 에스트로겐은 사춘기의 신체 변화를 이해하는 데 중요한 성 호르몬이다. 안드로겐의 일종인 테스토스테론(testosterone)은 특히 남성의 사춘기 발달에 결정적인 역할을 한다. 테스토스테론은 청년기 남성의 신체 변화와 밀접한 관련이 있으며, 특히 남성의 생식기를 구성하는 고환과 음경을 발달시키고, 정자의 생산, 변성과 수염, 체모 등의 제2차 성징 발현을 촉진한다.

여성은 남성에 비해 테스토스테론의 분비가 적은 대신 에스트로겐을 더 많이 분비한다. 청년기 여성들의 신체 변화에 크게 기여하는 에스트라디올(estradiol)은 에스트로겐의 일종으로 유방과 여성의 생식기관인 자궁과 질의 발달을 자극한다. 에스트로겐은 월경 주기와 정상적인 자궁 수축, 유선조직의 성장과 관련되어 있다. 또

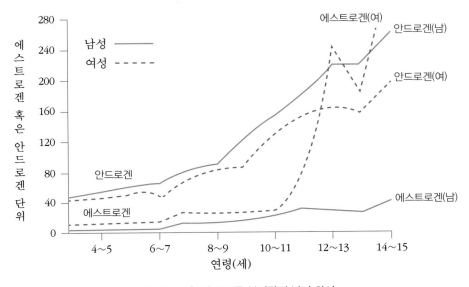

[그림 2-3] 성 호르몬 분비량의 남녀 차이

출처: Rice & Dolgin (2008).

한 체지방의 분포에 영향을 주어 전체적으로 곡선적인 여성의 신체 모양을 형성한
다(Fregly & Luttge, 1982).

여기서 주목할 것은 청년기 남성과 여성 모두 테스토스테론과 에스트라디올의
분비량이 증가하는데, 다만 그 비율에 있어서 남성은 테스토스테론, 여성은 에스트
라디올의 분비량이 급격히 증가하는 양상을 보인다는 것이다. 안드로겐과 에스트
로겐은 사춘기 이전부터 이미 존재하였지만 사춘기 동안 분비량이 급격히 증가하
면서 남성 또는 여성의 생리적 발달을 촉진한다. 안드로겐과 에스트로겐의 분비량
은 소변검사로 확인할 수 있으며, [그림 2-3]은 연령에 따른 남녀 성 호르몬 분비량
의 차이를 보여 준다.

[그림 2-3]에서 보는 바와 같이 에스트로겐을 여성 호르몬, 안드로겐을 남성 호르
몬이라고 말하지만, 남녀 모두 출생 시부터 이미 이 두 호르몬을 지니고 있다. 다만
두 호르몬의 상대적인 양의 차이에 따라 남성과 여성의 특징이 나타날 뿐이다. 사춘
기가 시작되기 직전부터 청년기 동안 남성은 안드로겐, 여성은 에스트로겐의 분비
량이 극적으로 증가한다.

2. 일반적인 신체 특징

1) 체격의 변화

청년기는 생리적으로 진행되는 일련의 신체발달에서 시작된다. 청년은 2차적 성
특징, 즉 제2차 성징(secondary sex characteristics)이 나타나면서 생식능력이 발달하
게 된다. 청년기의 신체발달은 상당히 빠른 속도로 진행되는데, 신체적으로는 키,
몸무게, 근육, 신체비율에서 현저한 변화가 생기는 성장급등 현상이 나타난다.

영아기 이후 아동의 성장비율은 매년 점진적으로 감소하나, 사춘기에 접어들면
가장 먼저 신장에서 성장급등 현상이 일어난다. 성장급등 현상이 끝날 무렵 청년의
신체적 외모와 운동능력은 거의 성인 수준에 도달한다. 청년기의 신체발달 및 운동
능력, 성적 발달은 인간의 모든 활동과 사회생활의 기반을 이룬다. 급격한 신체발달
을 통해 청년들은 새로운 자아개념을 형성하게 되고, 인지적·정서적·사회적 영

역에서 급격한 변화를 겪게 된다. 즉, 신체의 건강 여부, 결함의 유무, 운동능력의 우열 등은 모든 지적 · 정서적 · 사회적 활동에 큰 영향을 미치며, 아울러 청년기의 성적 발달 역시 그들의 생활 전반에 영향을 준다. 사춘기의 신체적 변화는 누구에게 나 일어나는 보편적 현상이지만 진행 속도가 빠르고, 개인차와 성차가 크기 때문에 변화를 경험하는 청년들은 상당히 당황하거나 불안해하여 간혹 심리사회적 적응에 어려움을 겪기도 한다.

　사춘기 동안 일어나는 가장 극적인 신체발달은 신장과 체중의 증가이다. 그중 신 장의 성장급등은 사춘기의 가장 두드러진 신체발달 현상이다. 대개 성장급등 현상 은 약 2.5~3년 정도 지속된다. 일반적으로 여성의 성장은 남성보다 2년 정도 더 일 찍 시작되기 때문에 대부분의 여성은 10~11세에 성장급등 현상이 나타나는 반면, 남성은 12~13세 이후에 시작되는 편이다.

　성장급등기 동안 신장의 성장비율은 아동기의 2배 정도나 된다. 아동기 동안 남 녀의 신장은 매년 평균 5cm 정도 성장하지만 성장급등기에는 남성은 매년 10cm, 여성은 매년 8cm 정도 성장한다. 상대적으로 여성은 약 9~12세에, 남성은 약 11~13세에 신장성장률이 더 높다.

　사춘기의 시작과 함께 청년기 동안에는 신장뿐만 아니라 체중 또한 급격히 증가 한다. 체중에서도 성장급등기를 맞이하게 되는데, 여성은 10~11세경, 남성은 약 2년 정도 늦은 12~13세경에 절정에 이른다. 청년기 동안 신장과 함께 체중의 증가는

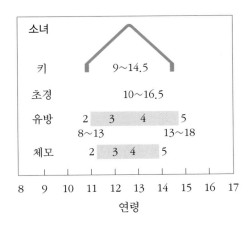 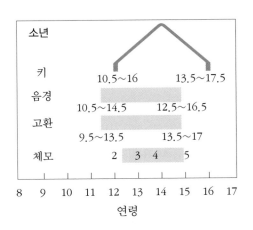

[그림 2-4] 사춘기의 성장급등과 성적 성숙

출처: Tanner (1974).

뼈, 근육, 지방, 신체기관의 크기 및 양의 증가를 수반한다. 청년기 남성은 여성보다 근육조직의 빠른 성장을 보이는 반면, 여성은 빠른 체지방의 증가를 보인다. 이에 따라 청년 후기 무렵 남성의 근육 대 지방의 비율은 3:1인 반면, 여성은 5:4로 현격한 차이를 보인다(Steinberg, 1999). 근육의 양은 자연히 남녀 간의 신체적인 힘과 운동능력의 차이를 가져온다. 아동기와 청년기에 남녀 간 신체적인 힘의 차이에 대한 연구에서는 16세 남성은 5세 남성에 비해 신체적인 힘이 14배, 16세 여성은 5세 여성에 비해 신체적인 힘이 10배 정도 증가한다고 보고하고 있다(Cheek, 1968; Malina & Bouchard, 1991).

신체발달에서 두드러진 성차를 보이는 양상으로는 성별에 따른 외모의 변화와 체지방의 증감을 들 수 있다. 예를 들면, 여성은 사춘기 동안 계속적으로 체지방이 증가하기 때문에 '둥근' 외모를 가지게 되는 반면에, 남성은 일반적으로 체지방을 잃게 되기 때문에 비교적 '각진' 외모를 지니게 된다. 또한 남성은 남성 호르몬인 안드로겐의 분비가 증가하기 때문에 어깨뼈가 커지고 어깨가 넓어지는 반면에, 여성은 여성 호르몬인 에스트로겐의 증가로 인해 골반 부위가 넓어진다.

성장급등이 일어나면 팔과 다리가 길어지면서 엉덩이, 가슴, 어깨 등 신체 형태에도 변화가 나타나는데, 특히 신체 부위의 상대적 비율이 아동기와는 크게 달라진다. 남성의 경우는 엉덩이에 비해 어깨가 넓어지지만, 여성은 어깨가 좁고 엉덩이가 넓어지게 된다. 남성과 여성의 신체 형태가 이와 같이 크게 달라지는 것은 체지방의 분포가 서로 다르기 때문이다. 성장급등기 동안 남성은 피하지방이 빠르게 없어지지만 여성은 골반, 가슴 등 윗부분에 체지방이 축적되어 전체적으로 둥근 체형이 만들어진다.

이 외에도 청년 초기의 성장급등 현상은 신체의 다른 부위에서도 현저하게 나타난다. 두개골은 점차 어른다운 모습을 갖추게 되며, 아래턱과 코가 길어진다. 이마는 더 넓어지고 높아지며, 입은 커지고, 입술은 도톰해진다.

청년기를 떠올리면 여드름이 생각날 정도로 대부분의 청년은 피부 문제로 고민한다. 특히 여드름과 액취는 청년들이 고민하는 주요 문제이다. 피부 피지선의 왕성해진 활동은 여드름이 돋아나게 하고, 겨드랑이, 유방, 생식기 및 항문 주위 한선의 확대는 땀을 많이 분비시킨다. 땀은 피부 박테리아의 작용에 의해 액취를 유발하는 원인이 된다.

읽 기 자 료

사춘기의 상징, '여드름'

　　여드름은 청년들에게 고민을 주기도 하고, 창피해하거나, 피부 관리를 위해 신경을 많이 쓰게 하기도 하며, 때로는 자아존중감을 낮아지게 하여 사회적으로 위축되게도 한다.

　　청년기에 왕성하게 활동하여 문제가 될 수 있는 세 종류의 피부샘은 다음과 같다.

- 메로크린선(Merocrine gland): 대부분의 체표면에 걸쳐 분포
- 아포크린땀샘(Apocrine sweat gland): 겨드랑이, 유방, 생식기, 항문 부위에 분포
- 피부기름샘(Sebaceous gland): 피부의 피지분비선

　　청년기에는 메로크린선과 아포크린땀샘이 악취를 동반하는 지방질을 분비하기 때문에 악취가 난다. 또한 피지를 분비하는 피부기름샘이 빠른 속도로 발달하여 피부지방을 배출해야 하는 피부관이 막히면 여드름이 생기게 되며, 사실상 약 85% 정도의 청년은 어느 부위이건 여드름이 있다고 한다(University of California at Los Angeles Medical Center, 2000).

　　여드름은 심각도에 따라 형태가 다양하다. 지방분비선이 막혔을 때에는 화이트헤드와 블랙헤드가 생긴다. 블랙헤드는 지방이 산화되면서 검게 변하고, 또 그 안에 먼지가 포함된 것이다. 모공이 오염되어 뾰루지가 생기기도 하고, 고름이 가득 찬 여드름인 농포가 생기기도 하는데, 농포는 상처가 남을 수 있다.

　　여드름은 청년기에 점차 많은 양의 테스토스테론이 분비되면서 발생하기 쉬우므로 남성이 여성에 비해 더 잘 생긴다. 여드름을 악화시키는 요인으로는 기름진 화장품, 피부를 문지르는 것, 스트레스 등을 들 수 있다.

출처: 정영숙, 신민섭, 이승연(2009), pp. 87-88 수정.

　　청년기 동안 신체 외부의 변화와 함께 신체 내부에서도 현저한 변화가 일어난다. 성장하는 청년의 신체를 유지하기 위하여 소화기관, 심장 및 폐의 크기가 증가한다. 이에 따라 소화와 호흡, 순환의 기능이 높아지며, 신진대사가 원활해진다. 남성은 여성보다 심장과 허파가 더 크고, 혈액의 양이 더 많으며, 혈압도 더 높은 편이다.

2) 청년기 성장 곡선

청년기의 신체발달 중에서 신장과 체중, 골격, 생식기관의 발달, 뇌·신경계 발달, 호르몬의 변화가 두드러진다. 이러한 신체적 변화는 영역별로 서로 다른 성장속도를 갖고 있다. [그림 2-5]의 신체 각 부분의 성장 곡선이 나타내는 바와 같이 신체의 발달 속도는 신체부위에 따라 다르다. 이 그림은 20세의 발달 수준을 100%로 하여 여러 신체 영역의 성장발달 곡선을 제시한 것으로, 다음과 같은 특징이 있다(이옥형, 2006).

첫째, 일반적인 신체발달은 머리를 제외한 신장과 체중, 모든 기관의 크기, 호흡기관, 소화기관, 순환기관, 근육조직, 혈액의 양 등의 발달을 나타낸다. 일반적인 신체발달의 경우, 영아기에 급격한 성장을 보이다가 점차 완만한 증가를 보이지만 12세무렵이 되면 다시 급격한 성장을 이루는 S자 유형의 발달을 이룬다.

둘째, 생식기관의 발달은 고환, 난소, 전립선, 정액낭, 나팔관 등의 발달을 나타낸

- 임파성 조직 발달: 흉선, 림프샘, 장 림프 다발
- 뇌·신경계 발달: 뇌와 그 관련 조직, 척수 안구 관련 기관, 머리 크기
- 일반적 발달: 머리를 제외한 모든 기관의 크기, 호흡기관, 소화기관, 신장, 폐 관련 기관, 근육조직, 혈액의 양
- 생식기관 발달: 고환, 난소, 전립선, 정액낭, 나팔관, 수출관

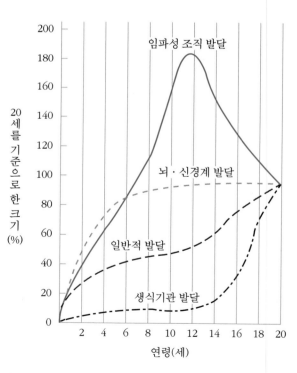

[그림 2-5] 신체 각 부분의 성장 곡선

출처: 이옥형(2006).

다. 생식기관은 청년기 이전까지는 거의 변화를 보이지 않다가 사춘기가 시작되면 급격한 발달을 이루어 불과 몇 년 안 되어 완성되는 극적인 변화를 보인다. 청년기의 급격한 성적 발달은 이 시기에 증가하는 성 호르몬 때문이다.

셋째, 뇌·신경계 발달은 뇌와 관련된 조직, 척수 관련 기관, 머리 크기 등의 발달을 나타낸다. 뇌·신경계 발달은 출생 후 아동기까지 급격한 발달을 이루면서 거의 완성에 이르는데, 이는 머리 부분이 몸통이나 팔다리보다 먼저 발달한다는 두미 (cephalocaudal) 발달 원리에 근거한다.

마지막으로, 임파성 조직 발달은 흉선, 아데노이드, 림프노드 등의 발달을 나타낸다. 임파성 조직 곡선은 상당히 독특한 양상을 보이는데, 12세경에 성인의 180%에 이르는 절정에 도달하였다가 점차 감소하여 20세경에는 100%에 이르게 된다. 청년기에 임파성 조직 발달이 오히려 감소하는 이유는 청년기에 증가하는 성 호르몬의 영향과 관련이 있다.

3) 운동능력의 발달

청년기에는 신체발달에 따라 운동능력도 현저하게 발달한다. 청년들의 근육 및 신경계의 발달은 일상생활과 활동, 운동능력의 기초가 된다. 그러므로 청년들의 운동능력 발달은 심리적·사회적 적응에 중요한 역할을 한다.

신체발달의 차이에서 오는 운동능력의 차이는 근육뿐만 아니라 신경계 발달과도 밀접한 관련이 있으며, 행동발달과 성격발달에도 영향을 준다. 운동능력이 잘 발달된 청년은 자신감을 가지고 활동할 수 있으므로 자연히 성취감도 생기고 사회적으로 높은 평가를 받게 된다. 특히 청년 초기의 운동능력 발달은 자신감을 가지게 하고, 능력도 인정받게 하며, 정서적 안정감을 가지게 하므로 청년들의 건전한 성격발달을 가능하게 한다. 반면에 운동능력의 발달이 늦은 청년은 전반적으로 발달이 더딘 경향이 있으며, 열등감이 형성되거나 스스로 사회적 부적응에 빠져 어려움을 겪기도 한다. 따라서 운동능력의 부진은 청년들을 의기소침하게 하며 열등의식에 사로잡히게 할 수 있으므로, 다양한 스포츠 활동을 통해 건강하게 성장하도록 하는 것이 유익하다.

운동능력의 발달 경향과 특성은 남녀 성차가 뚜렷하다. 이러한 차이는 기본적 운동능력과 종합적 운동능력에 따라서 다르지만 전반적으로 남성이 여성보다 우월하며, 청년 초기보다 청년 후기로 갈수록 성차는 더욱 분명하다. 운동능력 발달의 성차의 원인으로는, 첫째, 제2차 성징에 따른 신체상의 차이, 둘째, 골격, 근육, 체격의 조직학적 차이, 셋째, 여러 내장기관의 기능상의 차이 등을 들 수 있다.

운동능력의 차이와 관련하여 남녀 신체 내부의 차이를 설명하면, 우선 남성은 여성에 비해 심장과 폐가 상대적으로 큰 편이므로 혈압과 기초대사량이 평균적으로 더 높다. 남성의 혈액에는 산소를 운반하는 헤모글로빈이 여성보다 좀 더 많이 포함되어 있다. 청년기 남성의 왕성한 테스토스테론 분비는 근육의 성장을 촉진시키기 때문에 남성은 여성보다 근육량이 많아진다. 남성에게는 수축을 오래 지속하지는 못하지만 힘센 근육세포인 속근(fast-twitch) 섬유가 여성에 비해 더 많은 반면, 여성에게는 초기 힘은 더 적으나 오래 끌어당길 수 있는 근육세포인 지근(slow-twitch) 섬유가 더 많다(정영숙 외, 2009).

종합적으로 운동능력의 경우 남성이 여성보다 우월하다. 청년기 남성의 신체는 힘과 에너지를 빠르게 발산하도록 발달하며, 보다 빠르게 산소를 활용하여 큰 근육에 에너지를 공급한다. 하지만 여성의 신체는 '장시간' 움직일 수 있는 구조를 지녔으며, 내분비학적으로는 심장발작, 동맥경화, 뇌졸중의 위험이 남성보다 더 적은 편이다.

3. 성적 성숙

1) 여성의 성적 성숙

사춘기의 성적인 발달은 생식 기능을 갖추게 되는 것이 핵심이다. 여성의 경우, 생식 기능의 성숙을 알려 주는 것은 난소의 성숙을 의미하는 월경이다. 일반적으로 초경의 개시는 성적 성숙의 지표(김재구, 2008; 신재철 외, 1996)를 의미하는데, 초경은 유방 및 체모 등 신체적 발달 이후 6~12개월 후에 나타난다(Tanner, 1978). 여성의 성적 성숙이 일어나는 시기는 개인차가 크지만, 평균 초경 연령은 12세 전후이다. 여성이 초경을 9~18세에 시작하면 생식 기능이 정상적인 것으로 간주한다.

최근에는 성장 가속화 현상과 함께 사춘기의 시작 시기가 점점 빨라지고 있다. 특히 이러한 현상은 청년 남성보다는 청년 여성에게 뚜렷하게 발견되어 초경 연령이 점점 빨라지고 있는 추세이다(Sun et al., 2002). 태너(Tanner, 1968)는 7개국(미국, 영국, 덴마크, 스웨덴, 핀란드, 독일, 노르웨이)의 비교문화연구를 통해 초경 연령이 지난 100년 동안 점점 낮아지고 있다고 하였으며, 이러한 초경의 저연령화 현상은 국가 간 차이가 있으나 평균적으로 10년마다 약 3~4개월 정도, 100년에 3~4년 정도 앞당겨져 왔다고 보고하였다(Frisch, 1991).

　우리나라의 초경 연령은 미국, 서유럽, 일본 등의 선진국과 비슷한 수준이다(서울신문, 2008. 11. 15.). 우리나라도 초경 연령의 가속화 현상이 두드러져서(김은경, 이선희, 2003; 신재철 외, 1996), 평균 12~12.6세에 초경을 하는 것으로 나타났다(경향신문, 2021. 5. 27.). 현재 초등학교 고학년 여학생의 상당수가 초경을 시작한 것으로 미루어 볼 때, 초경 연령의 저하 추세는 앞으로도 계속 진행될 것으로 예상된다. 특히 체중이 증가할수록 초경 시기가 빨라지는 것으로 나타났다(신재철 외, 1996). 초경 연령이 낮아지는 원인은 영양과 건강 상태의 개선에서 비롯되었다는 것이 일반적인 해석이다.

　여성의 성적 성숙은 초경과 함께 외형적으로 유방과 음모의 성장이라는 두 가지 신호로 나타난다. 유방은 10세경에 발육하기 시작하여 꾸준히 확대되고 원추형으로 변하며, 개인차가 있으나 약 13~17세경에 이르면 가슴발육은 완료된다. 유방의 발육과 함께 음모와 겨드랑이의 체모도 발달한다. 첫 배란이 이루어질 무렵인 12세경에 음모가 발달한다. 시기적으로 여성은 성장급등 현상 직후에 제2차 성징의 발달을 경험하는 반면에, 남성은 성장급등 현상이 나타나기 1년 전쯤에 성적 성숙을 경험한다.

　여성의 경우, 사춘기 동안 생식선자극 호르몬(FSH/LH)이 난소의 활동을 자극한다. 여성의 복부 아랫부분의 양쪽에 하나씩 위치한 난소는 호두 크기의 기관으로, 다음과 같은 두 가지의 중요한 역할을 담당한다.

　첫째, 난소는 수정이 가능한 성숙한 난자를 생성한다. 출생 시에 난소는 약 40만 개의 미성숙란을 지니고 있다. 사춘기 이후부터 폐경기(45~50세경)까지 두 개의 난소는 약 28일마다 한 번씩 교대로 난자를 방출하는데, 생식 가능한 이 기간에 약 400~500개의 성숙한 난자를 방출한다. 여성이 난자를 방출할 수 있는 시기가 제한되어 있는 것은 남성의 정자 생성이 사춘기부터 사망 시까지 계속되는 것과는 대조적이다.

둘째, 난소는 여성 호르몬인 에스트로겐과 프로게스테론(progesterone)을 분비한다. 에스트로겐은 난소의 여포에서 분비되므로 '여포 호르몬'이라고도 부른다. 한 달 주기로 분비되는 에스트로겐은 자궁과 나팔관 등이 정상적인 크기와 기능을 유지할 수 있도록 하며, 임신이 가능하도록 자궁 내벽을 준비하는 역할을 한다. 동시에 유방의 발육, 허벅지와 엉덩이의 지방질 배치, 음모의 생성, 성적 충동과 같은 제2차 성징의 발달에 기여한다.

유방의 발육에는 프로게스테론도 관여하는 것으로 밝혀졌다. 프로게스테론은 난소의 황체에서 분비되므로 '황체 호르몬(luteal hormone)'이라고 불리는 동시에, 임신과 관련된 호르몬이라는 의미로 '임신 호르몬(pregnancy hormone)'이라고도 불린다. 배란 후 약 13일 동안 분비되는 프로게스테론은 태아가 성장하기에 적합한 자궁 환경을 만드는 역할을 한다. 프로게스테론은 자궁이 영양물질을 분비할 수 있도록 하고, 혈액 공급을 증가시키는 동시에 유방을 확대시키고, 유선을 자극한다. 그러나 임신되지 않으면 에스트로겐과 함께 프로게스테론의 수준은 급격히 감소되며, 수정되지 못한 난자는 월경으로 배출된다. 사춘기 동안의 제2차 성징의 발달에 기여하는 호르몬은 에스트로겐이며, 프로게스테론은 보조 역할을 수행한다. 남성 호르몬인 테스토스테론도 여성의 성적 성숙에 기여한다. 여성의 부신에서 분비되는 테스토스테론은 사춘기 동안 약간 증가하는데, 이는 성적 각성능력의 발달을 돕는 역할을 한다.

2) 남성의 성적 성숙

남성의 성적 성숙은 성장급등 현상이 나타나기 약 1년 전부터 시작된다는 것이 여성과 다른 점이다. 남성의 제2차 성징은 점진적으로 나타나며 남성의 성적 성숙은 남성 생식선인 고환의 발달로부터 시작된다. 고환은 음낭 속에 들어 있는 두 개의 달걀 모양의 기관으로 신체 외부에 노출되어 있다. 정자를 생성하는 세포는 정상 체온에서는 정자 생산이 불가능하므로 고환을 신체 외부에 노출시킴으로써 다른 신체 부위보다 2℃ 정도 낮은 체온을 유지하도록 한다.

고환의 중요한 두 가지 기능은 성숙한 정자를 만드는 것과 남성 호르몬인 테스토스테론을 분비하는 일이다. 고환은 사춘기까지는 기능하지 않고 있다가 생식선자극 호르몬이 분비됨에 따라 활동을 시작한다. 고환에서 분비된 테스토스테론은 남성의 성적 발달을 명령하여 음경과 음낭을 확대시키고 어깨 골격을 발육시킨다. 또한 변성과 성적 충동의 발달을 가져온다. 테스토스테론을 포함하는 남성 호르몬인 안드로겐은 신체 각 부위의 체모를 발달시키는 동시에 근육을 재배치함으로써 넓은 어깨, 좁은 엉덩이와 같은 남성 고유의 체격을 형성한다. 루이스 등(Lewis, Casto, Aquilino, & Magguffin, 1978)에 의하면 혈액 내의 테스토스테론의 양은 사춘기 이후에도 변함없이 거의 일정한 수준을 유지한다고 한다.

　사춘기 동안 분비되는 여성 호르몬과 안드로겐의 증가로 인해 청년 남성의 약 70% 정도는 유방이 확대되는 여성형 유방(gynecomastia)을 일시적으로 경험하기도 한다. 대략 11세경에 고환이 발달하며, 16세경에는 성인 크기의 고환에 도달하게 된다.

　음모는 10~15세에, 겨드랑이의 체모와 수염은 14세경에, 가슴의 체모는 가장 늦게 나타난다. 음경은 이르면 11세, 늦으면 14~15세경에 시작되어 약 2년 동안 성장한다. 외부 생식기의 발달과 함께 정낭과 같은 내부 생식기관도 발달하기 시작하며, 13~14세경에 이르면 사정할 수 있다. 남성의 목소리는 남성 호르몬인 안드로겐이 후두세포를 자극하여 저음으로 변성이 된다.

　〈표 2-1〉에서 언급한 성적 성숙의 순서는 평균적인 발달의 순서이나, 개인차가 존재한다. 성적 성숙의 시작 연령은 개인차가 크지만, 발달적 변화가 일어나는 순서는 비교적 개인차가 적은 편이다.

표 2-1 성적 성숙의 연령별 발달 순서

청년 남성	연령		청년 여성
• 정소, 음낭, 음모의 성장 • 신장의 성장급등 • 음경 성장	11.5~13세	10~11세	• 신장의 성장급등 • 음모 성장 시작 • 유방, 유두의 발달

	남	여	
• 직모인 음모 발달 • 초기 변성기 • 음경, 정소, 음낭, 전립선, 정낭의 급격한 발달 • 정액의 초기 사정 • 음모의 꼬임 • 신장 성장의 마지막 단계 • 겨드랑이 털의 성장	13~16세	11~14세	• 직모인 음모 발달 • 목소리가 깊어짐 • 질, 난소, 음순, 자궁의 급격한 발달 • 음모의 꼬임 • 신장 성장의 마지막 단계 • 유두 발달, 색소 침착 • 월경
• 겨드랑이 털의 급격한 성장 • 변성 • 수염의 성장	16~18세	14~16세	• 겨드랑이 털의 성장 • 유방의 발달 완료

출처: 정영숙 외(2009), p. 62 수정.

3) 성적 성숙에 영향을 미치는 요인

최근에는 청년들의 평균 신장과 체중 등 체격이 급격히 증가하는 성장급등과 함께 성적 성숙이 보다 빠르게 진행되고 있다(오세복, 홍예주, 2014; 최석훈, 2013). 청년기 동안에 성적 성숙에 영향을 미치는 요인으로 크게 유전, 건강, 영양, 지능, 가족의 사회경제적 지위, 체격 등을 들 수 있다(허혜경, 김혜수, 2010; 2015).

첫째, 유전적 요인은 성적 성숙에 영향을 미친다. 가족사를 연구한 결과, 여성의 초경 연령은 어머니 또는 자매의 초경 연령과 거의 비슷하며, 남성의 경우도 아버지나 형제의 성적 성숙과 유사한 발달양상을 보이는 것으로 나타났다.

둘째, 건강과 영양 상태는 성적 성숙에 영향을 미치는 중요한 요인이다. 태내기와 생후에 잘 양육되어 건강 상태가 좋은 경우에는 성적 성숙에 긍정적인 영향을 준다. 영양 면에서는 단백질 섭취가 많은 청년의 경우 탄수화물 섭취가 많은 청년보다 성적 성숙이 빠르게 나타나는 편이다. 또한 성적 성숙과 관련된 생식 기능에 지방이 중요한 역할을 하며(Frisch, 1990), 체내 지방이 다양한 경로를 통하여 내분비 및 골격계 발달을 촉진하는 것으로 보인다(Pludowski et al., 2009). 특히 피하지방이 많을수록 초경이 빨리 시작되며(Adair, 2001), 지방세포에서 분비되는 렙틴(leptin)이라는 호르몬이 시상하부-뇌하수체-생식선 축에 작용하여 여포자극호르몬(follicle stimulating hormone)을 분비하여 사춘기의 시작을 촉진하는 것으로 밝혀졌다(Clayton & Trueman, 2000).

셋째, 지능은 성적 성숙에 영향을 미치는 것으로 나타났다. 개인차가 존재하나 지능이 우수한 아동 및 청년이 지능이 보통이거나 정상인 아동 및 청년보다 성적으로 더 성숙한 것으로 나타났다.

넷째, 청년이 속한 가족의 사회경제적 지위는 성적 성숙에 영향을 미친다. 가족의 사회경제적 지위가 높을수록 청년에 대한 의학적 또는 영양학적 배려 수준이 높으므로 농어촌 등의 환경 배경을 가지거나 사회경제적 지위가 낮은 경우에 비해 상대적으로 성적 성숙이 빠른 편이다.

이 외에 체격도 성적 성숙에 영향을 주는 것으로 나타났다. 예를 들면, 동년배보다 키가 크거나 뚱뚱한 청년의 경우 성적 성숙이 빠르게 진행되는 편이며, 엉덩이가 넓고 다리가 짧은 여성형 체격을 지닌 청년이 어깨가 넓고 다리가 긴 남성형 체격을 지닌 청년보다 성적 성숙이 빠른 경향을 보인다.

4. 심리적 영향

청년기 동안 급격하게 진행되는 신체발달로 인해 청년은 자신의 신체와 외모에 대한 관심이 증가한다. 청년들은 급격히 변모하는 자신의 신체에 대해 불만족스러워하거나 지나치게 걱정을 하며 불안해하기도 한다. 청년기 정서적 불안정의 원인은 급격한 신체적 변화와 발달, 발달의 개인차, 성적 충동의 발현과 이를 적절히 통제하지 못할 때의 당혹스러운 경험 등에서 기인한다. 여기서는 신체상, 신체발달과 남성 및 여성이 받는 영향, 조숙과 만숙이 미치는 영향에 대해 살펴보기로 한다.

1) 신체상

사춘기의 신체발달은 청년 초기의 심리사회적 발달에 영향을 미칠 수 있다. 클라우센(Clausen, 1975)에 의하면 신체 발달은 개인의 과제 수행능력에 영향을 줄 수 있으며, 청년 자신에 대한 지각은 물론 타인이 보는 청년에 대한 지각 방식에도 영향을 줄 수 있다.

사춘기 동안 청년들은 자신의 신체적 변화에 큰 관심을 보이며, 신체상을 형성하게 된다. 신체상(body image)이란 자신의 신체에 대한 감각, 느낌, 태도 등을 포함하는 정신적 표상을 의미한다. 즉, 신체상이란 체험적으로 지니고 있는 자신의 신체에 대한 의식이나 심상을 말한다.

신체상은 자신의 신체적 모습에 대해 개인이 지각하는 방법으로, 신체적 자아에 대한 만족감을 표현해 주며, 인간의 행동과 심리적 건강 상태에 대한 중요한 결정 요소가 될 수 있다(전혜원, 김선애, 2013; 허혜경, 김혜수, 2015; Luckmann & Sorensen, 1974; Norris, 1978). 신체상은 자신의 신체에 대한 느낌으로, 청년들이 자신의 신체에 대해 얼마나 만족하는가와 관련이 있다. 신체상은 신체에 대한 자신의 평가뿐 아니라 다른 사람의 반응이나 피드백에 의해서도 상당히 영향을 받는다. 자신의 신체를 어떻게 인식하느냐는 자아를 만들어 내는 바탕이 된다. 자신의 신체를 얼마나 매력적으로 느끼는지의 여부는 청년의 자아존중감과 밀접한 관련이 있으며, 나아가 신체적 만족도, 섭식행동, 우울감 및 스트레스 등이 개인의 건강에 영향을 미치는 것으로 나타났다.

자기 자신이 신체를 전체적으로 인식하기는 어려우므로 신체상은 부분적으로 형성되기도 한다. 신체상은 내 모습을 거울에 비춘 것과 같이 나 자신을 의식하기도 하지만, 다른 사람과 비교해 볼 때 비로소 전체적인 신체상이 형성되기도 한다. 신체상은 남녀 모두의 자아존중감과 의미 있는 상관관계가 있으며(Frost & McKelvie, 2004), 특히 청년 여성에게 미치는 영향이 크다(오혜경, 2014; 전혜원, 김선애, 2013; 허혜경, 김혜수, 2015).

청년이 어떠한 신체상을 형성하는가는 신체적 매력에 대한 사회문화적 규준과 밀접한 관련이 있다. 신체적 매력과 신체상은 청년기의 긍정적인 자아 평가, 인기, 또래관계, 대중매체 노출에 따른 미디어 영향 등과 관련이 있다(전혜원, 김선애, 2013; Davison & McCabe, 2006). 신체적 매력에 대한 기준은 가족, 또래, 사회 전체에 의해 상당히 은근하고 교묘한 방식으로 전달되어 청년 스스로가 자신의 신체와 외모에 대해 어떤 기대를 형성하게 한다. 청년기 신체상의 형성에는 여러 가지 요인이 작용하지만, 자신의 신체에 대한 부모나 친구들의 평가가 청년들의 신체상 형성에 가장 크게 영향을 미친다.

사춘기 남성과 여성은 모두 자신의 신체가 어떻게 생겼는지, 다른 사람들과 비교할 때 어떠한지 등에 매우 민감하다. 신체상에 대한 관심은 청년 초기에 가장 높으며, 이 시기 신체상에 대한 긍정적 평가는 학업성취도 및 심리적 행복감과 정적인 상관을 가진다. 청년기에 시작된 자신의 신체상에 대한 관심과 불만은 그 정도가 낮으나 성인기에도 지속되어, 자기 외모의 어떤 부분을 바꾸고 싶어 하는 욕구를 계속 가지고 있는 것으로 보고되고 있다(Harris, 1988).

청년기에 신체상은 왜곡되기 쉽다. 청년 여성들의 날씬해지고 싶은 소망은 대중매체의 영향을 많이 받는다(Levine & Harrison, 2004). 특히 청년들은 신체상의 기준을 연예인에 두고 있는데, 특히 여성의 경우에는 예쁜 외모와 날씬한 몸매, 남성의 경우에는 근육질의 체격을 원하는 경우가 많다. 특히 사회에 만연한 지나친 외모 중시, 마른 몸매를 강조하는 사회문화적 영향으로 청년들은 자신의 신체적 매력을 낮게 지각하여 자신의 신체에 불만족스러워하는 경향이 있으며, 이는 자연스럽게 부정적인 신체상과 함께 낮은 자아존중감 또는 낮은 자아개념으로 이어지기 쉽다.

특히 청년 초기의 청년은 자신의 신체상에 대한 불만족을 더 많이 느끼는 것으로 나타났으며, 이러한 신체적 불만족은 자아존중감이나 또래관계, 적응력, 심리적 건강, 섭식행동에 부정적인 영향을 미치기도 한다(오혜경, 2014; 전혜원, 김선애, 2013; Guiney & Furlong, 1999; Siegel, 2002). 청년들의 부정적 신체상과 신체적 불만족은 자신의 신체적인 모습을 정확히 지각하지 못해서 생기는 것이 아니라 외모에 대한 가치판단의 기준과 사회문화적 요인에 의해 좌우된다. 대중매체의 영향에 민감한 청년들은 미디어에서 제시하는 외모에 대한 높은 기준으로 인해 자신의 신체와 외모에 대한 부정적 신체상을 형성할 수 있으므로 다이어트 성향이나 운동, 섭식행동에 영향을 준다. 한 국가 내에서도 지역에 따라 청년의 신체에 대한 불만족 수준이 달라진다는 조사 결과는 각 지역사회의 문화적 성격이나 가치에 따라 매력의 가치판단 기준이 영향을 받는다는 사실을 뒷받침해 준다.

일반적으로 청년 여성은 남성보다 자신의 신체에 대한 불만족이 더 큰 것으로 알려져 있으며(허혜경, 김혜수, 2015), 자신의 외모를 더 부정적으로 평가할 뿐 아니라 남성보다 외모에 더 많은 가치를 두는 경향이 있다(Abbott & Barber, 2010; Markey, 2010; Yuan, 2010: 정옥분, 2019에서 재인용).

전반적으로 남성이 여성보다 긍정적인 신체상을 가지고 있다(Franzoi & Herzog,

1987). 우리나라 청년들의 신체상도 남성이 여성보다 긍정적인 것으로 보고된다(곽금주, 문은영, 1993; 오혜경, 2014; 이명숙, 1994; 전혜원, 김선애, 2013). 사춘기 신체상의 결정적인 요인은 체중이다. 대부분의 청년 여성은 자신이 정상 체중임에도 불구하고 과체중으로 지각하여 불필요한 식이요법이나 체중조절 행동을 한다(황란희, 2009; Guiney & Furlong, 1999). 특히 청년 여성의 부정적인 신체상은 부정적인 자아존중감, 우울감, 스트레스를 유발하여 신체적 · 심리적 건강을 위협할 수 있다.

한편, 남성은 대부분 키가 크고 근육질이거나 체격이 좋은 남성상을 선호한다. 청년 남성은 여성에 비해 긍정적인 신체상을 형성하는 편이며, 자신이 과체중이라고 인식할 가능성이 비교적 낮았다(Field et al., 1999). 그러나 키가 작고 왜소한 남성은 자신을 덜 매력적으로 느끼고, 이와 관련하여 심리사회적 스트레스를 느끼고 있었다(Barker & Galambos, 2003). 특히 신체와 관련된 놀림을 받아 온 경우에는 신체적 불만족 수준이 더욱 높았으며, 자신을 저체중이나 과체중으로 왜곡하여 인식하는 것으로 나타났다(Carlson & Crawford, 2005).

종합하면, 청년 초기의 신체적 발달로 남녀 청년 모두 자신의 신체상에 적응해야 하는 발달과업에 직면한다. 자신이 속한 사회의 신체적 선호도와 대중매체의 영향으로 청년 초기에는 다소 부정적인 신체상을 형성하게 된다. 청년 여성의 경우 남성에 비해 더 부정적인 신체상을 가지며, 자신의 신체에 대한 만족도가 낮은 것으로 나타났다. 청년들의 부정적인 신체상은 자아존중감이나 심리사회적 적응 정도, 또래관계에 부정적인 영향을 주는 것으로 나타났다. 특히 청년 후기 여성은 친밀감 형성과 성취가 주요 발달과업이며, 자아정체감을 형성하는 시기이므로 외모와 신체상이 이성관계, 학교생활, 진로활동 등에 직 · 간접적으로 영향을 줄 수 있다(오혜경, 2014).

2) 신체발달과 심리적 적응

청년기의 급속한 신체발달은 청년들이 심리적으로 적응하는 데 영향을 준다. 일반적으로 청년들은 성적 성숙의 속도가 빠를수록, 제2차 성징이나 변화에 대해 준비된 지식이나 태도가 부족할수록, 또 주변 사람들에 대한 기대 수준과 자신의 발달 수준의 차이가 심할수록 심리적 부적응이 심하다(이옥형, 2006). 청년기 신체발달에 따른 심리적 적응 수준은 성차가 뚜렷한데, 이는 남녀 간에 신체적 변화, 성적 성숙, 사회의 기대 수준과 가치 및 규범 등이 다르기 때문이다.

(1) 남성이 받는 영향

청년 초기 남성의 경우, 신장의 급성장이나 근육의 발달로 인해 성인의 발달 수준에 근접하게 된다. 이와 같은 신체적 성숙은 또래나 성인에 의해 높이 평가되는 운동 기능의 발달을 가져다준다. 한편, 급격한 신체적 성장이 이루어지는 이 시기는 청년으로 하여금 조화롭지 못한 상황에 처하게 한다. 남성은 신체 각 부분의 성장 속도가 일정하지 않기 때문에 일시적으로 혼란에 빠질 수 있다. 그들은 자신의 체격에 비해서 기대하였던 발달과업을 수행할 수 없을 때 실망하기도 한다. 성장급등 현상이 최고조에 달한 뒤 약 12~14개월 후에 근육의 힘이 절정에 도달하기 때문에 청년들은 자신의 신체에 대한 어색함을 일시적으로 경험한다. 비록 일시적인 현상이기는 하지만 청년 초기의 남성은 자아존중감에 상처를 받기도 한다.

또한 고환과 음경의 성장은 청년 초기의 남성들로 하여금 중요한 국면을 맞게 한다. 일반적으로 남성의 경우, 생식기의 성숙에 대해 부모에게서 적절한 성교육을 받지 못하는 편이다. 특히 부모에게서 사정에 대하여 아무런 설명을 듣지 못한 남성의 경우 사정을 경험하면 자연발생적으로 일어나는 현상임에도 당황하고 불안해한다. 청년들은 교사에게서 성교육을 받기도 하지만, 일반적으로는 친구나 동영상, 잡지를 통하여 사정을 이해하고, 성욕의 문제와 생식이 이루어지는 과정에 대한 정보를 획득한다. 그 과정에서 청년 초기 남성들은 성적 성숙에 관하여 자기 혼자 생각에 잠기게 된다. 실제로 많은 청년 남성에게 자연사정은 성적 성숙을 생각하게 하는 중요한 계기가 된다. 사정의 경험에 동반되는 쾌감과 사정에 대해서 새롭게 얻은 긍정적 의미는 불안이라는 부정적 느낌에 의해 상쇄된다. 이것은 청년 남성이 성적 성숙에 동반하여 경험하는 다양한 양면적 가치 중 하나이다. 청년 초기의 남성들은 사정 경험에 대한 불안과 성적 쾌감을 동시에 경험하기 때문에 자신의 성적 성숙에 대한 기대감과 불안감이 공존하는 상태에 있다.

청년 남성들은 제2차 성징의 발현, 특히 얼굴이나 신체의 체모 등 외관상 뚜렷한 신체적 발달에 직면할 경우 심리적·사회적 의미를 부여하기도 한다. 따라서 면도 행위는 남성의 성 역할과 긴밀하게 연관되어 있다. 대부분의 청년 초기 남성은 면도함으로써 스스로를 성인 남성과 동일시한다. 면도를 하는 동안 남성들은 거울 속에 비친 자신의 모습을 응시하고, 변화하는 자신의 이미지에 만족하여 나르시시즘(narcissism)에 빠지기도 한다. 물론 얼굴에 난 여드름은 자신과 성인 남성을 동일시하려는 갈망을 좌절시키고 자신의 신체의 불완전성을 다시 한번 인식하게 한다.

(2) 여성이 받는 영향

청년 여성에게 주된 성적 발달은 가슴이 부풀어 오르는 것이나 생리의 시작 등이다. 보통 청년 여성에게 유방의 발달은 신체적 성숙과 동시에 여성다움을 나타내는 중요한 징후이기도 하다.

유방의 발달과 생리의 시작은 여성에게 중요한 의미가 있다. 여성은 유방을 성숙한 여성으로 발달해 가는 표시로 인식한다. 대부분의 여성은 어머니에게서 생리에 관한 지식을 얻기는 하지만, 이를 전반적인 생식과정으로서의 생리 현상이 아닌 여성만의 고유한 특성으로 받아들인다. 청년 초기 여성들 가운데는 가슴이 부풀어 오르는 것을 예기하여 일찍부터 브래지어를 착용하는 경우도 있다. 그러나 생리와 성적 성숙의 관계에 대해 포괄적으로 이해하는 경우는 거의 없다. 생리라는 사실을 단순히 하나의 여성다움의 특징으로 생각하는 경우가 많다.

청년 초기의 여성들은 생리에 대하여 긍정적 태도와 부정적 태도를 동시에 보인다. 그들은 생리를 통하여 여성으로서의 성숙을 자랑스러워하는 동시에 불편함과 당황스러움을 경험한다(Ruble & Brooks-Gunn, 1982). 생리를 할 때 생리통, 신체적 불쾌, 불편함, 당황스러움이 더 많이 연상되기 때문이다.

여성의 경우 사춘기는 11세경에 시작되는데, 남성에 비교하면 약 2년 정도 빠르다. 여성의 생리가 시작되는 시기에 같은 또래의 남성 대부분은 이러한 현상에 대하여 무지하다. 남성과 여성이 사춘기의 시작 시기가 다르다는 사실과 사춘기적 변화에 대한 정보량의 차이는 청년 초기 여성이 자기가 경험하고 있는 변화를 수용하는 데 어려움을 초래할 수 있다. 여성이 남성에 비해 이른 성적 성숙을 수용하고 이해하는 것은 쉽지 않은 문제이다. 그렇기 때문에 여성은 같은 또래 남자 친구들에게 자신의 신체적 성숙에 관한 사실을 설명해 주거나 아니면 계속 숨기게 되는 양자택일의 어려움에 처하기도 한다.

여성은 성장급등기를 2년 정도 빨리 맞이하므로, 이 시기에는 같은 또래 남성보다 여성의 키가 오히려 커서 당황할 수도 있다. 청년 초기에는 자신의 키를 숨기려고 엉거주춤한 자세를 취하는 여학생들을 가끔 볼 수 있다. 신체적 변화에 대한 청년 여성의 관심사는 체중에 있다. 신체발달이 급격하게 진행되기 시작하면 많은 여성은 자기의 신체가 '둥근' 체형으로 변해 가는 것을 자각한다. 청년 여성의 일부는 이러한 변화의 체험을 제2차 성징에 동반하는 필연적인 변화로 생각하지 못하고 체중과다 현상의 전조로 잘못 생각하여 체중조절을 위한 다이어트를 시도하기도 한다. 신체적 성장이 급격하게 진행되는 청년기에는 충분한 양의 균형 있는 식사가 필요하기 때문에 이러한 체중조절 행동은 시기적으로 부적절하다.

　제2차 성징 가운데 특히 체모의 발달은 남성의 경우보다 여성의 경우에 더 귀찮은 문제로 여겨진다. 체모가 없는 피부의 여성이 사랑받는다는 문화적 편견으로 인해 일부 청년 여성은 겨드랑이나 다리의 체모를 제거하고 싶어 한다. 청년 여성은 여성다움에 대한 문화적 기준을 인식하게 되고, 사회가 바람직하게 받아들이는 이상적 여성상에 접근하기 위하여 화장을 하기 시작한다. 청년 남성이 면도를 통하여 자기도취적인 욕구를 만족시키려고 하는 것처럼 여성은 화장으로 이러한 욕구를 채우고자 한다.

　신체발달과 청년 남녀의 심리적 영향을 종합적으로 기술해 보면 다음과 같다.

- 신체적 변화는 청년으로 하여금 성인의 이미지를 가지게 해 준다.
- 신체적 변화는 남녀 모두에게 성 역할 정체감을 강화하는 역할을 한다.
- 급격한 신체적 변화에 대한 반응으로 청년들은 보다 자기도취적인 욕구를 해소하고자 한다.
- 신체적 발달의 각 측면은 양가감정을 불러일으킨다. 특히 또래의 승인이나 지지를 강하게 요구하는 경우에 양가감정을 동반한다.

3) 신체발달과 심리 · 정서적 변화

　사춘기의 급격한 신체변화는 청년들의 심리 상태에 변화를 가져온다. 특히 청년 초기에는 갑작스러운 신체발달과 내분비선(뇌하수체와 생식선의 호르몬 분비 등)의 작용으로 신체의 내부기관이 다소 부조화로운 상태이므로 행동이 부자연스럽고 어색해진다. 내분비선의 활동으로 새로 생긴 에너지를 방출해야 하므로 활동량도 증가하고 아울러 긴장감도 많아진다. 따라서 피로감을 느끼고, 게으름을 피우거나, 불안해하기도 하며, 식욕도 변덕스럽다. 정서적으로 기분이 들떠 있어서 흥분을 잘하는 한편, 가족이나 또래들과 잘 어울리고 명랑하던 청년이 갑자기 혼자 있고 싶어 하며 가족들과 대화하기를 거부하기도 한다. 또 가족이나 친구에게 일반적으로 적대감을 느끼고 반목하기도 하고, 때로는 권위에 대한 반항적 감정을 드러내기도 한다(Hurlock, 1973, p. 35). 부모들은 사춘기 자녀들로 인해 당황하고 힘들어한다.

청년 여성들은 생리 전후에 생리통 등으로 일시적으로 일상생활에 어려움을 겪기도 한다. 일부 여성들은 생리 전부터 신체적인 불균형뿐만 아니라 심리적인 불안이 야기되기도 하는 월경전증후군(Premenstrual Syndrome: PMS)을 호소하기도 한다. 간혹 월경전증후군으로 충동적이거나 우발적으로 행동하기도 하며, 생리 중에는 생리통 등으로 인해 정상적인 생활을 하는 데 지장을 초래하는 경우도 있다.

생리통은 여성이 월경할 때 느끼는 하복부의 통증을 의미한다. 생리통은 골반을 기준으로 해서 자궁의 급작스러운 수축으로 인해 하복부, 골반, 등 주변에 통증을 유발한다. 연합뉴스 보도에 따르면, 설문 참여 여성의 91.2%는 최근 1년간 생리통을 경험했다고 답하였다. 생리통 강도에 대해서는 52.6%가 심한 생리통을 겪고 있다고 응답함으로써 절반 정도의 여성들이 생리통 때문에 생활에 지장을 받을 만큼

[그림 2-6] 여성의 생리통 관련 경험

출처: 연합뉴스(2019. 4. 1.).

불편을 겪고 있는 것으로 나타났다(연합뉴스, 2019. 4. 1.).

헐록(Hurlock, 1975)은 사춘기의 급격한 신체변화가 다음과 같은 심리적 변화를 수반한다고 주장하였다.

첫째, 고립(isolation)의 욕구가 증가한다. 청년들은 가족이나 또래집단에서 떨어져 혼자 있기를 원할 때가 많다. 그들은 프라이버시를 중요시하고 때때로 백일몽을 꾸기도 한다.

둘째, 정서성(emotionality)이 증가한다. 청년들은 격정적이 되거나 쉽게 노하기도 하고, 삐지거나 잘 울기도 한다.

셋째, 지나치게 수줍어한다. 청년들은 급격한 신체변화로 인하여 자신의 신체를 아직 수용하지 못함으로써 자신을 드러내기를 꺼리고, 신체에 대하여 민감하게 반응하거나, 사소한 일에도 쉽게 당황한다.

넷째, 불안감이 증가한다. 청년들의 증가된 불안감은 자신감의 감소로 나타난다. 청년 초기 청년들의 또 다른 두드러진 특징은 변화가 심하고 강한 정서를 경험한다는 것이다. 사랑은 쉽게 증오로 변화되고, 자랑스러움은 수치심으로 급변한다.

신체변화는 물론 복잡한 적응 문제가 청년의 정서를 극단적으로 변하게 하는 원인이 된다. 일반적으로 여성이 남성보다 더 일찍 사춘기의 변화를 경험하기 때문에 급격한 정서변화에서 더 빨리 회복하고 더 일찍 안정된 행동 패턴을 확립할 수 있다.

청년기는 정서적으로 불안정하고 충동성이 강한 시기로 알려져 있으나, 정서적으로 풍부한 감성으로 무한한 가능성과 꿈을 표현하는 시기이기도 하다. 또한 청년기는 내면의 갈등이나 불안, 정서적 불안정 등을 고민하고, 자아에 대해 성찰하며, 자율성과 독립을 추구하는 시기이다. 청년들은 신체발달의 성숙과 함께 자신의 심리사회적 발달과 문화를 공유하며 건강한 청년기를 보내는 것이 바람직하다.

4) 조숙과 만숙

모든 청년이 같은 시기에 사춘기를 시작하고 끝내는 것이 아니므로 심리학자들은 자기 또래에 비해 먼저 성숙하거나 뒤늦게 성숙하는 청년들이 어떤 심리적 특성을 나타내는지에 대해 많은 관심을 가진다. 사춘기의 시작 시기는 개인차가 상당히 크며, 같은 연령이라도 성숙이 진행된 정도에 따라 신체적 변화의 차이가 크다. 그러므로 청년들의 경우 또래에 비해 사춘기를 경험하는 시기가 빠르고 느린지의 여부는 그 청년의 심리사회적 적응 수준과 상관이 깊다. 이는 또래보다 먼저 혹은 늦게 사춘기의 변화를 경험하는 청년들은 자신의 신체변화에 대한 주위 사람들의 반응에 더 민감할 것이라는 가정이 전제되어 있다.

성숙이 빠른 청년은 '조숙(early maturity)', 성숙이 지나치게 늦은 청년은 '만숙(late maturity)'으로 표현한다. 일반적으로 조숙한 청년이란 같은 나이 또래 중에서 성장 속도가 빠른 상위 20% 정도의 청년을 의미하며, 만숙한 청년이란 같은 연령 중에서 성장 속도가 느린 하위 20%에 속하는 청년을 의미한다(한상철, 조아미, 박성희, 2001). 조숙과 만숙은 각각 청년 남녀의 심리적 적응에 미치는 영향이 다르다.

(1) 조숙

같은 학급에서 공부하고, 동일한 과목을 배우며, 유사한 운동을 함께 하는 동일한 연령의 청년이라 하더라도 신체적 성숙 정도에는 개인차가 있음을 알 수 있다. 이러한 신체발달의 개인차는 청년 초기의 심리적·사회적 발달에 많은 영향을 미친다.

조숙 현상은 남성과 여성의 경우에 따라 각기 다르게 나타난다. 조숙한 남성은 신체활동이 많은 운동 기술 면에서 유리하여 인기가 있고, 동년배의 지도자 역할을 하게 되며, 사회적 관심과 기술 때문에 여성에게 인기가 있고, 이러한 이유로 자신감과 긍정적 자아개념을 형성하게 된다. 그러나 조숙한 여성은 신체가 크고 뚱뚱하면 '미련해 보인다.'는 사회적 고정관념 때문에 불리한 평판을 받기도 한다. 옷차림이나 외모가 어른스러워 또래 여성들에게 시기를 받기도 하며, 또래에 비해 이성에 대한 관심이 증가하여 데이트를 즐기고 싶어 한다. 조숙한 여성은 또래 남성을 자신보다 어리다고 인식하므로 남성과 잘 다투기도 한다. 또한 조숙한 여성은 조숙한 외모로 인해 사회적 기대가 지나치게 크게 형성되어 부적응 문제를 일으킬 수도 있다.

신체변화가 급격하게 일어나는 청년기는 발달의 개인차가 매우 심하고 불규칙한 면이 많아서 이를 경험하는 청년들은 심리적 부담이 크다. 우선 자신이 겪고 있는 변화가 정상인지 비정상인지를 궁금해하고, 조숙 혹은 만숙의 차이를 극복하는 것도 쉽지 않다.

남녀 모두에게 조숙은 두 가지의 불이익을 가져온다. 첫째, 조숙한 청년은 만숙한 청년과 비교할 때 미처 심리적인 준비가 되지 않은 상태에서 어른과 유사한 외모를 갖춤으로써 생기는 부담감 때문에 심리적 건강에 해로운 영향을 받을 가능성이 크다. 둘째, 조숙한 청년들은 음주나 흡연, 성관계 등과 같이 미성년자에게 유해한 성인의 행동을 더 일찍 시작할 위험성이 크다. 그러나 이와 같은 성숙 시기의 차이는 보통 청년 후기로 가면서 사라진다.

그보다는 조숙과 만숙으로 인한 영향이 남녀 간에 서로 다른 양상을 보인다는 점이 더 흥미롭다. 조숙 청년들은 다른 친구보다 빠른 자신의 발달상황을 불편해하거나 받아들이기 싫어하며, 만숙 청년들은 이른 발달변화를 겪는 친구들에게 대체로 은근한 질투와 불안감을 느끼기도 한다.

조숙이나 만숙에 대한 자기평가에는 남녀 간에 차이가 있다. 남성에 비해 여성은 조숙으로 인해 체격이 풍만해지는 것에 대해 거부감이 들고, 또래관계에서 성적 조숙으로 인식되어 따돌림의 원인이 되는 등 부정적인 면이 더 많은 것으로 알려져 있다. 또한 조숙한 여성은 여성스러운 신체를 형성하기 위하여 지방조직이 증가하므로 체중이 많이 늘어난다. 하지만 청년 여성들은 이러한 기본 현상에 대한 이해 없이 체중이 느는 것만을 문제 삼아 스스로 고민을 하는 경우가 대부분이다. 최근에는 여성스러운 몸매를 선호하는 사회 분위기로 인해 여학생의 조숙이 예전보다는 좀 더 긍정적인 방향으로 바뀌고 있다. 오히려 여학생들이 작은 가슴, 어린아이 같은 몸매 등의 문제로 상담하는 사례가 증가하고 있다. 일반적으로 조숙한 여성은 다른 친구들이 발달을 완료할 무렵까지 또래들과 잘 어울리지 못할 뿐만 아니라 일찍부터 성에 눈뜨기 때문에 여성의 성적 측면만을 중요시할 가능성이 있다. 그러나 조숙한 여성은 더 어린 연령에서 발달적 긴장을 처리해야 하기 때문에 성인기에 이르러 더 유능하게 문제 해결을 할 수 있다는 주장도 있다(Clausen, 1975).

남성의 경우 조숙한 청년들은 동년배보다 키가 크고 강하며 더 이른 시기에 성인의 체격에 도달한다. 조숙 남성들은 만숙 남성들보다 체격과 운동능력의 우월성 때문에 또래집단 내의 지도자가 되는 경향이 있다. 반면에 더 일찍 성인의 책임을 부여받기 때문에 지적 탐색 기회를 적게 가질 수밖에 없다. 이로 인해 저조한 학업성취를 보이기도 한다. 그러나 만숙 남성들은 사춘기 동안에는 왜소한 체격으로 자신감이 결여되고, 다른 사람들에게 호감을 못 얻는다고 생각하지만 성인이 된 이후에는 더 큰 지적 성장을 보이기도 한다.

현재로서는 조숙의 부정적 결과가 남성보다는 여성에게서 더 뚜렷하게 나타난

표 2-2 | 조숙과 만숙

	남성	여성
조숙	• 보다 남성답고 매력적으로 여겨진다. • 보다 인기 있고 자신감이 많다. • 학교에서 문제행동을 보일 가능성이 다소 높다. • 연령에 맞는 적극성과 호기심이 더 적거나 보다 복종적일 수 있다.	• 보다 일찍 자주 데이트를 한다. • 또래 압력에 보다 취약하다. • 학교에서 이른 성경험 등의 문제를 일으킬 가능성이 더 높다. • 학교 성적이 좋지 않다. • 정서적 고통을 더 많이 경험한다. • 긍정적인 신체상이 더 적다.
만숙	• 보다 부자연스럽고 어린아이 같으며 관심 추구를 더 많이 하는 것으로 여겨진다. • 보다 고집이 세며, 의존적이다. • 성인기에는 보다 단호하며 융통성이 있고 통찰적이다.	• 반사회적 행동에 대한 또래 압력을 덜 경험한다. • 보다 균형 있고 단호하다. • 시대적 경향에 보다 부합되는 신체상을 가진다. • 부모와의 문제가 더 적다. • 변화와 도전에 적응할 수 있는 시간이 더 많다.

출처: Kaplan (2004).

다. 이러한 발달의 개인차로 인한 갈등 역시 신체상과 마찬가지로 다른 사람과의 차이를 인정하고 수용함으로써 해결할 수 있을 것이다.

(2) 만숙

신체적 발달과 성숙이 더딘 만숙의 경우 여성보다는 남성에게 좀 더 불리한 것으로 보인다. 만숙 남성은 일반적으로 동년배의 지도자가 되는 일이 드물고, 신체적으로 작기 때문에 열등감이 있으며, 사회적 활동 시 여성에게 무시당하고, 상대적으로 불리한 사회적 평가 때문에 자기거부적 자아개념을 형성할 수 있다. 조숙 청년들과는 대조적으로 만숙 청년들은 사회적으로 미성숙하고, 말이 많으며, 불안정하고, 주위의 관심을 끌어 보려고 노력하는 행동을 시도하지만, 인기와 매력이 없으며, 미성숙한 사람으로 간주되기 쉽다.

이에 비하여 신체적 · 성적으로 발달이 늦은 만숙 여성들은 또래에게 인기가 있고, 흔히 지도자로 선택되며, 사회적 또는 성적으로 공격적이지 않기 때문에 좋은 평판을 받고, 또래 남성들과 잘 어울리며, 지나친 비판이나 조롱거리가 되지 않는다. 그러나 일부 만숙 여성들은 어린아이 같은 취급을 받기 때문에 짜증을 내거나, 자신의 '정상성'에 스스로 의심을 가지기도 한다.

　조숙 여성과 만숙 여성의 성격 차이는 남성에 비해 훨씬 적었으며, 일관성도 결여되어 있었다. 하지만 만숙 청년들은 또래 청년들에 비해 남녀 모두 부적절감을 느끼며, 느린 신체발달 때문에 좌절하고, 더 이상 성장하지 않을까 봐 두려워하는 경향을 보인다.

　사춘기에 대한 여성들의 적응은 시작 시기가 빠른가 늦은가의 문제보다는 부모나 주변인, 친구들의 지지와 격려, 지도 및 기대와 가치에 달려 있다. 조숙한 여성의 경우, 부모와 주변 사람들은 너무 일찍 이성과 교제하는 것을 피하도록 주의를 줄 필요가 있다. 일찍 크고 인기가 있다는 것은 양날의 칼일 수 있다는 것을 인식하도록 도와주어야 한다. 가장 중요한 것은 자아존중감과 능력이며, 전체적인 인간으로서 명확한 정체감(identity)을 가지는 것임을 알게 해야 한다.

　또한 부모와 주변 사람들은 만숙 여성들이 신체적으로나 성적으로 더 성숙할 수 있음을 확신시켜야 한다. 부모들은 늦게 크는 자녀들이 조급해하지 않도록 도와주고, 신체는 늦게 성숙할 수도 있음을 알려 주며, 심리적 건강을 위해 지원해 주면 만숙하는 자녀들의 고민을 덜어 줄 수 있다. 부모나 교사들은 발달 속도의 개인차는 지극히 정상적인 현상임을 인지하고 만숙 청년도 점차 성숙할 것이라고 안심시켜주되 그들을 어리게 취급해서는 안 되고, 조숙 청년들을 실제 연령보다 더 어른스럽게 대우해서도 안 된다.

제3장

인지발달

청년기의 인지발달은 신체발달과 마찬가지로 양적 및 질적 변화가 뚜렷하다. 인지발달의 양적 변화란 아동기에 비해 훨씬 더 용이하고 효율적으로 지적 과제를 성취하는 것을 의미하며, 질적 변화란 인지과정에서 추상적 사고, 가설 연역적 사고, 메타인지 등이 가능해지는 것을 의미한다(정옥분, 2019).

피아제(Piaget, 1954)는 인지발달을 유기체와 환경의 상호작용을 통해 이루어지는 적응과정으로 보았다. 피아제는 인지발달의 네 가지 기본 가정을 제시하고 있다(김선애, 2014). 첫째, 모든 인간은 동일한 방식으로 사고하는 방법을 배운다. 둘째, 유아기와 아동 초기에는 생각하는 양상이 상당히 기본적이고 구체적이다. 셋째, 연령이 증가함에 따라 사고는 더욱 복잡하고 추상적으로 변화한다. 넷째, 인지발달 단계는 일정한 원칙과 특정한 방식이 있다.

피아제에 의하면, 인간은 영유아기부터 청년기에 이르기까지 질적으로 다른 네 개의 인지발달 단계를 거치며, 감각운동기(sensorimotor stage), 전조작기(preoperational stage), 구체적 조작기(concrete operational stage), 형식적 조작기(formal operational stage)의 순서로 발달한다. 이 중 청년기 인지발달에 해당하는 형식적 조작기에 대해 구체적으로 살펴보고자 한다.

1. 청년기 인지발달의 특징

인헬더와 피아제(Inhelder & Piaget, 1958)에 의하면, 청년기는 형식적 조작 사고가 발달하는 단계이다. 형식적 조작기는 인지발달의 마지막 단계로서 사춘기를 전후한 시점인 11~12세경부터 16~17세경까지 계속된다. 이 기간에 청년들은 새롭고 보다 기능적인 형식적 조작 능력을 발달시킨다. 형식적 조작(formal operation)이란 추상적 사고, 가설 연역적 사고, 여러 변수의 가능성을 탐색하는 조합적 사고, 사고과정에 대한 사고능력인 메타인지(think about thinking, metacognition) 등을 포함하는 보다 추상적이고 체계적이며 정교한 정신능력이다.

형식적 조작기의 직전 단계인 구체적 조작기에 습득되는 중요한 정신능력은 조작이다. 조작(operation)이란 정신적 표상에 대해 정신적으로 행하거나 과제를 해결할 수 있는 능력이다. 구체적 조작기에는 대체로 구체적인 사물에 대해서 논리적으로 사고할 수 있었던 데 비해, 형식적 조작기에 접어들면 추상적이고 가설적인 범위까지 조작활동이 확장된다. 즉, 형식적 조작기에는 사물뿐 아니라 관념적인 것에 대해서도 사고하는 구조를 지니게 된다. 형식적 조작은 역전될 수 있는 정신적 표상이라는 점에서 구체적 조작과 유사하다. 형식적 조작은 구체적 조작보다 좀 더 진보한 인지능력으로, 구체적으로 수행하지 않더라도 잠재적으로 정신적 표상을 적용하여 사고할 수 있고, 다양한 역전 가능성이 협업하여 보다 높은 수준의 사고가 가능해진다. 또한 새로운 상황에 직면할 경우 현재의 경험뿐 아니라 과거와 미래의 경험을 연결하여 시간을 초월하여 문제를 다루는 능력이 생겨난다(김선애, 2014).

피아제는 형식적 조작 사고의 발달에 의해 청년이나 성인의 사고가 아동의 사고와 어떻게 질적으로 달라지는지를 밝혔다. 형식적 조작 사고는 주어진 문제를 해결하는 방안에 대해 체계적으로 가설을 설정하고, 그 가설의 검증을 통해 결론을 도출하는 가설 연역적 사고(hypothetical-deductive thinking)와 관련이 있다.

청년기 인지발달의 특징인 형식적 조작 사고를 간략하게 정리하면 다음과 같다.

- 고도의 추상 개념을 사용할 수 있다.
- 가설을 설정하고 검증하며, 미래의 사건을 예측할 수 있다.
- 모든 가능한 개념의 조합을 고려할 수 있다.
- 몇 개의 관련된 변인을 동시에 다룰 수 있다.
- 사고과정에 대해 사고를 할 수 있는 능력을 포함한다.

1) 추상 개념의 사용

청년기에는 구체적 사물, 관찰 가능한 사건 및 현상에 국한되지 않고 머릿속으로만 생각할 수 있는 추상적 사고가 가능하다. 청년은 아동에 비해 효율적으로 사고하므로 은유적인 표현 또는 추상적인 개념이나 관계를 보다 잘 이해한다.

구체적 조작기와 형식적 조작기를 구별하기 위해 [그림 3-1]을 제시하였다. 아동과 청년에게 각각 만약 자신이 눈을 하나 더 가질 수 있고 그 눈을 신체 어느 부위에든 둘 수 있다면 어디에다 두고 싶은지 그림으로 그려 보라고 지시한다. 이때 구체적 사물의 한계에서 벗어나지 못한 구체적 조작기의 아동은 실제로 두 개의 눈 사이에 눈을 하나 더 그려 넣을 것이다. 그러나 형식적 조작기의 청년은 사방을 돌아볼 수 있도록 머리끝이나 몸의 구석구석을 다 볼 수 있도록 손바닥에 눈을 그려 넣을 것이다. 이러한 반응의 차이를 통해 구체적 조작기의 아동은 실제로 눈의 위치적 한

구체적 조작기 아동의 그림

형식적 조작기 청년의 그림

[그림 3-1] 구체적 조작기와 형식적 조작기의 제3의 눈 그림

출처: Sigelman & Shaffer (1991).

계를 벗어나지 못한 반면에, 형식적 조작기에 접어들면 주어진 과제에 대해 보다 추상적이고, 융통성 있으며, 창의적인 반응을 할 수 있음을 알 수 있다.

청년기의 추상적 사고능력의 향상은 사회적이고 이념적인 문제에 대해 논리적이고 진보적인 추론을 가능하게 한다. 따라서 청년의 사고와 관심 영역은 대인관계, 정치, 철학, 종교, 사랑 등으로 다양하게 확대된다.

2) 가설의 생성

형식적 조작기의 청년들은 여러 가능성을 생각해 보며 일련의 가설을 생성하고, 또 이 가설을 차례대로 검증하면서 문제를 해결할 수 있다. 구체적 조작기 아동의 경우, 어떠한 문제 상황에 놓이면 과거의 비슷한 상황에서의 경험을 토대로 문제를 해결하고자 하는 경험적-귀납적(empirical-inductive) 경향이 강하다. 그러나 형식적 조작기에 들어서면 청년들은 점차 제시된 문제에 내포된 정보에서 하나의 가설을 도출하여 논리적으로 연역해 내는 가설 연역적 사고(hypothetical-deductive thinking)의 특징이 두드러진다.

청년들은 여러 현상에 대해 가설을 설정할 수 있으므로 구체적이고 실제적인 아동기 사고의 한계에서 벗어나 다양한 가능성(possibilities)을 탐색할 수 있다. 가능성에 대한 사고능력의 증가는 가설적 사고(hypothetical thinking)의 발달과 밀접한 관련이 있다. 가설적 사고는 다른 말로 특정 조건하에서 특정 결과를 추론할 수 있는 'if-then 사고'라고 한다. 가설적 사고를 하기 위해서는 가능성에 대해 추론할 수 있어야 한다.

이처럼 가설을 통한 사고는 미래에 대한 계획을 세우고, 특정 행동의 결과를 예상하며, 어떤 현상에 대해 대안적 설명 등을 제공하는 데 필수적인 역할을 한다. 또한 가설적 사고는 청년의 사회적 행동에 중요한 영향을 미친다. 즉, 타인의 입장에서 상대가 어떻게 생각하고 느끼는가를 고려함으로써 타인을 보다 잘 이해하고 원만한 대인관계를 유지할 수 있을 뿐만 아니라 합리적이고 객관적인 의사결정이 가능하게 된다.

형식적 조작 사고의 발달과 함께 가설적 사고가 가능해지면 청년들은 아동기와는 달리 먼저 가능한 사태에 대한 가능성 또는 가설을 설정하고, 가능한 것으로부터 경험적으로 실재하는 것으로 범위를 좁혀 가며 사고를 진전시킨다(Inhelder &

Piaget, 1958). 청년기 사고능력 중 가설 설정 능력은 물리적 사건에 대한 과학적 사고에 국한되는 것이 아니라 사회, 정치, 종교, 철학 등 전 영역에 걸친 '이상주의 (idealism)'로 확장되기도 한다(Piaget, 1981).

3) 조합적 사고와 관련 변인의 연결능력

조합적 사고(combinational thinking)는 어떤 문제에 직면하였을 때 여러 가지 가능한 모든 해결책을 논리적으로 궁리해 봄으로써 결국은 바람직한 문제 해결에 이르

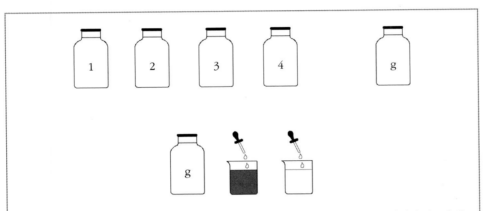

칼륨옥화은을 담은 시약병(g)과 액체가 들어 있는 4개의 병이 있다. (1)번에서 (4)번까지 번호가 붙은 4개의 병에 들어 있는 무색무취의 액체는 각각 황산(1), 물(2), 과산화수소(3), 티오황산(4)이다. 실험자는 아이가 지켜보는 앞에서 아래에 따로 준비되어 있는 2개의 비커의 액체에 추출기를 사용하여 (g)병에 들어 있는 칼륨옥화은을 각각 떨어뜨렸다. 2개의 비커 중 하나에는 (1)＋(3)[황산과 과산화수소]이, 다른 하나에는 (2)[물]가 들어 있었는데, (1)＋(3)의 액체가 황색으로 변하였다. 이제 실험자는 아동에게 위의 4개 병의 액체와 시약을 사용하여 황색의 액체를 만들도록 지시한다.

이 실험에서 가능한 논리적 조합은 다음과 같으며, 이 중에서 (6)번과 (11)번의 조합에서 액체는 황색이 된다.

(1) g＋1	(5) g＋1＋2	(9) g＋2＋4	(13) g＋1＋3＋4
(2) g＋2	(6) g＋1＋3	(10) g＋3＋4	(14) g＋2＋3＋4
(3) g＋3	(7) g＋1＋4	(11) g＋1＋2＋3	(15) g＋1＋2＋3＋4
(4) g＋4	(8) g＋2＋3	(12) g＋1＋2＋4	

[그림 3-2] 액체 실험을 통한 조합적 사고

출처: Inhelder & Piaget (1958): 신명희 외(2014)에서 재인용.

게 되는 사고를 의미한다. 이는 조작을 보다 높은 수준으로 조직화하는 것으로, 한 가지 해결책이 발견되어도 적절한 요인들을 분리시키고 그렇지 않은 요인은 제거하면서 가장 효율적으로 적합한 조합을 찾아내어 검증하는 능력이다. 청년들은 발달된 추리능력으로 문제 해결에 필요한 요인을 찾아내고, 그 요인으로 구성된 가능한 모든 조합을 체계적으로 생각해 낼 수 있다.

형식적 조작 사고는 추상적 사고에 기초하고 있으며, 가설적이고, 연역적이며, 조합적이다. 구체적 조작기에는 가역적 사고가 가능하나 상보성과 가역성의 원리 중 어느 하나에만 의존하는 경향이 있는 반면에, 형식적 조작기에는 동일성, 상보성, 가역성의 원리를 통합하여 융통성 있는 가역적 사고가 이루어진다. 가역적 사고란 현재 상태를 보고도 이전 상태나 반대 상황을 생각할 수 있는 능력으로 형식적 조작기에는 가역적 사고가 원활해진다.

인헬더와 피아제(Inhelder & Piaget, 1958)는 7~9세의 아동들에게 수평을 이루고 있는 2개의 천칭 문제를 제시하였다. 천칭 문제를 해결하기 위해서는 저울 위에 놓인 추의 무게를 조절하거나 지레의 중심을 옮겨야 한다. 연구 결과, 아동들은 2개의 요인, 즉 거리와 무게가 문제 해결을 위한 중요한 요인이라는 사실을 인식할 수는 있었지만 그것을 관련짓는 방법을 이해하지는 못하였다. 그러나 10세 이후의 청년들은 2개의 변인을 연결하여 비율로 양적 관계를 표현할 수 있는데, 이것이 조합적 사고와 함께 형식적 조작기에서 가능해진 관련 변인의 연결능력이다.

이 외에도 모든 가능성을 탐색할 수 있는 형식적 조작 사고는 여러 명제 간의 논리적 추론을 유도하는 명제적 사고(propositional thinking)를 가능하게 한다. 명제적 사고란 'A인 동시에 B' 'A이지만 B는 아님' 'A도 아니고 B도 아님'과 같은 3개의 명제를 바탕으로 가설을 설정하고 논리적으로 추론해 가는 능력을 의미한다. 청년기에는 또한 명제 내 사고뿐만 아니라 명제 간 사고도 가능하다.

명제적 사고의 예를 몇 가지 들어 보면 다음과 같다.

- 만일 비가 오면, 길이 젖을 것이다(만일 A이면, B이다).
- 만일 길이 젖어 있으면, 비가 오고 있는 것이다(만일 B이면, A이다).
- 만일 비가 오지 않으면, 길이 젖지 않을 것이다(만일 A가 아니면, B도 아니다).
- 만일 길이 젖어 있지 않으면, 비가 오지 않은 것이다(만일 B가 아니면, A도 아니다).

- 만일 비가 오면, 길은 말라 있지 않을 것이다(만일 A이면, B이다).
- 만일 비가 오지 않으면, 길은 말라 있을 것이다(만일 A가 아니면, B가 아니다).

4) 메타인지의 발달

청년 초기에 나타나는 또 다른 인지능력의 특징으로 사고과정에 대한 사고라고 불리는 메타인지를 들 수 있다. 메타인지(metacognition)의 그리스 어원을 살펴보면, '한 차원 높다'는 의미의 메타(mate)와 '앎, 생각'을 의미하는 인지(cognition)의 합성어로, '초월적 인지'를 의미한다(Webster, 2002). 메타인지는 사고 과정에 대한 사고로서, 자신의 인지적 과정이나 사고에 대해 스스로 관리하고 평가하는 것이라고 할 수 있다.

메타인지의 예를 들면, 어떤 문제를 해결하기 위해 의식적으로 전략을 사용한다든지, 또는 책을 읽을 때 다음 문단을 읽기 전에 조금 전에 읽은 문단의 내용을 스스로 생각하는 인지적 활동 등을 말한다. 메타인지를 발달시킴으로써 청년들은 아동에 비해 자신의 사고를 보다 잘 통제하며 자신의 인지적 과정을 타인에게 쉽게 설명할 수 있다.

메타인지는 자기의 사고과정에 대한 반성적 인지(reflective awareness)라 정의할 수 있다. 즉, 메타인지는 자기의 인지과정에 대해 얼마나 알고 있는지를 인식하는 것으로서, 자신의 수행을 평가하고 점검하는 행동과 그에 따른 학습 전략을 선택하는 데에 관한 능력과 관련 있다. 따라서 메타인지란 자신의 수행 과정을 평가·점검하는 의식적인 인지 전략이라 할 수 있다.

메타인지, 즉 자신의 사고과정에 대한 사고를 통해 청년은 아동보다 자신의 정서에 대해 더 많이 생각하고(introspection), 타인이 자신을 어떻게 생각할까에 대해 생각하며(self-consciousness), 지적인 사고(intellectualization)를 함으로써 청년의 심리적 성장, 특히 자아정체감의 형성에 중요한 역할을 한다.

5) 형식적 조작능력의 영향

형식적 조작능력의 획득은 청년기 동안 중요한 변화를 예고한다. 형식적 조작능력의 발달과 연합된 긍정적·부정적 영향을 요약하면 다음과 같다(Keating, 1980).

(1) 긍정적 영향

첫째, 추상 개념의 사용과 함께 실제적이고 구체적인 것과 추상적이고 가능한 것을 구별할 수 있다. 청년은 관찰 가능한 세계뿐만 아니라 가능성의 세계에도 흥미를 가진다.

둘째, 청년기의 가설적 추리는 과학적 추론을 가능하게 한다. 즉, 가설을 설정하고 검증과정을 통하여 그것의 진위 여부를 확인한다. 만약 설정된 가설이 지지될 수 없는 것이라면, 청년은 자신이 설정한 가설을 기각하고 새로운 가설을 모색하는 전형적인 과학적 추리를 수행할 수 있다.

셋째, 청년은 사고과정이 어떻게 구성되고 어떻게 기능하는가를 이해하기 시작한다. 즉, 자신의 인지과정을 이해하고 어떤 요인이 사고과정에 영향을 주며 어떤 상황에서 의식적 노력을 해야 하는가를 아는 상위인지 능력인 메타인지를 획득한다. 그 결과, 청년은 자기반성(self-examination)이나 자아성찰(introspection)에 몰두한다.

넷째, 자기반성이나 자아성찰은 '나는 누구인가?'라는 질문에 대한 해답을 가능하게 하며 자아정체감 획득을 돕는다. 또한 형식적 조작능력이 발달함에 따라 정치, 종교, 도덕, 이념 문제 등으로 청년기의 사고가 확장되므로 자아정체감 획득이 용이해진다.

(2) 부정적 영향

첫째, 청년은 자신의 미래에 대해 근심하거나 공상하느라 많은 시간을 허비한다. 청년은 계획을 세우고 인과관계에 대한 탐색을 통하여 미래에 대해 생각할 수 있다. 그러나 과거, 현재, 미래에 대한 시간조망의 확대는 청년들에게 미래에 대한 기대와 함께 불안을 가중시킨다. 청년은 때로는 다양한 대안을 모색하면서 더욱더 혼란에 빠지거나 불안해하기도 한다.

둘째, 이상주의를 추구하는 청년들은 세상의 결점과 논리적 모순을 발견하고 부모나 사회에 반항한다. 형식적 조작기의 청년은 이상적인 특성에 자신이나 타인을 비추어 생각하기 시작한다. 예를 들면, 이상적인 부모상에 대한 기준으로 부모를 평가하기도 하고, 이상적인 친구를 그리며 친구를 판단하기도 한다. 하지만 때로는 현실적 문제를 고려하지 못하고 사회변화에 대한 실제적 장벽을 간과하는 경향을 보이기도 한다.

셋째, 형식적 조작능력은 자신과 타인의 사고와 감정을 구별하지 못하는 청년의 자아중심성(egocentrism)을 부추긴다. 아동의 자아중심성은 타인이 자신과 상이한 조망을 가진다는 것을 알지 못하기 때문에 일어나는 반면에, 청년의 자아중심성은 강한 자의식과 함께 자신의 사고나 상위인지에 대해 사고할 수 있는 보다 발달된 인지능력 때문에 야기된다.

2. 청년기의 뇌 발달

인간의 인지발달은 뇌 발달과 관련이 있으며, 청년기 동안에도 아동기에 이어 인지발달이 활발하게 진행된다. 최근에는 특히 신경과학의 발달로 인해 뇌와 신경계의 발달양상이 구체적으로 밝혀지고 있다. 먼저, 우리 뇌의 구조와 청년기의 뇌 발달의 특징에 대해 살펴보도록 한다(성현란 외, 2009; 허혜경, 김혜수, 2015).

1) 뇌의 구조

(1) 뉴런

뇌는 뉴런(neuron)이라고 부르는 신경세포의 집합체로 구성되어 있다. 뉴런은

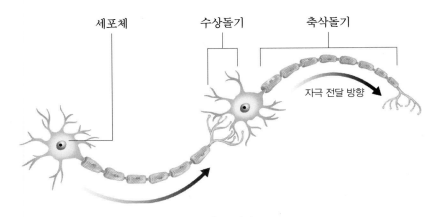

[그림 3-3] 뉴런의 구조

세포체(soma), 수상돌기(dendrite), 축삭돌기(axon)의 세 부분으로 구성되어 있다. 수상돌기는 뉴런과 뉴런이 의사소통할 때 다른 뉴런에서 정보를 받아들이는 수용부 역할을 담당하며, 축삭은 받아들인 정보를 다른 뉴런에게 전달하는 역할을 한다. 축삭의 끝부분은 다른 뉴런의 수상돌기와 서로 접해 있는데, 이 부분을 시냅스(synapse)라 하며, 시냅스는 새로운 지식이나 기능을 습득하는 것과 관계가 있다.

(2) 뇌의 구조

뇌는 크게 좌반구와 우반구로 나뉘어 있으며, 뇌량이라고 부르는 긴 신경섬유에 의해 두 반구가 연결되어 있다. 흔히 뇌를 전뇌, 중뇌, 후뇌의 세 부분으로 구분할 수 있으며, 각 뇌는 여러 하위 영역으로 구성되어 있다. 전뇌(forebrain)는 뇌의 제일 앞부분에 해당하며 종뇌와 간뇌로 구성되어 있다. 종뇌는 대뇌피질, 변연계, 기저핵으로 이루어져 있고, 간뇌는 시상과 시상하부로 구성되어 있다.

인지 기능과 인간의 행동을 결정하는 중요 정보가 처리되는 부분은 대뇌피질(cerebral cortex)로서 대뇌 반구의 표면에 해당하며, 다시 전두엽, 두정엽, 측두엽, 후두엽으로 구분된다. 전두엽(frontal lobe)은 이마 가까운 부분으로 어떤 일을 의지적으로 계획하거나 통제 또는 판단하는 일을 담당하며, 신체 각 부위에 운동 명령을 내리는 역할을 담당한다. 두정엽(parietal lobe)은 공간 지각 및 주의 기능을, 측두엽

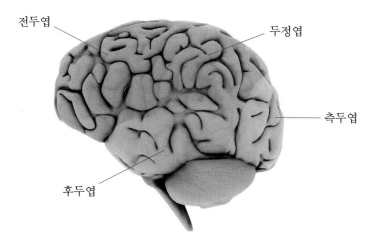

[그림 3-4] 대뇌를 구성하는 엽

출처: 신명희 외(2013).

(temporal lobe)은 언어 이해 기능이나 소리 정보를, 후두엽(occipital lobe)은 주로 시각 정보를 처리하는 기능을 담당함으로써 각 피질 영역은 모두 지각과 학습에 기여한다. 이와 같이 전두엽, 두정엽, 측두엽, 후두엽은 서로 다른 방식의 사고에 관여하며, 이 중 세 개의 엽(전두엽, 두정엽, 측두엽)은 청년기에도 계속 발달이 진행된다(정영숙 외, 2009).

중뇌(midbrain)는 시각 또는 청각적 감각 자극에 대한 반사행동, 수면, 각성 통제를 담당한다. 후뇌(hindbrain)에 속하는 소뇌(cerebellum)는 신체 각 영역의 감각 정보와 모든 근육 운동 정보를 받아 운동 영역을 통합·조정하는 역할을 수행한다.

(3) 뇌 발달의 특징

뇌 발달의 가장 뚜렷한 특징으로는 '과잉 생산 후 가지치기(blooming & pruning)'를 들 수 있다(성현란 외, 2009). 쉽게 표현해, 큰 덩어리를 먼저 만들어 놓은 후 불필요한 부분을 깎아 내어 성인의 뇌 형상에 근접해 가는 방식이다. 뇌 발달과정을 살펴보면 뇌를 구성하는 뉴런의 증식은 대략 임신 7개월경에 완성되는데, 필요한 수보다 훨씬 많은 뉴런이 만들어진 후에 불필요한 뉴런은 죽어서 없어지는 방식으로 뇌의 기능을 정교화해 나간다. 수상돌기, 축삭, 시냅스도 과잉 생성된 후 불필요한 것은 없어지는 방식으로 발달이 진행된다. 뉴런은 한 번 없어지면 재생산이 불가능하나, 수상돌기, 축삭, 시냅스는 얼마든지 재생산이 가능한 특징이 있다. 출생 시의 뇌는 성인에 비해 신진대사율이 매우 낮으나, 이후 급격히 증가하여 3~9세경에는 성인보다 더 높은 신진대사율을 보이다가 10대 후반에 이르면 다시 성인 수준으로 감소하여 안정적인 신진대사율을 유지한다. 이는 뇌에서 뉴런, 시냅스와 축삭, 수상돌기 등이 많이 생성되었다가 다시 소멸되는 과정과 일치하는 것으로 분석된다.

뇌 발달의 과정은 일반적으로 뉴런의 증식, 뉴런의 이동과 분화, 시냅스의 발달, 뉴런과 시냅스의 선택적 소멸이라는 네 단계로 이루어진다. 뇌 발달은 모든 뇌 영역이 동시에 이루어지는 것이 아니라, 장시간에 걸쳐 각각의 뇌 영역별로 시차를 두고 일어난다. 1차 감각 및 운동 영역의 발달이 가장 먼저 이루어지고, 연합 영역과 전두엽, 뇌량은 훨씬 늦게 발달되어 10대 중반 무렵까지 뇌 발달이 진행된다.

2) 청년기의 뇌 발달

뇌 발달의 특징인 과잉 생성된 뇌세포와 불필요한 부분의 선택적 소멸 현상은 뉴런, 수상돌기, 축삭, 시냅스에서 모두 나타난다. 이러한 현상은 청년 중기까지 지속적으로 진행되며 유전, 환경적 자극, 호르몬, 스트레스 등의 영향을 받는다.

청년기의 뇌 발달의 특징을 살펴보면 다음과 같다(허혜경, 김혜수, 2015).

첫째, 생후 1~2세 무렵에 과잉 생산하였던 시냅스는 점차 가지치기를 하며 감소하다가 약 11세 전후부터는 성인 수준에 근접하며, 약 16세경에는 성인의 시냅스 수준에 도달하는 것으로 보인다. 시카고 대학교의 휴튼로처(Huttenlocher, 1994)는 시각피질의 시냅스 연구에서 시냅스의 생성과 소멸을 통해 청년기의 뇌 발달 양상을 밝혀내었는데, 이는 [그림 3-5]와 같다. 시냅스는 생후 1~2세경까지는 계속 증가하다가 약 11세 전후부터 16세경까지 가지치기를 하며 성인의 시냅스 수준까지 감소한다. 이와 같이 시냅스의 선택적 소멸과정을 거쳐 성인 수준에 도달하는 뇌 발달과정은 청년 초기부터 중기 무렵에 진행된다.

둘째, 청년 중기에 해당하는 10대 중후반 무렵에 이르면 뇌의 포도당 대사율이 성

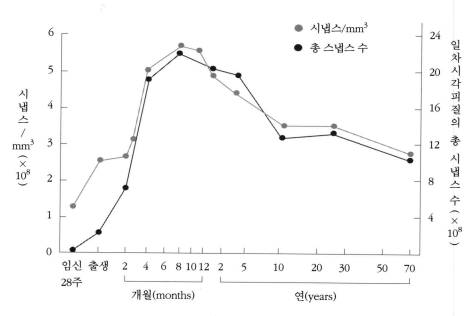

[그림 3-5] 시각피질의 시냅스 증가와 감소

출처: Huttenlocher (1994).

인 수준에 도달하게 된다. 이는 뇌의 발달이 10대 중후반경까지 활발하게 진행됨을 시사한다. 뇌의 활동은 포도당 대사율과 산소 소모량에 전적으로 의존하므로 뇌의 포도당 대사율은 인지발달과 밀접한 관련이 있다. 추가니(Chugani, 1998)는 뇌의 발달을 측정하기 위하여 포도당 대사율을 분석함으로써 대뇌피질 발달과 시냅스 발달을 유추할 수 있다고 보았다. [그림 3-6]과 같이 연령별로 뇌의 포도당(glucose) 대사율에 차이가 있음을 알 수 있다. 구체적으로 영유아기에는 시냅스가 형성되고 대뇌피질이 영역별로 발달을 보이므로 성인의 2배 이상의 포도당 대사율을 보인다. 그러나 4~10세경에는 성인보다 높은 수준의 포도당 대사율을 유지하지만 뚜렷한 변화를 보이지는 않다가 10세경부터 점차 포도당 대사량이 감소하기 시작하여 16~17세경 무렵에는 성인 수준의 포도당 대사율을 보이는 것으로 나타났다. 추가니가 밝힌 뇌의 포도당 대사율의 변화 추이는 휴튼로처(1994)가 앞서 밝힌 뇌에서 뉴런, 시냅스 등의 과잉 생성 및 선택적 소멸 시기와 일치하며, 이는 청년 중후반 무렵까지 뇌 발달이 진행됨을 의미한다.

셋째, 뇌의 수초화 발달도 인지발달을 예측하는 요인 중 하나이다. 청년기에는 인지발달에 직접적인 영향을 주는 뇌량의 수초화가 완성된다. 수초(myelin sheath)는

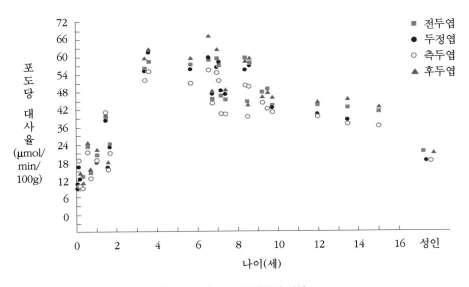

[그림 3-6] 뇌 신진대사의 변화

출생 무렵에는 성인의 30% 수준이던 포도당 대사율이 생후 4년간 지속적으로 증가하다가 9세 이후부터 다시 감소하기 시작하여 10대 후반에 성인 수준에 도달하는 것을 확인할 수 있다.

출처: Chugani (1998).

축삭을 둘러싸고 있는 피막으로, 신경충동을 촉진하여 정보의 전달을 신속하게 해주는 절연체 역할을 한다. 수초가 축삭을 둘러싸는 과정을 수초화라고 하며, 수초화는 태내 4개월 무렵부터 진행되어 2세경에 절정에 이르며, 그 이후에도 수초화는 계속 진행되는데 특히 뇌의 영역별로 수초화가 진행되는 시기에는 차이가 있다. 예를 들면, 인간의 생명을 유지하기 위해 필수적인 척수와 연수의 수초화가 가장 먼저 일어나며, 전두엽과 두정엽의 연합 영역, 뇌량의 수초화가 비교적 늦게 발달한다. 특히 양쪽 뇌반구를 연결하며 정보를 교환하는 역할을 하는 뇌량의 수초화는 4세 이전에는 진행되지 않으나 4세부터 10세 이후까지 점진적으로 성인 수준까지 뇌량의 수초화를 완성시킨다. 청년기에 완성되는 뇌량의 수초화는 좌우반구의 정보 전달 속도 및 정보를 받아들이고 이해하는 능력과 직접적으로 관련이 있다.

넷째, 뇌 발달은 고르게 선형적으로 발달하는 것이 아니라 사춘기의 신체발달과 같이 성장급등을 보이기도 하며 주기적으로 순환, 반복하는 패턴으로 발달한다. 뇌의 발달 패턴을 연구하기 위하여 체중 대비 뇌의 무게 비율을 분석한 결과 1.5세의 뇌 무게의 약 30%가 생후 3~10개월에 증가하였으며, 2~4세 사이, 6~8세 사이, 10~12세 사이, 14~16세 사이에 뇌의 급격한 성장급등을 보이는 것으로 나타났다(Epstein, 1978; 1979). 뇌의 성장급등은 수상돌기의 성장과 수초의 발달, 피질의 복합성 증가 등에 기인하므로 뇌의 성장급등 시기에는 인지발달의 질적 변화가 예측되며, 이 시기는 피아제의 인지발달 단계인 감각운동기, 전조작기, 구체적 조작기, 형식적 조작기의 시작 시점과 대략 일치한다. 이와 같은 뇌의 순환 반복적인 발달 패턴을 통해 청년기의 인지발달은 부분적으로 뇌와 신경계의 발달에 기인한다고 볼 수 있다.

3. 사회인지의 발달

1) 청년기의 사회인지

사회인지(social cognition)란 사회적 관계를 이해할 수 있는 능력으로, 모든 인간관계의 기본이 된다. 즉, 다른 사람이 어떤 감정과 생각을 가지고 있는지, 또 그 의도와 사회적 행동 및 관점 등을 이해하는 능력을 말한다. 랩슬리(Lapsley, 1990)는 사회인지를 사람, 사회적 관계, 사회적 제도 등에 관한 생각 또는 인지적 활동이라 정의하였다. 사회인지는 모든 대인관계의 기초가 되며 다른 사람을 이해하고 원만하게 지내는 데 필수적인 능력이다.

　청년기 추론능력의 변화는 물리적인 대상이나 과학적 문제의 해결뿐만 아니라 사회적 현상에 대해서도 나타난다. 청년들은 아동에 비해 보다 성숙한 대인관계를 할 수 있고, 타인의 행동 의도를 보다 정확하게 추론할 수 있으며, 보다 복잡한 사회적 제도나 문제를 이해할 수 있다. 이러한 인지적인 발달은 청년기의 중요한 발달과업인 자아정체감, 자율성, 친밀감 등을 획득하는 데 매우 중요한 요인으로 작용한다.

　사회인지에 관한 유용한 이론적 모델로는 셀만(Selman, 1980)의 사회역할수용발달 5단계 이론을 들 수 있다. 인간이 물리적 세계와 자신의 마음, 나아가 다른 사람

표 3-1 피아제, 프로이트, 에릭슨, 셀만의 발달 단계별 비교

인생주기 ＼ 단계	피아제의 인지발달 단계	프로이트의 심리성적 단계	에릭슨의 심리사회적 단계	셀만의 사회역할수용 단계
노년기 중년기 성인 초기 청년기	↑ 형식적 조작기	↑ 생식기	자아통합 대 절망감 생산성 대 침체감 친밀감 대 고립감 자아정체감 대 역할 혼돈	↑ 심층적·사회적 조망 수용 단계(청년기~성인기) ↓
	↑	↑	↑	제3자 또는 공동 조망 수용 단계(10~12세)
중기 및 후기 아동기	구체적 조작기	잠복기	근면성 대 열등감	자기반성적 조망 수용 또는 상호 조망 수용 단계 (8~10세)
	↑	↑	↑	차별적 또는 주관적 조망 수용, 사회 정보적 단계(6~8세)
초기 아동기	전조작기	남근기	주도성 대 죄책감	자기중심적 미분화 단계(0~6세)
영아기	감각운동기	항문기 구강기	자율성 대 의심·수치 신뢰감 대 불신감	

출처: 정영숙 외(2009), p. 36 수정.

의 마음을 이해하는 능력이 어떻게 발달하는지를 셀만은 사회역할수용 또는 조망수용의 발달로 설명하고 있다. 셀만은 사회역할수용(social role taking)이란 "자신과 타인을 객체로 이해하고, 타인이 자신에게 반응하는 방식으로 자신도 타인에게 반응하며, 타인의 관점에서 자신의 행동에 반응하는 능력"이라고 정의하였다(정영숙, 신민섭, 이승연, 2009에서 재인용). 인간의 행동은 마음에서 비롯되므로 자신의 마음과 타인의 마음을 이해하는 능력이 생긴다는 것은 사회적 관계에서 상당히 중요하다. 다른 사람의 마음을 이해하고, 다른 사람의 관점으로 세상을 바라보는 이러한 조망수용(perspective taking)능력은 성인이 될 때까지 장기간에 걸쳐 발달한다. 아동 및 청년들은 발달 단계별로 사회역할수용 관점의 변화를 보이며 이를 통해 사회인지가 발달한다(Selman, 1977; 1980). 셀만의 사회역할수용발달 5단계 이론은 다음과 같다(정영숙 외, 2009).

- 단계 0: 자기중심적 미분화 단계(3~6세)
  6세 무렵까지의 아동은 상황에 대한 자신의 해석과 타인의 관점을 명확하게 구분할 수 없으며, 따라서 자신의 지각이 잘못될 수도 있다는 것을 이해하지 못한다. 아동은 자신이 느끼거나 행동하는 대로 다른 사람도 비슷하게 느끼거나 행동할 것이라고 생각한다.
- 단계 1: 차별적 또는 주관적 조망 수용, 사회 정보적 단계(6~8세)
  이 단계의 아동은 타인들이 서로 다른 사회적 조망을 가질 수 있다는 것은 인식하나 관점이 다른 이유를 잘 이해하지는 못한다. 사람들이 다른 관점이 생길 수 있다는 것은 이해하는데, 이는 사람들이 다른 정보를 가지고 있기 때문이라고 생각한다. 아동은 비의도적 행동과 의도적 행동을 구별하기 시작한다. 아동은 행동의 원인, 의도, 감정, 사고 등을 고려하기 시작하나 이는 주로 구체적 상황이나 물리적 관찰에 근거한다.
- 단계 2: 자기반성적 조망 수용, 상호 조망 수용 단계(8~10세)
  이 시기의 아동은 타인의 입장에 대한 추론이 가능하며 자신의 행동과 동기를 다른 사람의 관점에서 볼 수 있다. 하지만 타인의 입장에 대한 추론이 제2자 참조 틀에 국한된다. 제2자 참조 틀이란 자신의 조망과 상대방의 조망 등 두 사람의 입장에서만 조망을 수용하며, 일반적으로 제3자적 관점을 취하기는 아직 어려운 것이다.

- 단계 3: 제3자 조망 수용, 공동 조망 수용 단계(10~12세)

  이 시기에는 자신의 입장, 상대방의 입장, 그리고 제3자의 입장에서의 조망을 모두 취할 수 있다. 두 사람의 상황을 떠나 제3자의 중립적인 관찰자 입장으로 자신의 행위를 볼 수 있을 뿐만 아니라 다른 사람의 입장을 보다 객관적으로 이해할 수 있다.

- 단계 4: 심층적 조망 수용, 사회적 조망 수용 단계(청년기~성인기)

  개인은 자신이 속한 사회적 규범이나 가치체계에 의해 영향을 받을 수 있음을 이해할 수 있다.

청년들은 타인을 이해하는 데 두 가지 뚜렷한 특징을 보인다. 첫째, 청년들은 다른 사람을 이해하는 데에는 동기, 행위, 사고 및 감정 등과 같은 심리적 결정 요인의 영향이 있음을 알게 된다. 둘째, 성격은 타고난 특질, 신념, 가치, 태도 등의 체계인 것을 이해한다.

이 외에도 청년기의 사회인지에 관한 연구를 살펴보면 크게 타인에 대한 판단, 타인의 감정과 생각에 대한 평가, 도덕이나 사회적 관습과 규범 등에 대한 생각 등으로 나눌 수 있다. 종합적으로 청년기 사회인지의 특징을 정리하면 다음과 같다. 첫

표 3-2 아동과 청년의 사회인지능력의 차이

영역	아동기의 사고	청년기의 사고
타인에 대한 인상 또는 지각	전반적, 자기중심적, 구체적, 조직적이지 못함	객관적, 추상적, 조직적임
대인관계	타인의 관점에서 생각할 수 있는 능력이 있지만, 어떤 개인의 관점이 또 다른 타인에게 영향을 미칠 수 있다는 것을 잘 이해하지 못함	제3자적 관점에서 생각할 수 있음
도덕 추론	도덕은 권위자에 의해 구체적인 법칙에 근거함	도덕은 사람들 간의 합의에 근거하며 추상적인 원리에 기초함
사회적 관습	관습은 법칙이나 권위자의 지시에 근거함	관습은 여러 사람의 기대에 근거함

째, 청년기에 접어들면 다른 사람에 대한 지각이 보다 객관적이고 추상적이며 조직 적인 경향을 보인다. 둘째, 대인관계 측면에서 살펴보면 청년기에는 자기중심적인 사고에서 벗어나 점차 제3자적 관점에서 객관적으로 사고할 수 있다. 셋째, 사회 구 성원 간에 필요에 따라 합의된 도덕적 규칙을 존중하며 점차 추상적인 도덕적 추론 이 가능하다. 넷째, 청년들은 다수의 기대에 근거하거나 사회문화적 관습을 이해하 여 수용할 수 있다.

2) 청년기의 자아중심성

엘킨드

형식적 조작 사고의 발달과 더불어 다양한 가능성을 생각하 게 되면서 청년들은 자신의 생각과 관념 속에 사로잡히게 된다. 이에 따라 자기중심적이고, 자의식이 점점 강해지며, 다른 사람 들보다는 자신을 중심으로 사고하게 된다. 청년들은 자신이 중 요하고 가치 있게 생각하는 관심사에 집중한 나머지 타인의 관 심사를 구분하지 못하여 자연스럽게 다른 사람도 자신과 같은 생각을 가지고 있다고 믿는다. 그 결과 자신이 특별한 존재라는 청년기 특유의 독특성과 같은 착각에 빠지게 되어, 자신이 세상 의 중심이 된다고 믿는 강한 자의식을 보이게 된다. 엘킨드(Elkind, 1978)는 이러한 청년기 특유의 사회인지적 특성을 청년기의 자아중심성(adolescent egocentrism)이 라고 지칭하였다.

자아중심성은 청년기 발달과정에서 나타나는 자연스러운 인지적 특성 중 하나 이다. 청년기 자아중심성은 형식적 조작 사고가 발달하는 11~12세경에 시작되어 15~16세경에 정점을 이루다가 다양한 대인관계의 경험을 통해 자신과 타인에 대 한 객관적인 이해가 이루어지면 서서히 사라지게 된다(Lapsley, 1991).

자아중심성은 형식적 조작 사고의 추론과정에서 사회인지능력의 결함으로 인하 여 초래된다. 형식적 조작기에는 추상적으로 주체와 객체의 분화가 가능하므로 타 인의 사고에서 자신의 사고를 개념화할 수 있고, 사실에 대한 반대 명제를 구성할 수 있으며, 그것에 대해 추론할 수 있다. 그러나 초보적 수준의 형식적 조작 사고를 하는 청년 초기에는 타인의 사고를 추론하는 과정에서 결정적인 인지적 결함을 보인다. 그들은 자신이 관심 있는 대상물에 대하여 타인도 동일하게 관심을 가진다고 생각하는 자기중심적 사고를 한다. 청년기의 자아중심성은 엘킨드(Elkind, 1978)가 주장한 개인적 우화, 상상적 청중, 이상주의적 경향으로 표출된다.

(1) 개인적 우화

개인적 우화(personal fable)는 청년들이 자신은 특별하고 독특한 존재이므로 자신의 감정이나 경험세계는 다른 사람과 근본적으로 다르다고 믿는 청년기 자아중심성의 한 형태이다. 청년들은 자신의 우정, 사랑 등을 다른 사람은 결코 경험하지 못하는 것으로 생각하고, 다른 사람이 경험하는 위험과 위기가 자신에게는 일어나지 않으며, 혹시 일어나더라도 자신은 피해를 입지 않을 것으로 확신한다. 개인적 우화는 이처럼 청년기에 청년들이 가질 수 있는 자신의 독특성에 대한 비합리적이고 허구적인 관념을 지칭한다.

개인적 우화는 청년 스스로에게 자신감과 위안을 부여하는 긍정적인 측면도 있다. 그러나 심해지면 자기 존재의 영속성과 불멸성을 믿게 됨으로써 과격한 행동에 빠져들게 될 위험이 있다. 일부 청년이 흔히 음주운전, 폭주, 마약, 문란한 성행동 등 일탈적 행동을 범하곤 하는데, 이는 내심 자신은 특별한 존재이므로 그러한 행동이 가져다줄 부정적 결과가 타인에게 해당될 뿐 자신에게는 예외적일 것이라 믿는 개인적 우화에서 기인한다.

개인적 우화는 청년세대의 긍정적인 독특성과도 연결된다. 청년은 자신이 속한 세대는 기성세대가 하지 못한 많은 가능성을 가지고 있다고 믿으며, 이러한 가능성을 행동으로 옮긴다. 청년들이 빈곤퇴치, 환경운동, 시민운동 등에 적극적으로 참여하는 것은 이러한 이유에서이다.

엘킨드(Elkind, 1975)에 의하면 개인적 우화는 청년들의 지나친 자기 과신에서 비롯된다. 청년 여성들에게서 나타나는 개인적 우화의 대표적인 예로는 10대 임신을 들 수 있다. 다른 사람들이 쉽게 임신한다고 할지라도 자신만은 아닐 것이라고 생각하는 이들은 피임약이나 기구를 사용할 필요가 없다고 생각한다. 청년기에 발생하는 개인적 우화에 기인된 각종 사고는 여성들보다 남성들에게서 더 빈번하게 나타난다.

(2) 상상적 청중

상상적 청중(imaginary audience)은 과장된 자의식으로 인해 자기 자신이 타인의 집중적인 관심과 주의의 대상이 되고 있다고 믿는 청년기 자아중심성의 한 형태이다. 청년들은 자신의 외모와 행동에 관심이 집중된 나머지 다른 사람들도 자신에게 많은 관심을 가지고 있다고 믿는다.

엘킨드는 "청년의 자아중심성을 이루는 것은 바로 타인도 나의 외모와 행동에 대해 신경을 쓰고 있다는 믿음"(Elkind, 1967, p. 1029)이며 이를 상상적 청중이라고 표현하였다. 청년은 자신이 마치 무대 위의 주인공처럼 많은 사람들의 관심을 받고 있다고 믿으며, 이러한 상상 속의 청중에게 신경 쓰고 반응하느라 더욱더 자신의 외모와 행동에 관심을 집중하게 된다고 하였다. 이러한 현상은 전철이나 버스 안, 등 · 하굣길과 같은 공공장소에서 자신이 모든 사람의 관심의 대상이라 믿고 자신의 외모나 행동에 온통 신경을 집중하는 청년들에게 종종 발견된다. 청년들은 상상적 청중을 즐겁게 하기 위해 많은 노력을 기울이기도 하고, 타인이 눈치채지도 못하는 작은 실수로 심각하게 고민하기도 한다. 간혹 상상적 청중에게 자신의 위신이 손상되었다고 생각하면 작은 비난에도 심한 분노를 보이기도 한다.

청년기에 나타나는 상상적 청중 의식의 정도는 상상적 청중 척도(Imaginary Audience Scale)를 활용하여 진단할 수 있다(Elkind & Bower, 1979; Mullis & Markstrom, 1986). 상상적 청중 척도로 진단한 결과에 의하면 중학교 2학년 무렵에 가장 높은 상상적 청중 의식이 나타나며 그 이후부터는 서서히 감소하는 것으로 나타났다. 그러나 많은 청년의 경우, 상상적 청중 현상에 기여한 과도한 자의식이 성인기까지 지속되기도 한다.

상상적 청중 현상은 청년들의 죽음에 대한 상상에서도 나타난다. 청년들은 때때로 만약 자신이 죽는다면 다른 사람들이 어떤 반응을 보일 것인가를 상상해 보곤 한다. 그리고는 그가 유능하고 훌륭한 사람이라는 것을 뒤늦게 알게 된 사람들이 그의 죽음을 애석해하는 장면을 떠올리며 흐뭇해하기도 한다. 또한 상상적 청중 현상은 청년기 동조행동에도 영향을 준다. 왜냐하면 청년들은 또래들과 같은 외모와 행동 또는 말투를 하고 싶어 하고, 또 자신이 그렇게 하지 않으면 상상적 청중이 비웃을 것 같은 생각에 사로잡히기 때문이다(정영숙 외, 2009).

(3) 이상주의적 경향

청년기의 자아중심성은 현실을 개혁하려는 이상주의적 경향으로도 나타난다. 현실과 가능성을 변별할 수 있는 능력이 증가함으로써 청년들은 자신과 다른 사람, 사회 그리고 이상적인 상황에 대해 사고하기 시작하며, 이에 따라 자연스럽게 실제 상황이 이상적인 상황보다 못하다는 것을 발견하게 되어 사물, 기성세대, 정치, 사회 등에 비판적인 시각을 가지게 된다. 청년기의 이상주의적 경향은 자신의 관념에 대한 집착과 이를 달성하기 위한 추구, 그리고 자신의 관념과 일치하지 않는 것에 대한 비판 등으로 나타난다.

청년들은 기성세대가 확립한 가치관이나 사회제도의 모순을 지적하면서 개혁을 주장한다. 그들은 사람들의 다양한 견해에 대한 존중 없이 자신의 의견을 관철시키고자 한다. 자신의 생각을 검증해 볼 기회를 충분히 가지지 못한 청년은 자기중심적으로 편협한 이상주의적 경향을 띠게 된다. 일부 청년은 이상주의에 집착하여 기존의 사회를 개혁하고자 하는 성향을 가지는데, 이 또한 형식적 조작 사고의 발달에 기인한다(Piaget, 1980). 엘킨드(Elkind, 1978)는 청년기의 이상주의적 사고의 특징을 법관적 사고 또는 판단자적 사고라고 하였다.

4. 청년기 인지발달의 환경적 조건

청년기의 가장 대표적인 인지발달인 형식적 조작 사고는 환경적 조건에 의해 영향을 받는다. 특히 형식적 조작 사고의 발달을 촉진시킬 수 있는 다양한 환경적 조건으로 다음과 같은 상황을 고려할 수 있다.

첫째, 청년 초기는 경쟁과 갈등을 포함하는 다양한 역할 수행이 요구되는 시기이다. 청년들은 아들이나 딸, 학생, 친구, 데이트 파트너, 시민, 때로는 특정 종교의 신자 등의 역할을 동시에 수행하여야 한다. 그러나 다양한 역할은 서로 다른 기대를 요구하므로 이러한 역할 요구에 부응하고 균형을 이루도록 조절하여야 한다. 예를 들면, 학생 역할에 대한 기대는 친구 역할에 대한 기대와 때때로 상치된다. 따라서 성공적인 역할 수행을 성취하기 위하여 청년들은 한 번에 2개 이상의 변인을 정신적으로 조작하는 방법을 습득하여야 한다. 다양한 역할 수행의 경험을 통하여 청년들은 한 상황에서 가치 있는 행동이 다른 상황에서는 수용될 수 없다는 것을 인식함으로써 상대적 사고를 발달시킬 수 있다(Chandler, Boyes, & Ball, 1990).

둘째, 청년 초기에 청년들은 다양한 동년배 집단에 참여함으로써 형식적 조작 사고의 발달을 촉진시킬 수 있다(Looft, 1972). 지역사회의 초등학교에서 중·고등학교로 진학하면 가족 배경이 다양하고 사회계층이 다른 친구들과 사귀게 된다. 이질적인 친구집단과 상호작용함으로써 청년들은 자신과 친구들의 미래에 대한 기대가 다르다는 것을 인식하고 가족에 의해 형성된 자신의 가치관을 평가해 볼 수 있는 기회를 가진다.

셋째, 중등 교육과정도 청년의 인지적 발달에 중요한 역할을 한다. 과학, 수학, 언어 학습을 통하여 청년들은 세계의 고유한 논리와 가치를 학습한다. 또한 학교교육에서 가설 연역적 추론을 학습하고 예술의 세계를 경험함으로써 이상적 세계에 대한 개념을 형성한다. 청년기 동안 급속한 인지발달을 경험하는 청년들이 있는가 하면, 어떤 청년들은 오히려 지적 정체를 경험하기도 한다.

청년기 동안 개인의 지능에 영향을 미치는 환경적 요인으로 사회경제적 요인, 성차, 부모와의 상호작용, 미디어의 영향 등을 들 수 있다.

1) 사회경제적 요인

가족의 사회경제적 지위(Socio-Economic Status: SES)와 청년의 지능 간에는 정적 상관관계가 있다. 지적 성장의 다섯 가지 변화 패턴을 제시한 맥콜 등은 부모가 지적 과제의 수행을 격려하고 지적 성취를 중요시하는 중산층 가정의 아동과 청년들이 지능검사 점수에서 뚜렷한 증가를 보였다고 보고하였다. 반면에 문화적으로 박탈된 저소득계층의 아동들과 청년들은 지능검사 점수가 변화가 없거나 오히려 감소하는 양상을 나타내었다.

2) 성차

청년기 동안의 지적 성장에는 성차가 있는데, 이는 생물학적 차이라기보다는 사회화의 결과에 기인한다. 일반적으로 남성들의 지능검사 점수가 여성들보다 더 높은 것으로 나타났다. 그러나 최근에는 지능에 있어서 성차가 점차 감소하고 있는 추세이다.

3) 부모와의 상호작용

부모-자녀의 상호작용이 자녀의 성격 특성과 지적 능력을 발달시킨다는 연구 결과가 있다. 언어능력이 우수한 청년 남성과 수학능력이 우수한 청년 남성의 성격 특성을 비교한 연구에 의하면(Vierstein, McGinn, & Hogan, 1977: 장휘숙, 2007에서 재인용), 언어능력이 우수한 청년들이 수학능력이 우수한 청년들보다 더 독립적이고, 생각이 깊으며, 더 성숙한 특성을 지니고 있었다. 다시 말하면, 빈번한 의사소통과 언어적 상호작용이 이루어지는 부모-자녀 관계는 자녀의 언어능력을 향상시켜 의사소통이 빈번하지 않은 아동들과 지적 능력에서 뚜렷한 차이를 가져온다는 것이다.

4) 미디어의 영향

지식기반사회는 가치 있는 정보 생산이 추진력이 되며, 이에 따라 지식을 창출하는 인간의 정신 노동력이 중심이 되어 육체적인 노동력을 대신해 나간다. 컴퓨터는 지식기반사회에서 가장 큰 위력을 지닌 도구로서 그 성능의 발달이나 활용성은 가히 상상하기 어려울 정도이다. 특히 컴퓨터가 청년에게 미치는 영향은 가정과 학교만큼 중요하게 인식되고 있다.

청년들이 스마트폰, 컴퓨터, 각종 스마트 미디어 등에 노출되는 시간이 점점 많아지고 있다. 청년들은 이러한 미디어를 활용하여 교육뿐 아니라 오락적 수단, 쇼핑, 뱅킹, 검색 등을 하므로 이는 일상생활의 중요한 부분을 차지하고 있다. 오늘날 일상생활의 맥락이 된 사이버 환경은 청년들의 인지발달에 상당한 영향을 미치고 있다.

제**4**장

지능과 창의성 발달

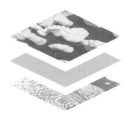

청년들의 개인차에 영향을 미치는 요인으로는 지능과 창의성을 들 수 있다. 먼저, 지능의 개념과 특성에 대해 살펴보고자 한다.

1. 지능

청년들의 학습능력과 비교적 높은 관련을 맺고 있는 특성으로는 지능을 꼽을 수 있다. 대부분의 교사나 학부모들은 청년들의 학업성취도나 수행에 있어서 개인차의 원인을 지능으로 설명하는 경향이 있다. 여기서는 지능은 무엇이며, 지능은 인간의 어떠한 능력을 설명해 주는지 살펴보고자 한다.

1) 지능의 개념

지능이란 무엇인가? 많은 심리학자는 지능의 중요성을 인식하고, 지능의 요인과 특성을 정의하고 교육에 활용하기 위해 많은 노력을 기울여 왔다. 일반적으로 지능 (intelligence)은 환경을 지각하고 인지하며, 다양한 영역의 문제를 해결하는 능력을 의미하며, 지능에는 사물을 이해하는 능력, 문제해결력, 명석함, 경험을 통한 학습 능력 등이 모두 포함된다(이성진, 1996, p. 47: 장성철 외, 2008에서 재인용).

1921년에 미국에서『Jourual of Psychology』편집장이 14명의 지능 관련 전문가에게 지능의 특성에 관한 자문을 구하였는데, 이들이 공통적으로 제시한 지능의 정의에는 다음과 같은 내용이 포함되어 있다(Sternberg, 1985).

① 사실에 근거하여 올바른 반응을 하는 능력
② 추상적 사고를 할 수 있는 능력
③ 환경에 적응하는 것을 학습할 수 있는 능력
④ 새로운 사태를 해결하는 능력
⑤ 새로운 지식을 습득하는 능력과 이미 소유한 지식을 재생산하는 능력
⑥ 경험으로부터 유익한 것을 학습하는 능력

이와 같은 지능에 대한 내용을 종합해 보면, 지능은 지식 획득 능력, 새로운 환경의 적응능력과 문제해결능력, 창의력 등으로 정의할 수 있다.

2) 지능의 이론

많은 심리학자는 지능의 요인과 구조, 내용 등을 규정하고자 노력하여 왔으며, 이 과정에서 다양한 지능의 이론이 정립되었다. 지능은 어떠한 요인과 구조로 구성되어 있는지 학자와 이론을 중심으로 살펴보고자 한다.

(1) 스피어만의 일반요인이론

영국의 심리학자 스피어만(C. E. Spearman)은 최초로 지능을 일반적인 능력인 G요

인(General factor)과 G요인만으로는 해결하지 못하는 특수한 지적 작업에서 필요한 복수의 특수 능력인 S요인(Special factor)으로 구성되어 있다고 보는 지능의 2요인론을 주장하였다. 그는 지능을 모든 지적 상황에서 공통으로 작용하는 일반요인인 G요인과, 일반요인만으로는 부족한 특수 지적 상황에서 요구되는 S요인으로 분류하였다. 그리고 특수요인에 공존하는 다섯 가지 요소를 발견하였는데, 언어, 수, 정신속도, 주의, 상상이 여기에 포함된다.

스피어만

(2) 서스톤의 다요인론

미국의 심리학자 서스톤(L. Thurstone)은 인간의 지능이 하나의 특질로 간주될 수 없다고 보는 다요인론을 주장하였던 대표적인 학자이다. 그는 동료 심리학자들과 장기간의 연구 끝에 지능의 공통적인 요인으로 7개의 군집요인을 발견하였다. 지능의 7가지 군집요인들을 기본정신능력(Primary Mental Ability: PMA)이라 명하였으며, 언어요인(Verbal factor: V), 수요인(Number factor: N), 공간요인(Spatial factor: S), 추리요인(Reasoning factor: R), 지각요인(Perceptual factor: P), 기억요인(Memory factor: M), 단어 유창성요인(Word fluency factor: W) 등이 여기에 포함된다.

서스톤

(3) 길포드의 지능구조모형

길포드(J. P. Guilford)는 지능의 다요인론의 관점에서 서스톤의 기본정신능력을 확대하여 지능구조모형(structure of intellect: SOI)을 고안하였다. 그는 지능을 정보처리과정이라 보고 지능의 구조를 정보의 '내용(contents)', 정보처리의 '조작(operations)', 결과에 따른 '산출(products)'로 분류하였다.

그는 인간의 지능에는 정신능력에 포함되는 '내용'의 차원과 그 요인에서 작용하는 '조작'의 차원, 그리고 조작이 내용에 작용하여 나타나는 '산출'의 차원 등 세 개의 필수적 차원이 존재한다

길포드

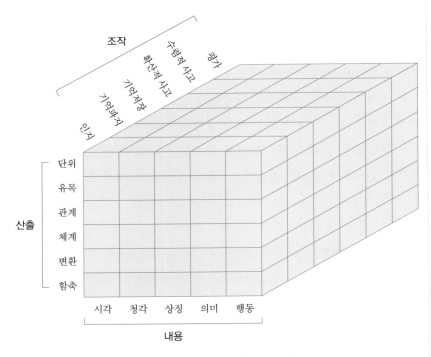

[그림 4-1] 길포드의 지능구조모형

출처: Guilford (1988).

고 보았다. 그리고 이 내용, 조작, 산출을 조합하면 거기에 특정한 요인이 발생하여, 지능은 120개의 독립적인 요인들로 구성된다고 초기에 제안하였다. 그는 이후에 초기의 제안을 수정하여 '5개의 내용요인(시각, 청각, 상징, 의미론적, 행동적)×6개의 조작요인(인지, 기억파지, 기억저장, 확산적 사고, 수렴적 사고, 평가)×6개의 산출요인(단위, 유목, 관계, 체계, 변환, 함축)=180개의 요인'을 지능에 포함되는 정신능력으로 규정하였다. 길포드의 지능구조모형은 [그림 4-1]과 같다.

(4) 카텔의 유동적 지능과 결정적 지능

카텔(J. M. Cattell, 1963)은 서스톤(Thurstone)이 제작한 기본정신력검사 등을 분석하여, 지능에 관한 두 개의 일반요인인 유동적 지능(fluid intelligence/gf)과 결정적 지능(crystallized intelligence/gc)을 추출하였다.

유동적 지능은 유전적·신경생리적 영향에 의해 발달되는 지능으로 뇌와 중추신경계의 성숙에 비례하여 발달한다. 따라서 유동적 지능의 발달 양상을 살펴보면 청년기까지는 증가하나, 생리적 발달이 쇠퇴하는 시점인 성인기 이후부터는 점차 쇠퇴한다. 유동적 지능이 잘 나타나는 지적 능력으로는 속도(speed), 기계적 암기(rote memory), 지각력(perception), 일반적 추리력(general reasoning) 등이 있다.

카텔

결정적 지능은 환경적 · 경험적 · 문화적 영향에 의해 발달되는 지능이다. 그러므로 결정적 지능의 발달 양상은 가정환경, 교육의 정도, 직업, 문화, 환경 등의 후천적인 문화 환경적 영향을 받는다. 따라서 결정적 지능은 성인기 이후에도 계속 발달하지만, 환경의 질에 따라 차이가 있다. 즉, 지적 자극과 문화적 경험을 지속적으로 추구할 때 결정적 지능은 발달하게 된다. 결정적 지능을 나타내는 지적 능력으로는 언어능력(verbal comprehension), 문제해결력(problem solving), 논리적 추리력(logical reasoning), 상식(common sense) 등이 있다.

대략 청년기부터 노년기에 이르기까지 연령별 발달에 따른 유동적 지능과 결정적 지능의 발달 곡선 그래프는 [그림 4-2]와 같다.

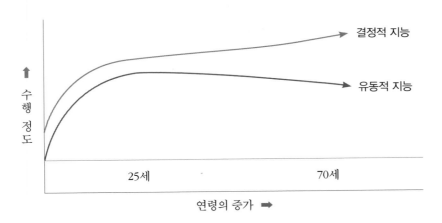

[그림 4-2] 카텔-혼의 지능이론

출처: Baltes (1987).

(5) 스턴버그의 지능의 삼위일체이론

스턴버그(R. J. Sternberg, 1986)는 전통적인 지능의 개념에 실제적 지능의 개념을 포괄하는 지능의 삼위일체이론(triarchic theory of intelligence)을 제시함으로써 지능에 대한 새로운 이론을 정립하였다. 삼위일체 이론은 요소(내적 세계), 상황(외적 세계), 경험의 세 영역을 통합 하여 지능을 설명하였다.

스턴버그

지능의 삼위일체이론에서는 지능을 구성적 부분, 경험적 부분, 맥락적 부분으로 분류한다(신명희 외, 2009). 구성적 부분은 개인의 내적세계와 관련되며 지능작용에서 가장 중심적 기능을 수행한다. 구성적 부분이란 새로운 지식을 습득하고, 이를 논리적인 과제해결에 적용하는 능력으로 메타요소, 수행요소, 지식습득요소의 세 요소로 구성된다. 스턴버그는 지능의 구성적 부분에 있어서 논리적 및 분석적 능력의 중요성을 강조하였다. 구성적 부분이 뛰어난 학습자는 기존의 지능검사나 표준화 학력검사, 학기말고사, 입학시험 등과 같은 성취도 검사에서 높은 점수를 얻게 된다.

경험적 부분은 지능의 구성이 경험과 긴밀하게 관련되어 있어, 지능을 이해하는 데 반드시 고려해야 할 부분이다. 경험적 부분은 내적세계와 외적세계를 연결하는 경험과 관련된 능력으로 통찰력과 혁신적 사고 등이 해당된다. 경험은 새로운 과제를 처리하고 정보처리를 자동으로 할 수 있는 능력을 증가시킨다. 지능의 경험적 능력이 우수한 사람의 예로는 새로운 이론을 개발해 내는 통찰력 있는 학자, 혁신적인 전문경영인, 창의적인 과학자, 예술가 등을 들 수 있다.

마지막으로 맥락적 부분은 외적세계에 대처하여 적응할 수 있는 지능으로 현실 상황의 적응력을 강조한다. 맥락적 능력은 전통적인 지능검사나 학업성취도와는 무관한 능력으로 학교교육이나 일상경험을 통해 획득되거나 발달되는 능력이 아니다. 맥락적 능력은 실제적 지능개념으로 일상적 문제해결능력, 실제적 적응능력, 사회적 유능성 등이 포함된다.

스턴버그의 이론은 지금까지의 지능이론이 강조하였던 지능의 구성적 능력에서 탈피하여 실제 삶에서 필요한 지능의 주요 측면을 포함하여 지적 능력의 세 측면을 통합적으로 이해하고자 한 점에서 의의가 크다.

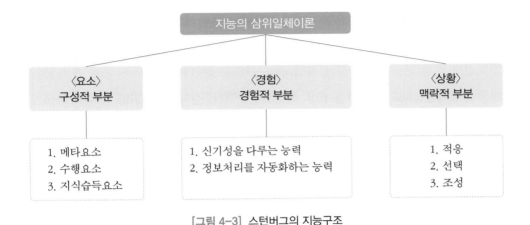

〈요소〉 구성적 부분	〈경험〉 경험적 부분	〈상황〉 맥락적 부분
1. 메타요소 2. 수행요소 3. 지식습득요소	1. 신기성을 다루는 능력 2. 정보처리를 자동화하는 능력	1. 적응 2. 선택 3. 조성

[그림 4-3] 스턴버그의 지능구조

(6) 가드너의 다중지능이론

하버드 대학교의 가드너 교수(H. Gardner, 1993)의 다중지능이론(multiple intelligence theory)은 두뇌의 해부학적 구조와 개인이 속한 문화의 시각에서 지적 능력을 분석하여 체계적으로 정립한 이론이다. 그는 지능을 한 문화권 또는 여러 문화권에서 가치 있게 인정되는 문제를 해결하거나 산물을 창조해 내는 능력이라 정의하였다.

가드너

가드너는 전통적인 지능검사에 대하여 비판적인 입장을 취하고 있다. 전통적인 지능검사는, 첫째, 지능을 단일요인으로 가정하였으며, 둘째, 지능의 유전적 요인을 지나치게 강조하였고, 셋째, 객관화된 지필검사에 의존하여 지능을 측정하는 문제점을 지니고 있다고 비판하였다(김형태, 2007).

가드너는 인간의 지능이 서로 독립적이며 각기 다른 여러 유형의 능력으로 구성된다고 믿었으며, 이들은 서로 상호작용한다고 보았다(Gardner, 1983, 1993, 2002). 가드너는 객관적 사실에 기초하여 지능을 서로 독립적인 9개 유형의 지능으로 구분하였으며, 이 중에서 자연탐구지능과 실존지능은 최근에 추가한 것이다.

- 논리-수학 지능(logical-mathematical intelligence): 수학, 과학, 논리 분야의 천재들에게서 발견되는 능력으로 논리적·수리적 사고와 관련된 재능이다.

- 언어지능(linguistic intelligence): 문학가나 언론인에게서 나타나는 능력으로 기존 지능검사의 언어요인에 해당된다. 어휘의 소리, 리듬, 의미 그리고 언어의 서로 다른 기능을 민감하게 파악하는 능력을 말한다.
- 음악지능(musical intelligence): 작곡가, 연주가, 성악가, 지휘자 등 음악가에게서 발견되는 음악적 재능을 말한다.
- 시각공간지능(spatial intelligence): 건축가, 기술자, 조각가, 미술가에게서 발견되는 재능으로 시각 및 공간적 세계를 정확히 지각하고 그 지각한 내용을 머릿속에서 변형, 회전시켜 볼 수 있는 능력이다.
- 신체운동지능(bodily-kinesthetic intelligence): 운동선수, 무용가, 마술사 등에게서 나타나는 재능으로 자신의 신체적 동작을 완벽하게 통제하고 물체를 솜씨 있게 다루는 능력이다.
- 대인관계지능(interpersonal-intelligence): 가정이나 집단 등에서 다른 사람들의 기분, 기질, 동기, 의도를 잘 파악하고 적절히 대하는 능력이다. 카운슬러, 판매원, 석가모니나 간디, 소크라테스와 같은 종교인, 사상가 등에게서 발견되는 능력으로, 최근 제기되는 감성지능(EQ)이나 1920년에 손다이크(Thorndike)가 말한 사회지능(social intelligence)과 유사하다.
- 자기이해지능(interpersonal intelligence): 자신의 감정을 잘 알고 다스리는 사람, 신체적 컨디션과 행동을 잘 조절하는 사람, 종교인에게서 발견되는 능력으로 자신의 느낌, 기분, 장단점, 특기, 희망, 지능, 관심 등을 잘 파악하는 재능을 의미한다.
- 자연탐구지능(naturalist intelligence): 동식물이나 주변 사물을 자세히 관찰하여 차이점이나 공통점을 찾고 분석하는 능력이다. 탐험가, 진화론을 정립한 다윈과 같은 학자에게서 발견되는 능력이다.
- 실존지능(existentialist intelligence): 인간의 존재 이유, 생사의 문제, 희로애락, 인간의 본성, 사랑, 행복, 가치 등 철학적이거나 종교적인 사고를 할 수 있는 능력이다. 이 지능은 뇌에 해당 부위가 없을 뿐 아니라 아동기에는 이 지능이 거의 나타나지 않기 때문에, 가드너는 다른 8개 지능과 달리 반쪽 지능으로 간주하고 있으며, 대개의 경우 이것을 제외하고 논한다.

앞의 9개 유형의 지능은 모든 사람에게 공존하되, 각 지능이 나타나는 정도에는 개인차가 있다. 가드너는 각 지능을 어느 정도까지는 발달시킬 수 있으며, 특히 아동기에 조성된 환경, 즉 훈련이나 교육 등을 통해 지능발달이 촉진될 수 있다고 보았다. 또한 동일한 지능유형이라도 각 사람마다 나타나는 활동 형태는 다양할 수 있다고 보았다. 예를 들어, 신체운동지능이 스케이트 선수에게는 스케이트 기술로 나타나며, 목수에게는 목공 기술로 나타날 수 있다.

3) 지능검사

지적 발달을 통합적으로 이해하고 객관적으로 수량화하기 위해서는 지능검사가 필요하다. 지능검사는 개인과 환경 사이의 상호작용의 결과를 측정하며, 그것이 개인의 지적 잠재능력까지 측정하는 것은 아니다.

지능검사는 1905년 프랑스의 비네(Binet)라는 정신과 의사가 초등교육을 제대로 받을 수 있는 학생과 그렇지 못한 학생을 가려낼 의도로 제작되었다. 비네는 정신연령(MA)이라는 양적 개념을 만들었다. 1911년 그는 2회에 걸쳐 54개 문항 검사를 발표하였다. 그는 지능지수(Intelligence Quotient: IQ)의 개념을 만들어 실용화하였다. 1912년에 독일의 스턴(W. Stern)은 정신연령과 생활연령의 개념을 이용하여 지능을 [그림 4-4]와 같이 공식화하여 계산하였다[IQ=MA/CA×100(MA: 정신연령, CA: 생활연령)].

1916년 스탠퍼드 대학교의 터먼(Lewis Terman)은 Binet 검사를 미국문화에 알맞게 표준화하여 Stanford-Binet 검사로 1937년과 1960년 등 2회 개정하였다. Stanford-Binet 검사는 아동용과 청소년용으로 개발되었으며, 지능을 단지 정신연령과 지능지수로써 그 결과를 표현한 점이 특징이다. 이 검사의 공식에 의해 산출된 IQ가 100인 사람은 평균지능을 갖고 있는 것으로 생각할 수 있다.

웩슬러(Wechsler)나 비네의 지능검사는 IQ 산출 과정이 다르나 IQ가 높을수록 동년배의 백분율은 더 적어진다. IQ 분포는 개인 간의 많은 편차를 보이는 곡선 형태를 나타낸다.

그 후 개발된 Wechsler 지능검사는 WPPSI(Wechsler Preschool and Primary Scale of Intelligence, 아동용), WISC(Wechsler Intelligence Scales for Children, 청소년용),

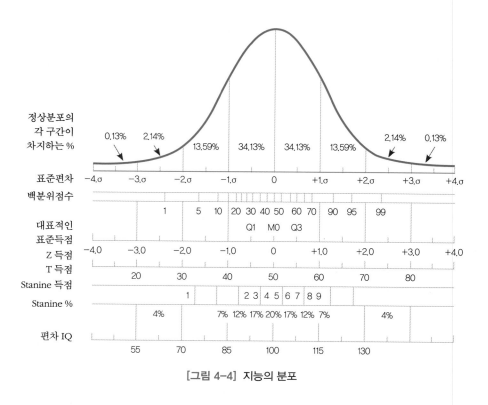

[그림 4-4] 지능의 분포

WAIS(Wechsler Adult Intelligence Scale, 성인용) 세 종류가 있다. Wechsler 지능검사는 언어 영역과 동작 영역의 두 부분으로 구성되어 있다. 언어성 검사에는 기본지식, 숫자 외우기, 이해, 공통성, 산수, 어휘 등 6개의 하위검사가 있고 동작성 검사에는 바꿔 쓰기, 빠진 곳 찾기, 토막 짜기, 차례 맞추기, 모양 맞추기 등 5개의 하위검사가 있다.

2. 창의성 발달

청년기 동안에는 급격한 신체발달과 함께 인지 영역에서도 현저한 발달을 보인다. 일부 청년은 인지적 발달은 보이나 창의성 발달은 오히려 주춤하기도 한다. 21세기의 창의성은 '창의성과 속도(Creativity & Speed: CS)'라는 생존의 키워드로 인식되며(이옥형 외, 2012), 우리나라의 교육도 창의적인 인재 양성이라는 기치를 내걸고 운영되고 있는바, 청년기 동안 창의성 발달은 간과해서는 안 될 중요한 영역이라고 할 수 있다. 여기서는 창의성의 일반적인 개념과 그 특성에 대해서 살펴보고자 한다.

1) 창의성의 정의

인간의 사고력에 대한 최근 연구는 보다 고차적이고 생산적인 지적 능력인 창의성에 높은 관심을 보이고 있다. 인간이 다른 동물과 뚜렷하게 구별되는 점은 창조적인 정신활동을 지녔다는 것이다. 인간이 누리고 있는 문명생활의 원동력을 창의성에서 찾을 수 있다. 인간의 다양한 능력 중에서 특히 창의성이 강조되는 이유는 급변하는 사회를 사는 현대인에게 새로운 문화를 바르게 수용하고 고유의 문화를 창조적으로 개발할 수 있는 능력이 요구되기 때문이다.

창의성의 중요성은 학교현장에도 확산되고 있으며 창의성 개발이 중요한 과제로 제기되고 있다. 현대에는 특히 사회구조가 다양화됨으로써 복잡한 사회 문제가 많이 야기되고 있다. 이러한 사회를 효율적으로 통합하고 관리하기 위해서는 높은 창의성과 문제 해결력이 요구된다. 또한 물질적 풍요를 누리게 되면서 사회의 요구가 점차 증대되어 보다 수준 높은 창의성이 요구된다.

창의성(creativity)은 고등정신 능력, 문제 해결력, 창의적 사고력 등으로 표현되기도 하며, '새로운 아이디어나 참신한 통찰을 산출하는 능력' '독창적으로 고정된 인습을 깨뜨리는 것' '자연스러운 변화나 정상적인 방법으로는 안 되는 어떤 비범하고 진기한 것을 제시하는 능력'이라고 할 수 있다. 길포드(Guilford, 1959)는 창의성을 "새롭고 신기한 것을 낳는 힘"이라고 정의하였으며, 지능구조모형의 세 차원 중 조작 차원의 하위능력인 확산적 사고와 동일한 개념으로 이해하였다. 윤종건(1994)은 창의성을 "기존의 요소에서 자기 자신에게 새롭고 유용한 결합을 이루어 내는 능력"이라고 정의하였다. 서울대학교 교육연구소(1998)에서 편찬한 사전에서는 창의성에 대해 "새로운 관계를 지각하거나, 비범한 아이디어를 산출하거나 또는 전통적인 사고 유형에서 벗어나 새로운 유형으로 사고하는 능력"이라고 정의하였다.

창의성에 관한 연구는 토랜스에 의해 더욱 구체화되었다. 토랜스(Torrance, 1959)는 창의성이란 "문제점을 발견하는 데 민감한 성질"이라고 정의하였으며, 아동은 선천적으로 창의적 방법으로 학습한다고 하였다. 그는 창의성을 좁은 의미로는 과

학자나 예술가가 과학적인 발명, 발견, 예술적 창작을 수행하는 데 필요한 핵심적인 정신능력이라고 하였다. 즉, 창의성은 과학자나 예술가가 가지고 있는 독창적이고 고유한 능력은 물론, 일상생활의 문제를 새롭고 고차원적으로 해결하는 정신능력이라 할 수 있다. 다시 말해, 창의성이란 광범위한 지식, 융통성, 생각의 끊임없는 재조직을 요구한다. 창의성은 개인과 사회, 국가 발전의 원동력으로 가정이나 직장생활의 활력소가 되며, 무엇보다도 인간 생존의 수단이 된다.

창의성의 개념 중 새로움과 유용성은 창의성을 규정하는 중심 기준이 되고 있는데, 다시 말해 창의성은 새롭고 적절하며 유용한 것을 생각해 내고 만들어 내는 능력이라고 할 수 있다. 창의성에 대한 다양한 학자의 정의를 정리해 보면 다음과 같다(임정훈 외, 2009에서 재인용).

- 문제해결능력의 한 형태(Newell, Shaw, & Simon, 1962)
- 아이디어, 사물, 기술, 접근방법을 새로운 방식으로 결합하는 능력, 새롭고 유용한 산출물, 확산적이고 풍부한 사고과정, 고양되고 내재적인 주관적 경험의 범주(Getzels & Jackson, 1962)
- 확산적 사고를 포함하는 지적 능력(Guilford, 1967)
- 곤란한 문제를 인식하고 그것을 해결하기 위하여 아이디어를 내고, 가설을 세워 검증하며, 그 결과를 전달하는 과정(Torrance, 1976)
- 현존하는 산물을 변형시켜 보다 독창적인 산출물을 만들어 내는 과정이며, 지식과 상상력, 평가의 함수(Treffinger, Isaksen, & Dorval, 1994)
- 새롭고 문제 상황에 적절한 것을 만들어 낼 수 있는 능력(Sternberg, 1994)
- 주어진 문제 또는 감지된 문제에서 통찰력을 동원하여 새롭고 신기하며 독창적인 산출물을 내는 능력(Urban, 1995)
- 연관성 있고 효과적인 새로운 사고나 산출물을 생산하는 능력(Cropley, 1999)
- 어떤 주어진 체제 내에서 독창적이고 가치가 있으며, 실천할 수 있는 사고 또는 산물(Csikszentmihalyi & Wolfe, 2000)

창의성으로 최근 많은 학문적 관심을 받고 있는 칙센트미하이와 울프(Csikszentmihalyi & Wolfe, 2000)에 의하면, 창의성이란 어떤 주어진 체제(system) 내에서 독창적이고

(original), 가치가 있으며(valuable), 실천할 수 있는(implementable) 사고 또는 산물이다. 이 정의에 의하면 창의적인 인간은 어떤 사물을 만들 수 있는 능력이 있어야 하고, 그 산물이 기존의 '체제' 내에 어떤 변화를 가져와야 하며, 그 변화는 그 분야에서 가치 있어야 한다는 것이다(이옥형 외, 2012).

2) 창의성의 특성

(1) 창의성의 특징

창의성은 다음과 같은 특징을 지니고 있다. 첫째, 창의성은 확산적 사고(擴散的 思考, divergent thinking)이다. 확산적 사고란 사고의 제한 없이 또는 개인의 과거 경험을 반영하지 않고 자유롭게 다양한 해결책을 내놓는 것을 말한다. 즉, 사고의 개방성, 상상력이나 아이디어라고 할 수 있다. 전통적으로 창의성은 길포드(Guilford, 1959)의 확산적 사고로 정의되어 왔으며, 확산적 사고의 특징으로 유창성, 융통성, 독창성 등이 언급되어 왔다.

둘째, 창의성은 일반지능과는 다르다. 일반지능은 수렴적 사고(收斂的 思考, convergent thinking)를 강조한다. 그러나 창의성은 일반지능에서 평가되지 않는 확산적 사고를 강조한다. 한편 지능과 창의성과의 관계를 살펴보면 지능이 높은지의 여부 또는 창의성이 높은지의 여부에 따라 행동이나 성격에 상당한 차이가 있음을 알 수 있다.

셋째, 창의성은 개발이 가능하다. 창의성은 누구나 선천적으로 가지고 태어나지만 후천적으로 창의성을 개발하거나 육성하는 데 소홀할 경우 창의성을 제대로 발휘하지 못하게 된다.

넷째, 창의성이 높은 사람의 성격은 보통 사람과 다르다. 예를 들면, 내향적이라든지, 과제에 대한 집착이 강하다든지, 모험심이 강하다든지, 호기심이 많다든지 등 평범한 사람의 성격은 아니라는 것이다.

다섯째, 창의성에는 성차(性差)가 없다. 일반적으로 창의성에는 성차가 없으나, 창의성의 구성 요소 중 하나인 유창성은 여성이 남성보다 약 40% 정도 높은 경향을 보인다.

(2) 창의성의 구성 요인

많은 학자는 창의성을 구성하는 요인에 대해 학문적 관심을 기울여 왔다. 창의성을 구성하는 중요 요인으로는 지적 능력, 지식, 사고방식, 성격, 동기, 환경을 들 수 있다(Lubatt, 1994: 권대훈, 2009에서 재인용).

첫째, 지적 능력은 창의성을 구성하는 가장 중요한 요인으로 상위 수준 능력(high level abilities)과 기본능력(basic level abilities)으로 나눌 수 있다. 상위 수준 능력은 일반적인 문제 해결 전략을 의미하며, 여기에 해당하는 하위능력으로는 문제 발견 능력, 문제 정의 능력, 문제 표상 능력이 있다. 기본능력에는 창의적 문제 해결에 커다란 개인차를 나타내는 확산적 사고와 통찰이 해당된다.

둘째, 지식은 전 분야를 망라하여 창의적인 사고나 문제 해결에 영향을 미친다. 지식에는 교과서에 수록된 이론, 사실, 개념 등과 같은 형식적 지식은 물론 비형식적 지식이 모두 포함된다.

셋째, 사고방식(thinking style)이란 문제를 해결할 때 지식이나 능력을 특정한 양식으로 적용하는 방식을 의미한다. 동일한 수준의 지능과 지식을 지닌 사람이라 할지라도 사고방식에 따라 문제 해결 방식이 달라지는데, 창의성이 높은 사람들의 경우 대부분 직관적 양식(intuitive style)에 의거해 문제를 통찰력 있게 해결하는 경향이 높다.

넷째, 창의성에 영향을 미치는 성격 특성으로는 모호성에 대한 내성(tolerance), 문제 해결 시 장애에 봉착하였을 경우에도 끈질기게 해결하고자 하는 근성, 새로운 경험에 대한 개방성, 위험부담 경향(risk-taking tendency), 강한 자신감 등을 들 수 있다.

다섯째, 창의성에는 내재적 동기가 외재적 동기보다 더 촉진적 요인으로 작용하는 것으로 나타났다. 내재적 동기(intrinsic motivation)란 스스로 어떤 과제를 성취하고자 하는 동기가 흥미와 같이 인간의 내면에서 발생하는 것으로 욕구, 흥미, 인지, 정서, 호기심 등을 들 수 있다. 반면에 외재적 동기(extrinsic motivation)란 성취 결과에 따라 외부환경에서 주는 보상과 자극을 의미하며, 그 예로는 칭찬, 처벌, 보상, 외부 사건, 자극 등을 들 수 있다. 창의성이 높은 청년은 주로 내재적으로 동기화되는데, 이들은 자신의 흥미나 호기심 등을 추구하고 성취하려는 경향이 강한 편이다.

여섯째, 환경은 창의적인 아이디어를 계속 유발하는 데 긍정적인 요인으로 작용한다. 특히 다양한 서적, 잡지 구독, 장난감 등과 같은 환경, 여행, 뇌 건강식(brain food)의 섭취 등은 창의적 사고를 자극하는 긍정적인 환경을 구성한다. 반면, 유일한 정답을 강조하는 시험, 구조화된 과제, 성적 위주의 평가체제, 정숙한 학생을 모범생으로 여기는 교사의 태도, 스트레스, 수면 부족 등은 청년들의 창의성을 저해하는 환경조건이라고 할 수 있다.

3) 지능, 창의성, 성격 특성과의 관계

(1) 지능과 창의성

창의성이 높은 청년들이 지능이 높을까? 지능이 높은 학생들이 창의성이 높을까? 그런 학생들은 어떠한 행동 특성을 보일까? 학교현장에서 창의성이 높은 경우, 또는 지능이 높은 경우 학생들이 어떠한 행동 특성을 보이는지는 많은 교육학자의 관심의 대상이다.

창의성과 지능을 별개의 독립된 변인으로 간주하고 창의성의 높고 낮음에 따라 네 범주로 구분하여 청년의 성격을 연구한 결과, 다음과 같은 뚜렷한 행동 특성상의 차이가 나타났다(Wallach & Kogan, 1967).

첫째, 창의성과 지능이 모두 높은 집단이다. 이 집단에 속하는 청년들은 높은 수준의 자신감, 독립심, 통찰력을 보였으며 통제와 자유, 행동 표출에서 성숙함과 아동의 순수함을 동시에 지니고 있었다. 또래들과도 융통성 있게 행동하여 상황에 맞게 지도자 또는 복종자 역할을 잘 수행하였으며, 감정과 행동의 통제와 자유로움, 상황에 적절한 행동 등 성숙함을 모두 갖추었다.

둘째, 지능은 낮으나 창의성은 높은 집단이다. 이 집단의 청년들은 스트레스와 갈등이 심하며 자신감이 부족한 편이다. 비교적 긴장이 해소되거나 자유로운 환경에서는 자신의 능력을 최대한 발휘할 수 있다.

셋째, 지능은 높으나 창의성이 낮은 집단이다. 이 집단의 청년들은 학교 성적이 우수하고, 학업이나 성적에 관심이 많은 반면에 실패에 대한 두려움도 크게 나타났다. 교사에게 인정받고 싶어 하는 마음이 강하며, 전통적이고 관습적인 것에 대한 적응력이 강하다.

넷째, 지능도 낮고 창의성도 낮은 집단이다. 이 집단의 청년은 불안정한 성격을 보이며 다양한 방어기제를 사용한다. 학업 상황 등에서 소극적이거나 수동적으로 행동하는 경향이 강하다.

표 4-1 지능과 창의성 차이에 따른 청년의 행동 특징

유형	행동
지능도 높고 창의성도 높은 청년	• 성격적으로 성숙된 안정성을 보이며, 때로는 지도자의 역할을, 때로는 복종자나 추종자의 역할도 잘 수행한다. • 화를 낼 때와 참아야 할 때, 활달한 행동이 요구될 때와 침착하고 진지해야 할 때의 상황을 잘 구분하는 등 행동이 자유롭고 상황적이다.
지능은 낮지만 창의성은 높은 청년	• 자기 자신에게도, 학교환경에도 반발과 불만이 많은 편이며 불안정하고 침착하지 못한 면이 보이기도 한다. • 불안정하여 자신감이 부족하기 때문에 성적에 문제가 생기기도 하며 경쟁이 요구되는 상황에서 자신의 능력을 충분히 발휘하지 못한다. • 비교적 자유로운 환경에서 실력을 발휘하여 두각을 나타낸다.
지능은 높지만 창의성은 낮은 청년	• 학교 성적이 우수한 아이들이 많다. 학교 성적에 관심이 많아 성적 때문에 선생님께 책망을 듣게 되면 아주 상심하고, 또 그런 이유로 야단을 맞을까 봐 두려워한다. • 공부를 열심히 하고 성적에 과다한 관심을 갖기 때문에 불안감을 갖고 있으며, 전통적이고 관습적인 것에 대한 적응력이 높다.
지능도 낮고 창의성도 낮은 청년	• 매우 불안정한 성격의 소유자로 역할 수행 시 적극적·자발적이기보다는 타인의 지시에 의해 피동적으로 행동하는 경향이 있다. • 다양한 방어기제를 사용하며, 학업 수행 상황에서는 소극적이나, 사회적 행위를 요구하는 상황에서는 성공적인 수행을 위해 노력하는 경향을 보이기도 한다.

출처: 허혜경, 김혜수(2010).

(2) 창의성과 성격 특성

창의성을 연구한 대표적인 학자인 칙센트미하이(Csikszentmihalyi, 1996)에 따르면, 창의적인 청년들은 일상생활의 다양한 장면에서 비상한 호기심을 가지며, 그 호기심을 해결하기 위해 구체적인 방법으로 연구하고 노력하는 특징을 보인다. 청년기의 창의성에 관한 다양한 연구들은 주로 창의적인 청년들의 성격 특성에 초점을 맞추고 있다.

창의적인 청년들의 성격 특성은 다음과 같다(Davis, 2001: 정옥분, 2019에서 재인용).

• 자신의 창의성을 잘 인식하고 있다.
• 독창적이다.

- 독립심이 강하다.
- 모험적이며 실패를 두려워하지 않는다.
- 열정적인 흥미를 가지고 있으며 활동적이다.
- 자신의 일에 몰두한다.
- 호기심이 강하다.
- 유머 감각이 있다.
- 환상을 즐긴다.
- 복잡성을 즐기고, 애매모호함에 대한 참을성이 있다.
- 심미적인 요소에 관심을 보인다.
- 개방적이다.
- 혼자 있는 시간을 즐긴다.
- 통찰력이 있다.
- 민감한 감정과 정서를 지니고 있다.
- 이타적이며 도덕적이다.

4) 창의성의 영향 요인

창의성에 영향을 미치는 요인으로는 인성적 요인, 지적 요인, 환경적 요인을 들수 있다(정옥분, 2019).

(1) 인성적 요인

청년 개개인의 기분, 정서, 감정, 동기 등과 같은 인성적 요인은 창의성에 영향을 미친다. 특히 어떤 사물이나 사건에 대한 호기심, 개인적인 흥미, 만족감, 도전 등과 같은 내적 동기는 창의적인 사고나 창의적인 행동, 창의적 산출물을 위한 중요한 원동력으로 작용한다. 일반적으로 사람들은 어떠한 일 자체에 흥미를 느낄 때, 즐거울때, 편안할 때, 새로운 것에 대해 도전하고 싶은 마음이 들 때, 만족스러울 때, 그리고 외부적 압력이나 스트레스가 적을 때 가장 창의적이 된다.

(2) 지적 요인

창의성에 영향을 미치는 요인으로는 지적 요인을 들 수 있다. 좀 더 엄밀히 말하면, 창의성과 관련 있는 지적 요인이라 할 수 있다.

첫째, 길포드(Guilford, 1952)에 의하면 지적 능력의 하위 요인 중 확산적 사고(divergent thinking)가 창의성과 관련이 높다고 주장하였다.

둘째, 지능과 창의성도 서로 관련이 있는 것으로 나타났다. 데이비스(Davis, 2001)는 창의적이기 위해서는 기본적인 지능 수준이 필요하나, 지능이 일정 수준(IQ 120 정도)을 넘으면 실질적으로 지능과 창의성 간에는 관계가 없다고 주장하였다.

(3) 환경적 요인

청년들의 창의성 발달을 위해서는 환경적 요인이 상당히 중요하다. 창의성은 모든 인간이 지니고 있는 보편적인 능력이므로, 훈련을 통해서 개발될 수 있으므로, 환경적 요인이 더욱 강조될 수밖에 없다.

첫째, 청년기의 창의성 발달에 영향을 미치는 환경적 요인으로는 가족을 들 수 있다. 청년들에게 부모는 역할 모델로서, 지적 · 문화적 자극의 제공자로서 창의성 발달에 영향을 끼친다. 창의적인 가정의 부모들은 자녀들의 모델이 되고, 자녀들과 깊이 있는 토론을 즐기며, 명확한 가치관을 설정하고, 그 가치에 따라 행동할 수 있도록 지원하였다. 또 창의적인 가정에서는 항상 유머가 넘치고 행복하였으며, 자녀들이 어려서부터 다양한 기회와 경험을 제공하여 창의성을 격려하였다.

둘째, 청년들의 창의성 발달에 영향을 미치는 환경적 요인으로는 스승(mentor)을 들 수 있다. 창의적인 청년들에게는 가족 외에도 자신을 믿어 주고, 편안함을 제공해 주는 정서적 지지자, 또는 자신에게 아이디어와 영감을 주는 인지적 지지자로서의 스승 또는 인생의 멘토가 존재한 것으로 나타났다.

제5장

자아개념과 자아존중감

'나는 누구인가?'는 동서고금을 막론하고 모든 인간의 기본적인 관심거리이자 물음이다. 자기에 대한 의문을 제기하거나 자아정체감을 위해 탐색하는 것은 비단 청년기에만 국한되어 나타나는 현상은 아니다. 청년들은 자아정체감을 확립하기 전인 아동기부터 자신이 누구인지에 대한 생각을 가지고 있다. 자신이 알고 있는 한 개인의 인성의 일부분을 자아(self)라고 하며(정영숙, 신민섭, 이승연, 2009), 한 인간으로서의 자신에 대한 지각, 믿음, 판단, 감정을 자기감(sense of self)이라고 한다(이옥형 외, 2012). 청년기는 인생의 어느 시기보다 자아발달이 중요한 시기이며, 이러한 자아발달을 인지적으로 가능하게 해 주는 요인이 바로 형식적 조작 사고의 발달이다. 피아제의 이론에 따르면 청년기에 접어들면서 구체적 조작 사고에서 형식적 조작 사고로 인지적 변화가 나타나기 시작한다. 이러한 인지적 능력으로 말미암아 추상적 사고가 가능해지며, 청년들은 아동에 비해 '나'에 대한 정의를 내리거나 '나'의 능력과 가치 등을 판단하는 데 큰 차이를 보이게 된다. 이 장에서는 청년기의 정신건강과 성격의 중요한 측면이자 발달과업인 자아개념과 자아존중감에 대해 살펴보고자 한다.

1. 자아개념

1) 자아개념의 정의

　자아개념(self-concept)은 자아에 대한 자신의 생각과 의견, 즉 자기 자신에 대한 의식적이고 인지적인 지각과 평가라고 정의할 수 있다(Shavelson, Hubner, & Stanton, 1976). 자아개념은 자아에 대한 여러 가지 인지적인 신념의 집합체로서 자신의 행동에 영향을 미치는 중요한 개념이다. 다시 말해, 자아개념은 자신의 신체적 특징, 개인적 능력, 특성, 가치관, 역할, 흥미, 사회적 지위, 태도, 기대 등을 포함한 자신에 대한 지각의 총체를 의미한다.

　자아개념은 개인적으로는 자신이 다른 사람과는 구별되는 독특한 존재라고 인식하는 데서 시작된다. 그리고 환경적으로는 사회문화적 경험을 통해 그 사회의 준거에 자신을 비추어 보거나, '의미 있는 타인들(significant others)'에 의해 평가되는 자신을 지각하는 과정을 통해 형성된다. 청년들은 가족, 친구, 교사 등 주변 사람의 언어적 및 비언어적 반응이나 피드백에 따라 자신에 대한 개념을 형성해 간다. 자아개념은 국어, 수학, 영어 등의 교과목과 관련된 학업적 자아개념(academic self-concept)과 외모, 사회관계 등과 관련된 비학업적 자아개념(non-academic self-concept)을 모두 포함한다(신명희 외, 2014). 자아개념은 학업 및 학업 외 활동에서 아동 및 청년들이 어떠한 경험을 하였는지에 따라 형성된다. 자아개념은 자기 자신에 대하여 설명하고, 자신의 인상이나 감정, 태도 등을 조직하는 도식을 세우는 시도라 간주되며(이옥형 외, 2012), 연령이 증가함에 따라 점차 안정적이고 분화된 개념으로 발달한다.

　스트랭(Strang, 1957)은 자아개념을 크게 네 가지로 나누어서 설명하였다.

　첫째, 자신의 능력, 신분, 역할에 대한 기본적이고 전반적인 인식인 전체적 자아개념(overall, basic self-concept)이다. 이것은 자신의 전반적인 인성에 대한 자신의 관점이자 자신의 능력, 상태, 역할에 대한 지각을 의미한다.

　둘째, 순간적인 느낌이나 최근의 경험에 의해 영향을 받는 일시적 자아개념(temporary or transitory self-concept)이다. 예를 들면, 최근 본 시험 성적이나 친구와의 다툼 등의 사건 때문에 일시적으로 가지게 되는 자아개념을 의미한다.

셋째, 타인이 자신을 어떻게 평가하느냐에 따른 사회적 자아개념(social self-concept)이다. 이것은 다른 사람의 눈에 비친 자신의 모습에 대한 자기의 생각이다. 청년기에는 다른 사람이 자신을 부정적 또는 긍정적으로 생각하느냐가 또래와의 친밀감, 사회적 상호작용, 정체성 등에 영향을 주므로 사회적 자아개념이 중요하다.

넷째, 자신이 그렇게 되었으면 하는 이상적 자아개념(ideal self-concept)이다. 이상적 자아개념은 현실적일 수도 있으나, 때로는 비현실적으로 너무 낮거나 높을 수도 있다. 이상적 자아가 너무 높을 경우에는 좌절감과 자기비하에 빠져 성취를 방해할 수 있으며, 또 너무 낮을 경우에는 목표 설정이 적절하지 않아 오히려 성취를 방해할 수 있다. 그러므로 청년들은 현실적인 수준으로 이상적 자아개념을 가지는 것이 정신건강을 위해 바람직하다.

자아개념은 흔히 자아존중감(자존감; self-esteem)과 의미상 유사한 것 같으나 중요한 차이가 있다. 자아개념은 자기 존재에 대한 인지적 측면인 반면, 자아존중감은 감정적인 측면이다(Simmons & Blyth, 1987). 다시 말하면, 자아개념은 자기 존재에 대한 지각인 반면에, 자아존중감은 자기에 대한 긍정적 또는 부정적인 느낌이나 견해를 의미한다.

자아개념은 다음과 같은 세 가지의 주요 기능을 한다(장휘숙, 2000). 첫째, 자아개념은 개인이 일생 동안 경험하는 기쁨과 고통의 균형을 조절한다. 둘째, 자아개념은 자아존중감을 유지시킨다. 셋째, 자아개념은 개인의 경험을 효과적으로 대처할 수 있는 방식으로 조직한다. 이와 같이 자아개념은 인간의 인지적 및 정의적 행동 특성 중 중요한 부분으로, 개개인의 심리적인 안녕(psychological well-being)이나 정신건강과 밀접한 관계가 있다.

2) 자아개념의 형성과정

자아개념은 유아기부터 지속적으로 발달한다. 연령이 증가함에 따라 청년들의 자아개념은 점점 더 정교하게 세분화되는 동시에 전체적으로 통합된다.

자기이해는 유아기에 자기인식(self-recognition)을 하는 것을 시발점으로 발달하기 시작한다. 한 개인이 자신의 자아에 대한 지식을 갖기 위해서는 먼저 자신과 타

유아기의 자아개념	행동적 자아개념과 신체적 자아개념 발달
	• 나는 야구를 한다.　　　• 나는 빨리 달린다. • 나는 여자이다.　　　　• 나는 머리가 길다.

▼

아동기의 자아개념	외면적 자아개념에서 내면적 자아개념으로 확대
	• 나는 부끄럼쟁이이다.　　• 친절한 사람이 되고 싶다. • 공부하기 싫어한다.　　　• 학교 선생님이 되고 싶다.

▼

청년기의 자아개념	내면적 자아개념의 분화 · 통합
	• 사람들 앞에서는 밝고 명랑해도 집에 돌아오면 말이 없고 어둡다. • 낙천적인 편이지만 때로는 꽤나 불안해한다. • 신념을 지니고 사는 사람이 되고 싶다.

[그림 5-1] 발달 단계별 자아개념의 변화

출처: 김선애(2014) 수정.

인을 구별할 수 있는 대상영속성이 선행되어야 한다. 2세 무렵의 유아는 자신이 다른 사람과 구별된 존재이며, 다른 사람들 간에도 다른 점이 있다는 것을 인지하게 된다. 자신을 다른 사람과 다른 별개의 독특한 존재로 인식하는 3~5세경 유아들은 행동적 자아개념과 신체적 자아개념을 갖게 된다. 유아들은 발달 연령의 인지능력에 맞게 자신의 이름이나 외모, 소유물 또는 행동에 국한된 자아개념을 지니게 된다.

　연령이 증가함에 따라 자신에 대한 지식은 인지적 발달과 병행하여 보다 정교해진다. 구체적 조작기에 접어들면서 자기 지식(self-knowlege)은 보다 정교한 자아개념으로 형성된다. 유아에 비해 6세 이상의 아동들은 자신의 행동이나 신체적 특성에 국한된 외면적 자아개념에서 내면적인 자아개념으로 확대된다. 아동들이 보이는 가장 두드러진 면모는 자신의 특성과 또래의 특성을 비교해 보는 사회적 비교(social comparison)가 가능하다는 점이다. 이 시기 아동들은 자신의 수행을 또래와 비교하는 인지능력이 이루어지며 자신의 능력, 신체적 특성 및 심리적 특성을 판단할 수 있게 된다(장휘숙, 2000).

　청년기의 인지능력의 발달은 자아개념에 상당한 영향을 미친다. 청년기 동안 나타나는 추상적 사고능력은 자신을 기술하거나 판단하는 방식에서 아동과 큰 차이

를 보인다. 청년기에는 타인의 생각이나 입장에서 상황을 고려할 수 있는 조망수용
능력이 발달한다. 그 결과 자신의 견해와 타인의 견해의 차이를 인식하게 되고, 더
나아가 '의미 있는 타인'에게 받은 피드백을 참조로 자신의 외모, 능력 및 행동을 객
관적이고 편견 없이 이해하게 된다. 청년들은 자신의 부모, 또래집단, 교사, 형제의
관찰대상으로서의 자아 및 그들이 평가하는 자아를 분별력 있게 자각하게 된다.

3) 자아개념의 특성

자아개념이란 내가 나를 객체로 생각하고, 나를 평가하고, 나를 최대한 일반화해
서 보는 관점, 나의 느낌, 자신에 대해 갖고 있는 이미지라 할 수 있다. 자아개념은
여러 가지 중요한 특성을 지니고 있다(송인섭, 1998). 먼저, 자아개념은 다면적(multi-
faceted)이며 위계적(hierarchical)이다.

송인섭(1998)은 자아개념의 구조에 대한 연구를 통해 [그림 5-2]와 같은 3차원적
위계 요인 모형으로 자아개념의 내적 구조를 설명하였다. 이 연구에서 밝힌 자아개
념의 특성은 다음과 같다.

첫째, 자아는 일반적 자아개념 이상의 많은 요인으로 구성되어 있으며, 한 개인이
처한 다양한 역할 상황에서 대상으로서의 자아의 의미를 부여한다.

둘째, 자아개념은 비교적 안정적이다. 일단 어떠한 자아개념이 형성되면 쉽게 변

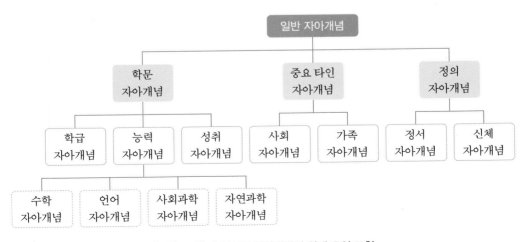

[그림 5-2] 송인섭의 자아개념의 위계 요인 모형

출처: 송인섭(1998).

화하지 않는다. 자아개념의 안정적인 속성은 위계 구조에 따라 다소 차이를 보인다. 예를 들면, 저차원적인 개념은 덜 안정적인 반면에, 고차원적인 요인 및 일반적 자아개념은 비교적 안정적이어서 장기간 쉽게 변화되지 않는 속성을 지니고 있다.

셋째, 자아개념은 발달적 측면에서 보면 분화적이다. 신생아 시기에는 자아를 독립적인 존재로 자각하지 못하며 환경과 미분화된 상태이지만, 연령이 증가하고 경험이 누적됨에 따라 자아를 환경에서 분화시키며 점차 자아개념을 형성한다.

넷째, 자아개념은 기술적이고 평가적인 특징이 있다. 인간은 사회적인 동물이며 환경 내에서 사회의 영향을 받으며 자아를 형성시켜 간다. 자신과 관련된 집단이나 상황을 통해서 그 사회의 가치나 규범에 비추어 자신의 행동, 신체적 특성, 능력, 성격 등을 평가한다. 그뿐만 아니라 '의미 있는 타인', 예를 들면 부모, 친구, 교사 등에게서 획득한 자신에 대한 기대, 정보, 평가 및 피드백이 자기 자신을 인지적으로 판단하는 근거가 되어 자아개념을 형성한다.

다섯째, 한 영역의 자아개념은 다른 영역의 자아개념과 독립적이다. 예를 들면, 어떤 청년의 '성취 자아개념'은 긍정적이나 '신체 자아개념'은 부정적일 수 있다.

읽기자료

청년기에 긍정적인 자아개념을 가지는 것이 중요한 이유는?

자아개념은 청년들이 행동하는 데 있어서 동기를 부여해 주고 목표를 설정해 준다. 예를 들면, 운동능력의 자아개념이 높은 청년의 경우, 그렇지 않은 청년에 비해 테니스를 배울 때 더 잘 배울 수 있다고 믿거나, 더 잘 배우려고 노력할 것이다.

오이저먼과 마커스(Oyserman & Markus, 1990a; 1990b)는 자아개념과 행동의 동기를 '가능한 자아(possible selves)'의 개념으로 설명한다. 가능한 자아는 우리가 미래에 될 수 있는 자아로서, 우리가 되길 원하는 '바라는 자아(hoped-for selves)' 또는 '기대되는 자아(expected selves)'가 있는 반면에, 우리가 되기 꺼려 하는 '두려워하는 자아(feared selves)'도 있다. 예를 들면, 나는 친환경적인 건물을 많이 설계하는 훌륭한 건축가가 되기를 원하지만(바라는 자아, 기대되는 자아), 입시에 실패하여 건축학을 전공하지 못해서 꿈을 이루지 못하고 직업 없이 전전긍긍하고 싶지는 않다(두려워하는 자아). 따라서 청년기에 긍정적인 자아개념을 가지고 생산적인 일을 하도록 동기부여가 된다면 '바라는 자아'를 향해 더욱 매진하여 좋은 성취를 이룰 수 있을 것이다.

청년기의 자아개념 발달의 특징을 살펴보면 청년들은 비로소 구체적 상황에 국한시키거나 전체적 특성으로 자신을 간단히 기술하는 아동기적인 방식에서 탈피하게 된다. 청년들은 비교적 논리적이고 객관적으로 자신을 평가하여 좀 더 현실적인 자아개념을 가지게 된다. 예를 들면, 자신이 예쁘지 않다고 생각하는 한 아동이 친구들한테 "오랫동안 같이 지내면 정이 가는 얼굴이다."라는 이야기를 자주 듣곤 해도 자기 자신을 표현할 때 그냥 "나는 얼굴이 그다지 예쁘지 않다."라고만 설명한다. 그러나 청년이 되면 아동이었을 때와는 달리 구체적인 상황과 연결하여 자신의 외모를 표현할 수 있다. 예를 들면, 자신의 외모에 대해 "나는 예쁘지는 않지만 가까이서 자주 만나다 보면 정이 가는 얼굴을 지녔다."라고 체계적으로 자신을 기술할 수 있다. 이와 같이 추상적 사고능력과 조망수용능력은 청년기의 자아개념 발달에 결정적인 영향을 주는 인지적 요인이라 할 수 있다.

앞에서 살펴본 바에 의하면, 아동과 청년 사이에는 확연한 자아개념의 질적 변화가 있다. 이는 하터(Harter, 1990)가 제시한 청년기 자아개념의 특징을 살펴보면 잘 알 수 있다.

첫째, 청년은 아동보다 더 다양한 영역에 걸쳐 자신을 지각할 수 있다. 구체적으로 청년의 경우 자신의 장단점을 지각하도록 요구받았을 때 학문적 유능감, 운동능력, 행동 수행, 사회적 수용, 신체적 외모, 직무 수행 능력, 우정, 매력 등 서로 다른 8개 영역에서 자신을 지각한 반면에, 아동의 경우에는 학문적 유능감, 운동능력, 행동 수행, 사회적 수용, 신체적 외모 등 5개 영역에서만 자신을 지각하였다(Harter, 1985). 이 결과 청년은 사회적 역할 또는 사회

하터

적 맥락에 따라 자아 또는 자아의 장단점을 다양하게 지각하는 것으로 나타났다.

둘째, 아동 및 청년 초기에는 자아개념이 다양하게 분화되어 있어 하위 영역 간에 서로 모순과 불일치를 보이기도 한다. 하지만 청년 후기에 접어들면 분화된 자아개념이 점차 조정되면서 통합이 이루어지기 시작한다. 예를 들면, 14~15세 청년들은 자신을 지각할 때 한순간 낙천적이다가도 어느덧 불안해지고 또 변덕스럽게 변하는 자신의 모습에 혼란스러워지지만 17~18세 무렵이 되면 점차 자아통합이 이루어져 안정되기 시작한다.

셋째, 청년들은 자아의 모순되고 불일치한 특성을 통합하는 과정에서 선입관을

가지기 쉽다. 청년들은 자신을 특별한 존재로 인식하는 '개인적 우화(personal fable)'
나 모든 사람이 자신을 주목하고 있다고 착각하는 '상상적 청중(imaginary audience)'
과 같은 자아에 대한 인지적 왜곡을 경험하기도 한다.

넷째, 대부분의 청년은 자신의 실제적 존재에 대한 자각인 현실적 자아개념
(actual self-concept)과 미래에 자신이 되기를 원하는 자아에 대한 열망 또는 그렇게
되어야만 한다는 신념인 이상적 자아개념(ideal self-concept)을 가지고 있다. 청년들
은 현실적 자아와 이상적 자아를 확실히 분별할 뿐만 아니라 이상적 자아를 향해 노
력을 기울인다. 이렇게 이상적 자아를 향해 자신을 개선하는 과정에서 자기발달이
이루어진다. 이와 같이 현실적 자아와 이상적 자아가 조화를 이룰 때에는 적응이 쉬
우나, 현실적 자아와 이상적 자아 간의 불일치가 크면 클수록 심리적 부적응을 일으
키게 되며, 이러한 현상은 청년 중기에 가장 빈번하다.

읽 기 자 료

실제적 자아와 이상적 자아

로저스(Carl Rogers, 1908~1987)는 자기를 정확하게 파악하고 자기에 대해 편안하게 느낄 수
있어야 정신적으로 건강하다고 주장한다. 지나치게 이상적 자아(ideal self)와 자기를 동일시하여
실제적 자아(real self)와 거리감이 있을 때는 결국 자신을 잃어버리거나 조화롭지 못하여 정신적
으로 건강한 삶을 사는 데 어려움을 느끼게 된다.

다음의 형용사는 단순히 많은 성격 특성의 예 중 몇 개를 수집한 것이다. 실제적 자아에 해당
하는 수식어라고 생각된다면 첫 번째 칸에 ✓ 하라. 이 특성은 당신 자신에 대해 알고 있는 것을
반영하며 타인이 당신을 어떻게 보는가와는 무관하다.

두 번째 칸은 남들이 나를 어떻게 보는지에 해당하며, 여기서 당신을 아는 다른 사람들이 당
신이라고 말하는 특성만을 골라 ✓ 하라.

세 번째 칸은 최상의 당신을 나타낸다고 믿는 특성에 ✓ 하라. 여기에 해당하는 수식어는 당
신의 이상적 자아이지, 당신이 동일시할 수 없는 완벽한 성인과 같은 것은 아니다.

표시를 다 하였다면 3개의 칸에 서로 다르게 표시되어 있는 것만 골라내 보라. 이는 당신의
삶에 있을 수도 있는 부조화된 영역을 나타내는 것이다. ✓가 많거나 적은 것은 그리 중요하지
않다. 이 연습을 통해 우리는 극히 소수의 사람들만이 세 영역 모두에서 조화롭다는 것을 발견할
수 있다.

형용사	실제적 자아	남이 본 나	이상적 자아
유쾌한			
고집 센			
수다스러운			
책임감 있는			
멍한			
덜렁거리는			
인기 있는			
속물적인			
솔직한			
정직한			
잘 흥분하는			
미성숙한			
용감한			
자기연민의			
야심찬			
조용한			
개인주의적인			
진지한			
다정한			
성숙한			
예술적인			
지적인			
유머 있는			
이상주의적인			
이해심 많은			
따뜻한			
편안한			
감각적인			
섹시한			
활동적인			
사랑스러운			
이기적인			
빈틈없는			
애정 어린			

출처: 김영애(2009), pp. 106-109.

4) 자아개념에 영향을 주는 요인

자아개념은 유아기부터 시작하여 청년기에 이르며 현저한 발달을 보인다. 청년기의 자아개념을 형성하는 데 영향을 주는 요인은 다양하다. 청년기의 자아개념을 형성하는 데 영향을 주는 요인으로는 형식적 조작 사고, 다른 사람의 평가, 부모-자녀 관계, 배경 요인, 또래집단, 사회적 비교, 대인관계 등을 꼽을 수 있다(김선애, 2014; 허혜경, 김혜수, 2015).

첫째, 청년기의 자아개념은 인지발달의 영향을 받는다. 아동에 비해 청년의 자아개념은 형식적 조작 사고가 발달함에 따라 좀 더 세련되고, 분화적이며, 다면적이고, 보다 고차원적인 요인을 지니게 된다.

다음은 자아개념의 예시이다.

- 나는 내성적이다. (성격)
- 나는 성품이 온화하다. (감정)
- 나는 문화에 관심이 많다. (사회적 성향)
- 나는 키가 작고 말랐다. (신체)
- 나는 이해력이 좋다. (지적 능력)
- 다른 사람들이 나를 싫어한다. (걱정거리)
- 나는 사진 찍기를 좋아한다. (관심사)
- 나는 A 기업 사원이다. (사회적 역할)
- 나는 소형차를 몰고 다닌다. (경제)
- 나는 멋진 여성의 애인이다. (이성관계)

출처: 김선애(2014) 수정.

둘째, 자아개념을 형성하는 데에는 타인의 평가가 영향을 미친다. 다른 사람이 자신을 어떻게 보느냐에 따라 자아개념은 달라질 수 있다. 자아개념을 자아에 대한 개인의 지각과 평가로 정의한 샤벨슨 등(Shavelson, Hubner, & Stanton, 1976)은 자아개념이 사회문화적 경험을 통해 환경적 강화를 받고, '의미 있는 타인(significant others)'의 영향을 받는다고 주장하였다. 자아개념은 청년들의 '의미 있는 타인'의 영

향을 결정적으로 받는다. 부모, 가족, 교사, 친구와 같은 의미 있는 타인으로부터의 평가와 그들이 자신을 대하는 태도를 통해 자아개념이 형성된다. 특히 부모는 청년들의 자아개념에 영향을 주는 가장 중요한 인적 요인 중 하나이다. 청년기에 와서는 또래의 영향이 점점 부각되나, 부모가 자아개념에 미치는 영향은 여전히 크다.

셋째, 자아개념을 형성함에 있어서 부모-자녀 관계가 상당히 결정적인 요인이라는 데에는 이견이 없다. 구체적으로 자녀의 인격(individuality)을 존중하고 애정적이며 지지적이고 자녀를 수용하는 동시에, 자녀의 행동을 위한 규준과 한계를 명확히 제시하고 그 이유에 대해 합리적 설명을 제공하는 유도기법(induction)을 사용하는 권위 있는 부모(authoritative parents)는 자녀의 자아개념에 긍정적인 영향을 준다(장휘숙, 1999; Kim, 1999). 권위 있는 부모는 자녀의 행동을 지나치게 비판하지 않으며, 논리적인 피드백을 제공하여 자녀가 자신에 대해 객관적으로 판단하는 데 긍정적으로 작용하기 때문에 궁극적으로는 자녀의 자아개념에 긍정적인 영향을 준다. 이와 반대로 애정 부족, 지나치게 엄격하거나 부족한 규율, 과도한 비판과 같은 부모의 양육행동은 자녀의 자아개념에 부정적인 영향을 준다.

넷째, 배경 요인도 자아개념의 형성에 영향을 주는데, 그중 부모의 사회경제적 지위(Socio-Economic Status: SES)가 결정적인 역할을 한다. 여기서 사회경제적 지위는 부모의 교육 수준, 직업, 수입 등의 요인을 포함한다. 일반적으로 중류층의 청년들이 긍정적인 자아개념을 소유한 것으로 나타났는데, 또 그들은 비교적 애정적이고 수용적이면서도 행동의 규준이 명확하게 제공되는 권위 있는 가정(authoritative family)에서 양육되는 것으로 나타났다.

다섯째, 청년기에 접어들면 자아개념을 형성함에 있어 또래집단이 상당한 영향력을 행사하는 것으로 나타났다. 송인섭(1998)은 또래집단이 자아개념에 미치는 영향을 다음과 같이 말하고 있다.

또래집단이 청년기 자아개념을 형성하는 데 아주 큰 영향을 미치고 있다는 사실은 틀림없다. 왜냐하면 또래집단은 피드백의 주요 근원으로서 가족을 대신하기 때문이다. 또한 또래집단은 자아존중감, 참가할 기회 그리고 청년기를 위한 리허설과 준비과제를 제공한다. 또래집단은 동일시가 안전하게 이루어질 수 있는 환경을 제공한다(p. 207).

자신에 대한 또래집단의 피드백은 자아개념을 형성하는 데 미치는 영향이 크다. 또래집단에 수용되느냐 또는 거부되느냐가 청년들이 사회적으로 인정받는지의 여부를 결정하는 중요한 준거가 된다. 또 자신의 학업 수행, 운동능력, 대인관계, 관심사 등을 동료집단과 비교함으로써 스스로를 평가할 수 있게 된다. 또래가 자신에게 거는 기대나 자신에 대한 또래의 평가는 사회에서 자신의 존재를 객관적으로 판단하게 해 준다. 그러나 만약 또래의 가치와 부모의 가치가 상충할 때 청년들은 심적으로 고통스러운 시간을 가지기도 한다. 이렇듯 또래집단은 청년들이 자신을 평가하는 기준을 제공하며, 또래집단의 피드백은 자신을 지각하는 주요 요인이 됨으로써 자아개념을 형성하는 데 영향을 미친다.

여섯째, 자아개념은 주위 사람과 자신을 비교하는 사회적 비교(social comparison)에 따라 달라질 수 있다. 청년 자신이 속한 환경 안에서의 자신의 위치는 그 사람의 자아개념에 상당한 영향을 미친다. 그 속에서 자신의 수행, 능력, 외모, 성격 특성 등을 또래나 주위 사람들과의 비교를 통해 우월하게도 또는 열등하게도 평가할 수 있으며, 이러한 평가를 기초로 자아개념이 형성되기 때문이다.

일곱째, 대인관계 역시 자아개념을 형성하는 데 영향을 미치는 요인이다. 청년들은 다른 사람들과의 대인관계 속에서 다른 사람의 관점이나 평가를 거울 삼아 자신의 모습을 보고, 자신의 이미지를 갖게 되는데, 이 역시 자아개념을 형성하는 요인으로 작용하게 된다. 대인관계 속에서의 '나'의 모습이나 이미지가 자아개념을 형성하므로, 성장하면서 어떤 사람을 만나서 관계를 맺느냐는 그 사람의 자아개념, 자아존중감, 나아가 인생에 상당한 영향을 미치게 된다.

이 외에도 청년기의 자아개념은 성차(gender differences)를 보인다. 청년기에는 일반적으로 남성의 자아개념이 여성의 자아개념보다 높은 것으로 나타났다. 오퍼 등(Offer, Ostrov, & Howard, 1981)은 13~15세의 남학생 212명과 여학생 373명, 16~18세의 남학생 276명과 여학생 524명을 대상으로 자아개념과 자아존중감을 연구한 결과, 여성이 남성에 비해 더 낮은 신체적 자아개념을 소유한 것으로 나타났다. 또 몬지(Monge, 1973)의 연구에서도 남학생이 여학생보다 대체적으로 더 긍정적인 자아개념을 가지고 있음이 나타났다. 하지만 자아개념의 구체적인 영역별로 어떠한 성차를 보이는지에 관해서는 후속연구가 필요하다.

나의 자아개념은?

다음 문항을 잘 읽고 자신이 해당하는 정도의 숫자에 ✓를 하십시오.

0 = 전혀 그렇지 않다.   1 = 대체로 그렇지 않다.   2 = 보통이다.   3 = 대체로 그렇다.   4 = 항상 그렇다.

문항	0	1	2	3	4
1. 나는 나의 외모에 만족한다.	0	1	2	3	4
2. 나의 몸은 연약한 편이다.	0	1	2	3	4
3. 나의 용모는 매력 있는 편이다.	0	1	2	3	4
4. 나는 신체적으로 불편을 느끼지 않는다.	0	1	2	3	4
5. 나에게는 성적 매력이 없는 것 같다.	0	1	2	3	4
6. 나는 대개 바른 일을 한다고 생각한다.	0	1	2	3	4
7. 나는 나의 도덕적 행동에 만족한다.	0	1	2	3	4
8. 나는 강한 도덕적 생각과 태도를 가지고 있다.	0	1	2	3	4
9. 나는 나쁜 사람이다.	0	1	2	3	4
10. 나는 정직한 사람이다.	0	1	2	3	4
11. 나는 내 성격에 문제가 있다고 생각한다.	0	1	2	3	4
12. 나는 모난 성격을 가지고 있다.	0	1	2	3	4
13. 나는 남의 미움을 받을 만한 성격의 소유자이다.	0	1	2	3	4
14. 나는 어떠한 상황에서도 나 자신을 잘 가꾸어 나갈 수 있는 강인한 성격을 가지고 있다.	0	1	2	3	4
15. 나는 명랑하고 쾌활한 사람이다.	0	1	2	3	4
16. 나는 행복한 가정에서 살고 있다.	0	1	2	3	4
17. 나는 우리 집에서 사랑받지 못하고 있다.	0	1	2	3	4
18. 나는 집안 식구들과 잘 지내고 있다.	0	1	2	3	4
19. 나는 지금껏 가족들과 마음 터놓고 이야기하지 못하고 불신 속에서 살아 왔다.	0	1	2	3	4
20. 우리 식구들은 나를 별로 신통치 않게 여긴다.	0	1	2	3	4
21. 나는 다른 사람들과 잘 어울린다.	0	1	2	3	4
22. 나는 누구하고든 쉽게 친해질 수 있다.	0	1	2	3	4
23. 사교적인 면에서 보면 내게는 좋은 점이라곤 없다.	0	1	2	3	4
24. 이만하면 나도 비사교적인 편은 아니다.	0	1	2	3	4

25. 나는 다른 사람에게 친근한 느낌을 준다.	0	1	2	3	4
26. 나는 어떤 일이든 잘 해낼 수 있다.	0	1	2	3	4
27. 나는 다른 사람들만큼 능력 있는 사람이다.	0	1	2	3	4
28. 나는 제대로 할 줄 아는 게 없는 것 같다.	0	1	2	3	4
29. 나는 다방면에 능력이 있다.	0	1	2	3	4
30. 때로는 내가 무능하다는 생각이 든다.	0	1	2	3	4

출처: 명지연(2008) 수정 · 보완.

2. 자아존중감

1) 자아존중감의 개념

자아존중감(self-esteem)은 미국의 의사 겸 철학자인 윌리엄 제임스(William James, 1890)가 자신의 연구에서 처음으로 자아존중감을 자신에 대한 '가치'라고 정의 내린 이후 인간의 심리적 및 정서적 건강을 예언하는 변인으로 가장 많이 사용되는 개념 중 하나이다(이자영, 남숙경, 이미경, 이지희, 이상민, 2009; Mruk, 2013).

자아존중감에 대한 정의는 다양하나, 일반적으로 자아존중감의 개념 안에 자기 자신에 대한 평가적 요소와 감정적 요소를 모두 포함시킨다(천정웅, 이용교, 김혜원, 2009). 즉, 자아존중감은 자신에 대한 평가적 및 감정적 태도를 모두 포함하는 심리적 변인이라고 할 수 있다. 로젠버그 등(Rosenberg et al., 1989)은 자아존중감이란 객관화된 자아에 대한 평가와 함께 자기수용(self-acceptance), 자기존중(self-respect), 그리고 자기가치감(feeling of self-worth)을 포함하는 전체적인 개인에 대한 존중이라고 정의하였다. 자아존중감(self-esteem)은 자신의 가치와 귀중함에 대한 주관적인 판단과 함께 자신의 태도와 가치에 대한 정서적인 반응을 의미한다(신명희 외, 2014; 이옥형 외, 2012).

자아개념과 자아존중감은 흔히 혼용하거나 분명하게 구별하지 않고 사용하기도 하지만 이 두 개념 간에는 분명한 차이점이 있다(박아청, 2006; 장휘숙, 2009). 자아개념은 자신에 대한 인지적 구조인 반면에, 자아존중감은 자아개념에 대한 가치와 평가 및 정서적인 부분이라고 할 수 있다. 자아존중감은 자기 자신의 특성에 대한 판단, 평가나 이에 대한 수용, 만족의 감정이라는 양적 특성을 보이는 반면에, 자아개념은 자신의 특성에 대한 긍정적 또는 부정적 감정을 포함하지 않는 서술적 개념이다(김희화, 1998). 자아개념은 학업능력, 운동능력, 외모와 같은 구체적 영역에 대한 자기평가로서 자기에 대한 영역-특징적(domain-specific) 평가에 해당된다. 반면에, 자아존중감은 자기가치감에 해당하며, 자기에 대한 전체적인 평가 또는 자기평가에 따른 감정이라고 할 수 있다. 청년들은 자기 자신에 대한 자아개념을 형성하면서 자신이 어떠한 가치를 가지고 있으며 자신을 얼마나 존중하는지를 살펴보게 된다.

2) 자아존중감의 특징

자아존중감은 다음과 같은 이유로 청년발달에 중요한 영향을 미치는 심리적 요인으로 인식된다(이순희, 허만세, 2014; 정영숙 외, 2009; Harter, 1983). 첫째, 높은 수준의 자아존중감은 정서적 안녕감과 장기적인 정신 건강과 관련이 깊은 것으로 나타났다. 특히 자아존중감은 자신에 대해 주체적으로 생각하고 계획할 수 있는 능력을 배양시킴으로써 청년기의 중요한 발달과업인 자아정체감을 획득하고, 나아가 건강한 청년기를 영위할 수 있도록 돕는다. 청년기에는 자아존중감, 자아개념, 그리고 자아정체감이 상호 영향을 주며 발달한다. 둘째, 자아존중감은 자신의 태도와 가치에 대한 주관적인 판단으로서 개인의 행동, 감정, 동기, 성취 및 인간관계에 이르기까지 폭넓게 영향을 주는 중요한 요인으로 작용한다. 셋째, 자아존중감은 청년 개개인이 처한 다양한 환경체계에 적응하는 데 영향을 미친다. 청년기에는 급격한 신체적 발달, 성적 성숙, 심리적 발달을 경험하게 된다. 이 시기는 또한 초등학교에서 중학교로 전환하는 시기이므로 이전보다 학업 스트레스가 더 증가하고 원만한 교우관계 형성이 중요해지는 시기이다. 이에 청년들은 다양한 환경체계에 적절하게 적응해야 하는데, 이 시기에 자아존중감은 청년들의 발달맥락상 적응을 위하여 중요한 심리적 요인으로 작용한다.

로빈스와 동료들이 9~90세 32만 6,641명을 대상으로 실시한 횡단적 연구 결과를 살펴보면 연령차 및 성차에 따른 자아존중감의 특성을 알 수 있다(Robins et al.,

2002: 장휘숙, 2009에서 재인용). [그림 5-3]에서 나타나는 전 생애에 걸친 자아존중감의 변화 추이를 살펴보면 개인의 자아존중감은 청년기 동안 하락하였다가 성인기부터 60세 중반까지는 점진적으로 증가하는 양상을 보였다. 특히 청년 초기에 낮은 수준의 자아존중감을 보였는데, 이는 인종, 성, 사회경제적 지위를 막론하고 일반적인 경향이었다(정영숙 외, 2009). 청년 초기는 사춘기가 시작됨에 따라 급격한 신체적 발달과 함께 심리적으로 불안정한 시기이며, 사회적으로는 비교적 보호적인 초등학교를 졸업하고 교사, 친구가 바뀌며 상대적으로 비개인적인 중학교로 진학하는 스트레스적인 사건을 경험하게 된다. 또한 거의 전 연령대에서 남성의 자아존중감이 여성의 자아존중감보다 높은 수준을 나타냈다. 청년 초기의 자아존중감은 남녀 청년 모두 외모만족도에 영향을 받는 것으로 나타났는데(박선희, 2014), 특히 청년 여성의 자아존중감이 남성에 비해 낮은 원인은 여성이 남성보다 자신의 외모에 더욱 많은 관심을 보이나, 만족도가 낮기 때문에 부정적인 신체상을 형성하게 되고, 이것이 낮은 자아존중감으로 연결되는 것으로 분석된다(정영숙 외, 2009; Harter, 2006).

높은 수준의 자아존중감을 가지기 위해서는 자아개념과 자기이상(self-ideals) 간

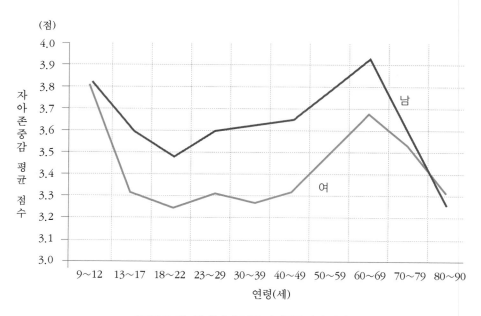

[그림 5-3] 전 생애에 걸친 자아존중감의 변화

출처: Robins, Trzesniewsk, Tracey, Porter, & Gosling (2002).

에 적절한 조화가 이루어져야 한다(정영숙 외, 2009). 자기이상에 대한 이론을 정립한 칼 로저스(Rogers, 1961)는 긍정적 자기지각과 높은 자아존중감은 상호 관련이 있다고 보았다. 청년들은 자신이 누구인지, 어떤 사람이 될 것이라 지각하는지, 그리고 어떤 사람이 되기를 원하는지 등을 통합적으로 사고할 수 있는 자기지각이 이루어지며, 이것은 타인과의 관계 속에서 자신의 존재를 수용하는 자기수용과 자아존중감으로 이어지게 된다.

자아존중감이 높은 청년은 자신이 사랑받을 만한 가치가 있는 소중한 존재임을 믿고 자신의 장점뿐만 아니라 약점도 잘 이해한다. 자신의 능력 및 특성에 대하여 긍정적인 느낌을 가지며 자기주도성이 강한 편이다. 이에 반해 자아존중감이 낮은 청년은 자신의 장점보다는 약점에 더 주의를 기울이며, 따라서 자신에 대하여 부정적인 느낌을 소유한다.

3) 자아존중감의 영향 요인

청년들의 자아존중감 발달에 영향을 주는 개인적인 요인과 가족과 동년배, 그리고 학교와 같은 사회적 맥락 요인을 살펴보면 다음과 같다(박선희, 2014; 장휘숙, 2009; Dusek & McIntyre, 2003; Harter, 2006).

첫째, 자아존중감에 영향을 주는 개인의 심리적 요인은 다양하다. 일반적으로 청년기에 경험하기 쉬운 불안감, 불확실, 또는 심리적 불쾌감으로 인해 청년들의 자아존중감은 저하될 수 있다. 타인의 평가에 지나치게 민감한 청년들은 자아존중감의 손상을 경험하기 쉬운 경향을 보인다. 신체적 매력이나 동년배 수용에 더 많은 관심을 가지는 청년 여성의 경우 낮은 수준의 자아존중감을 나타낸다.

둘째, 청년들의 자아존중감은 외모만족도에 따라 영향을 받는 것으로 나타났다. 외모만족도란 자신의 신체를 포함한 겉모습에 대한 만족감의 정도를 의미하며, 청년들의 생활에서 학업 성적만큼이나 중요시되는 요인이라 할 수 있다(김경아, 2003; 박선희, 2014). 급격한 신체적 발달로 인해 성장급등과 성적 성숙을 경험하는 청년들은 변화되는 외모로 인해 신체에 대한 관심이 급증한다. 청년기에 변화하는 신체나 외모에 대하여 긍정적인 자아상을 가지게 된다면 자아존중감을 향상하는 데 도움이 된다.

셋째, 사회적 맥락 중 가족 관련 요인은 청년기의 자아존중감 발달에 중요한 영향을 미친다. 특히 부모는 청년의 자아존중감 발달에 영향을 미치는 중요한 사회적 지지로 인식된다. 부모의 양육행동과 부모–자녀 간의 상호작용 방식은 자녀의 자아존중감 발달에 영향을 준다. 일반적으로 따뜻하고 수용적이며 지지적인 부모의 자녀들은 높은 수준의 자아존중감을 가지는 것으로 나타났다. 특히 온정적인 동시에 자녀의 행동에 대해 명확한 한계를 설정하는 권위 있는 양육태도는 따뜻함과 엄격함이 적절히 조화된 훈육으로 자녀들의 높은 자아존중감과 상관이 있는 것으로 보고된다. 자녀에게 왜 그렇게 행동해야 하는지를 설명하는 유도기법, 가족과 공유하는 시간이 많고, 가족의사결정에 자녀의 의견을 반영하는 긍정적 의사소통 방식, 이외에도 중류계층의 사회경제적 지위 등은 청년 자녀들의 자아존중감을 향상시키는 가족 요인으로 작용한다.

넷째, 자아존중감 발달에 영향을 주는 학교 관련 요인으로는 학업성취도와 동년배 승인(peer approval)을 들 수 있다. 한국 사회에서 학업성취도는 청년들뿐만 아니라 부모 및 교사의 주된 관심사이다. 높은 학업성취도와 학교에서의 성공은 청년들의 자아존중감을 증진시키는 요인으로 나타났다(박선희, 2014; 장휘숙, 2009; Kifer, 1978). 높은 학업 성적과 자아존중감은 자신의 능력에 대한 자신감을 가지게 하여 다시 좋은 학업성취도를 받을 수 있도록 한다(정영숙 외, 2009). 즉, 자아존중감과 학업성취도는 상호 영향을 미치는 관계로서, 자아존중감이 높은 청년들은 높은 학업성취도를 보이고, 학업 성적이 좋은 학생들은 높은 자아존중감을 가진다. 청년기에는 또래집단의 승인이 자아존중감을 증가시키는 역할을 하지만 그렇다고 해서 부모의 승인(parental approval)보다 더 중요한 것은 아니다. 특히 친한 친구들보다는 일반적인 또래집단의 승인과 지원이 청년들의 자아존중감을 증가시킨다(장휘숙, 2009; Harter, 1999).

청년들의 자아존중감을 증가시키는 요인으로는 성공 경험, 부모나 동년배의 승인, 운동을 잘하는 것, 신체상 및 외모만족도, 권위 있는 부모, 높은 집단포부 세우기, 원만한 부모–자녀 관계 등을 들 수 있다. 반면에 자아존중감을 감소시키는 요인으로는 낮은 사회경제적 지위, 중학교 입학, 독재적 부모, 허용적 부모, 낮은 학업성취도, 동년배 거부, 이사 등을 들 수 있다.

자아존중감을 향상시키려면 청년들에게 의미 있는 영향을 미치는 부모나 교사,

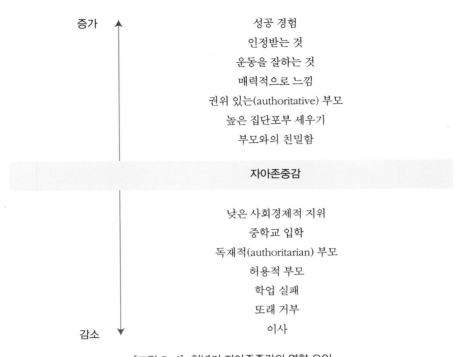

증가 ↑

성공 경험
인정받는 것
운동을 잘하는 것
매력적으로 느낌
권위 있는(authoritative) 부모
높은 집단포부 세우기
부모와의 친밀함

자아존중감

낮은 사회경제적 지위
중학교 입학
독재적(authoritarian) 부모
허용적 부모
학업 실패
또래 거부
이사

감소 ↓

[그림 5-4] 청년기 자아존중감의 영향 요인

출처: 정영숙 외(2009) 수정.

또는 친구에게서 긍정적인 피드백을 받는 것이 중요하다. 자아존중감을 높이기 위해서는 학교생활에 잘 적응하고, 부모, 동년배, 교사 등과 같은 사회적 지지자에게서 작은 성과나 시도한 것에 대하여 긍정적인 평가, 반응 또는 격려를 꾸준히 받는 것이 바람직하다.

제6장

자아정체감 발달

　청년기의 가장 주된 발달과업으로는 '자아정체감(identity)'의 확립을 들 수 있다. 자아정체감의 개념은 1950년에 에릭슨(Erikson)에 의해 체계적으로 정립되었으며, 이후에 마샤(Marcia) 등에 의하여 자아정체감 이론으로 더욱더 정교하게 발전하게 되었다. 이 장에서는 에릭슨의 자아정체감과 관련된 이론과 자아정체감을 실증적 연구를 통해 발전시킨 마샤의 이론에 대해 살펴보고자 한다.

1. 자아정체감의 의미

　에릭슨(Erik Erikson)은 개인의 자아는 본능, 부모와 같은 인적 환경, 사회문화적 환경 등의 영향을 받아 평생 동안 발달한다고 주장하는 심리사회적 발달이론(psychosocial developmental theory)을 제시하였다. 에릭슨이 제안한 청년기의 심리사회적 위기인 '자아정체감 대 역할 혼돈(identity vs. role confusion)'과 관련하여 사용된 '자아정체감'이라는 용어는 그가 처음으로 사용하였으며, 이제는 에릭슨의 대

명사로 여겨질 정도로 유명해졌다. 에릭슨이 자아정체감에 관심이 있었던 것은 그만이 처하였던 독특한 출신과 성장 배경 때문이다. 즉, 에릭슨의 자아정체감 이론은 에릭슨 자신의 인생 경험을 통한 정체감 위기를 반영한 것이라고 볼 수 있다.

에릭슨의 일생

에릭슨의 부모는 덴마크에 살았었으나, 그가 태어나기 전에 이혼하였다. 그 후 에릭슨의 어머니는 덴마크를 떠나 1902년에 독일의 프랑크푸르트에서 에릭슨을 낳았다. 유태인인 에릭슨의 어머니는 에릭슨이 3세일 때 그를 치료해 준 데오도르 홈부르거(Theodoer Homburger)라는 유태계 독일인 소아과 의사와 재혼하였다. 그녀는 에릭슨에게 홈부르거가 에릭슨의 친아버지가 아니라는 사실을 여러 해 동안 말해 주지 않았기에, 에릭슨은 당연히 홈부르거를 친아버지라 여기고 자랐다. 환경적으로 그가 살았던 슐레스빅-홀스타인은 독일과 덴마크가 영토분쟁을 하던 지리적 장소였다. 에릭슨은 자신을 독일인이라고 생각하고 독일 편에 섰지만 학교 급우들에게 많은 따돌림을 받았는데, 그 이유는 유태인인 그가 독일 편을 든다는 사실 때문이었다. 급우들은 에릭슨의 아버지가 유태인이라서 에릭슨을 멀리하였지만 가족이 다니던 유태교회의 또래들은 생부가 덴마크인인 에릭슨의 외모가 스칸디나비아인과 같다는 이유로 역시 그를 이방인(goy)이라고 부르며 따돌렸다. 이처럼 어린 시절 에릭슨은 유태인과 구별되는 덴마크인 외모 때문에 정체감 문제를 심하게 경험하였으며, 이로 인해 자아정체감이 그의 이론의 중심이 되었던 것으로 보인다. 에릭슨은 청년기에 제1차 세계대전이 일어나 독일에 대한 충성심과 덴마크인으로서 정체감 간에 정서적 갈등과 위기를 경험하였다. 그리고 에릭슨은 인생 초기의 뼈아픈 경험을 통해 정체감 위기에 대한 놀라운 통찰력을 획득하였다.

에릭슨의 학교 성적은 중간 정도였으나 예술적 재능은 뛰어났다. 고등학교 졸업 후 에릭슨은 정체감을 찾고자 하는 욕구가 최고조에 이르게 된다. 에릭슨은 의사가 되라는 계부의 권유를 거절하고 예술가가 되기로 결심하였고, 몇 년간 여행을 하며 방황을 한다. 이 여행 중에 에릭슨은 비엔나에 가게 되었고, 거기서 정신분석학자인 프로이트의 딸 안나 프로이트(Anna Freud)를 만나게 되면서 인생의 전환점을 맞게 된다.

에릭슨은 1927년 프로이트의 환자들과 프로이트 친구들의 자녀교육을 위해 설립된 비엔나의 작은 학교에서 가르칠 기회를 가지게 된다. 그리고 이전에 알지 못했던 아버지에 대한 연구를 하면서 부분적으로 프로이트의 정신분석에 매력을 느끼게 된다. 그 후 그는 정식으로 정신분석 훈련을 받았고, 안나 프로이트에게 자기분석을 받았다. 1933년 에릭슨은 정신분석 훈련을 마친 후

당대 유명했던 비엔나 정신분석연구소의 회원이 되었다. 그가 몬테소리 교사 자격증을 획득한 것과 안나 프로이트에게 받은 정신분석 훈련이 그의 유일한 고등교육이었다.

그 후 에릭슨은 유럽을 전전하다가 1933년 나치 당시 유태인 박해를 받고 쫓겨 미국 보스턴으로 이주하여 또다시 이방인으로서의 이국생활을 하게 된다. 그의 이름을 보면 자아정체감을 정립하고자 갈등했던 그의 고민을 엿볼 수 있다. 에릭슨이 그의 최초 논문에서는 양부의 성을 받아 Erik Homburger라는 이름을 사용했지만 결국에는 친아버지의 성을 딴 Erik H. Erikson이라는 이름을 사용한 것으로 미루어 그가 친아버지에 대한 정체감이 강하다는 것을 알 수 있다.

에릭슨은 하버드 대학교 심리학과 박사과정에 입학했지만 정규 프로그램에 만족하지 못하고 몇 달 뒤에 그만두게 된다. 그 후 예일 대학교, 펜실베이니아 대학교, 버클리 대학교 등 다수의 대학교에 초빙되어 강의를 하였다. 1950년에 첫 번째 저서인 『아동기와 사회(Childhood and Society)』를 시작으로 『자아정체감의 문제(The Problem of Ego Identity)』(1959)와 『자아정체감: 청년과 위기(Identity: Youth & Crisis)』(1968) 등을 저술하며 연구에 몰두하였다. 에릭슨은 1960년에 다시 하버드 대학교에서 학부생과 대학원생들을 대상으로 '인생주기(Life Cycle)'라는 과목을 가르치다가 1970년에 은퇴하였다. 1994년 5월 12일, 에릭슨은 92세의 나이로 사망하였으며, 그의 죽음이 전 세계에 보도될 정도로 그는 명실공히 20세기를 빛낸 훌륭한 발달심리학자였다.

에릭슨은 자신의 개인적 배경으로 인해 많은 갈등과 고민을 하였고, 개인과 자아정체감이 불확실할 때 파생되는 결과에 관심을 가졌다. 그는 청년이었을 때 자신이 누구이며, 무엇을 할 수 있고, 자기에게 의미 있는 것이 무엇인지에 대해 '자기정의(self-definition)'를 내리는 위기의 시간을 가졌다. 그는 이러한 위기의 시간을 가지며 자기 선택을 보류한 상태를 심리적 유예기간(psychological moratorium)이라고 명명하였다. 그는 개인적인 경험을 통해 심리적 유예기간이 아동기에서 벗어나 자신의 의미와 목적을 찾는 유익한 시간이었음을 주장하였다(박아청, 1998).

에릭슨이 1968년에 청년기의 발달과업과 위기를 '자아정체감 대 역할 혼돈'으로 상정한 이래, 국내외에서는 최근까지 자아정체감에 관한 많은 연구가 활발하게 이루어지고 있다. 여기서는 먼저 정체감에 대해 살펴본 뒤 자아정체감을 구체적으로 논하고자 한다.

에릭슨은 정체감을 심리사회적 정체감(psychosocial identity)과 개별적 정체감(individual identity)으로 나누었다. 먼저, 심리사회적 정체감은 개인이 속해 있는 사회나 집단에 대한 소속감을 의미한다. 예를 들면, '나는 한국 사람이다.' 또는 '나는 ○○대학교 학생이다.'와 같은 정체의식이다. 우리나라에서는 청년들이 대학교에 진학하지 못하거나 취업하지 못할 경우 소속감이 없어지므로 일시적으로 심리사회적 정체감이 흔들리는 경우를 흔히 볼 수 있다.

개별적 정체감은 자신은 타인과 다른 고유한 존재라는 의식으로 개인적 정체감(personal identity)과 자아정체감(ego identity)으로 나눌 수 있다. 개인적 정체감이란 시간이 지나도 변하지 않는 자신에 대한 자각이다. 예를 들면, '나는 박○○이다.'라든지 '나는 박○○의 맏딸이다.'라는 인식으로 자기동질성(self-sameness)과 자기연속성(self-continuity)의 특징을 지닌다. 이에 비해 자아정체감은 좀 더 광범위한 개념으로 자기동질성과 연속성의 자기감을 가지며 사회환경의 자극과 내적인 욕구, 가치를 자기 나름대로의 방식으로 재통합하여 내가 누구인지를 아는 것이다.

자아정체감은 흔히 간단히 정체감이라고도 불린다. 자아정체감은 자신이 타인과는 구별되는 독립적이고 고유한 존재라고 인식하고자 하는 욕구가 있는 동시에 외적인 자극, 환경, 감정적 변화에도 불구하고 일관되게 자신을 인식하여 안정적인 느낌을 가지는 것을 의미한다. 그러나 자아정체감을 한마디로 정의하기에는 어려움이 있다. 이에 대해 에릭슨은 개념상의 혼란을 야기하기 위함이 아니라 자아정체감이라는 용어 그 자체로 수많은 함축적 의미를 나타낼 수 있도록 열어 두는 것이 더 바람직하기 때문이라고 하였다.

에릭슨의 저서를 통해 나타난 자아정체감의 의미를 살펴보면 다음과 같다(이형득, 한상철, 1995).

첫째, 자아정체감은 한 개인이 소유한 지위와 역할에 따른 다양한 '~로서의 나' 간의 통합감을 의미한다. 예를 들면, 한 개인은 '○○○의 아들로서, ○○○의 친구로서, 남자로서, 학생으로서, 한국인으로서, ○○대학교의 구성원으로서의 나' 등 수많은 지위나 역할의 나를 가지고 있다. 자아정체감이란 이렇게 다양한 지위와 역할을 수행함에 있어서 일관성이 있으면서도 통일감 있게 수행해 나가는 자아에 대한 실감(實感)을 의미한다. 여기서 실감이라 함은 '나는 무엇과 동일하

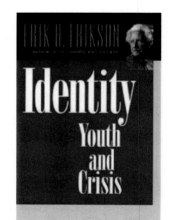

다.'라는 실제적인 존재감이다.

둘째, 자아정체감은 과거, 현재, 미래에 이르기까지 자아에 대해 일관되고 안정감 있는 시간적 연속감이다. 정체감이 형성된 경우 개인의 행동에 대해 자신이나 타인이 신뢰감을 가지며 같은 맥락에서 미래를 예측할 수 있다.

셋째, 자아정체감은 내가 나 자신을 지각하는 주체적 자아(I)와 다른 사람의 눈에 비춰진 객체적 자아(Me) 간의 조화감을 의미한다. 이러한 조화가 깨지는 경우 부적응행동이 빚어지기 쉽다. 예를 들면, 주체적 자아가 강한 경우 자신에게 몰입하여 도취되기 쉬운 반면에 객체적 자아가 발달하면 타인의 눈치와 평가에 지나치게 연연하게 된다. 그러므로 내가 나를 바라보는 견해와 타인이 나를 바라보는 견해 간에는 일관성이 있어야 한다(Erikson, 1968).

넷째, 자아정체감은 실존적인 자아 상태를 의미한다. 청년기는 자아정체감을 형성하기 위해 자기 존재에 대한 새로운 인식, 자신의 능력, 그리고 자신의 존재에 대한 의미를 탐색하는 시기이다. 나 자신은 누구의 간섭도 용납하지 않는 자유를 지니지만 오직 나 혼자만이라는 근원적 소외감을 지닌 실존적인 존재이다.

자아정체감의 네 가지 의미는 상호 관련되어 있으며, 이러한 특징은 자아정체감이 가지는 의미의 다양성과 포괄성을 이해하는 데 큰 도움이 된다(한상철 외, 2001).

2. 청년기에 자아정체감 형성이 중요한 이유

에릭슨은 자아정체감의 기초는 인생 초기에 이미 형성된다고 하였다. 그리고 자아정체감은 청년기에 시작되어 끝나는 것이 아니라 전 생애(lifespan)를 통해 계속적으로 형성되는 과업이라고 주장하였다. 예를 들면, 아동기에도 자기에 대한 정체감이 문제시되지만 중년기에도 '중년기 위기(midlife crisis)'와 같이 정체감 위기를 겪게 된다.

청년기의 주요 발달과업은 자아정체감의 확립이며, 이 시기가 정체감을 형성하는 결정적 시기(critical period)이다. 자아정체감은 전 생애에 걸쳐 형성되는 발달 현상인데, 왜 청년기에 와서 새삼스럽게 중요한 발달과업으로 부각되는가? 그 이유는 청년들이 직면한 몇 가지 내·외적인 상황에서 근원을 찾을 수 있다.

첫째, 청년기는 신체적·심리적·생리적인 면에서 급격한 변화가 일어나는 시기이다. 청년들은 사춘기를 시작으로 내적인 충동과 성적 성숙의 정도가 심해진다. 아동기까지 비교적 균형을 이루었던 원초아(id), 자아(ego), 초자아(superego)는 신체적·성적 성숙으로 말미암아 불균형을 초래한다. 성적인 충동이 일고 심리적으로 역동함으로써 원초아의 활동이 강해지고, 이러한 내적인 욕구를 현실에 맞게 중재하는 자아의 통합능력이 요구되므로 자아정체감 형성에 관심이 높아진다.

둘째, 앞에서도 언급하였듯이 청년기의 한층 더 발달된 인지능력은 자아정체감을 확립하는 데 결정적인 역할을 한다. 청년들은 형식적 조작능력을 획득하게 됨에 따라 과거, 현재, 미래에 이르기까지 그 원인부터 결과를 논리적으로 검토할 수 있게 된다. 그들은 자신의 존재에 대해 숙고하고, 자신의 능력, 가치관, 진로를 검토하며, 방황과 자기탐색의 시간을 가진다. 이러한 과정은 고통스럽고 갈등을 야기하기도 하지만 자아정체감을 확립하기 위한 필수적인 과정이다.

셋째, 청년들은 아동도 어른도 아닌 애매한 입장에 놓여 있다. 신체적으로는 성인에 가깝지만 정서적으로나 경제적으로는 여전히 부모에게 의존하는 주변인(marginal man)이다. 환경적으로 청년들이 받는 자극은 상충적이어서 성인다운 책임과 역할을 수행할 것을 요구하지만 막상 독립하여 자신의 삶을 살기에는 많은 한계에 봉착하므로 자아의 모호성을 탈피하고자 노력하게 된다.

넷째, 청년기는 인생의 중요한 결정을 내려야 하는 시기이다. 진학과 취업을 두고 고민하고, 진학을 하면 무엇을 전공하여야 하며, 취업을 하면 어떤 직종을 택해야 하는지 등 자신의 진로에 대해 중요한 선택을 내려야 하는 상황에 직면한다. 또 이성 교제를 하면서 결혼을 준비할 수 있으며, 군 입대 시기를 결정하여 자신의 청년기를 계획할 수 있다. 청년들은 혼자만의 능력이나 판단으로는 이러한 중요한 결정을 내리기 어렵다는 것을 경험한다. 그리고 부모나 다른 사람에게 도움을 받더라도 궁극적으로는 자신의 삶이기 때문에 자기가 책임져야 한다는 것을 자각하게 된다. 그러므로 청년들은 가능한 한 자기 자신의 다양한 면모를 탐색하고 검토하면서 자신을 이해하고 정의하고자 한다. 그리고 이 과정을 통해 내린 결정은 자아정체감의 핵심을 이루게 된다.

다섯째, 자아정체감의 형성은 자신과 다른 사람의 행동과 가치를 내면화하는 메커니즘인 동일시(identification)에 근원을 둔다. 유아나 아동에게는 주로 자신의 부모와 같은 의미 있는 타인이 동일시의 주된 대상이었으나, 청년기가 되면 이 대상이 변화하게 된다. 청년들은 과거에 자신이 동일시하였던 바에 의해 자신을 정의하고 해석하는 내적 참조체계의 내용을 더 이상 그대로 유지하기 어렵게 된다. 그러므로 기존의 동일시 내용의 일부는 보유하기도 하지만 스스로 비판을 가하면서 과감하게 해체를 시도하기도 한다. 청년기의 자아정체감 형성을 위해서는 과거 개인의 참조체계의 내용을 선택하거나, 현재 새롭게 내면화한 동일시 내용 및 미래 계획과 포부를 역동적으로 통합하고 재조직화하는 것이 필수적이다. 만약 이 시기 청년들이 과거의 참조체계를 바탕으로 현재의 동일시 내용을 통합하는 데 실패한다면 자아정체감 혼란 또는 역할 혼돈이 야기될 것이다.

이와 같이 자아정체감은 전 생애에 걸쳐 진행되는 발달과업이지만 청년기에 더욱 중요한 문제로 부각되고 있다. 청년들은 자기 자신에 대해 정의하고, 자신이 무엇을 할 수 있을지에 대해 고민하고 탐색하는 시간을 가지게 되는데, 이는 자아정체감을 확립하는 데 큰 도움이 된다.

3. 청년기의 자아정체감

1) 에릭슨의 발달 단계와 자아정체감

에릭슨은 전 생애에 걸친 8단계의 심리사회적 발달이론을 제안하였다. 이 중 청년기에 해당하는 심리사회적 위기(psychosocial crisis)를 '자아정체감 대 역할 혼돈'으로 규정하였다. 먼저, 에릭슨의 심리사회적 발달이론의 특성을 살펴본 뒤, 청년기의 자아정체감 발달에 대해 설명하고자 한다.

(1) 에릭슨의 심리사회적 발달의 주요 특성

에릭슨은 심리사회적 발달의 주요 특성과 원리를 다음과 같이 제시하였다(노안영, 강영신, 2003). 첫째, 에릭슨의 인간발달 단계는 점성적 원리(epigenetic principle)로 설명된다. '점성적'은 'Epi(의존해서)'와 'genetic(유전)'의 합성어로 '발달이 유전에 의존한다.'는 뜻이다. 점성적 원리에 의하면 인간발달의 각 단계는 유전적으로 타고난 기본 계획에 의해 순조롭게 전개되며, 각 단계의 성장과 발달이 우세하게 출현하는 결정적 시기가 있다고 설명된다.

둘째, 에릭슨의 발달이론은 전 생애에 걸친 8단계의 심리사회적 발달이론을 정립하였다. 이는 프로이트의 이론을 확장시켰다고 볼 수 있는데, 시기 면에서는 전 생애로 연장하였을 뿐만 아니라 내용 면에서도 심리사회적 측면을 강조함으로써 확장시켰다. 프로이트가 발달의 본능적 측면을 강조한 반면에 에릭슨은 자아의 역할을 강조하였고, 문화, 사회, 역사의 영향을 인식하였으며, 과거, 현재, 미래 역시 중요하다고 봄으로써 심리사회적 측면을 강조하였다.

셋째, 각 발달 시기에는 개인이 불가피하게 경험하여 해결해야만 하는 심리사회적 위기가 있다. 위기란 발달과정에서 극복해야 하는 개인의 성숙과 사회적 요구에서 발생한 인생의 전환점이다. 그리고 각 발달 단계에는 개인이 반드시 그 단계에서 수행하여야만 하는 '각 단계의 고유한' 발달과업이 있다. 개인의 발달 또는 행동 패턴은 이러한 발달과업 또는 각 단계의 위기를 궁극적으로 어떻게 해결하느냐에 달려 있다. 에릭슨이 제시한 발달 단계별 심리사회적 위기는 신뢰감 대 불신감, 자율성 대 의심·수치, 주도성 대 죄책감, 근면성 대 열등감, 자아정체감 대 역할 혼돈, 친밀감 대 고립감, 생산성 대 침체감, 자아통합 대 절망감이다.

넷째, 에릭슨은 각 발달 단계에서 요구되는 발달과업을 '긍정 대 부정'으로 설명하고 있다. 각 발달 단계에서 겪게 되는 심리사회적 위기에 자아는 적응 또는 부적응의 방식으로 반응할 수 있다. 다시 말해, 각 발달 단계의 위기를 자아는 적절하거나 또는 부적절한 적응방법으로 통합해야 한다.

다섯째, 개인은 인생의 8단계에서 위기를 가지게 되는데, 이 위기를 통해 기본적인 강점 덕목(virtue)을 발달시킬 기회를 가진다. 각 발달 단계별로 습득할 수 있는 덕목은 희망(신뢰감 대 불신감), 의지(자율성 대 의심·수치), 목적(주도성 대 죄책감), 유능성(근면성 대 열등감), 충실성(자아정체감 대 역할 혼돈), 사랑(친밀감 대 고립감), 배려(생산성 대 침체감), 지혜(자아통합 대 절망감)이다.

표 6-1 에릭슨의 심리사회적 발달이론과 점성적 원리

유아기	아동 전기	아동 후기	학동기	청년기	성인 전기	성인 후기	노년기
							자아통합 대 절망감
						생산성 대 침체감	
					친밀감 대 고립감		
시제 인식 대 시제 혼미	자아 확신 대 자아 혼미	역할 실험 대 역할 고착	견습성 대 무력감	자아정체감 대 역할 혼돈	성적 분극 대 양성 혼미	지도성/추도성 대 권위 혼란	사상 수행 대 가치 혼란
			근면성 대 열등감	업무동일시 대 무용감			
		주도성 대 죄책감		역할의 예견 대 역할 억제			
	자율성 대 의심·수치			자아상 확립 대 자기회의			
신뢰감 대 불신감				상호 인정 대 자폐적 고독			

* 유아기, 아동 전기, 아동 후기 화살표는 각 발달 단계에서 현재화하는 심리사회적 위기의 변화를 나타낸다.
* 성인 후기와 노년기의 화살표는 청년기에 싹트고 현재화된 성인기 위기를 나타낸다.
출처: 박아청(1998), p. 54 참조.

(2) 자아정체감 대 역할 혼돈

에릭슨은 전 생애에 걸쳐 8단계의 인간발달을 주장하며 각 발달 시기에는 심리사회적 위기가 있다고 하였다. 에릭슨은 그의 저서 『자아정체감의 문제』(1959)와 『자아정체감: 청년과 위기』(1968)에서 청년기를 '자아정체감 대 역할 혼돈'으로 규정하고, 청년들이 정체감 확립을 위해 심리사회적 위기에 직면하고 있다고 보았다. 에릭슨의 전 생애 심리사회적 발달이론은 〈표 6-2〉와 같이 간단하게 제시할 수 있다.

표 6-2 에릭슨의 심리사회적 발달 단계

대략적 연령	발달 단계	강점 덕목
0~1세(신생아기)	신뢰감 대 불신감	희망
1~3세(영아기)	자율성 대 의심·수치	의지
3~6세(유아기)	주도성 대 죄책감	목적
6~11세(아동기, 사춘기)	근면성 대 열등감	유능성
11~18세(청소년기)	자아정체감 대 역할 혼돈	충실성
18~35세(성인 초기)	친밀감 대 고립감	사랑
35~55세(중년기)	생산성 대 침체감	배려
55세 이상(노년기)	자아통합 대 절망감	지혜

사춘기를 기점으로 시작되는 청년기는 '자아정체감 대 역할 혼돈'이라는 정체감 위기를 어떻게 해결하느냐가 발달과업 수행에 결정적인 역할을 한다. 청년들은 '나는 누구인가?' '나는 무엇을 할 수 있는가?' '나는 지금 어디를 향해 가고 있는가?' 등 자신에 대해 많은 의문을 가지고 그 해답을 찾고자 하는 위기에 직면한다. 이러한 위기를 해결하고자 청년들은 다양한 역할 실험(role experimentation)을 하게 된다. 예를 들면, 아르바이트를 하거나, 자신의 전공이 정말로 자신의 인생을 위한 선택이었는지를 검토하기도 하며, 자신의 생활을 보류한 채 군에 입대하거나, 정치 또는 종교에 전념해 자신의 사상과 이념을 피력하기도 한다. 자아정체감이 확립되기 전에 자기탐색을 하고 인생의 중요한 선택을 하기 위해 다양한 역할을 경험하는 역할 실험이나 여러 시도를 해 보는 시기를 에릭슨은 심리적 유예기(psychological moratorium)라고 하였다. 심리적 유예기는 자아정체감을 확립하는 데 촉매 역할을 하지만, 심리적 유예기에 너무 많은 역할 실험을 하거나 이 기간이 너무 길어질 경우에는 오히려 역할 혼돈의 위기를 경험할 수 있다.

자아정체감 위기를 성공적으로 해결하면 자아정체감을 획득하게 되나, 실패하면 역할에 혼란을 초래하므로 에릭슨은 이 시기를 '자아정체감 대 역할 혼돈'이라고 지칭하였다. 자아정체감이란 시간이 흐르거나 상황이 바뀌어도 본질적으로 불변하는 자신에 대한 인식으로, 이는 개인의 이상과 행동, 그리고 사회적 역할을 통합하는 자아의 기능에 의해 이루어진 자아발달의 최종 산물이라고 할 수 있다(이옥형, 2006).

자아정체감을 성취하면 청년들은 자신의 독특성을 인정하고 '나는 누구이며, 무엇을 할 수 있는 사람'과 같은 자신의 존재에 대한 확신을 가지게 된다. 그리고 뚜렷한 자아정체감을 가지고 위기를 극복한 청년들은 자신감을 가지고 자신의 목표를 향해 포부를 펼치며 성인기를 맞이하게 된다.

이와 대조적으로 자아정체감 위기를 성공적으로 해결하지 못한 청년들은 역할 혼돈을 보인다. 역할 혼돈의 상태에 있는 청년들은 자신이 누구인지, 또 어디에 속해 있으며, 어떤 목표를 추구해야 하는지를 알지 못하는 혼란스러운 시간을 겪게 된다. 그 결과, 일부 청년은 학업, 진학, 직업, 결혼 등의 영역에서 낙오될 가능성이 높으며 부정적 자아정체감을 가지기도 한다. 일부 청년은 자신이 동일시해 왔던 부모의 모습을 거부하거나 비판적인 태도를 지니기도 하고, 때로는 좋아하는 사람과 과잉 동일시(over-identification)하기도 한다. 자기를 상실하거나 여러 개로 뒤죽박죽된 듯한 정체감 확산(identity diffusion)의 면모가 나타나기도 하고, 때로는 자신을 지나치게 무가치하게 여기거나 억압하기도 하며, 가출, 무단결석 등과 같은 비행에 빠지는 등의 부정적 정체감(negative identity)을 보이기도 한다.

청년기에 발달할 수 있는 강점 덕목은 '충실성(fidelity)'이며 이는 자아정체감에서 비롯된다. 충실성은 대인관계에서의 기본적인 성실, 의무, 정직, 순수성을 유지하는 능력을 의미한다.

에릭슨의 학문적 공헌은 청년기의 발달과업인 자아정체감의 중요성을 부각시키고 정체감 위기를 널리 소개하였다는 점이다. 이로 인해 방황하는 청년, 비행에 빠진 청년, 부모-자녀 갈등이 심각한 청년 등을 부분적으로 이해할 수 있는 단서를 제공하였다. 또 에릭슨의 연구는 마샤 등 많은 심리학자가 자아정체감을 연구하는 초석을 제공하였다.

에릭슨의 학문적 기여에도 불구하고 청년기에 있어서 자아정체감이란 발달과업과 심리적 유예기가 모든 문화에 보편적으로 적용되는 것인지에 대해서는 비판이 제기된다. 현대에는 25~26세까지 연장된 청년기에 고등교육이나 취업 준비, 자기탐색 및 정의를 내리기 위한 역할 실험 시기인 심리적 유예기를 가지면서 자아정체감을 획득할 수 있다. 하지만 많은 문화권의 10대 소년들 중 노동으로 청년기를 보내는 경우도 많기 때문에 이들의 경우에는 자아정체감 획득을 위한 유예기를 경험할 수 없다는 지적이 있다. 그러므로 청년기의 주요 발달과업으로서의 자아정체감 획득은 아마도 문명사회의 중산층 청년들에게만 해당되는 발달과업일지도 모른다는 조심스러운 비판을 할 수 있다(김제한, 1998).

2) 마샤의 자아정체감 이론

마샤

에릭슨이 자아정체감 획득 대 역할 혼돈으로 자아정체감을 설명한 반면에, 마샤는 에릭슨의 이론을 토대로 위기(crisis)와 관여(강한 참여; commitment)의 두 개념을 적용하여 자아정체감 수준을 네 가지의 성취지위(status)로 구분하였다. 마샤(James Marcia)는 자아정체감이 형성되는 시기를 직업적 또는 이념적으로 적극적인 관여가 이루어지는 시기라고 본 에릭슨의 견해를 기본으로 하여 대학생을 대상으로 연구하였다. 마샤는 자아정체감을 형성하는 데 필요한 두 가지 차원을 위기와 관여라고 보았다. 그는 반구조적 면접에 의해 직업 선택, 종교, 정치이념에 대한 위기와 관여 경험 여부를 조사하여 자아정체감 성취 수준을 네 가지 지위로 범주화하였다. 기본적으로 그는 청년들은 위기를 통하여 어떤 직업이나 이념에 헌신적으로 참여하게 되었을 때 자아정체감을 획득하게 된다고 보았다.

여기서 위기는 자아정체감에 도달함에 있어 의미 있는 대안 중에서 선택을 놓고 능동적으로 의문을 제기하며 고민하는 기간을 말한다. 또 관여는 계획, 가치관 등에 대해 의미 있는 선택을 이룬 단계로 흔들림 없이 결정한 활동에 적극적으로 전념하는 상태를 뜻한다. 위기와 관여에 의해 분류된 자아정체감 성취 수준의 네 가지 범주는 〈표 6-3〉과 같다.

표 6-3 마샤의 자아정체감의 네 가지 지위

기준		위기(crisis)	
		있음	없음
관여 (commitment)	있음	정체감 성취	정체감 유실
	없음	정체감 유예	정체감 확산

마샤는 의사결정을 한 상태에서 전념하고 있는, 즉 관여 경험이 있는 '정체감 성취'와 '정체감 유실'의 두 지위를 자아정체감을 획득한 상태로 보았다. 그러나 주의할 것은 청년기에 '정체감 유실'로 위기 없이 자아정체감을 획득하였다가도 성인기에 유예 상태에 빠져 위기를 경험하다가 다시 자아정체감을 성공적으로 성취하는 경우도 있다는 것이다(Stephen, Fraser, & Marcia, 1992). 이는 자아정체감 발달이 인생에 걸쳐 진행되는 과정임을 감안한다면 쉽게 이해할 수 있다. 마샤가 주장한 자아정체감의 네 가지 지위를 설명하면 다음과 같다.

(1) 정체감 성취

자아정체감 성취(identity achievement)는 위기와 관여를 모두 경험한 경우로, 청년 자신이 직접 위기를 성공적으로 극복하여 정치적 및 개인적 이념체계, 직업 등에 대해 스스로 의사결정을 내려 자신의 역할을 수행하고 있는 단계이다. 자아정체감을 성취한 사람은 자아정체감 유실이나 확산 상태에 놓인 사람에 비해 성격발달의 모든 분야에서 성숙한 면모를 보였으며, 자기주도적이고 확신감이 강한 경향을 보였다. 그리고 당면한 문제를 해결할 때에는 관련 정보를 수집하고 이후 사태까지도 주도면밀하게 고려한 후에 결정을 내리는 편이었다(Berzonsky, 1997; Berzonsky & Kuk, 2000; Marcia, 1980).

(2) 정체감 유예

자아정체감 유예(identity moratorium)는 현재 위기를 경험하면서 여러 가지 대안 중에서 선택적으로 참여하며 탐색하는 시간이다. 관여 측면에서 비교해 보면 유예기에 있는 청년들은 여러 가지 역할 실험을 하고 있는 상태이므로 어떠한 영역에 참여하더라도 아직 의사결정에 도달한 상태가 아니므로 정체감 성취 상태의 청년들보다 참여의 안정성과 만족도가 떨어진다. 유예기에 있는 청년들은 때로는 스스로의 선택과 타인의 견해 사이에서 동요를 보이며 불확실 상태에 빠지곤 한다. 예를 들면, 다양한 역할 실험을 위해 방학 동안 아르바이트에 전념하기도 하고, 이성 교제와 결혼 문제 등 미래의 자기 인생을 위해 불안해하며 갈등하기도 한다. 유예기의 청년들은 현재는 위기 상황이지만 이를 성공적으로 극복하고자 노력한다.

유예기는 문화적 영향을 많이 받는 것으로 나타났다. 현대사회에서는 고등교육으로 인해 청년기가 연장되고 있다. 특히 대학생들은 취업전선에서 일하는 청년들에 비해 연장된 청년기를 보내게 되지만 적극적으로 직업적 탐색과 진로를 두고 심각한 정체감 위기를 경험하며 연장된 유예기를 보낸다는 연구 결과가 있다(Adams, Gullotta, & Markstrom-Adams, 1994; Munro & Adams, 1977).

정체감 성취와 정체감 유예 상태의 청년들은 정체감 유실이나 확산 상태의 청년들보다 사회적 환경에 잘 적응하였으며, 다른 사람을 보다 잘 배려하고, 협동적이며, 긍정적인 대인관계를 형성한다는 점에서 공통적인 면모를 보였다.

(3) 정체감 유실

자아정체감 유실(identity foreclosure)은 자신의 가치관이나 진로에 대해 의문을 제기하거나 가능한 대안을 탐색하는 등의 위기를 경험하지는 않았지만 부모와 같은 의미 있는 타인의 기대나 가치를 수용하여 진로, 직업 또는 이념에 헌신한 상태이다. 그러므로 유실 상태는 위기는 경험하지 않았으나 의사결정은 내린 상태이므로 '자아정체감 조기 완료'라고 표현된다. 예를 들면, 이 시기 청년들은 정치적인 신념이 생기게 되며, 이에 기초하여 자신의 투표권을 행사한다. 유실 상태의 청년은 본인 스스로의 정치적 신념이나 판단 없이 부모님이 특정 정당을 지지하면 자신도 그 정당의 후보를 지지한다. 따라서 친구들과 정치적 이슈로 대화할 때 자신이 왜 그 당의 지지자인지에 대한 소신이 명확하지 않다. 또 다른 정체감 유실의 예로는 부모님이 법조계에서 종사하는 경우에 자녀도 그 방면의 직업에 종사하기를 원하거나 그 방면에 종사하는 사람과 자연스럽게 결혼하기를 원하는 부모님의 의견을 수용하는 것이다.

정옥분(2008)에 의하면, 정체감 확산과 더불어 정체감 유실도 문제시되고 있음을 알 수 있다. 그 주된 이유는 성숙한 자아정체감 형성을 위해서는 자신의 신념, 진로 등에 대해 고민하고 갈등하는 위기를 경험하는 것이 중요한데, 유실 상태의 청년들은 이러한 위기 없이 자신에 대한 선택을 내리고 이에 따라 활동하기 때문이다. 그래서 유실기의 청년들은 위기를 경험한 정체감 성취나 유예기의 청년들보다 의존적이고 자신감이 없으며, 자신에 대한 진지한 사려가 부족한 경향을 보인다.

유실기를 거쳐 자아정체감을 형성한 청년들은 현재 선택이 본인의 신념과 일치하여 순탄하게 성인기를 보내면 비교적 자아정체감에 대한 갈등이나 불안감이 적은 편이다(Kimmel & Weiner, 1995). 그러나 정체감 유실 수준의 청년들은 지나치게 높은 동조성(conformity)을 보이고 경직된 경향이 있다. 특히 이들은 권위에 쉽게 의존하기 때문에 자신이 의존하였던 사람들에게 거부당하는 것을 두려워하고 의견 차이가 나는 것을 두려워한다. 자신의 결정에 의존하였던 의미 있는 타인의 부재, 의견 상충 또는 뒤늦은 위기의 경험 등 외적인 상황에 변화가 생기면 자아정체감 성취 수준의 청년들보다 쉽게 자신이 지녔던 자아정체감을 포기하고 정체감 유예나 확산 상태에 빠질 확률이 높다. 유실 단계에 있는 청년들은 흔히 자신의 부모와 강한 애착관계를 가지고 유지하는 것으로 나타났다(Grotevant & Cooper, 1985).

(4) 정체감 확산

자아정체감 확산(identity diffusion)은 자아정체감 위기 상태를 경험하지 않았을 뿐 아니라 직업이나 자신의 신념에 대한 의사결정도 하지 않거나 아예 관심도 필요성도 못 느끼는 경우를 말한다. 개인적인 직업계획이나 이념에 대한 의문을 제기하지도 않으며, 자기발전을 위한 노력이나 무엇을 해야 하는지를 고민하는 위기의 경험도 없다.

동시에 자신에 대한 안정되고 통합된 견해를 가지는 데 실패하였으므로 어떠한 선택을 하여 그 활동에 관여를 하고 있는 상태도 아니다. 의사결정을 내리지 못한 면에서는 정체감 유예와 비슷하나, 유예는 위기 상태를 경험하고 이를 해결하고자 하지만 정체감 확산은 위기를 경험하지 않았다는 점에서 뚜렷한 차이가 있다.

정체감 확산 수준의 청년들은 자아정체감 성취나 유예 수준에 있는 청년에 비해 자아존중감과 자기주도성, 자기통제력 면에서 뒤떨어지는 경향이 있다. 그들은 높은 수준의 불안감을 보이지는 않지만 삶에 대해 관심이 없고 사회에 냉담한 편이다.

종합적으로 자아정체감을 성취하였거나 유예 상태에 있는 청년들은 새로운 정보에 관심이 많고, 정체감 유실기의 청년들은 의미 있는 권위자가 제시하는 정보를 의문 없이 수용하는 반면, 정체감 확산을 보이는 청년들은 어떠한 종류의 정보이든 그 자체를 기피하는 경향을 보인다. 정체감 유실 상태의 청년들이 부모와 유대관계가 강한 것과는 대조적으로 정체감 확산을 보이는 청년들은 두드러지게 부모에게서 독립적이거나 부모와 유대감이 적다.

이 외에도 마샤는 추가적으로 부정적 정체감(negative identity)을 제시하였다. 부정적 정체감이란 정체감 유실의 변종으로 자아정체감 조기 완료의 특수한 형태라고 할 수 있다. 부정적 정체감은 부모나 사회의 가치관과 상반되는 정체감을 정립하는 것을 의미한다. 예를 들면, 목사의 자녀가 무신론을 추구하거나, 경찰관의 자녀가 비행을 일삼거나, 의사 자녀가 열심히 공부하는 것이 싫어서 집을 나가 평소에 하고 싶었던 음악을 추구하는 경우이다. 이러한 부정적 정체감은 청년기에 개인이 부모나 사회의 성공에 대한 지나친 요구를 만족시키기에 역부족인 경우 상반되는 정체감을 형성하는 것으로 보았다.

3) 조젤슨의 자아정체감의 종단적 연구

자아정체감은 전 생애에 걸쳐 이루어야 할 발달과업이지만, 특히 정체감 확립의 결정적 시기는 청년기이다. 자아정체감을 성취하기 위해 청년기에 폭넓은 대인관계를 유지하고, 정치·사회적, 종교적인 태도와 자신에 대한 고유한 입장을 정립하며, 여러 상황을 경험해 보는 것이 중요하다. 결과적으로 자아정체감이 발달하면 청년들은 자기 자신이 어떠한 사람이고, 다른 사람과는 어떻게 구별되며, 또 자신의 장점 및 한계점은 무엇인지 충분히 인식하게 된다.

많은 발달심리학자는 마샤의 자아정체감의 네 범주—성취, 유예, 유실, 확산—에 속한 청년들이 성인기에 접어들면 어떠한 삶을 살아가는지에 관해 높은 관심을 보인다. 그렇지만 이런 학문적 관심을 뒷받침해 줄 만한 종단적 연구(longitudinal study)는 턱없이 부족한 실정이다.

자아정체감을 종단적으로 연구한 대표적인 인물로는 단연 조젤슨(Josselson, 1987; 1989: 장휘숙, 1999에서 재인용)을 들 수 있다. 그는 마샤의 면접방법을 사용하여 34명의 대학교 4학년 여성을 대상으로 연구하고 1972년에 박사 논문을 발표하였다. 그로부터 12년 후 당시의 연구대상자들을 대상으로 대학교 시기의 자아정체감 범주와 30대 중반의 자아정체감을 비교하였다. 연구 결과는 1987년에『그녀를 찾아서: 여성의 자아정체감 발달(Finding Herself: Pathways to Identity Development in Women)』이라는 단행본 서적으로 출판되었다.

이 연구에 따르면, 12년이라는 장시간의 경과에도 불구하고 대학 시기에 지녔던 자아정체감 수준을 거의 그대로 유지하고 있었다. 먼저, 자아정체감을 성취한 집단을 보면 단 1명만 제외하고 모두 성취 수준을 유지하였으며, 이 1명은 유예 상태에서 새로운 선택을 위해 노력하고 있었다. 이들은 자율성과 독립성을 지니며 뚜렷한 목적을 향해 계속 노력하였다. 또 흥미로운 것은 자신을 보호해 주는 남성보다는 협조적인 파트너로서의 남성을 선택하는 경향을 보였다.

　자아정체감을 유실한 여성 대상자들은 12년 전에 비해 가장 변화가 적었으며 21세 경에 지녔던 신념을 그대로 고수하고 있었다. 그들은 가풍과 부모의 가치관을 중요시하였으며, 자기 견해의 자발적 표현을 가급적 억제하는 등 개인적인 발달의 흔적을 찾기 어려웠다.

　유예 대상자들은 가장 예측하기 어려운 그룹이었는데, 일부는 친구나 연인 등 주변의 강력한 지지를 받아 정체감을 획득하였으나 나머지는 전과 같은 불확실한 상태로 자신의 삶에 대해 최선의 선택을 내리지는 못하였으며, 여전히 무언가를 탐색하거나 실험하는 위기 상태에 있었다.

　정체감 확산 상태였던 여대생 중 50%는 30대 중반이 되어서도 여전히 변함이 없었다. 그들은 위기도 관여도 하지 않고, 조젤슨의 표현에 의하면 '바람 부는 대로 날아다니는 나뭇잎(leaves blown by the wind)'과 같이 자신의 삶을 그저 방관하듯 바라보는 정체감 확산 상태에 있었다. 또 그중 2명은 사망하였는데, 1명은 우울증이 원인이었다. 나머지 3명은 외부 도움에 의해서 자아정체감을 획득한 상태였다.

　조젤슨의 연구 결과가 시사하듯 자아정체감 형성의 결정적 시기는 청년기이며, 그 시기에 발달하였던 정체감 수준이 대체로 성인기에도 유지되는 것으로 나타났다. 물론 청년기에 자아정체감을 완전히 확립하지 못하였지만 성인기에 와서 성취한 사례를 보면 정체감 형성이 전 생애를 걸쳐서 진행되는 발달과업임에는 틀림없다. 청년기에 형성된 자아정체감이 성인기의 삶에 어떤 역할을 하며, 성인기 발달과업을 수행함에 있어 어떠한 장단점으로 작용하는지 등에 관한 더 많은 후속연구가 종단적으로 실시될 필요가 있다.

4. 정체감 형성에 영향을 주는 변인

청년기에 자아정체감을 형성하는 데 영향을 주는 중요한 환경적 변인을 간략히 살펴보자. 부모는 다각적으로 청년들의 자아정체감에 결정적인 영향을 미치는 것으로 나타났다. 예를 들면, 부모-자녀 관계, 의사소통 방식, 양육 유형(parenting styles) 등이 자아정체감 발달과 밀접하게 관련이 있는 것으로 나타났다. 이 외에 또래집단 역시 자아정체감을 성취하는 데 중요한 요인으로 작용하였다.

1) 부모의 영향

자아정체감에 가장 큰 영향을 주는 요인으로는 단연 부모를 들 수 있다. 부모-자녀 관계나 의사소통 방식은 자녀의 자아정체감 발달에 큰 영향을 준다. 예를 들면, 부모와 지나칠 정도로 가까운 관계에 있거나 부모의 지나친 통제와 과보호하에서 성장한 청년들은 자아정체감 유실 상태에 놓이기 쉽다. 그들은 스스로 자아를 찾거나 장래를 위해 고민하기보다는 부모의 결정을 그대로 받아들이고 타협하는 순응주의자(conformist)이다. 정체감 확산이나 혼란에 빠진 청년들은 대부분 부모와의 관계가 소원하며, 무시당하거나 거부당하는 경우가 많다. 이에 반해 자아정체감을 성취하였거나 유예 상태에 있는 청년들은 부모의 애정이 뒷받침된 원만한 관계를 유지하되, 자신의 인생에 대해 스스로 고민하고 결정하는 자유를 누리고 있었다.

어머니와 청년기 자녀 간의 의사소통 부족이나 부정적 의사소통은 자아정체감 발달을 저해하는 요인으로 작용한다(Reis & Youniss, 2004). 우리나라 청년을 대상으로 한 연구를 살펴보면 부모-자녀 간에 개방적인 의사소통을 하는 경우 자아정체감 발달이 촉진되었으며, 의사소통에 문제가 있는 경우에는 자아정체감 발달에 부정적인 영향을 미치는 것으로 나타나, 의사소통 양식이 자아정체감 발달에 중요한 역할을 하는 것으로 밝혀졌다(김성일, 김남희, 2001: 장휘숙, 2007에서 재인용).

정체감 발달은 부모의 양육 유형(parenting styles)과도 높은 상관관계를 가지고 있다(Goossens, 2006). 자녀에 대한 애정 수준은 낮으나 통제 수준이 높은 독재적 부모(authoritarian parents) 아래에서 성장한 청년들은 부모의 통제하에 자신의 의사결정을 맡겨 버리는 정체감 유실 상태에 놓이거나, 부모의 권위에 도전하였을 때 기존에 유지하였던 부모-자녀 관계가 무너지면서 심한 정체감 위기에 봉착하기도 한다. 독재적 부모가 정체감 형성에 미치는 가장 부정적인 영향은 자녀에게 스스로 판단하거나 의견을 표현하는 기회를 허용하지 않고 지나치게 통제함으로써 그들이 능동적으로 자아정체감을 탐색할 기회를 박탈한다는 점이다.

그러나 행동의 규준을 논리적으로 설득하는 방식으로 자녀를 통제하되, 자녀에 대한 애정의 수준도 높은 권위 있는 부모(authoritative parents)는 자녀와 상호 의견 교환이 자유로우며, 자녀에게 선택의 자유를 부여하고, 그들이 내린 의사결정을 존중한다. 이러한 부모들은 자녀들이 장성할수록 점차 통제의 수준을 완화시켜 그들이 자율성을 더 누리며 독립적인 성인으로 성장할 수 있도록 도와준다. 권위 있는 양육환경에서 자란 청년들은 부모에 대한 의존성이 낮아지고, 문제 해결을 위해 부모와 의견을 충분히 교류하되, 자신의 인생을 위해 스스로 고민하며 선택하는 과정에서 자아정체감을 성취시켜 나간다. 이러한 청년들이 부모와 독립하는 과정은 분리를 의미하는 것이 아니라 부모에게서 자율성을 성취함과 동시에 자신이 타인과 다른 고유한 존재임을 수용하여 자아정체감을 성취하는 것이다(김애순, 윤진, 1997; 장휘숙, 2000). 그러나 자녀에게 통제를 전혀 가하지 않고 모든 것을 맡겨 버리는 허용적 부모(permissive parents)는 자녀에게 자아정체감 확산과 같은 어려움을 줄 가능성이 높다(Bernard, 1981; Marcia, 1980).

2) 또래집단의 영향

청년기에는 부모의 영향도 중요하지만, 또래집단의 영향력이 점점 더 부각되는 시기이다. 청년기는 자신에 대한 존재적 의문과 미래에 대한 불확실 등으로 인해 개인차는 있으나 대부분 고민스러운 시간을 보낸다. 청년들의 또래들도 거의 유사한 고민으로 방황을 하거나 방황 끝에 성공적으로 해결점에 이르러 자신의 선택에 몰두하는 등 어느 정도의 공통점을 지니고 있다. 청년들에게 또래집단은 부모와의 갈등 문제나 개인적인 고민을 나눌 수 있는 정서적 지원자 역할을 하고, 대화와 활동을 통해 다양한 정보와 피드백을 제공받거나 진로를 탐색하는 데 도움을 줌으로써 궁극적으로 자아정체감을 형성하는 데 영향력을 행사한다.

5. 우리나라 청년들의 자아정체감 발달

우리나라 청년들도 세계 여러 나라의 경우와 흡사하게 자아정체감 형성에 있어서는 기본적으로 부모와 또래집단의 영향을 받는다. 또한 우리나라 청년들이 속해 있는 사회, 문화, 공유하는 정서 등은 자아정체감을 형성하는 데 영향을 주는 환경적 변인으로 작용할 수 있다.

먼저, 우리나라의 가족문화가 서양과 큰 차이를 보이는 점은 대부분의 청년들이 대학 시절 또는 결혼하여 가정을 이루기 전까지 부모와 함께 생활한다는 점이다. 그러므로 부모-자녀 관계가 다른 문화의 청년들과는 다른 환경적 변인으로 작용한다. 또 군복무하는 환경도 자아정체감 형성에 긍정적인 영향을 주는 독특한 맥락적 요인으로 작용한다. 입시 위주의 사회환경으로 인해 고등학교 시절까지 대입준비에만 매진하다가 졸업 후 갑자기 현실로 닥친 자신의 진로 문제 등도 우리나라의 고유한 상황이다.

우리나라 청년들을 대상으로 한 연구 결과를 중심으로 자아정체감 형성에 영향을 주는 변인에 관해 정리하고자 한다. 여기서는 우리나라 대학생을 대상으로 성별, 학년, 군복무 경험, 출생순위, 부모 유무와 자아정체감과의 관계(박아청, 1984), 학교 수준, 생활변동, 장래전망, 동일시 대상, 자기의식의 일관성 등을 변인으로 한 연구(서봉연, 1975), 연령과 학력 등의 요인으로 고찰한 연구(김도환, 1995; 이차선, 1999), 학년, 성, 사회경제적 수준 등을 변인으로 한 연구(김성일, 김남희, 2001; 박성옥, 어은주, 1994) 등을 참고하였다.

우리나라 청년들에게 가정 배경 변인은 여러모로 자아정체감 발달에 영향을 준다.

첫째, 부모의 양육태도 및 가족 간의 친밀도와 자율성은 자아정체감 발달에 긍정적인 역할을 하는 것으로 나타났다. 우리나라 대학생을 대상으로 자아정체감과 관련 요인을 연구한 결과, 청년의 개인적 특성(성별, 학년, 종교 유무)보다는 부모의 양육태도, 그리고 가족 간의 자율감과 친밀감으로 표현되는 가족의 기능이 청년의 자아정체감 형성에 긍정적인 영향을 주는 것으로 나타났다(박성옥, 어은주, 1994).

둘째, 부모의 존재 여부도 정체감 형성에 중요한 변인이다. 대학생을 대상으로 연구한 박아청의 연구를 보면 부모가 없는 학생이 오히려 높은 수준의 자아정체감을 획득하였다고 보고한다.

셋째, 같은 연구에서 보면 형제간 출생순위도 자아정체감 발달에 영향을 미치는 것으로 나타났다. 예를 들면, 맏이인 청년이 막내로 자란 청년에 비해 정체감 발달에서 높은 수준을 보였다.

넷째, 사회경제적 수준도 영향을 주었는데, 하류계층의 청년이 중류 또는 상류계층 청년보다 자아정체감 발달 수준이 더 높은 경향을 보였다.

다섯째, 청년의 자아정체감은 연령이 증가할수록 더욱더 발달하는 것으로 나타났다. 연령 면에서 보면 고등학생보다 대학생의 자아정체감 발달 수준이 더 높았으며, 가치관 영역에서는 대학교 저학년(특히 2학년)보다 고학년 학생들이 자아정체감 성취 수준에 더 많이 도달하였다. 특히 대학교 3학년 이후가 되면 남녀 모두 자아정체감 수준이 정점에 달하는 것으로 나타나(이차선, 1998), 청년 후기로 갈수록 자아정체감이 안정되게 성취되고 있음을 알 수 있다.

여섯째, 생활변동 경험의 횟수와 자아정체감 수준은 밀접한 관련이 있는데, 서봉연의 연구에서는 연령에 따라 자아정체감에 미치는 영향에 차이가 있음을 알 수 있다. 예를 들면, 중 · 고등학교 학생의 경우 생활변동 경험의 횟수가 많으면 자아정체감 발달이 저해되었으며, 대학교 1, 2학년 학생의 경우 생활변동 경험이 자아정체감에 큰 영향을 주지는 못하였다. 하지만 대학교 3, 4학년인 경우 생활변동 경험이 많으면 많을수록 자아정체감 발달에 도움이 되는 것으로 나타났다.

일곱째, 자아정체감 발달에서는 뚜렷한 성차를 발견할 수 있다. 일반적으로 에릭슨(Erikson, 1968)에 의하면 자아정체감의 발달은 남녀 간에 다른 양상을 보이는데, 예를 들면 남성은 이념이나 직업선택이 핵심적인 관심사인 반면에 여성은 인간관계 및 친밀감에 중점을 두는 경향이 있다고 하였다. 마샤는 남성은 자아정체감 발달에 위기가 필요하지만 여성에게는 안정성이 중요하다고 주장하였다. 하지만 21세기 이후의 연구 결과를 보면 여성의 자아정체감 발달 양상에서 변화가 감지되고 있다. 구체적으로 청년 여성의 자아정체감 발달에서 직업선택이 중요한 역할을 함으로써 자아정체감 형성에 있어서 성차가 점점 사라지고 있는 추세이다(Hyde & Else-Quest, 2013; Sharp et al., 2007).

여덟째, 우리나라 청년 남성들에게 군복무 경험은 자아정체감 확립에 촉매작용을 하는 것으로 나타났다. 대학 재학 중 군복무를 마친 청년들이 아직 군복무를 마치지 않은 집단에 비해 자아정체감 성취가 빨랐다. 이는 대학교 1, 2학년 청년들이 매우 많은 시간과 자유를 누리나 실제로는 시간을 규모 있게 사용하지 못하는 것과는 대조적으로 군복무를 마치고 복학한 청년들이 자신의 진로에 대해 진지하게 고민하고 현실적으로 준비하는 것을 보면 알 수 있다.

이 외에도 자아정체감은 문화에도 민감하다. 급변하고 있는 우리 사회에서 청년들이 어떻게 자아정체감을 형성하며, 어떻게 정체감 위기를 극복하고 있는지에 학자들의 관심이 집중되어 있다. 이에 우리나라 청년들을 대상으로 한 자아정체감 연구와 자아정체감 발달이 전 생애에 미치는 장기적인 추이를 살펴보는 종단적 연구가 보다 활발하게 수행되어야 한다.

읽 기 자 료

개인 정체감

에릭슨(Erikson)에 의하면, 청년들은 개인 정체감을 형성하는 과업에 직면한다고 한다. 발달의 다른 단계에서와 마찬가지로 이러한 위기를 어떻게 잘 해결하느냐가 장래의 성격발달과 적응 패턴을 결정짓는다고 볼 수 있다.

오체스와 플러그(Oches & Plug, 1986)는 에릭슨이 제시한 발달의 8단계를 각각 어떻게 성공적으로 밟아 나가는지를 측정할 수 있는 성인용 척도를 개발하였다. 자아정체감 대 역할 혼돈에 관한 항목이 다음에 제시되어 있다. 보기를 참고하여 각 진술문을 읽고 해당 번호에 ✓ 하라.

• 보기

　　　　1＝전혀 그렇지 않다.　　2＝거의 그렇지 않다.　　3＝종종 그렇다.　　4＝매우 그렇다.

1. 내가 진정 어떤 사람인지 궁금하다.　　　　　　　　　　　　　1　2　3　4
2. 나에 관한 사람들의 생각이 바뀌는 것 같다.　　　　　　　　　1　2　3　4
3. 내 인생에서 내가 무엇을 해야 할지 확신한다.　　　　　　　　1　2　3　4
4. 어떤 것이 도덕적으로 옳고 그른지 불확실하다.　　　　　　　1　2　3　4
5. 내가 어떤 사람인지에 대한 대부분의 사람의 의견이 비슷하다.　1　2　3　4
6. 내 방식의 삶이 내게 어울린다고 느낀다.　　　　　　　　　　1　2　3　4
7. 다른 사람들은 나의 가치를 인정한다.　　　　　　　　　　　　1　2　3　4
8. 나를 아주 잘 아는 사람들과 떨어져 있을 때 진정한 나 자신이 되는

자유로움을 더 느낀다.	1	2	3	4
9. 내가 하고 있는 일이 진정 가치 있는 것은 아니라고 느낀다.	1	2	3	4
10. 나는 내가 살고 있는 지역사회에 잘 적응하고 있다.	1	2	3	4
11. 나 자신에 자부심을 느낀다.	1	2	3	4
12. 내가 나를 바라보는 것과 타인이 나를 바라보는 것이 매우 다르다.	1	2	3	4
13. 무시되는 느낌이다.	1	2	3	4
14. 사람들은 나를 인정하지 않는다.	1	2	3	4
15. 삶에서 얻고자 하는 것에 대한 생각이 바뀐다.	1	2	3	4
16. 사람들이 나에 대해 어떻게 느끼는지 확실하지 않다.	1	2	3	4
17. 나 자신에 대한 느낌이 바뀐다.	1	2	3	4
18. 마치 연극을 하고 있거나 남들 눈에 띄기 위해 무언가를 하는 듯한 느낌이 든다.	1	2	3	4
19. 내가 살고 있는 사회의 구성원인 것이 자랑스럽다.	1	2	3	4

• 채점방식

  - 점수 계산을 위해 먼저 1, 2, 4, 8, 9, 12, 13, 14, 15, 16, 17, 18번 문항에 표시한 점수를 역으로 환산한다. 만약 이 문항에 4로 표시하였다면 1로, 2는 3으로, 3은 2로, 4는 1로 바꾼다.

  - 나머지 문항은 그대로 두고, 전체 점수를 합산한다.

• 해석방식

  - 오체스와 플러그(1986)가 남아프리카공화국 국민들(15~60세)을 대상으로 이 개인 정체감 척도를 실시한 결과, 이 척도의 평균점수는 56~58점이었으며 표준편차는 7~8점이었다. 이 평균 범위보다 높으면 개인의 자아정체감이 잘 발달되어 있다고 볼 수 있으며, 유의미하게 더 낮으면 아직 정체감 발달 단계에 있다고 할 수 있다.

  출처: 노안영, 강영신(2003); Burger (2000) 수정.

제**7**장

도덕성 발달

인간이 옳고 그름을 분별할 수 있고 이러한 판단에 따라 행동하는 것은 나이를 막론하고 중요한 의미를 지닌다. 아동기를 벗어나 청년기에 들어서면 도덕성이 더욱 발달한다. 청년들은 형식적 조작 사고가 발달하면서 도덕적 사고나 도덕적 추론, 도덕적 판단능력이 현저하게 발달한다. 이 장에서는 청년기의 도덕성 발달과 관련 이론, 그리고 청년기의 도덕성 발달에 영향을 주는 요인에 대해 살펴보고자 한다.

1. 도덕성 발달

인간이 사회적인 존재로서 인간다운 삶을 영위하기 위해서는 반드시 도덕성이 필요하다. 도덕성(morality)은 라틴어의 'moralis'에서 유래한 말로, 풍습 혹은 무리의 표준에 따르는 행동형을 의미한다. 고브(Gove, 1993)에 의하면 도덕성은 행동상 옳고 그름의 규준에 따라 개개인이 지각하는 인간의 본질이라고 정의된다. 도덕성은 가치관을 구성하는 중요 요소로서 인간 상호 간의 행복과 이익을 위해 인간행동의 결과를 판단하는 기준이라고 정의한다(김애순, 윤진, 1997; Parsons & Shils, 1962). 간단히 말하면, 도덕성은 옳고 그름에 대한 인간의 지각이다. 도덕성은 사회적 행동이나 대인관계의 행동에 대해 정당한가의 여부를 판단하기 때문에 일반화될 수 있고 보편타당성을 지닌다.

일반적으로 도덕성의 개념은 세 가지로 분류할 수 있는데, 첫째는 도덕적 판단, 둘째는 도덕적 행동, 셋째는 도덕적 감정이다. 도덕적 감정(moral affect; 김태련 외, 2004; 정옥분, 2008)은 도덕적 성격(허혜경, 김혜수, 2015)이라 할 수 있으며, 도덕적 민감성과 도덕적 가치로 설명할 수 있다(Carroll & Rest, 1982).

도덕적 판단, 도덕적 행동, 도덕적 감정은 상호 밀접하게 관련되어 있지만 사실상 엄격히 분리 가능한 영역이다. 먼저, 도덕적 판단은 행동의 옳고 그름의 평가와 무엇을 행하여야 하는가를 결정하는 것이다. 도덕적 행동은 실제로 어떻게 행동하느냐의 문제로 도덕적 또는 비도덕적인 행동을 말한다. 마지막으로 도덕적 감정은 그 문제의 인식을 포함하여 어떠한 사고나 행동에 대한 정서적인 반응인 양심을 의미한다. 그러므로 도덕적으로 성숙한 사람이란 도덕과 관련된 정서를 느낄 수 있는 도덕적 감정이 있으며, 옳고 그름을 판단할 수 있는 도덕적 추론능력을 가지고 있고, 이를 바탕으로 자신을 절제하여 도덕적 행동을 하는 사람이라고 할 수 있다.

흔히 도덕적 판단은 인지발달과 관계가 있으며, 도덕적 행동은 모방과 강화를 통해 발달하고, 도덕적 감정은 양심, 초자아(superego)의 형성과 관련이 깊다고 여겨진다. 그러므로 심리학자의 관심 영역은 도덕적 판단과 도덕적 감정이며, 사회학습 이론가의 관심 영역은 도덕적 행동이다.

피아제(Piaget)나 콜버그(Kohlberg)와 같은 인지발달 심리학자들은 도덕적 판단이 도덕적 행동을 결정짓는다고 주장하였다. 그러나 최근에는 도덕적 판단과 도덕적 행동은 별개의 개념이라는 주장이 더 설득력 있다. 예를 들면, 대부분의 학생은 시험을 볼 때 열심히 공부하여 부정행위 없이 시험을 치르는 것이 옳은 행동이라고 생각한다. 하지만 일부 학생은 부정행위가 나쁜 행동이라는 것을 알면서도 본인의 판단을 자신의 도덕적 행동에 반영하지 못하고 부정행위를 저지른다. 이것은 도덕적 판단과 도덕적 행동 간의 불일치를 보여 주는 예이다.

사회학습이론(social learning theory), 정신분석이론(psychoanalytic theory), 인지발달이론(cognitive-developmental theory)은 도덕성 발달을 이론적으로 뒷받침해

주고 있다. 먼저 사회학습이론의 입장을 보면, 도덕발달을 사회화, 학습, 조건화의 산물로 간주한다. 따라서 도덕성은 외적인 사회적 가치, 규범, 관습 등을 내면화(internalization)하는 과정을 통해 발달한다고 설명한다. 정신분석이론에서는 도덕성 발달을 초자아로 설명하고 있다. 초자아는 아동 스스로 지향하는 가치체계인 자아이상과 옳고 그름을 판단하는 선악으로 구성되어 있다. 아동이 부모와 같은 대상의 행위를 동일시함으로써 자아이상(self-ideal)이 형성되고, 또 자신의 행동 결과에 대한 어른들의 칭찬과 처벌에 의해 양심이 발달한다고 본다. 인지발달이론에서 보면 도덕성은 어떤 상황에서 행동의 적합성과 이유에 대한 추론능력이며, 인지능력이 발달하면 할수록 도덕성도 질적으로 발달한다고 설명한다. 여기서는 대표적인 도덕성 발달이론인 피아제, 콜버그, 길리건의 이론을 살펴보기로 한다.

2. 도덕성 발달이론

1) 피아제의 도덕성 발달이론

인지발달이론으로 더 잘 알려진 피아제는 1932년에 『아동의 도덕적 판단(The Moral Judgment of the Child)』을 통해 최초로 도덕성 발달이론을 발표하였다. 피아제는 도덕성 발달은 인지발달과 병행한다고 보았다. 아동은 연령이 증가함에 따라 인지적으로 발달하며, 인지발달 수준에 따라 도덕적 추론(moral reasoning)과 같은 도덕적 판단능력도 달라진다고 보고, 이러한 도덕적 추론의 발달과정에 초점을 두어 도덕성 발달을 설명하였다.

스위스에서 발행한 피아제 우표

피아제는 게임의 규칙과 도덕성 발달에는 상관관계가 있다고 가정하고, 주로 10세 전후 아동을 대상으로 구슬놀이, 규칙 따르기 등의 실험과 관찰을 통하여 게임의 규칙을 어떻게 이해하는지를 연구하였다. 피아제가 밝힌 아동의 연령별 게임 규칙에 대한 이해 정도는 다음과 같다.

웨일스인 아동과 피아제

- 제1단계(2~4세): 이 연령의 아동들은 규칙이나 질서에 대해 이해하지 못하므로 규칙에 따라 놀지 못하고, 규칙 없이 놀이나 게임에 몰두한다.
- 제2단계(5~7세): 이 시기 아동들은 놀이를 비롯한 생활 속에서 자신이 지켜야 할 규칙에 대해 인식하며, 이 규칙을 엄격히 준수한다. 이들에게 규칙은 신이나 부모와 같은 권위적인 인물이 만들어 놓은 절대적인 것이기 때문에 반드시 지켜야 하는 것으로 여겨지며 변경 불가능하다고 생각한다.
- 제3단계(8~11세): 이 단계 아동들은 규칙이 하나의 약속이라는 것을 이해하고, 사람들의 동의하에 변화될 수 있다고 인식한다.
- 제4단계(11세 이후): 청년 초기에 이르면 규칙을 완전히 이해할 수 있다. 아울러 형식적 조작 사고가 가능해져 새로운 도덕적 규칙을 생성할 수 있게 된다. 청년기에는 도덕적 추론에 가장 큰 변화를 보이는데, 개인적 차원을 뛰어넘어 사회적·정치적 차원으로 확대된다.

피아제(Piaget, 1965)는 도덕적 성숙을 규칙에 대한 존중과 사회적 정의에 대해 인식하고 있는 상태로 규정하고, 사회적 규칙하에 모든 사람이 평등하고 정당하게 대우받는지의 여부에 관심을 가졌다.

피아제는 또 다음과 같은 도덕적 갈등 사태를 아동에게 제시해 주고, 이야기 속 주인공 중에 누가 더 나쁘며, 왜 그렇게 생각하는지에 대한 내용으로 면접하였다. 그는 갈등 사태에 따른 행위의 동기와 결과를 분석하여 아동이 지니고 있는 선악의 개념과 도덕성 판단을 연구하였다. 피아제가 제시하였던 도덕적 갈등 사태는 다음과 같다.

- 사태 1: 시영이는 어머니가 설거지하시는 것을 도와드리다가 그만 실수로 유리컵 5개를 깨뜨리고 말았다.
- 사태 2: 현수는 어머니 몰래 부엌 찬장 속에 있는 사탕을 꺼내 먹다가 유리컵 1개를 깨뜨리고 말았다.

피아제는 그가 제시한 게임의 규칙에 대한 이해를 연구한 결과, 아동의 도덕성을 세 단계로 이론화하였다. 첫 단계는 전도덕성 단계이고, 그다음은 타율적 도덕성 (heteronomous morality) 단계, 마지막으로 자율적 도덕성(autonomous morality) 단계가 존재한다고 주장하였다.

먼저, 전도덕성 단계는 5세 이하의 유아에 해당한다. 이 단계 유아들은 규칙에는 거의 관심을 보이지 않지만, 서로 놀이할 때에는 필요에 따라 자기 나름대로 최소한의 규칙을 만들어서 사용하기도 한다.

타율적 도덕성 단계는 도덕발달이론의 제2단계를 전후로 한 시기로, 6세경부터 11세 이전의 아동에게 나타난다. 이 시기 아동들은 앞의 도덕적 갈등 사태에 대해 5개의 컵을 깬 시영이가 1개의 컵을 깬 현수보다 더 나쁘다고 판단한다. 왜냐하면 이 시기의 아동들은 어떤 행동을 평가할 때 그 행위의 동기나 상황적 맥락보다는 행위의 결과만으로 도덕적 선악을 판단하기 때문이다. 타율적 도덕성 단계의 아동들은 규칙을 위반하면 그에 따른 대가나 벌을 받게 된다는 내재적 정의(immanent justice)를 믿는다. 그들에게 어떤 규칙은 절대적이고 변경되지 않는 것으로 인식되기 때문에 오직 행동의 결과로 옳고 그름을 판단하게 되는데, 이를 도덕적 사실주의 (moral realism)라고 한다.

자율적 도덕성 단계는 11세경 이후에 도달하게 되는 도덕적 단계이다. 이 시기 아동들은 규칙은 인간이 살아가기 위해 존재하는 상대적인 것이며, 상황이나 상호 합의에 의해 변경될 수도 있다고 생각한다. 이 시기의 가장 큰 변화는 어떤 행동의 옳고 그름을 판단할 때에 그 행위의 동기나 의도를 고려하게 되는 도덕적 상대주의 (moral relativism)가 나타난다는 점이다. 그리하여 자율적 도덕성 단계의 아동들은 앞서 말한 도덕적 갈등 사태에 대해 어머니를 돕기 위해 5개의 컵을 깬 시영이가 사탕을 몰래 먹으려다 컵을 1개 깬 현수보다 더 착하다는 도덕적 판단을 내리게 된다. 이 시기에는 규칙을 위반해도 반드시 대가나 벌이 따르는 것이 아니라는 것을 경험적으로 터득하게 되므로 더 이상 내재적 정의를 믿지 않는다. 나아가 이들은 자신의 입장뿐 아니라 타인의 입장을 고려하며, 그른 행동에 관해서는 나름대로 상황을 고려하고자 하는 정상 참작의 개념도 생긴다. 이 시기는 사춘기를 전후로 한 청년 초기 이후의 도덕성 발달 단계라고 할 수 있다.

피아제는 아동이 타율적 도덕성에서 자율적 도덕성 단계로 발달하기 위해서는 인지적 발달과 사회적 경험 둘 다 중요하다고 하였다. 이 시기 아동들은 연령의 증가와 함께 인지적으로 성숙하면서 모든 사태를 '현실적'으로 보는 '자아중심적' 사고에서 벗어나게 된다. 즉, 아동들은 탈중심화(decentering)가 이루어지면서 비로소 도덕적 상대주의가 가능해진다. 또한 이들은 폭넓은 대인관계 등 사회적 경험을 통해 자아중심성과 현실주의에서 탈피하고, 다양한 관점에서 조망할 수 있게 되며, 타인을 존중하게 되고, 집단의 합의에 따라 규칙에 융통성을 가할 수 있다는 것을 점차 학습하게 된다.

피아제의 도덕성 발달이론은 다양한 문화권에서 연구 검증한 결과 연령이 낮은 아동은 높은 아동에 비해 타율적 도덕성 단계의 특징을 보였으며, 행동의 옳고 그름을 비교적 결과에 준거하여 판단하는 것으로 나타났다(Jose, 1990; Lapsley, 1996: 김태련 외, 2004에서 재인용).

피아제의 도덕성 발달이론은 12세까지의 아동연구에 기초하고 있으나 청년의 도덕성 발달의 맥락과도 관련이 있다. 피아제의 도덕성 발달이론을 정리하면, 아동은 절대적인 규칙 중심, 그리고 행위의 결과 중심의 도덕성에서 행위의 의도와 동기를 고려하게 되고, 자율적으로 행동하게 되는 도덕성으로 발달한다. 피아제의 도덕성 발달이론은 학자들의 많은 지지와 함께 타당성을 인정받고 있다. 도덕성 발달연구는 피아제에게 영감을 얻은 콜버그에 의해 학문적 발전을 이루게 되었다.

2) 콜버그의 도덕성 발달이론

읽기자료

콜버그의 일생

부유한 사업가의 아들로 태어나 사립학교와 가정교사의 지도하에 교육을 받았던 콜버그는 고등학교를 졸업한 후 상선을 타고 항해하며 전 세계를 여행하였다. 그는 영국의 봉쇄에도 불구하고 유럽에서 팔레스타인으로 유태인을 밀입국시키는 배에서 일하면서 법과 권위의 위반을 정당화하는 이슈에 봉착하게 되었다. 이러한 경험은 도덕성 발달이라는 그의 평생에 걸친 연구의 주제로 발전하였다. 그는 1년 만에 시카고 대학교에서 학부를 마치고 박사과정 중에 피아제의 도덕성 발달이론을 접하게 되었다. 피아제에게 많

콜버그

은 학문적 영향을 받았던 그는 도덕적 딜레마(도덕적 갈등 사태; moral dilemma)를 응답자에게 제시하고, 그에 대해 도덕적 추론을 하게 한 뒤 왜 그렇게 판단하였는지에 대한 이유를 기록하는 방법으로 도덕성 발달을 연구하였다. 그는 자신의 박사논문 연구대상자를 20년 동안 추적한 타의 추종을 불허하는 장기간에 걸친 도덕성 발달의 종단적 연구를 수행하였으며, 자신의 연구는 아직도 발전 중에 있다고 피력하였다. 하지만 그가 고수하였던 한 가지 분명한 결론은 도덕적 판단은 전인습적(preconventional level), 인습적(conventional level), 후인습적(postconventional level) 수준의 순서로 발달한다는 것이다. 그는 1968년까지 시카고 대학교에서 교수로 있다가 그 후 하버드 대학교 교육학과 대학원 교수로 자리를 옮겨 학문적 연구 및 후학 양성에 힘썼다. 그는 1973년 여행 중에 걸린 병으로 인해 만성 현기증과 구토에 시달리며 13년간을 고생하다가 59세의 나이로 익사한 채 발견되었다. 30년에 가까운 화려한 학문적 공헌에 비해 그는 비참하게 생을 마감하였다(Kimmel & Weiner, 1995; Rest, Power, & Brabeck, 1988).

(1) 도덕적 딜레마를 활용한 도덕성 발달이론

피아제의 도덕성 발달이론은 12세 이하의 아동을 중심으로 형성되었기 때문에 청년의 도덕발달에 적용하기에는 어려움이 있다. 콜버그는 피아제의 도덕성 발달이론을 발전시켰으며, 이것을 아동, 청년, 성인으로까지 확대하여 도덕성 발달 단계를 정립하였다.

콜버그(Kohlberg, 1963)는 지능, 사회계층 등을 고려하여 10세, 13세, 16세의 피험자 75명을 대상으로 종단적 연구를 수행하였다. 그는 연구대상자에게 분명하게 어떤 선택이 옳다고 판단하기 어려운 상황인 도덕적 딜레마(moral dilemma)나 어려운 결정을 해야 하는 가설적 갈등 상황을 제시하고, '어떻게 하겠는가?' '왜 그렇게 해야 하는가?'를 질문하였다. 대상자들에게 각각 합법적-사회적 규칙이나 권위적 인물의 명령을 위반하는 행동 등을 내용으로 하는 10개의 가상적인 도덕적 딜레마(hypothetical moral dilemma) 상황을 제시한 후, 각자 해결책을 선택하도록 하고, 그러한 선택을 하게 된 근거를 제시하도록 하였다. 그는 도덕적 딜레마와 관련된 질문에 대한 대상자의 '예' 또는 '아니요'의 응답에 관심을 둔 것이 아니라, 왜 그렇게 생각하는지의 이유에 관심을 가졌다. 이와 같이 도덕적 딜레마 상황에서 선택을 하게 된 이유를 분석하여 옳고 그름에 대한 도덕적 추론(moral reasoning)의 발달이론을 정립하였다.

콜버그는 대상자가 내린 해결책에 대해 옳고 그름을 판단하기보다는 그러한 판단을 내리게 된 근거에 주목하였으며, 면접을 통해 수집된 자료를 분석하여 도덕적 발달 수준과 단계를 결정하였다. 콜버그는 청년의 도덕적 행동보다는 도덕적 판단을 더 중요시하였으며, 특히 특정한 도덕적 판단 뒤에 깔려 있는 논리를 통해 대상자들이 어떤 수준의 도덕적 추론능력을 가졌는지에 관심을 가졌다.

콜버그가 사용하였던 도덕적 딜레마 중 가장 유명한 것은 다음에 제시한 하인츠(Heinz)의 예화이다.

읽 기 자 료

하인츠의 예화

유럽에서 한 부인이 희귀암으로 죽어 가고 있었다. 의사가 그 부인을 살릴 수 있는 한 가지 길은 라듐 종류의 약을 쓰는 것이라고 하였는데, 그 약은 같은 마을에 사는 한 약사가 개발한 것이었다. 그 약은 재료비도 비쌌지만 약사가 원가보다 10배나 더 비싸게 가격을 책정하였다. 그래서 아주 적은 양인 원가 200달러의 약을 2,000달러에 팔았다. 그 부인의 남편인 하인츠는 그 약을 사려고 여기저기 돈을 꾸러 다녔지만 약값의 절반인 1,000달러밖에 구할 수 없었다. 그래서 그는 약사를 찾아가 부인이 죽기 직전의 힘든 상황에 있음을 설명하고 그 약을 싸게 팔거나 아니면 모자라는 약값을 나중에 꼭 갚겠으니 약을 구입하게 해 달라고 부탁하였다. 그러나 약사는 그 약은 자신이 개발한 것이고, 자신은 그 약으로 돈을 벌 생각이니 안 된다며 하인츠의 청을 거절하였다. 절망에 빠진 하인츠는 약국을 부수고 들어가 부인을 위해 그 약을 훔쳤다.

하인츠가 한 일은 정당한가, 아니면 부당한가? 만약 정당하다면 왜 그러하며, 부당하다면 그 이유는 무엇인가?

콜버그는 문화나 사회마다 도덕적 신념이나 가치의 내용(content)이 다양하기 때문에 도덕성의 내용보다는 도덕적 사고 구조(structure)에 중점을 두었다. 그는 도덕적 딜레마를 해결함에 있어서 선택의 옳고 그름보다는 도덕적 판단을 내리게 된 사고방식에 따라 도덕성 발달 단계가 결정될 수 있다고 믿었다.

(2) 도덕성 발달이론의 단계별 특성

콜버그가 제시한 3수준 6단계의 도덕성 발달이론의 특성을 정리해 보면 다음과
같다.

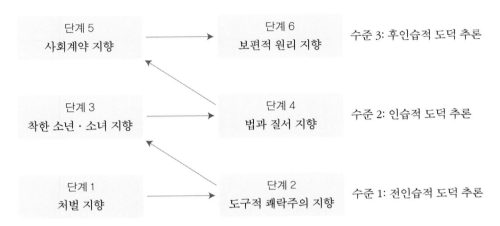

[그림 7-1] 콜버그의 도덕발달 수준과 단계

출처: 허혜경, 김혜수(2010).

표 7-1 콜버그의 도덕성 발달이론

수준	단계	도덕성 발달 내용
전인습적 도덕 추론 • 자아중심적이며 사회규칙이나 기대를 잘 이해하지 못하는 구체적 조작 수준의 도덕적 판단 • 대상: 9세 이하 아동 및 일부 청년, 범죄자	1단계: 처벌 지향	결과 위주의 판단을 하며 보상과 처벌 여부를 기준으로 행동
	2단계: 도구적 쾌락주의 지향	자신이 좋아하는 사람을 만족시켜 주며 자신의 흥미와 욕구 충족을 위해 규칙 준수
인습적 도덕 추론 • 타인의 입장을 고려하며 사회규칙, 관습, 권위에 기초한 도덕적 추론 • 대상: 대다수 청년 및 성인	3단계: 착한 소년· 소녀 지향	동기나 의도를 중요시하며 권위적 인물이나 자신이 좋아하는 사람의 승인 여부에 따라 행동을 결정
	4단계: 법과 질서 지향	자신이 속한 사회의 법과 규범에 따라 행동을 판단

후인습적 도덕 추론	5단계: 사회계약 지향	모든 사람의 복지와 권리를 보호하는 법과 사회계약을 준수
• 법과 사회규칙을 이해하지만 개인이 지닌 이데올로기의 일부로 간주되는 도덕원리를 수용 • 대상: 소수 청년 및 성인	6단계: 보편적 원리 지향	시간과 공간, 문화와 사회의 제약 없이 적용되는 보편적 윤리를 기준으로 행동

출처: 허혜경, 김혜수(2010).

① 수준 1: 전인습적 도덕 추론

전인습적 도덕 추론(preconventional moral reasoning) 수준은 외부 요인에 의하여 옳고 그름을 판단하는 전도덕적(pre-moral) 특징이 강하다. 그리고 자신에게 좋은 것을 추구하거나 자기이해에 의해 동기화된다. 이 수준에서 좋은 행동은 자신에게 보상을 가져다주는 반면에 나쁜 행동은 처벌을 가져오는 것으로 인식된다. 대부분은 구체적 조작 수준에 해당하는 9세 이하의 아동과 일부 청년, 또는 범죄자들이 전인습적 도덕 추론을 보인다. 전인습적 수준에는 처벌 지향과 도구적 쾌락주의 지향 단계가 해당된다.

단계 1인 처벌 지향(punishment orientation)에 해당하는 사람들이 어떤 행위를 하게 되는 이유는 만약 그렇게 행동하지 않았을 때 받게 될 처벌이 두려워서 또는 부정적인 결과를 피하기 위해서이다. 이는 아동의 행위의 결과가 처벌인가, 칭찬인가 또는 행위를 강요하는 사람이 누구인가에 따라 선악이 판별되는 단계이다.

단계 2는 도구적 쾌락주의 지향(instrumental hedonism orientation)으로 자신에게 돌아올 이익, 자신이 좋아하는 사람을 만족시켜 줌으로써 얻게 될 보상 또는 자신의 흥미와 욕구 충족 등에 의해 동기화된다. 이는 아동 자신의 욕구 충족이 도덕 판단의 기준이 되며, 다른 사람의 욕구 충족을 고려하지만 자신의 욕구 충족이 우선시되는 단계이다.

② 수준 2: 인습적 도덕 추론

인습적 도덕 추론(conventional moral reasoning) 수준에 있는 사람들은 사회질서를 유지하고 타인의 입장을 고려하여 행동한다. 다른 사람과의 상호작용을 고려한 사회 지향적 가치 기준을 가진다. 형식적 조작 수준의 아동 및 대부분의 청년, 다수의 성인이 인습적 수준에 속한다. 인습적 도덕 추론 수준에는 착한 소년·소녀 지향과 법과 질서 지향 단계가 포함된다.

단계 3은 착한 소년·소녀 지향(good girl-good boy orientation)으로 권위적 인물이나 자신이 좋아하는 '의미 있는 타인'의 승인을 바탕으로 행동이 결정된다. 여기서 '의미 있는 타인'이란 가족, 친구, 교사, 동료 등 개인에게 중요하게 여겨지는 사람을 뜻한다. 다른 사람을 기쁘게 하고, 도와주는 행위 여부가 선악을 결정하며, 타인의 승인을 중요시하는 단계이다.

단계 4는 법과 질서 지향(law and order orientation)이며 자신이 속한 사회의 법이나 규칙, 규범에 따라 행동이 동기화된다. 법은 절대적이고, 사회질서는 유지되어야 한다고 생각한다. 이에 따라 법과 사회질서를 준수하며, 사회 속에서 개인의 의무감을 다하는 단계이다.

③ 수준 3: 후인습적 도덕 추론

후인습적 도덕 추론(postconventional moral reasoning) 수준에 있는 사람은 도덕성을 사회질서를 유지하기 위해서가 아니라 개인이 지닌 이데올로기의 일부로 여기므로 인간으로서의 기본 원리에 따라 행동한다. 이론상으로 형식적 조작능력을 지닌 청년들은 후인습적 수준에 도달할 수 있으나, 현실적으로 볼 때 이 수준에 도달할 수 있는 사람은 매우 제한적이다. 후인습적 수준에는 사회계약 지향과 보편적 원리 지향 단계가 해당된다.

단계 5는 사회계약 지향(social contract orientation)으로 도덕성은 개인의 권리뿐 아니라 모든 사람의 인권, 복지, 평등 등을 보호하는 것이어야 한다. 법의 사회적 유용성에 대한 합리적 고려에 따라 법이 바뀔 수도 있다고 생각한다. 인간으로서의 기본 원리에 따라 행동한다. 사회계약으로서의 법을 준수하되, 정상 참작 조건을 중시하여 행동한다.

단계 6은 보편적 원리 지향(universal principal orientation)이며, 이 단계에 도달한 사람은 시간과 공간, 문화와 사회를 초월하여 적용 가능한 보편적 원리를 기준으로 행동한다. 스스로 선택한 도덕원리에 따른 양심적인 행위가 곧 올바른 행위가 된다.

(3) 청년기의 도덕성 발달

　　콜버그는 기본적으로 도덕성 발달은 인지발달 수준에 따라 발달 단계가 결정된다고 보았다. 그는 도덕적 사고의 발달은 점진적이고 순차적인 과정이므로 낮은 단계의 발달이 이루어져야만 그다음 단계로 이동할 수 있다고 주장하였다. 예를 들면, 전인습적 수준을 거쳐야 인습적 수준에 이를 수 있고, 인습적 수준의 도덕성 발달을 이룬 후에야 후인습적 수준에 도달할 수 있다. 도덕성 발달은 한 단계를 뛰어넘어 그 이후 단계로 발달하지 않으며, 반대로 다시 전 단계로 되돌아가지도 않는다.

　　그리고 후인습적 수준의 도덕적 판단을 내리기 위해서는 형식적 조작 사고가 필요조건이므로 아직 구체적 조작기에 머물러 있는 아동의 경우 후인습적 단계에 도달할 수 없다. 그렇지만 콜버그(Kohlberg, 1976)는 형식적 조작 사고를 하는 모든 사람이 후인습적 수준의 마지막 단계 6까지 이르는 것은 아니라고 하였다. 실질적으로 단계 6의 도덕적 추론을 하는 사람은 거의 없으므로 그의 후기 논문에서도 보편적 원리 지향에 대해서는 거의 논하지 않았다.

　　콜버그와 동료들은 20년간 종단연구를 통해 3수준 6단계의 도덕성 발달이론을 정립하였으며, [그림 7-2]와 같은 10~36세 남성들의 도덕적 추론능력의 비율을 밝혀내었다. 그래프에서 제시하는 바와 같이 10세경에는 전인습적 도덕 추론 수준에

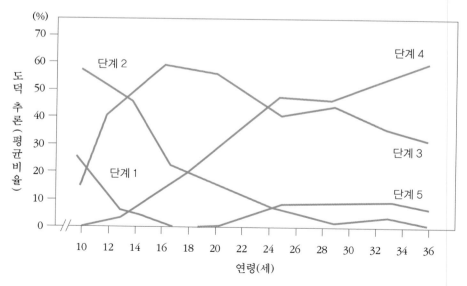

[그림 7-2] 도덕 추론 단계와 연령(콜버그의 최초 연구대상자들에 대한 20년간의 종단연구자료)
출처: Kohlberg (1994), p. 200.

해당하는 단계 1 '처벌 지향'과 단계 2 '도구적 쾌락주의 지향'이 우세하나, 청년기에 접어들면서 그 비율이 급격하게 감소하는 것을 볼 수 있다. 반면에 청년기가 시작되면 인습적 도덕 추론 수준인 단계 3 '착한 소년 · 소녀 지향'과 단계 4 '법과 질서 지향'이 지배적이다. 청년 후기가 되면 인습적 수준인 단계 3과 4가 우세하고, 아직도 단계 2에 머무르고 있는 청년의 비율이 15% 전후, 그리고 후인습적 수준에 해당하는 단계 5 '사회계약 지향'의 비율이 5% 전후로 공존하게 된다. 그리고 청년기 및 성인기에서도 단계 6인 '보편적 원리 지향'에 해당하는 피험자는 나타나지 않아 실제로 극소수만이 이 단계에 이르는 것으로 보인다.

도덕적 사고는 개인차가 큰 영역이다. 예를 들면, 같은 도덕적 갈등 상황을 아동과 청년, 성인에게 제시한다면 아무리 같은 문제 상황에 임하더라도 각자 자신의 도덕발달 수준에 맞게 이해하고, 그에 따라 도덕적 추리와 판단을 내리게 되며, 그 판단의 근거는 사람마다 다를 수 있다. 그러므로 콜버그는 개인에 따라서 도덕적 사고 수준은 연령보다 높거나 낮을 수도 있기 때문에 도덕발달 단계의 각 유형을 특정 연령에 제한시키지 않으려고 유의하였다(정영숙, 신민섭, 이승연, 2009).

(4) 콜버그의 도덕성 발달이론에 대한 논의

콜버그는 도덕성 발달이론의 독보적 존재로 전 세계적인 지지를 받고 있으며, 많은 학자들에게 학문적 영감과 도전을 주어 방대한 후속연구를 배출하였다. 그는 20년에 걸친 종단연구를 수행하여 도덕성 추론 발달과정을 밝혔다는 점에서 학문적 기여가 상당하나 몇 가지 문제점으로 인해 논쟁의 대상이 되어 왔다.

콜버그의 이론에서 가장 논쟁이 심한 부분은 연구방법상의 문제점이다(이춘재, 오가실, 정옥분, 1991; Kurtines & Gewirtz, 1991).

첫째, 면접방법과 내용의 신뢰성 및 타당성의 문제를 들 수 있다. 면접방법은 표준화 과정이나 심리 척도 구성과정을 거치지 않았기 때문에 신뢰성에 대한 의문이 제기된다. 실시방법 및 채점방법도 평가자의 주관적 판단에 크게 의존하므로 연구대상자의 반응을 분석할 객관적인 척도가 없다는 비판을 피하기 어렵다.

콜버그의 도덕성 발달 단계를 진단함에 있어서 객관성 부족이라는 단점을 보완하기 위해 그의 제자인 레스트(James Rest)는 객관식 척도인 DIT(Defining Issues Test)를 개발하였다. DIT는 피험자에게 각 단계에 해당하는 도덕적 사고 내용을 미리 제시하고 그중에서 자신의 판단과 가장 유사한 것을 선택하여 점수를 산정하는 방식으로, 콜버그의 면접방법과 흡사함에도 불구하고 동일한 사람에 대해 서로 다른 도덕발달 단계로 진단을 내리고 있으며, 원리적 도덕성의 선택 비율이 지나치게 많이 산출되는 단점을 지니고 있다(장휘숙, 2009; 한상철, 조아미, 박성희, 2001).

둘째, 도덕적 딜레마의 종류와 내용도 타당성이 충분히 검토되지 않았을 뿐 아니라 이 딜레마가 상당히 상반된 가치 사이에서 갈등이 야기되는 속박적 상황이므로 다분히 가치 편향적인 요인이 발견된다는 것이다. 콜버그는 가상적 도덕 딜레마(hypothetical moral dilemma)를 사용하였는데, 이러한 가상적 갈등 상황을 제시하고 청년들의 도덕성 발달 단계를 진단하는 것이 실제로는 상당히 어려운 일이다. 예를 들면, 75명의 대상자들에게 다섯 가지의 딜레마 상황을 제시하고 그들의 반응을 연구하였을 때 한 개인이 다섯 상황에 대해 모두 일관성 있는 도덕성 추론 수준을 나타내지 않았다는 점이다. 응답자가 딜레마의 경우에 따라 각각 다른 발달 단계를 보일 수 있다는 점은 응답자의 발달 단계의 진단이 쉽지 않음을 시사한다(Fishkin, Keniston, & Mackinnon, 1973). 사실 콜버그의 도덕성 발달 단계는 구체적 조작기에 있는 아동에게는 인지적으로 다소 무리가 있으며, 청년들의 도덕적 사고와 판단을 측정하는 데 더 적합하다는 의견이 설득력 있다. 특히 콜버그의 발달 단계 진단을 위해 사용된 가상적 딜레마는 가설을 세울 수 있는 형식적 조작 사고가 발달해야 비로소 가능하기 때문이다.

셋째, 콜버그가 사용하였던 딜레마는 지나치게 비현실적이어서 청년들의 실생활과는 상당한 괴리가 있다는 점이다. 사실 청년들의 도덕적 사고를 발달시키는 방법 중 하나는 실생활과 관련된 도덕적 갈등 상황(real-life moral dilemmas)으로 도덕적 토론(moral discussion)을 하는 것이다. 청년들이 처한 상황을 고려한 실제적 딜레마를 제시하여 도덕적 사고를 하는 것이 가상적 갈등 상황보다 훨씬 효과적인 동시에, 각 개인이 어떠한 수준의 도덕적 추론에 근거하는지 파악하기 쉽다(Powers, 1983).

넷째, 콜버그는 남성 연구대상자만으로 연구를 수행하여 도덕성 발달이론을 정립하였다. 그의 도덕성 발달이론을 적용해 본 결과, 그는 대부분의 남성은 4단계의 법과 질서 지향 수준, 그리고 대부분의 여성은 3단계의 착한 소년·소녀 지향 수준의 도덕성 발달 단계에 머무른다고 주장하였다. 하지만 그의 이론이 오직 남성 연구대상자만으로 정립된 이론인 만큼 여성 고유의 도덕적 특성을 간과하였다는 비판을 피할 수 없다(Gilligan, 1977).

다섯째, 콜버그의 도덕성 발달 단계를 적용해 보면 실질적으로 후인습적 수준에 해당하는 5단계와 6단계에 이르는 청년 및 성인의 수는 극히 소수에 불과한 것으로 나타나고 있다. 콜버그의 후기 연구 결과를 보더라도 5단계에 이르는 성인은 5% 미만이며 대부분은 3, 4단계에 머무르고 있다. 콜버그가 1955년에 10~16세 사이의 근로자와 중류계층의 남학생 50명을 처음 면접한 후 3년 간격으로 동일한 대상자들을 종단적으로 추적하여 그들의 도덕발달을 연구한 결과 대상자들이 20대가 된 후 6단계의 도덕적 추리를 하는 사람은 전혀 없었다(Kohlberg, 1981).

여섯째, 콜버그(Kohlberg, 1969)는 도덕발달 수준을 고려함에 있어서 도덕적 행동보다는 도덕적 사고나 추리능력으로 진단해야 한다고 주장함으로써 도덕발달에 있어서 도덕적 사고를 지나치게 강조하였다는 비판도 적지 않다. 그러나 실제적 갈등 상황에서 도덕적 사고와 행동이 반드시 일치하지 않는다는 가능성을 고려해야 한다.

마지막으로, 콜버그의 도덕성 발달이론은 모든 문화에 보편적으로 적용되는 데 어려움이 있다. 콜버그의 척도가 미국, 일본, 대만, 한국, 이스라엘, 터키 등의 나라에서는 폭넓게 적용되지만, 저개발 국가나 민주주의 국가가 아닌 경우, 또는 가족중심적이거나 집단 지향적인 동양 문화에서는 후인습적 수준에 도달하는 비율은 더욱 낮게 나타났다(김애순, 윤진, 1997; 신명희 외, 2014; 정영숙 외, 2009). 후인습적 수준의 발달 단계는 개인주의를 강조하는 서구사회의 가치를 반영하므로 모든 문화에 적용되지 않을 수 있다.

콜버그의 도덕성 발달이론은 상당한 논쟁과 비판에도 불구하고 각국의 도덕교육에 있어서 이론적 지침과 내용 등에 많은 영향을 미치고 있다(박병기, 추병완, 1996). 학생들의 경우 도덕교육과 도덕적 행위 간의 불일치가 한계점으로 부각되지만 콜버그가 제안한 가상적 또는 실제적 도덕 문제에 대한 학급회의 및 소집단 토론은 도덕교육상의 혁신적 변화를 가져왔다(송명자, 2008). 또 피아제와 마찬가지로 콜버그는 사회적 협동을 중시하여 타인의 입장을 고려하는 상호 역할채택(role-taking)의 기회를 부여하는 것이 도덕적 성장을 위해 중요하다고 피력하였다. 그는 학교 내에 정의로운 공동체를 건설하여 학생들이 민주주의를 몸소 경험할 때 도덕적으로 성장할 수 있다고 주장하였다. 많은 논쟁과 비판에도 불구하고 콜버그는 도덕발달이론을 확립하고 도덕교육의 방향을 제시하는 데 큰 공헌을 하였다.

3) 길리건의 도덕성 발달이론

길리건

콜버그의 이론에 전면적으로 도전한 학자는 하버드 대학교의 교육학과 교수로 재직할 당시 그와 같이 도덕성 발달 연구 프로젝트에 참여하고, 또 콜버그가 소장으로 있던 도덕성 발달 및 도덕교육센터에 마련된 연구실에서 함께 연구하였던 캐럴 길리건(Carol Gilligan)이다.

길리건은 기본적으로 도덕성의 개념을 파악하는 데서부터 콜버그와 차이를 보였다. 예를 들면, 콜버그는 도덕성의 개념을 갈등 상황의 해결을 위한 원리라고 보았으며, 도덕적 인간은 공정성의 의미를 지닌 정의의 원리로 추론하고 행동하는 사람이라고 규정하였다. 그러나 길리건은 도덕성의 개념에는 정의(justice)와 배려(care)의 의미가 모두 포함된다고 보았다. 그녀는 콜버그가 이 중 정의만을 고려하였고, 여성의 도덕적 판단의 특징인 배려를 과소평가함으로써 도덕성 연구에서 성적 편견(sex bias)의 오류에 빠지게 되었다고 주장하였다(박병기, 추병완, 1996).

도덕적 갈등 상황 시 남성들은 개인적인 권리나 사회적 정의의 윤리로 문제를 해결하고자 추론하는 반면에, 여성들은 배려나 동정 또는 책임감의 윤리에 입각하여 도덕적 판단을 내리는 경향이 짙다. 즉, 남녀가 각기 다른 도덕적 명령을 지니고 있기 때문에 도덕적 문제를 이해하거나 해결하는 도덕적 사고 역시 다를 수밖에 없다. 특히 여성은 인간 중심적인 도덕성을 지니고 있으며 다른 사람들과의 관계를 중심으로 도덕적 추론을 내린다. 길리건에 의하면 여성의 관계 중심적인 도덕적 사고가 남성에 비해 열등함을 의미하는 것이 아니라 여성은 남성과 도덕적으로 서로 다른 특성을 지니고 있음을 의미한다. 다시 말해, 여성의 도덕성은 남성의 도덕성에 비해 '열등'한 것이 아니라 단지 '차이(difference)'가 있을 뿐이라는 주장이다.

길리건은 남성과 여성의 대조적인 도덕적 특성을 극적으로 보여 주는 성경의 예로 설명하고 있다. 콜버그의 도덕발달 단계가 남성적 측면인 정의의 도덕성을 대표하고 있으며, 그 예로 아브라함을 들고 있다. 하나님께서 아브라함에게 믿음의 표시로 100세가 넘어서 얻은 아들 이삭의 생명을 제물로 바치라고 명령하셨을 때 기꺼이 순종하는 모습을 들어 '정의'의 도덕성을 설명하였다(창세기 21:5-22:12). 길리건은 여성의 인간 중심적이고 책임감 있는 도덕성의 예(열왕기상 3:16-28)로 성경에서 솔로몬 왕이 진짜 엄마와 가짜 엄마를 가려내는 재판을 들었다. 아이를 반으로 나눠 가지라는 솔로몬의 말에 진짜 엄마는 가짜 엄마에게 자신의 아이를 억울하게 양보하면서도 아이가 다치는 것을 원치 않는다는 예화를 제시한다(Papalia, Olds, & Feldman, 1989). 이러한 도덕적 예를 들어, 길리건은 남녀가 도덕적인 특성이 상이함에도 불구하고 콜버그의 이론은 여성이 도덕적 추론을 할 때 사용하는 남성과는 다른 목소리(different voice)에 민감하지 못하였다고 비판한다.

〈표 7-2〉는 마리 브래벡(Mary Brabeck)이 콜버그와 대조하면서 길리건의 도덕발달이론의 특징을 간단히 요약한 내용이다.

표 7-2 길리건과 콜버그의 차이점

구분	길리건: 배려와 책임감의 도덕성	콜버그: 정의의 도덕성
근본적인 도덕적 명령	비폭력/따뜻한 배려	정의
도덕성의 요소	자아와 타인에 대한 책임감, 관계, 배려, 동정심, 조화, 개인적 생존/자기희생	자아와 타인에 대한 권리, 개별성에 대한 신성함, 공정성, 규칙/법칙성
도덕적 딜레마의 본질	조화와 관계성에 대한 위협	갈등을 일으키는 권리
도덕적 의무의 결정 요인	관계	원리
딜레마 해결의 인지적 과정	귀납적 사고	형식적/연역 논리적 사고
도덕적 행위자로서의 자아관	연관된, 부수적인 자아	분리된, 개별적인 자아
정서의 역할	배려와 동정심의 동기화	구성 요소가 아님
철학적 지향	현상학적 · 상황적 상대주의	합리적 · 보편적인 정의의 원리
발달 단계	1. 개인적 생존 지향 1-A. 이기심에서 책임감으로 2. 자기희생으로서의 선 지향 2-A. 선함에서 진리로 3. 비폭력의 도덕성	1. 처벌 지향 2. 도구적 쾌락주의 지향 3. 착한 소년 · 소녀 지향 4. 법과 질서 지향 5. 사회계약 지향 6. 보편적 원리 지향

출처: 허혜경, 김혜수(2010).

길리건은 콜버그가 사용한 가상의 도덕적 딜레마는 각 개인이 처해 있는 실제적인 상황 요인을 과소평가한 연구방법이라고 비판하였다. 그녀는 낙태를 고민하고 있는 29명의 임산부를 연구대상자로 하여 그들이 실제로 처한 도덕적 딜레마를 사용하여 면접을 실시하였다. 길리건의 연구대상자들은 자신의 낙태 여부를 놓고 책임감과 이기주의의 딜레마에 빠졌으며, 타인을 돌보고 해치는 것을 피하는 데 관심을 집중하였다. 이러한 연구 결과로 길리건은 여성들의 도덕적 추론 발달 단계를 개인적 생존 지향(the orientation toward self-interest), 자기희생으로서의 선 지향(orientation to goodness as self-sacrifice), 비폭력의 도덕성 지향(orientation to morality of nonviolence)의 세 수준으로 분류하였다. 제1단계에서 제2단계로, 그리고 제2단계에서 제3단계로 이행하는 사이에는 각각 과도기를 두었다. 길리건이 정립한 여성의 도덕성 발달 수준은 〈표 7-3〉과 같다.

그러나 길리건의 연구방법은 여성이 도덕적 추론을 함에 있어서 남성과 다른 목소리를 사용한다는 그녀의 가설을 검증하는 데 한계점으로 작용할 뿐 아니라 그녀

표 7-3 길리건이 정립한 여성의 도덕성 발달 수준

단계	도덕성 발달
제1단계: 개인적 생존 지향	자기중심적인 시각으로 도덕적인 문제를 해결하며, 자신을 돌보고 자신에게 가장 좋은 것에 관심을 둔다. • 과도기: 이기심에서 책임감으로(from selfishness to responsibility) 자기 자신뿐 아니라 다른 사람과의 관계를 인식하며, 자기 자신 및 타인에게도 책임 있는 선택을 내렸는지 고려하기 시작한다.
제2단계: 자기희생으로서의 선 지향	선과 타인에 대한 책임감의 동일시(identification of goodness with responsibility for others). 관습적 여성의 미덕인 타인을 위해 희생하고 보호하며 돌보려 한다. • 과도기: 선에서 진실로(from goodness to truth) 자신과 타인의 욕구를 모두 고려하여 타인에 대해 책임을 짐으로써 '선'을 추구하고 자기 자신에게 책임을 짐으로써 '진실'되고자 한다.
제3단계: 비폭력의 도덕성 지향	자아와 타인 사이의 역동성에 중점을 둔다(focusing on the dynamics between self and others). 자신과 타인 간에 '도덕적 평등'을 설정하고, 서로 상처를 주지 않고 최선이 되도록 선택하며, 그 선택의 책임을 중요하게 여긴다.

출처: 허혜경, 김혜수(2010).

의 이론에 대한 비판으로 작용하였다. 길리건은 콜버그의 도덕성 발달이론이 오직 남성 대상자만으로 수행된 연구에 근거하고 있다고 비판하였으나, 본인 역시 콜버그와 다를 바 없이 여성 대상자만으로 연구를 수행하여 도덕성 발달이론을 정립하는 오류를 범하였다.

워커(Walker, 1989)는 도덕적 추론에 관한 콜버그와 길리건의 이론을 비교하는 종단적 연구를 수행하였다. 부모와 1명의 자녀로 구성된 80가족, 240명이 2년에 걸쳐 연구에 참여하였으며, 끝까지 연구를 마친 최종 연구대상자는 233명이었다. 여기서 콜버그의 가상적 딜레마 3개와 본인이 경험하고 있는 실생활 딜레마 상황을 제시하여 면접하였다. 가상적 딜레마는 콜버그의 채점 절차대로, 실생활 딜레마는 리용(Lyons)의 채점체계를 사용하여

워커

길리건의 도덕적 지향 점수가 산출되었다. 이 연구의 결과 도덕적 추론을 함에 있어서 남녀 간에는 유의한 차이가 발견되지 않았다. 이는 실생활 딜레마만으로 연구한 포드와 로우어리(Ford & Lowery, 1986)의 연구 결과와도 일치해서, 정의 지향적 추론과 배려 지향적 추론의 사용에 성별의 유의한 차이가 없음을 나타낸다. 앞의 두 연구 결과로 미루어 볼 때 도덕성 발달에서 남녀 간 성차가 없음을 알 수 있다.

3. 청년기 도덕성 발달의 영향 요인

청년기에 접어들면 인지적 발달로 인하여 도덕적 추론능력은 점점 더 성숙해진다. 여기서는 부모, 또래, 학교, 대중매체 등 청년들의 도덕적 사고와 도덕적 행동에 영향을 미치는 중요 요인을 살펴보고자 한다.

1) 가족 요인

청년기의 도덕성 발달에 관한 연구는 부모와 가족의 중요성을 강조한다. 가족 요인 중에서 부모의 민주적인 양육태도, 유도기법이나 논리적 설명과 같은 훈육기법, 일관적인 양육행동, 부모의 도덕적 역할 모델 수행 등은 자녀의 도덕성 발달에 긍정

적인 영향을 미치는 것으로 나타났다.

첫째, 부모의 양육태도는 자녀의 도덕성 발달에 영향을 미친다. 애정적이면서도 수용적이고 도덕적 기준을 명확히 제공하여 적절히 통제하는 권위 있는 부모의 민주적인 양육태도는 자녀의 도덕성 발달에 긍정적인 영향을 준다. 특히 부모가 자녀에게 따뜻하고 수용적인 관계를 형성할 때 아동의 양심이 잘 발달한다(Eisenberg & McNally, 1993). 또한 부모가 자녀를 통제해야 할 경우, 자녀들의 규준과 부모의 것과 다를 때 부모가 그 이유와 함께 그렇지 않은 경우 초래될 결과에 대해 논리적 설명(reasoning)을 제공해 주는 것은 청년들의 도덕적 판단에 중요하다. 청년들은 이미 가설적·형식적 추론능력이 발달하였기 때문에 부모가 충분한 설명 없이 무조건 엄하게 통제하는 것은 오히려 부정적인 영향을 준다. 자녀들은 부모가 믿어 주고 사랑해 주고 존중할 때 타인을 존중하고 배려하는 덕목을 자연스럽게 학습하게 되는 반면에, 부모가 자녀를 거부하고 지나치게 엄격하게 통제할 때에는 부모를 통해 간접적으로 반사회적 특성과 공격성을 학습하게 된다(정영숙 외, 2009).

둘째, 부모의 훈육방식은 자녀의 도덕성 발달에 상당한 영향을 끼친다. 체벌과 같은 신체적 처벌이나 언어적 폭력, 재원의 박탈과 같은 물리적 방법에 의한 훈육은 자녀들의 잘못된 행동에 대해 죄책감이나 내면화된 도덕적 판단능력이 함양되는 것보다는 외적인 기준에 따라 처벌받을지의 여부와 들키지 않는지 등에 더 중점을 두는 경향이 있다. 청년들의 바람직하지 못한 행동에 대한 부모의 논리적 설명이 애정 철회나 권력 행사보다 도덕성 발달에 더 긍정적인 영향을 주는 것으로 나타났다(Brody & Shaffer, 1982). 애정 철회 기법은 자녀의 바람직하지 못한 행동에 대해 관심을 주지 않고 무시하며 의사소통을 거절하는 훈육방법인데, 이 기법은 자녀들에게 강한 불안을 유발하거나 때로는 위협적이거나 처벌적일 수 있으며, 도덕성을 발달시킨다는 증거는 발견되지 않았다.

자녀의 도덕성 발달에 도움이 되는 긍정적인 훈육방식으로는 유도기법을 들 수 있다. 유도기법은 자녀가 어떤 행동은 해도 되고 어떤 행동은 하면 안 되는지를 설명해 주고 추론하도록 하는 훈육기법으로, 자신의 행위에 대한 결과가 다른 사람이나 사회에 미치는 영향에 대해 다른 사람의 입장을 고려할 수 있는 조망수용능력, 감정이입(empathy)과 페어플레이 정신 등에 활용하여 설명함으로써 도덕적 표준의 내면화를 촉진하는 가장 바람직한 훈육방법으로 알려져 있다(Eisenberg & Valiente, 2002).

셋째, 양육행동의 일관성 역시 자녀의 도덕성 발달에 영향 요인으로 작용한다(장휘숙, 2009). 일관성 없는 부모의 양육태도는 자녀가 동일한 종류의 잘못이나 비행을 저질렀을 때 때로는 처벌하기도 하고 묵인하기도 하므로, 결과적으로 자녀들이 규칙을 위반하거나 바람직하지 못한 행동을 할 경우 행동 기준에 대해 혼란과 불안, 불복종, 적대감 등을 경험하게 되어 도덕성 발달에 부정적인 영향을 주는 것으로 나타났다.

넷째, 부모가 자녀의 도덕적 역할 모델의 기능을 수행함으로써 도덕성 발달에 영향을 미친다. 자녀는 바람직한 부모의 행동뿐만 아니라 나쁜 행동도 관찰하고 자연스럽게 모방하게 되므로 부모 자신이 먼저 도덕적이어야 한다. 평소에 부모가 가게에서 거스름돈을 더 많이 받고도 그냥 나오거나, 쓰레기를 아무 곳에나 버리는 행동은 자녀가 눈속임이나 위선에 대해 간접적으로 학습하는 계기가 되지만, 부모가 봉사활동을 하거나 다른 사람을 배려하고 보살피는 행동을 하는 것은 자녀의 이타적 또는 친사회적 행동을 북돋우는 역할을 한다.

2) 또래 요인

청년기의 도덕성 발달에 부모의 영향이 상당하나 이에 못지않게 또래의 영향 역시 중요하다. 청년기에 접어들면 부모에게서 독립하고 싶은 마음과 함께 또래의 영향력이 강해지기 시작한다. 이에 따라 청년들은 친구들과 비슷하게 사고하고 판단하며 행동하는 경향이 짙어진다. 청년들이 또래와 행동의 유사성을 보이는 것은 일반적인 행동뿐만 아니라 친사회적 행동과 반사회적 행동에서도 발견된다.

특히 또래의 가치관이 부모의 가치관과 동일할 경우에는 도덕적 가치를 내면화시키고 강화하는 데 도움이 된다. 그러나 청년들은 부모의 가치관과 또래의 가치관이 상충할 경우 도덕적 결정을 내리고 행동에 옮기는 데 상당한 혼란을 겪게 된다.

브라운과 데오볼드(Brown & Theobald, 1999: 정영숙 외, 2009에서 재인용)는 또래가 서로의 행동에 영향을 주는 네 가지 요인으로 또래 압력, 규범적 기대, 기회 구조화, 그리고 모델링(본뜨기)을 들었다. 특히 반사회적 행동이나 일탈행동의 경우 이 네 가지 요인이 유기적으로 작용한다. 예를 들면, 일부 청년은 흡연 행위에 대해 아주 정상적인 것으로 생각하고 있어서(규범적 기대), 매번 만날 때마다 흡연을 해 왔으며

(기회), 친구들 간에 서로 적발되지 않는 방법을 잘 알려 주며 담배를 구하고 흡연을 하였으며(모델링, 본뜨기), 다른 친구가 흡연에 가담하기를 거부할 때 압력을 행사(또래 압력)하는 등 반사회적 행동을 함에 있어 또래의 영향을 받는다.

또래집단은 비행이나 탈선뿐만 아니라 긍정적이고 친사회적인 행동을 촉진함으로써 청년들의 도덕적 행동에 긍정적 또는 부정적인 영향을 준다. 특히 또래와 친사회적 행동은 서로 상보적인 역할을 하여 또래 간에 선한 일을 하도록 서로 격려하며, 또 선한 일을 할수록 또래에게 많은 인기를 누리는 것으로 나타났다(Wentzel & McNamara, 1999: 정영숙 외, 2009에서 재인용).

3) 대중매체 요인

청년들의 도덕적 행동과 가치판단에 영향을 주는 요인으로 TV, 영화 등을 통해 시청하는 영상물을 들 수 있다. 청년들은 TV나 영화 등의 영상물에 나오는 역할 모델을 관찰함으로써 직접 또는 간접적으로 태도, 가치, 정서적 반응, 행동 등을 학습하게 된다(Bandura, Grusec, & Menlove, 1967).

특히 대중매체 중 TV는 청년이 활용하는 영향력 있는 사회화 요인이라고 할 수 있다. TV 시청은 일상적으로 일어나는 청년들의 일과 중 하나이다. 따라서 청년들은 TV를 시청하며 음주, 흡연, 성행위 등 아직 미성년자로서 사회에서 용납되지 않은 행위를 공공연히 관찰하게 되며, 공격적인 장면에 노출되어 가치 판단 기준과 도덕적 행동에 영향을 받는다.

아동을 대상으로 한 연구 결과에서 TV에서 이타적인 행동을 하는 모델을 관찰한 아동은 보다 이타적이 되고, 공격적인 모델을 관찰한 아동은 보다 더 공격성이 높아졌다는 내용을 보면, TV와 같은 대중매체가 아동뿐만 아니라 청년의 도덕적 사고나 도덕적 행동에도 영향을 미치게 됨을 시사한다.

읽 기 자 료

모방범죄의 심각성

최근 청소년 범죄의 양상을 살펴보면 범죄수법이 갈수록 지능적이고 흉포화되고 있으며, 범죄연령은 점점 더 낮아지고 있다. 특히 대중매체의 확산으로 인하여 많은 청년은 모방범죄의 위험성에 적나라하게 노출되고 있다.

최근에는 넷플릭스의 우리나라 드라마 〈오징어게임〉이 세계적 인기를 끌며 청소년들의 폭력 모방 문제가 다시 제기되고 있다. 이에 미국, 호주, 벨기에, 영국 등 각국 학교에서 아이들이 드라마 속 설정대로 운동장 놀이를 모방할 경우 폭력성에 노출될 수 있다고 경고하고 나섰다.

잔인한 폭력을 소재로 한 영상물은 청년들의 도덕

출처: https://namu.wiki

성과 윤리의식을 위협하는 환경요인으로 작용하여 자신이 보았던 영상물의 특정 장면을 따라 그대로 범행을 저지르는 모방범죄를 유발할 수 있다.

동국대학교 곽대경 교수는 모방범죄 현상을 대중매체 확산과 함께 생겨난 심각한 사회현상으로 보았다. 모방범죄를 일으키는 심리적 요인으로 호기심과 영웅심리, 자제력 결핍과 함께 범행에 대한 자기합리화를 들고 있다. 모방범죄는 개인적 성향, 가치관, 환경요인 등이 결합되어 발생하는 범죄이다. 모방범죄를 저지르는 사람들의 특징으로는 '저 사람도 했기 때문에 내가 해도 무방하다'는 자기합리화나 자신의 범죄를 정당화하는 경향이 강하였으며, 피해자에 대한 죄책감은 비교적 낮은 수준을 보였다.

출처: 더 팩트(2014. 8. 12.); 서울경제(2021. 10. 15.).

4) 학교 요인

학교는 청년들이 도덕성을 함양할 수 있는 중요한 사회적 맥락 중 하나이다. 우리나라는 도덕성이 바람직한 민주시민의 자질을 함양하는 공적인 관심사로 이미 자리 잡혀 있기 때문에 도덕이나 윤리가 중·고등학교 교과목으로 채택되어 있어, 학교교육을 통한 도덕교육(moral education)을 실시하고 있다.

그리고 각 교과 교사들이 수업시간에 이루어지는 토론, 역할놀이, 도덕적 행동에 대한 상벌제도 및 창의적 재량학습 등과 같은 다양한 채널을 통해 인성교육(character education)을 실시한다. 청년들은 학교에서 도덕적 딜레마에 봉착하였을 때 다양한 방법으로 해결책을 모색하기 위하여 개인적으로는 인지적 불평형 상태를 경험하게 되고, 나아가 평형 상태를 유지하고자 도덕적 추론능력을 발달시키게 된다. 또한 학교에서 실제로 일어나는 각종 도덕적 딜레마를 해결하기 위해 도덕적 토론을 하는 것은 도덕성을 높이는 데 실질적인 도움을 준다.

이 외에도 학교에서 실시하는 봉사활동은 청년들이 지역사회에서 봉사를 통해 사회적 책임감을 증진시키고 이타심과 친사회적 행동 등과 같은 도덕성을 함양하는 데 기여한다. 청년들이 봉사활동을 통해 보다 효과적으로 도덕성을 발달시키기 위해서는 자신이 참여할 봉사활동의 선택 정도를 높이는 것이 좋으며, 봉사활동 후 자기반성의 시간을 충분히 가지는 것이 바람직하다(Nucci, 2006).

우리나라의 현 상황을 보면 도덕, 윤리, 가치가 문화적이나 사회적으로 높은 비중을 차지함에도 불구하고 점점 더 증가하는 청소년 범죄, 비행, 도덕성 상실 등의 많은 도덕적 혼란이 공존하고 있다. 이에 우리나라 청년을 대상으로 도덕발달 및 관련 영역에 대해 더 많은 후속연구가 진행될 필요가 있으며, 이를 토대로 청년기 비행을 예방하거나 도덕성 발달에 도움이 되는 다양한 교육 프로그램의 개발이 요구된다.

제3부

청년기의 사회적 맥락

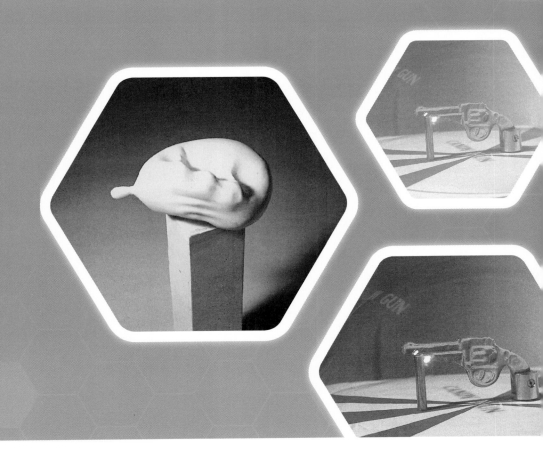

제**8**장

청년과 가정

가정은 인간이 태어나서 가장 먼저 접하는 사회화 기관이다. 시대와 사회를 막론하고 가정과 부모의 중요성은 재론의 여지가 없다. 현대는 사회, 경제, 문화 등의 변화 및 정보화의 영향으로 인해 가족의 구조와 기능이 과거와는 사뭇 다른 양상을 보이고 있다.

부모와 자녀는 가족 구성원으로서 상호 영향을 주는 쌍방향적인 관계를 유지하고 있다. 청년기에 원만하게 발달과업을 달성하기 위해서는 가정, 특히 부모의 역할이 중요하다. 물론 영유아기나 아동기에 비해 부모의 영향력은 상대적으로 감소하였으나, 현실적으로 중ㆍ고등학교 및 대학 등의 학교교육과 진로선택, 결혼 준비 등의 영역에서 부모의 영향력은 여전히 크다. 영유아기나 아동기와는 달리 청년기에 들어서면서 부모-자녀 관계에는 질적인 변화가 생긴다. 청년기 자녀는 독립된 인격체로 부모에게 대우받기를 원하지만, 부모는 자녀에 대해 지녔던 기존의 양육자나 보호자로서의 역할을 재정의할 필요가 있다.

청년들은 자신의 신체적ㆍ심리적ㆍ인지적 변화로 인해 스스로 적응하는 시간이 필요함과 동시에 자율성(autonomy)을 추구하고자 하는 욕구가 강해진다. 청년 초기에는 청년들이 부모에게서 자율성을 획득하고자 하는 과정에서 예전보다 부모-자녀 간에 많은 갈등이 생기곤 한다. 해비거스트(Havighurst)는 발달 단계상 부모 및 다른 성인에게서 정서적으로 독립하는 것이 청년기의 중요한 발달과업 중 하나라고 주장한다. 청년들은 부모에게서 자유를 누리고 싶어 하고 자율성을 획득하고자 한다.

이 장에서는 청년기의 가족생활주기, 부모-자녀 관계, 부모-자녀 간의 갈등과 원인, 해결방안 등에 대해 살펴보고자 한다.

1. 청년기와 가족생활주기

개인은 전 생애 동안 여러 개의 발달 단계를 거쳐 변화한다. 가족생활주기(family life cycle)란 가족체계 안에서의 발달과정으로, 시간이 흐름에 따라 가족 구성원들과 그들의 역할이 변화한다고 가정한다(장휘숙, 2008).

표 8-1 가족생활주기 모델

카터와 맥골드릭의 모델	미네소타 모델	스트롱과 드볼트의 모델
단계 1: 집 떠나기, 미혼남녀		
단계 2: 결혼으로 가족 형성, 새롭게 결혼한 커플	단계 1: 자녀 없는 젊은 커플	단계 1: 가족의 시작
단계 3: 부모 되기와 아동이 있는 가족	단계 2: 출산하는 가족과 취학 전 아동이 있는 가족	단계 2: 분만하는 가족
		단계 3: 취학 전 아동이 있는 가족
	단계 3: 초등학교 아동이 있는 가족	단계 4: 초등학교 아동이 있는 가족
단계 4: 청년 자녀가 있는 가족	단계 4: 청년 자녀가 있는 가족	단계 5: 10대 자녀가 있는 가족
	단계 5: 자녀가 독립하는 가족	단계 6: 진수(進水) 센터로서의 가족
단계 5: 중년기 가족	단계 6: 텅 빈 보금자리 가족	단계 7: 중년기 가족
단계 6: 인생 후기 가족	단계 7: 은퇴한 가족	단계 8: 노화하는 가족

출처: 허혜경, 김혜수(2010).

가족생활주기의 구체적 단계는 연구자에 따라 차이가 있으나, 가족 구성원이 경험하고 모두에게 영향을 주는 예정된 생활사건과 발달과업으로 구성되어 있다는 점은 공통적이다. 가족생활주기는 가정을 떠나 독립된 한 성인이 배우자를 만나 결혼을 하여 부모가 되는 과정, 특히 아동기의 자녀나 청년기의 자녀를 둔 가족, 중년기 가족 그리고 인생 후기의 가족을 단계별로 포함하고 있다.

　〈표 8-1〉은 가족생활주기의 세 모델이 제시한 각 단계를 정리한 것이다. 먼저 카터와 맥골드릭(Carter & McGoldrick, 1989)의 모델은 아직 애착을 형성하지 못한 성인을 시작으로 인생 후기 가족까지 6단계로, 미네소타 모델(Minnesota model)은 자녀 없는 젊은 커플을 시작으로 은퇴한 가족까지 7단계로, 스트롱과 드볼트(Strong & DeVault, 1989)의 모델은 가족의 시작부터 노화하는 가족까지 모두 8단계로 가족생활주기를 구성하고 있다. 이 세 모델은 각각 단계 수와 단계명은 다르더라도 내용은 가족의 시작부터 출산, 자녀의 발달 연령과 발달과업(아동, 청년, 독립 등), 부모의 중년기 및 노년기의 삶으로 구성되어 있는 것이 특징이다.

　가족생활주기의 각 단계에 따라 부부의 만족도 수준은 변화하는 것으로 나타났다(장휘숙, 2009). 일반적으로 부부생활의 만족도에 영향을 주는 가장 큰 요인은 자녀의 유무라 할 수 있다. 자녀의 출생과 함께 부부의 개인적 시간은 점점 감소하고, 경제적 부담은 점차 증가하며, 생활의 긴장과 스트레스가 가중된다.

　또 청년기 자녀와 부모 간의 갈등은 가족 구성원의 긴장감을 고조시키고 종종 부모-자녀 관계를 소원하게 만든다. 전 세계 부모들에게 일관되게 발견되는 부부만족도의 특성으로는 청년기 자녀를 둔 부부의 부부만족도가 가족생활주기에서 가장 낮다는 점이다(Fingerman, 2006). 따라서 청년기는 가족생활주기와 만족도 측면에서 청년뿐만 아니라 부모에게도 심리적으로 힘든 시기임을 알 수 있다.

2. 청년기 가족관계

1) 청년기 부모의 특징

청년들은 사춘기를 전후하여 전 생애발달 중 그 어느 단계보다 변화가 심해 적응이 쉽지 않은 시기를 보내는 것처럼 그 부모들도 비슷한 무렵에 정서적 위기라고 생각되는 시기를 보내게 된다. 일반적으로 10대 후반에서 20대 초반의 청년 자녀를 둔 부모의 연령은 40대 중반에서 50대 중반 정도이다. 개인차가 존재하지만 사춘기 이후 청년들의 발달적 어려움은 중년 부모의 갱년기와 시기상으로 맞물릴 가능성이 높다. 갱년기(the turn of life, menopause)는 장년에서 노년으로 접어드는 발달 전환기로서 신체적 퇴화로 인해 마음의 불안과 초조감이 증가하고 스스로 심리적 · 정서적 통제가 어려운 경우도 있기 때문에 제2의 사춘기라고도 불린다(김선애, 2014).

청년 자녀의 부모는 중년기를 맞이하며 다음과 같은 발달상의 어려움을 가지게 된다(허혜경, 김혜수, 2015).

첫째, 청년 자녀들은 신체적 성장과 성적 매력이 증가하는 반면에, 부모들은 정반대의 신체적 변화를 겪는다. 부모들은 대부분 중년기와 함께 찾아오는 신체적 변화와 생식능력의 감퇴, 체력 저하 및 건강 문제로 많은 고민을 한다. 실제로 40, 50대인 부모들은 폐경기와 갱년기를 겪으면서 자신의 신체변화와 성적 매력이 점차 감소함을 경험하며 정체감 위기를 겪기도 한다(Atwater, 1996).

둘째, 부부만족도 측면에서 살펴보면 첫 자녀의 탄생과 함께 부부만족도는 감소하기 시작하고, 부모-자녀의 갈등이 심화되는 10대 자녀를 둘 시기가 되면 최저점에 도달하게 되며, 자녀가 가정을 떠날 무렵에야 비로소 부부만족도가 다시 증가하는 경향을 보인다(Cole, 1984). 부모에게 청년 자녀의 발달변화는 자녀와의 잦은 마찰과 함께 심리적 분리감 또는 거리감으로 인식되고, 이는 부부간의 낮은 만족도로 이어진다(Silverberg & Steinberg, 1990). 부모는 청년기 자녀와 사소한 견해의 차이부터 자율성과 통제 등 기본 양육에 이르기까지 아동기보다 갈등이 증가한다.

더욱이 우리나라에서 청년기 자녀를 둔 가정은 경제적인 부담이 가중된다. 자녀 교육과 결혼 등에 있어서 부모가 경제적으로 상당 부분 지원하는 경우 부모는 심리적으로 더 많은 어려움을 경험한다.

이처럼 청년기 부모는 심리적 긴장과 스트레스를 가지고 여러 면에서 힘든 시기를 보내고 있으며, 이는 전 세계 대부분의 부모에게도 나타나는 보편적인 현상이다(Strong & DeVault, 1989). 그러므로 한 가정 내에 청년과 부모가 함께 지낸다는 사실만으로도 상당한 스트레스가 존재하리라 짐작할 수 있다.

2) 청년기 부모-자녀 관계

(1) 청년기의 자율성 획득

사춘기를 기점으로 청년들은 자율성이 증가하며 가족관계를 다시 조율하거나 재정의하는 결정적인 시기를 맞이한다(Hill, 1980). 자율성(autonomy)이란 개인이 독립적으로 스스로의 의지대로 행동할 수 있는 능력이라고 정의할 수 있다(Newman & Newman, 1984: 한정란 외, 2005에서 재인용).

청년기의 자율성을 스타인버그와 실버버그(Steinberg & Silverberg, 1986)는 크게 세 가지로 분류하였다. 첫째, 정서적 자율성(emotional autonomy)으로, 이것은 부모에게서의 분리(detachment)를 뜻하는 것이 아니라 부모에 대한 의존성을 줄이고 개별화(individuation)를 이루는 것을 의미한다. 둘째, 또래 압력에 저항할 수 있는 능력으로, 청년 초기와 중기에는 또래 압력에 대한 취약한 특성에서 벗어나 점차 자율성을 획득해 나간다. 셋째, 자기신뢰감(self-reliance)으로서의 자율성으로, 이는 독립심(independence)과 자기주장(assertiveness) 등으로 개념화되며, 청년 초기부터 점차 증가한다(정진경, 2002에서 재인용).

청년기 자율성의 발달을 정서적 자율성과 행동적 자율성으로 크게 분류하여 설명하기도 한다(문경주, 2004). 정서적 자율성이란 청년들이 부모에게서 심리적 및 정서적으로 독립하는 개별화 과정이라고 정의할 수 있다. 즉, 청년들이 정서적 자율성을 획득하였다는 것은 자기 스스로를 부모와 독립적인 존재로 생각한다는 것을 의미한다. 행동적 자율성이란 청년들이 친구와의 교제 범위, 용돈 사용 영역, 귀가 시간, 의상선택 등과 같은 일상생활 영역에서 부모와 독립적으로 자유롭게 의사결정을 내리고 행동하고 싶어 하는 과정을 의미한다.

청년기의 자율성 획득의 의미는 단순히 부모에게서의 완전한 자유, 독립, 자율성을 뜻하는 것은 아니다. 또한 청년들의 자율성은 모든 행동 영역에서 일관되게 나타나는 특징도 아니다(Hill & Holmbeck, 1986). 예를 들면, 한 청년의 자율성 수준이 높다 하더라도 그것이 그 청년의 학교생활, 이성관계, 교우관계, 가족관계, 재정 상태 등 모든 영역에서 자율적이라는 의미는 아니다.

종합적으로 학자 간에 차이가 있으나 청년기에 증가하는 자율성의 다양한 개념은 청년발달의 단일적 측면이라기보다는 다차원적인 현상이자 발달과정이라 할 수 있다. 즉, 자율성 획득은 청년들이 부모의 영향력에서 벗어나 점차 청년 후기에 자아정체감을 획득해 가고, 자기 스스로 목표를 설정하거나 진로를 결정하는 등 현실적인 문제를 해결하는 점진적인 과정이다.

(2) 애착의 약화

청년들이 서서히 부모에게서 정서적 및 행동적으로 독립하고 자율성을 획득하는 것은 청년기의 중요한 발달과업인 동시에 성인으로 도약하기 위한 토대가 된다. 청년기에 부모에 대한 애착 수준이 약화되는 것은 당연한 현상이다. 일부 부모는 청년기 자녀의 이러한 행동을 받아들이기 힘들어하여 부모에게 의존을 강요하거나 지나치게 통제함으로써 청년기 발달에 부정적인 영향을 초래하기도 한다. 청년기 동안 지나치게 부모에게 의존적인 청년의 경우 책임감 있는 성인으로 성장하거나 사회적으로 적응하는 데 어려움을 겪기 쉽다.

많은 학자는 청년기에는 부모-자녀 관계도 질적으로 변화되어야 한다고 주장한다. 청년들은 부모와 정서적으로 가깝게 교감하면서 부모에게서 큰 갈등 없이 분리되는 것이 무엇보다도 중요하다. 사실 청년들은 부모에게서 자유로워지기를 원하지만, 마음 한편으로는 자신이 도움을 필요로 할 때 언제든지 부모가 곁에서 도움을 제공하거나 자신을 지지해 주기를 원한다. 한편으로 청년들은 부모에게서 자율성을 획득하고 분리되더라도 다른 한편으로는 심리적 또는 정서적으로 부모와 애착관계를 유지하는 것이 더 효과적이다. 청년의 자율성과 부모의 애착 모두 청년의 심리적 안녕(psychological well-being)을 위해서 필요하기 때문이다.

그러므로 가장 바람직한 것은 청년들이 부모-자녀 관계의 애정 수준을 유지하면서 자율성을 획득하는 것이다. 왜냐하면 청년들이 부모와 안정된 관계를 유지하면 사회에서 또래, 이성 등 다른 대인관계를 형성하는 데 있어 심리적인 지지와 자신감을 느끼기 때문이다(Papini, Roggman, & Anderson, 1990; Rice, 1990).

(3) 양육태도의 변화

일반적으로 부모-자녀 관계는 두 가지 차원에서 논의된다(이춘재, 오가실, 정옥분, 1991). 첫째는 부모가 자녀에게 베푸는 사랑과 따뜻함의 정도이다. 이것은 사랑과 증오(love-hostility) 또는 따뜻함과 거부(warmth-rejection) 등 학자에 따라 사용하는 용어는 다르나, 궁극적으로 개념은 유사하다. 둘째는 부모가 자녀에게 허용하는 자율성과 통제(autonomy-control)이다. 자율성이란 부모나 다른 성인의 영향력에서 자유를 얻고자 노력하는 과정이라고 할 수 있다(Collins, Lausen, Mortensen, Luebker, & Ferreira, 1997).

청년기에 접어들면서 부모-자녀 관계는 자율성과 통제 차원에 있어서 아동기와는 달리 미묘한 갈등과 도전을 받게 된다. 발달 단계상 자율성을 점점 더 누리고자하는 청년들의 요구와 부모가 기존에 해 오던 양육행동 간에는 불일치가 생기게 된다. 그러므로 양자 간에 자율성과 통제 면에서 새로운 합의점을 찾아야 하며, 이 과정에서 청년들은 자율성 획득과 부모와의 애착 사이에서 균형을 유지해야 하는 새로운 과제에 부딪히게 된다.

특히 부모의 양육태도 중 지나친 통제는 청년기 자녀의 자율성을 저해하는 요인으로 작용할 뿐만 아니라 부모-자녀 간 갈등을 유발할 수 있다. 왜냐하면 청년들이 성장하였는데도 부모가 물리적으로 처벌하거나 지나친 복종을 강요하는 등의 통제를 가하는 것은 청년들에게 무리하거나 부당한 요구로 인식될 수 있기 때문이다. 청년들은 이미 인지적으로 형식적 조작 사고가 발달하였기 때문에 부모가 다소 무리한 통제를 가할 경우에는 청년 자녀들이 납득할 수 있도록 합당한 설명을 제공하여야만 부모-자녀 간 갈등을 줄일 수 있다. 일반적으로 통제 수준이 높은 독재적 부모를 둔 청년 자녀들은 낮은 수준의 자율성을 보이는 반면, 민주적인 부모 밑에서 자란 청년들은 비교적 높은 수준의 자율성을 나타내었다(Kandel & Lesser, 1972).

그러므로 청년기에 들어서면 부모는 자녀에 대한 통제의 수준을 낮추고 자유의 폭을 넓혀 주어야 한다. 또한 청년 자녀가 하고자 하는 일이나 관심, 그리고 그들이 선택한 결정을 존중해 주는 것이 궁극적으로는 자녀가 자율성을 획득하고 독립적으로 성장하도록 도와주는 것이다.

예를 들면, 원만한 부모-자녀 관계를 위해서는 자녀에게 사랑과 지지를 보내되 합리적인 방법으로 통제하는 권위 있는 양육(authoritative parenting) 형태가 효과적이다. 부모가 자아존중감이 높은 경우, 자신의 중년기에 발달 단계상 어려움이 있더라도 순조롭게 극복하며, 청년기 자녀에게 실질적으로 심리적 · 정서적 안정감을 제공할 수 있다.

(4) 상호 의존적인 부모-자녀 관계

청년기 자녀들과 부모의 관계에서 보이는 의존성(dependence)은 아동기에 보이는 부모를 향한 의존성과는 전혀 다른 양상을 보인다. 청년들은 부모에게 의존하던 생활을 재조정하여 부모-자녀 간에 상호 의존성(interdependence)을 형성한다. 이때 상호 의존성은 부모에게서의 완전한 독립이나 배타성을 의미하는 것은 아니다. 상호 의존성은 청년들이 자율성을 확보하기 시작하여 좀 더 독립적이기를 원할 때 부모가 성숙한 태도를 보이며 자녀들이 원하는 부분을 조정하거나 허락해 주는 방식으로 상호 영향을 주는 관계를 가지는 것이다. 이렇듯 청년기는 부모와 자녀가 상호 이해, 협상, 공동 의사결정, 상호 존중 등 아동기와는 질적으로 다른 방식으로 운영되어야만 한다. 청년이 자율적이면서 부모와 상호 의존적인 관계를 가지는 것은 상호 배타적인 것이 아니라 오히려 청년기 가족관계의 질적 변화를 나타내는 상호 보완적인 면모라고 할 수 있다.

3) 부모-자녀 간 의사소통

의사소통에는 말이나 글로 자신의 견해를 표현하는 언어적 의사소통과 신뢰 및 감정의 표현, 분위기, 다른 사람의 의견을 경청하는 것, 행동, 옷차림 등으로 다양한 내용을 전달하는 비언어적 의사소통이 있다(정옥분, 2005). 가정 내에서는 부모-자녀 간 의사소통 방식에 따라 부모-자녀 관계의 질이 좌우된다. 부모와 자녀 간에 언어적 대화를 하는 주제를 살펴보면 학업, 학교생활, 진로, 이성 및 동성 친구 관계, 가치관, 신체발달 등이 주를 이룬다. 대화의 정도나 주제는 청년의 연령과 성별, 성격에 따라 개인차를 보이지만, 각각의 가족들은 그들 나름대로의 의사소통망(communication network)을 형성하고 있다.

갈빈과 브로멜(Galvin & Brommel, 1982)은 청년기 자녀와 부모가 원활한 의사소통 체계를 가지기 위해서는 '전 채널 의사소통망(all-channel communication network)'이 필요하다고 주장하였다. 전 채널 의사소통망이 바람직한 이유는 아버지와 자녀, 어머니와 자녀, 아버지와 어머니 등 가족 구성원 간에 의사소통을 할 경우 매개되는 사람 없이 직접 당사자와 의사소통하기 때문에 효율적이다.

예를 들면, 시영이네는 아버지가 용돈을 주신다. 시영이는 용돈이 모자라 아버지

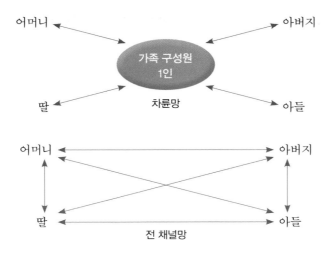

[그림 8-1] 전 채널 의사소통망과 차륜망

출처: Galvin & Brommel (1982), p. 55.

가 조금 더 주셨으면 하고 생각한다. 이때 시영이가 어머니께 "제 용돈 좀 올려 달라고 아버지께 말씀드려 주세요."라고 어머니를 매개로 아버지와 의사소통하는 것은 효과적이지 않다. 이와 같이 대화 당사자가 직접적으로 의사소통하는 것이 아니라 매개자를 통하여 의사를 전달하는 의사소통 방식을 '차륜망(wheel network)'이라고 한다([그림 8-1] 참조).

하지만 시영이가 어머니라는 매개 없이 아버지께 사정을 말씀드리고 용돈이 모자라니 조금 더 달라고 직접 대화하는 것을 전 채널 의사소통망, 또는 전 채널망이라 하며, 이 방식은 매우 효과적인 의사소통체계로 간주된다. 아버지의 경우도 마찬가지이다. 아버지가 자녀에게 하고 싶은 말이 있는 경우, 어머니를 매개로 아버지의 의사를 자녀에게 전달하는 것이 아니라, 시간이 없고 자녀와 서먹하더라도 직접 의사소통하는 전 채널 의사소통망이 바람직하다.

부모-자녀 간의 전 채널 의사소통망과 같은 개방적인 의사소통 행위는 단순히 부모-자녀 관계를 개선할 뿐만 아니라 청년 자녀의 의사소통능력을 향상시키는 데에도 효과적이다. 부모-자녀 간의 의사소통은 지속적으로 청년의 심리적·정서적 적응에 영향을 주는 요인이다.

우리나라에서는 아직까지도 청년기에 부모-자녀 간 대화가 주로 학업이나 진로에 대한 주제로 이루어지는 반면에, 성교육이나 성 역할에 관한 구체적인 대화는 빈번하지 않은 편이다. 성에 관련된 대화는 어머니가 아들보다는 딸과 더 많이 나누고 있으며, 이성 교제 등과 같은 주제가 대부분이다. 자녀의 성격과 부모의 양육행동에 따라 대화의 정도는 영향을 받지만, 가정 내 의사소통 방식은 부모가 일방적으로 자녀의 행동을 규제하기보다는 좀 더 다양한 영역에 걸친 폭넓은 대화가 필요하며, 가족 문제도 부모와 청년 자녀가 함께 참여하고 주제에 따라서는 공동으로 의사결정을 해야 할 것이다.

3. 청년기 부모-자녀 간 갈등

1) 부모-자녀 간 갈등

부모-자녀 관계가 가장 기본적이며, 사랑이 넘치는 관계이기도 하지만, 때로는 갈등이 초래되는 관계가 될 수도 있다. 어느 가정이나 원만하고 화목한 부모-자녀 관계를 유지하기를 원하지만 의외로 쉽지 않은 경우가 많다.

사춘기를 넘어서면서 청년 초기의 자녀들은 예전보다는 부모와의 갈등이 증가함을 경험하게 된다. 그러나 많은 연구 결과에 의하면 갈등이 첨예화되거나 그 강도가 심각하여 가족 구성원에게 영향을 줄 정도는 아니라고 한다. 그러다가 청년 후기에 접어들면 자율성과 독립 수준이 높아지면서 부모와의 갈등이 상당히 감소되는 경향을 보인다.

청년기에 부모-자녀 간 갈등을 유발하는 원인을 내용별로 정리하면 다음과 같다(허혜경, 김혜수, 2015).

(1) 연장된 청년기

과거에 비해 청년기가 24, 25세까지 연장된 현대의 상황은 가정에서 부모와 청년 자녀 간의 갈등을 초래하기에 충분하다. 20세가 넘었지만 아직도 많은 청년은 자신의 진로를 위해 고등교육을 이수하거나 취업을 준비한다. 더욱이 우리나라에서는 직장을 가지거나 결혼하여 독립하기 전까지 많은 청년이 부모와 함께 생활하기 때문에 완전한 성인을 의미하는 정서적·사회적·경제적 독립이 어려우며 부모와의 갈등을 유발하기 쉽다.

(2) 부모에 대한 의존과 자녀의 독립

자녀가 어릴 경우 부모는 자녀를 보호하게 되고, 자녀는 부모에게 의존하게 된다. 그러나 자녀가 점차 성장하여 청년기에 접어들게 되면 부모로부터 독립하고자 하는 욕구가 생겨나면서 자율성(autonomy)을 추구하게 된다.

이에 따라 부모-자녀 간의 갈등은 청년 초기에는 증가하는 추세이지만, 연령이 증가함에 따라 청년 후기에는 다시 감소하는 양상을 보인다. 이러한 양상은 부모-자녀 간의 갈등이 청년 자녀가 누리는 독립과 의존의 정도와 깊은 관계가 있기 때문으로 분석된다(Laursen & Ferreira, 1994; Lefrancois, 1990; Weng & Montemayor, 1997). 〈표 8-2〉는 부모에 대한 의존과 자녀의 독립 수준 및 갈등의 변화를 발달 단계별로 나타낸 것이다.

하지만 대부분의 청년은 자신이 어느 정도 부모에게 의존하고 있는지를 알면서도 독립하고 싶어 하는 의지를 동시에 느낀다. 이와는 대조적으로 부모는 자녀의 독립을 궁극적으로 원하지만, 한편으로는 그들이 계속 부모에게 의존해 주기를 원하는 양면성을 지니고 있다. 부모 의존과 자녀 독립의 측면에서 부모와 청년 자녀 모두 이중적인 면을 지니고 있으며, 이로 인해 가정 내에서 갈등 상황이 빚어지기도 한다(정옥분, 1999).

표 8-2 부모 의존과 자녀 독립 수준 및 갈등

발달 단계	부모 의존/자녀 독립 수준	갈등
아동 초기	높은 부모 의존	낮음
아동 후기	감소된 부모 의존	증가
청년 초기	증가된 자녀 독립	증가
청년 후기	높은 자녀 독립	감소

출처: Lefrancois (1990).

(3) 청년기 자율성 획득과 부모의 통제

청년들은 자율성 획득과 부모의 통제 사이에서 부모와 갈등을 일으키기도 한다.

바움린드

이론적으로 통제의 부분은 바움린드(Diana Baumrind, 1967; 1991)가 수행한 부모의 양육 유형(parenting style)에 대한 연구에 기초를 두고 있다. 그녀는 부모양육을 애정과 통제라는 두 요인을 고려하여 네 가지 유형으로 설명하고 있다. 첫째, 애정과 통제 수준이 모두 높은 가장 바람직한 양육 형태로 여겨지는 권위 있는 양육(authoritative parenting), 둘째, 애정은 낮으나 통제 수준이 높은 독재적 양육(authoritarian parenting), 셋째, 애정은 높으나 통제가 적은 허용적 양육(indulgent parenting), 넷째, 애정과 통제 수준이 모두 낮은 무관심한 양육(neglective parenting)으로 분류된다. 바움린드의 애정과 통제 차원에 따른 네 가지 부모양육 유형은 [그림 8-2]와 같다.

이 중 청년들과 가장 갈등이 심한 경우는 애정에 비해 통제를 많이 하는 독재적 양육을 하는 부모이다. 엄격하게 통제하고 무조건적인 순종을 기대하는 독재적 부모는 따뜻함이 부족하고 자녀에게 합리적인 설명을 제공하는 경우도 드물다. 부모는 자녀가 부모의 명령이나 여러 양육 규칙에 순종하지 않을 경우 엄격하게 처벌하거나 심하게 꾸중하며, 비교적 자녀들의 갈등적 이슈에는 민감하지 않은 편이다. 독재적 양육을 받고 성장한 청년에게 나타나는 가장 일반적인 특징으로는 반항이나 의존을 들 수 있다(정영숙, 신민섭, 이승연, 2009). 청년 자녀들은 따뜻함이 결여된 상태에서 부모의 지시와 결정을 강한 통제의 형태로 받아들일 경우, 부모의 권위에 대해 반항적이고 분노할 가능성이 높다. 순종적인 자녀의 경우에는 의존심이 높아질

권위 있는 양육 애정 ↑ 통제 ↑	허용적 양육 애정 ↑ 통제 ↓
독재적 양육 애정 ↓ 통제 ↑	무관심한 양육 애정 ↓ 통제 ↓

[그림 8-2] 바움린드의 애정과 통제 차원에 따른 부모양육 유형

출처: 허혜경, 김혜수(2010).

수 있으며, 자율성이 증가하고 있는 청년의 경우에는 부모의 강한 통제로 인해 반항심이 증가하여 부모와의 갈등이 불가피하다. 청년세대는 부모가 지나친 권위를 행사하거나 통제 또는 간섭하는 것보다는 대화를 통해 이해받고 싶어 하는 경향이 두드러진다.

(4) 애정 표현 방식

모든 부모는 자녀에 대해 무조건적인 애정을 가지지만, 부모가 자녀에게 애정을 표현하는 방법과 정도는 다양하다. 어떤 부모는 자녀를 지나치게 보호하고 통제하는 방식으로, 어떤 부모는 자녀가 원하는 대로 허용함으로써 표현하기도 한다. 어떤 자녀는 부모가 사사건건 간섭한다고, 또는 부모가 무관심하거나 형제간에 편애한다고 불만을 토로하기도 한다. 이와 같이 부모의 애정 표현 방식과 자녀의 기대 간에는 차이가 존재하게 되어 부모-자녀 간에 갈등이 생기게 된다.

부모의 입장에서 모든 자녀는 기본적으로 사랑스러우나, 자녀의 행동과 성취에 따라 자녀에게 차별적으로 애정을 표현할 수 있다. 이럴 경우 상대적으로 사랑을 받지 못한다고 생각하는 자녀는 부모에 대해서 불만을 갖게 되고, 이러한 불만이 말썽을 일으키는 방식으로 표출되면, 다시 부모에게 야단을 맞게 되어, 결과적으로 부모와 자녀 사이가 더욱 멀어지게 되는 악순환이 일어나기도 한다.

(5) 가치관의 충돌

청년들의 인지적 사고는 전반적으로 성인 수준에 이르게 된다. 청년들은 이제 제3자의 입장에서 객관적으로 자기 부모의 장점과 단점, 비합리적인 면 등을 인식하게 되며, 부모도 불완전한 인간임을 알게 된다. 아울러 아동기에는 아무런 이의 없이 순종하였던 부모의 판단이나 결정에 대해 청년들은 점차 문제를 제기하거나 도전하는 경우가 생긴다. 형식적 조작 사고의 발달은 청년들로 하여금 부모의 가치관에서 논리적 모순을 발견하게 한다. 부모는 청년 자녀의 이러한 인지적 및 행동적 변화에 당황하게 되며, 때로는 자녀의 비판이나 의문 제기에 방어적으로 대하거나 화를 내기도 하여 가치관의 충돌을 유발한다.

(6) 청년기에 대한 고정관념

　　정신분석이론에서 제시하는 청년기의 부모-자녀 관계는 청년기에 대한 고정관념(stereotype)으로 이해된다. 안나 프로이트(A. Freud, 1958)에 의하면, 사춘기를 지나면서 청년들은 가족 간의 상호관계에서 질풍노도(storm and stress)로 표현되는 부모와의 분리(detachment) 과정을 맞이하게 된다. 가정 내에서 청년들의 반항은 오히려 정상적이고 피할 수 없는 현상이다. 청년기의 자율성 발달은 부모에게서의 자율성 획득으로 나타난다. 그러므로 청년기의 부모-자녀 간의 갈등 역시 분리과정의 정상적인 표현이자 꼭 필요한 자극이다. 안나 프로이트에 의하면 가족 간의 화목은 청년의 발달을 저해하는 요인이자 심리적으로 미성숙의 증거라고 보았다.

　　정신분석학적 입장은 지나치게 청년기의 부모-자녀 관계를 비관적으로 묘사하였다는 비판을 받는다. 실제 연구 결과에 의하면 청년기는 아동기에 비해 갈등이 증가하지만 부모-자녀 관계가 화목한 것이 보편적인 현상이며, 가정 내에서 질풍과 노도를 경험하는 비율은 약 5~10% 정도에 불과하다고 한다(Rutter, Graham, Chadwick, & Yule, 1976; Steinberg, 1991). 청년 초기에 접어들면 부모-자녀 갈등이 증가하나 그 정도와 양이 심각한 수준은 아니며, 부모-자녀 간의 화목(parent-child harmony)이 더 보편적인 현상이다. 사실보다 과장되게 청년 자녀와 부모 간 갈등이 부각되는 것은 청년기를 질풍과 노도라고 보는 고정관념과 TV 드라마나 신문기사 등 대중매체의 과장된 보도의 영향에서 비롯되었다고 할 수 있다.

(7) 세대차

　　세대차란 부모와 자녀 세대 간의 서로에 대한 이해와 공감대의 괴리를 의미한다(신용주, 김혜수, 2021). 부모와 자녀 간에는 나이 차이로 인해 세대차(generation gap)가 존재하며, 이는 부모와 자녀 간에 갈등을 야기하는 요인이 된다. 부모와 자녀는 각각 성장해 온 사회적 및 교육적 배경의 차이로 인해 세대차가 나는 것이 당연하다. 세대차로 인해 부모와 자녀 사이에는 자연스럽게 생활습관, 관점, 감정 표현 방식, 사고방식, 가치관, 행동규범, 기호나 취향 등이 차이가 난다.

　　부모는 자녀의 사고방식과 행동에 대해 간섭과 질책을 하게 되고, 자녀는 부모로부터 이해받지 못하고 행동을 규제받는다고 생각하게 되어 갈등을 유발하게 된다. 아무리 부모-자녀 간에 애정이 돈독하다 하더라도 서로의 가치관과 사고방식이 다른 세대차로 인하여 특정 영역에서 사소한 마찰이나 갈등을 초래할 수 있다.

예를 들면, 부모들은 '우리나라 사회에서 자녀들은 반드시 대학교를 졸업해야 한다.'는 가치관을 지니고 있다. 그러나 청년 자녀들은 '대학 졸업장이 없어도 컴퓨터 회사를 설립해 성공한 빌 게이츠 같은 사람도 있지 않느냐'며 부모의 가치관을 보수적이라고 여긴다.

아울러 IT기술이 발달한 지식기반사회에서는 중년층 부모들이 청년 세대에 비해 문화적 지체감(cultural lag)을 느끼게 되며, 이러한 문화적 지체감은 더욱더 세대차의 골을 깊게 한다. 청년세대는 디지털 매체와 친화력이 강하지만 부모세대는 컴퓨터에 접근할 기회가 적었던 세대이다. 청년 자녀의 부모세대는 컴퓨터나 스마트폰 조작에 익숙지 못한 사람이 많은 데다 급변하는 IT 기술을 따라잡기에는 역부족인 경우가 다반사이므로, 부모와 자녀 간에 생기는 정보 격차도 가정 내 갈등을 유발하는 원인으로 작용할 수 있다.

세대차는 흥미롭게도 지각적 세대차와 실제적 세대차의 미묘한 격차가 존재한다. 부모는 자신이 자녀세대를 잘 이해하기에 세대차가 적다고 지각하는 반면에, 자녀는 부모와의 사소한 견해 차이도 모두 세대차라고 단정 짓는 경향이 있다. 그러나 이러한 것은 세대차의 심각성에 대한 지각적인 왜곡일 수 있다. 실제로 분명한 세대차가 존재하나 대부분 가정의 경우 세대 갈등이 심각한 수준은 아니라고 한다.

(8) 부부간의 불화

가정에서 부모가 서로 화목하지 못하다면 이것을 바라보아야만 하는 자녀들은 고통스러울 수밖에 없다. 부부간에 다툼의 빈도가 증가하고, 감정적 대립이 깊어져 불화가 지속되면, 자녀는 부모를 중재하려고 노력하게 된다. 그러나 자녀의 중재에도 불구하고 부부 관계의 불화가 장기화되면 부모에 대한 불만과 원망이 생기게 되고, 이러한 가정불화가 어느 한 부모로부터 기인하게 된다면 그 부모에 대한 분노로 인해 반항하게 된다. 부부간에 불화가 심한 부모의 경우에는 배우자와의 심리적 갈등 때문에 자녀에 대한 애정이나 배려가 감소하거나, 오히려 배우자와의 불화로 인한 스트레스를 자녀에게 표출하기도 한다. 결국 부부간의 불화는 부모-자녀 간의 갈등을 유발하게 되어 부모-자녀 관계를 해치게 된다.

(9) 의사소통 방식

부모–자녀 관계도 다른 인간관계와 마찬가지로 의사소통 방식에 의해 영향을 받게 된다. 특히 부모–자녀 관계는 수직적인 관계이기 때문에 부모는 자녀를 보호하고 양육하기 위한 의사 전달을 하게 되고, 자녀 역시 자신의 의견과 요구를 위해 부모에게 다양한 표현을 하게 되는데 그 과정에서 갈등이 초래될 수 있다.

고든(Gordon, 1975)은 부모가 자녀에게 의사를 전달하는 다양한 형태의 의사소통 방식 중에서 명령·지시하기, 경고·위협하기, 훈계·설교하기, 강의·논쟁하기, 판단·비평·비난하기, 비웃기·창피 주기, 해석·분석·진단하기 등을 자주 사용하는 부모는 자녀의 독립성과 자율성을 위협하기 때문에 자녀와 갈등을 빚기 쉽다고 하였다.

2) 갈등의 핵심 영역

청년들이 부모와 갈등을 일으키는 영역은 일상생활의 사소한 문제에서부터 미래의 진로 결정에 이르기까지 다양하다. 일상생활에서부터 통제와 자율성, 권위와 불복종, 학교 성적, 교우관계, 이성 교제, 군입대, 진로, 가치관의 차이 등 일일이 나열할 수 없을 정도이다. 그리고 문제에 따라 또는 각 가정마다 갈등의 양과 정도도 다르다. 청년기에 부모–자녀 갈등을 일으키는 핵심 영역을 제시하면 다음과 같다 (Holmbeck, Paikoff, & Brooks-Guss, 1995; Laursen, 1995: 정영숙 외, 2009에서 재인용).

- 문화 및 생활: 청년들의 문화와 사회생활은 부모와 가장 빈번한 갈등을 유발하는 영역이다(Smetana & Asquith, 1994). 친구나 이성친구의 선택, 외출 허락, 허용되는 장소 및 활동, 통금, 연령에 허용되는 활동(운전, 행사 등), 패션, 헤어스타일 등이 갈등의 원인이 된다. 부모의 가장 큰 불평 중 하나는 자녀가 집에서 혼자 있거나 또는 부모와 함께 시간을 보내지 않고 밖에서 자기생활에 바쁘다는 점이다.
- 책임감: 일상생활에서 청년 자녀들이 책임감을 다하지 못하였을 때 부모와 갈등이 일어날 수 있다. 예를 들면, 소지품이나 방의 정리정돈, 용돈 문제, 휴대전화 사용, 집안일 돕기, 가족 공동물건의 사용 문제 등이 여기에 해당한다.

- 학교생활: 부모는 자녀의 학교생활에 많은 관심을 기울이므로 성적, 숙제 등 학습관, 학교에서의 행동, 교사에 대한 태도 등의 문제에서 갈등이 비롯된다.
- 가족관계: 자녀의 미숙한 행동, 부모에 대한 태도와 존중의 수준, 형제간의 다툼, 친척관계, 자율성과 통제 등의 문제에서 갈등이 생길 수 있다.

표 8-3 청년기 부모-자녀의 갈등 영역

갈등 영역	갈등 내용
문화 및 생활	• 친구와 이성친구의 선택 • 외출 허락 및 빈도 • 허용되는 장소, 참석 가능한 활동 유형 • 귀가 시간 및 통금 시간 • 연령에 허용되는 활동(특정 행사 참가, 운전 등) • 패션, 헤어스타일 등
책임감	• 집안일 돕기 • 용돈 사용 영역과 지출 문제 • 개인 소지품, 옷, 방 정리정돈 • TV, 휴대전화, 컴퓨터 등 사용 문제 • 가정 밖에서 타인을 위해 일하는 것 • 가족 공동물건 사용 문제(욕조, 가구, 기구, 장비, 냉장고, 전기 등)
학교생활	• 성적(잠재력, 노력, 성취 정도 등) • 숙제, 학습관 등 • 출석률 • 학교 수업과 교사에 대한 태도 • 학교에서의 행동
가족관계	• 미숙한 행동 • 부모에 대한 태도 및 존중의 수준 등 • 형제, 조부모, 친척 간의 문제 • 부모의 통제와 자녀의 자율성 정도
사회적 관습	• 성인에게만 용인되는 행동(음주, 흡연, 성행동 등) • 언어, 언어 습관(욕, 속어 등의 사용) • 행동(반사회적 행동, 위반에 휘말리는 행동, 처신 등) • 기본적 가치관(거짓말, 남을 속이거나 해치는 행위나 의도 등) • 기타 종교적 가치관(교회 출석 등)

출처: 정영숙 외(2009), pp. 251-252에서 발췌하여 재구성함.

• 사회적 관습: 부모는 자녀가 사회생활을 함에 있어 음주, 흡연, 약물 사용, 성행동, 가치관과 언어, 행동(반사회적 가치관이나 말썽에 휘말리는 행동 등) 등의 문제를 염려하므로 갈등이 생길 수 있다.

청년기에는 아동기보다는 갈등 빈도가 증가함에도 불구하고 부모-자녀 관계는 대체로 원만한 편이다(Noack & Buhl, 2004; Steinberg, 1990). 이는 우리나라의 경우도 비슷하며, 대부분의 청년이 부모와의 관계나 사고방식에 대해 만족하며 생활하고 있다.

청년기의 부모-자녀 갈등은 갈등 이후 회복능력에 따라 부모-자녀 관계의 질이 좌우된다. 예를 들면, 건강한 부모-자녀 관계는 갈등 이후 다시 이전 상태로의 회복이 빠르다. 그러나 건강하지 못한 부모-자녀 관계는 갈등 이후 원상태로 회복되는 데 감정과 시간이 많이 소요되며, 경우에 따라서는 관계가 회복되기 전에 또 다른 갈등을 양산한다. 또는 지속적인 부모-자녀 갈등으로 인해 정상적인 부모-자녀 관계가 유지되기 어려운 경우도 있다(Hann, Smith, & Block, 1968).

3) 부모-자녀 간 갈등의 해결방안

청년기에 부모-자녀 간의 갈등이 왜 일어나는지에 대해 다각도로 논의해 보았다. 이 외에도 물론 여러 가지 갈등 요인이 산재해 있다. 그러면 이러한 갈등을 어떻게 해결할 수 있는지 방안을 살펴보고자 한다.

먼저, 많은 부모가 갈등이 생겼을 때 부모의 권위와 가정의 위계질서에 도전을 받는다고 여긴다. 그리하여 부모는 오히려 자녀에게 권위를 행사하여 갈등을 해결하려고 하나 그것은 청년 자녀에게 부정적인 결과만을 초래할 뿐이다. 이때 부모와 자녀는 서로 폭넓은 영역에 걸쳐 개방적인 의사소통을 하는 것이 중요하다. 의사소통을 위해서는 가족 내에 전 채널 의사소통망을 구축하여 대화가 필요한 가족 구성원끼리는 직접 대화를 주고받도록 한다. 또 가족의 중요한 의사결정을 할 때 자녀를 참여시켜 공동으로 의사결정을 하는 것이 갈등을 줄이는 데 효과적이다. 부모는 청년 자녀의 의견을 존중해 주고 이해해 주어야 하며, 합리적이고 일관성 있게 규율을 제시하면서 자녀를 통제함으로써 부모-자녀 간의 갈등을 약화시킬 수 있다.

둘째, 청년들이 부모에게서 독립하여 자율성을 추구하는 것은 청년기에 적절하고 당연한 발달과업이다. 자녀가 태어나서부터 아동기까지는 애착관계를 형성하여 부모에 의존하였지만 사춘기가 시작되면서 그들은 점점 부모에게서 분리되는데, 이 과정에서 갈등이 초래된다. 부모는 자녀가 성장하여 독립적인 성인이 되기 위해서는 분리의 과정이 불가피하다는 것을 인식해야 한다. 부모가 인내심으로 자녀가 홀로 서는 것을 지켜보는 것이 때로는 갈등을 해결하는 묘안이 될 수 있다.

셋째, 부모-자녀의 세대차와 갈등을 극복하려면 부모가 자녀세대에게 익숙한 매체를 활용하여 해결할 수 있다. 예를 들면, 먼저 부모세대는 자녀에 대한 관심을 문자메시지나 SNS를 활용하여 소통의 공간을 확장시킬 수 있다. 자녀는 부모에게 보다 유용한 스마트폰 활용법 등을 설명해 주면서 세대차를 좁힐 수 있을 것이다.

넷째, 청년발달을 고려하여 부모의 양육태도와 역할을 재규정한다. 왜냐하면 자녀의 발달 단계에 따라 부모의 양육태도와 역할이 질적으로 달라져야 하기 때문이다. 예를 들면, 청년기의 자녀는 정서적 자율성과 행동적 자율성이 크게 증가한다(문경주, 2004). 정서적 자율성이란 청년들이 부모에게서 심리적 · 정서적으로 독립하는 개별화 과정이며, 행동적 자율성이란 친구와의 교제 범위, 용돈 사용 영역, 귀가 시간, 의상선택 등과 같은 일상생활 영역에서 부모와 독립적으로 자유롭게 의사결정을 내리고 싶어 하는 과정이다. 청년들은 부모와 원만한 유대관계를 유지하고 있는 상황에서 보다 더 안정적으로 정서적 자율성이 발달하는 것으로 나타났으며, 부모-자녀 간의 유대관계가 안정적이지 않은 상황에서 정서적 자율성을 획득한 청년의 경우에는 오히려 적응에 부정적인 영향이 나타났다(문경주, 2004에서 재인용). 청년들은 부모와 안정감 있는 애착관계를 유지한 상태에서 정서적 자율성과 행동적 자율성을 획득할 수 있으므로, 부모의 이해와 적절한 지도가 필요하다(한정란 외, 2005).

청년기 부모는 자녀에게 상담자(counselor) 역할을 수행해야 한다. 자녀는 청년기에 직면하는 여러 갈등 상황으로 인해 수시로 부모에게 조언과 지지를 기대한다. 이때 부모는 상담자의 역할을 잘 감당하기 위해서 자녀의 발달 특성에 민감하고, 자녀의 관심사에 주의를 기울이며, 자녀가 협조를 요청할 경우 수치심을 가지지 않도록 긍정적인 태도로 자녀에게 실질적인 도움을 제공하여야 한다. 부모는 자녀가 자유롭게 의사표시를 할 수 있는 가정환경을 조성하도록 한다.

고든(Gordon, 1975)은 부모가 자녀에게 의사를 전달하는 다양한 형태의 의사소통 방식 중에서 충고ㆍ제언하기, 칭찬ㆍ동의하기, 지지ㆍ공감ㆍ위안하기와 같은 의사소통 방식을 자주 사용하는 것이 바람직한 부모-자녀 관계를 위해 좋다고 제언하였다.

자녀와의 대화가 시작되면 존중하는 태도와 표정으로 개방적인 의사소통을 하도록 노력하되, 자녀의 사생활을 지나치게 탐색하는 것은 바람직하지 않다. 자칫 잘못하면 정서적으로 민감한 청년 자녀가 자신의 사생활이 드러났다고 생각하거나, 대화한 내용을 온 가족이 알게 될까 후회할 수도 있다. 자녀에게 설사 잘못이 있다 하더라도 부모는 경청한 후 합리적인 설명으로 그 잘못된 행동의 결과를 자세히 설명해 주는 것이 중요하다. 자녀가 학업, 친구관계 등으로 고민할 때에는 현실적인 사회의 경쟁적 분위기를 반영해 야단치기보다는 적극적으로 자녀의 편이 되어 격려하는 것이 훨씬 더 효과적이다. 기본적으로 청년기 자녀의 부모는 자녀에게 사랑과 이해, 신뢰를 강하게 심어 주는 것이 중요하다.

청년기 자녀를 둔 부모는 우리나라 사회에서 학력이 얼마나 중요한지를 절감한 세대이다. 그러므로 자녀가 학업에 소홀하면 이로 인해 미래에 닥칠지 모르는 어려움을 예감하여 조바심이 나고, 학교, 사회에 이어 가정에서까지 경쟁적 분위기를 무의식중에 조성하게 된다. 학력 위주의 사회 현실은 청년들이 자신의 미래를 생각할 때 심리적 중압감으로 작용하고 있다. 이와 같이 우리나라 청년과 부모들은 입시와 관련된 문화적으로 차별화된 스트레스가 가중되므로 부모-자녀 간의 갈등이 추가되고 있다. 이 시기에는 청년들의 노력도 중요하지만 청년발달 단계를 고려한 보다 성숙한 부모역할의 수행이 절실히 요구된다.

부모-자녀의 긍정적인 의사소통의 8가지 유형

1. 100% 수용적인 언어 표현하기: 부모와 자녀가 상호작용할 때 부모가 긍정적인 언어 표현을 사용하면 자녀는 그 상호작용의 의미를 잘 이해하게 된다.
2. 가족 구성원 모두 대화에 참여하기: 가족 구성원 모두가 대화를 통해 각자의 의사를 공유할 수 있도록 하며, 이때 대화에 참여하지 못하는 가족이 없도록 한다.

3. 약한 의사 표현 강화하기: 아동이든 성인이든 의사소통에서 상호작용과 자기주장을 잘 하지 못하는 구성원이 있으면 더 적극적으로 참여하도록 격려한다.

4. 따라서 반응해 주기: 부모가 자녀와 상호작용을 할 때 자녀의 언어적 또는 비언어적 표현에 뒤이어 반응을 보인다. 이때 부모는 자녀에게 평가적인 표현을 하면서 자녀를 바라본다.

5. 긍정적으로 표현하기: 부모는 자녀가 해야 할 일을 지시할 때 모든 가능성을 고려해 긍정적인 말로 표현한다.

6. 자발적인 행동 지지하기: 자녀가 무언가를 배우려는 의도에 대해 부모가 긍정적인 반응을 보인다.

7. 이끌어 가기: 부모가 행동의 모범을 보여서 자녀의 행동을 이끌어 가고 무엇이 기대되는지 그리고 부모가 무엇을 책임질 수 있는지를 자녀가 알도록 한다.

8. 즐거운 순간들을 공유하기: 부모는 자녀와 즐길 시간을 갖고, 즐거운 순간들을 함께한다.

부모는 자녀의 나이, 심리적 및 행동적 특성, 상황 등을 고려하여 앞의 8가지 의사소통 유형을 활용할 수 있다.

출처: Weiner, Kuppermintz, & Guttmann (1994).

제9장

청년과 학교

청년들의 대부분은 학생이므로 청년기의 상당 시간을 학교에서 생활하며 보내게 된다. 따라서 학교는 아동기에 이어 청년기까지도 발달에 중요한 영향을 미치는 맥락이라고 할 수 있다. 학교는 가정과 함께 청년기의 주된 사회화 기관으로 학업을 증진시킬 뿐만 아니라 진로에도 결정적인 역할을 한다. 이 장에서는 학교환경과 함께 교사의 역할, 학업 수행에 영향을 주는 요인에 관해 살펴보고자 한다.

1. 학교환경

1) 학교의 기능

학교는 제도적으로는 제2차적 이익사회(Gesellshaft)이지만 동료교사관계나 친구집단은 제1차적 공동사회(Gemeinshaft)의 요소를 가진다. 학교는 각각 다른 성장과정과 배경, 능력, 성격, 잠재력 등을 지닌 학생들이 최적의 발달을 이룰 수 있도록 도와주는 역할을 하므로 기능이 다양하고 복잡하다.

학교의 기능을 정리해 보면 다음과 같다.

첫째, 학교는 사회화 기능을 수행한다. 학교의 가장 대표적이고 기본적인 사회화 기능에는 다음 네 가지가 포함된다.

- 학교는 학생들을 보살피고 관리하는 기능을 수행한다. 학교는 애정으로 학생들의 그릇된 습관이나 바람직하지 못한 행동을 교정해 주는 역할을 한다. 학교는 학생 개인의 행동규범은 물론 집단이나 단체 내에서의 행동규범을 제시하고 지도한다.
- 학교는 각 연령 수준에서 요구되는 지식과 기술을 가르친다. 학교는 학생들에게 필요한 지식과 기술을 가르침으로써 개인적 기능과 대인관계 기술을 획득하도록 도와준다. 개인적 기능은 각종 학습 교재나 현장 실습에 의한 정보의 획득, 자아개념의 성취, 만족의 지연, 책임감 있는 행동이나 독립적 행동, 포부나 열망 등을 발달시킴으로써 향상될 수 있다.
- 학교는 문화적 가치, 신념 및 전통을 전달하는 기능을 한다. 학교는 학생들에게 그 사회의 다양한 역사적 · 문화적 환경을 접하게 함으로써 문화유산과 전통 및 사회의 가치체계를 전달한다.
- 학교는 학생들을 평가하는 기능을 한다. 평가의 결과를 바탕으로 차후 학습 방향을 설정하게 되므로 단순히 학생을 분류하고 등급을 매기기 위해 학생을 평가해서는 안 된다. 평가 결과는 교육과정에 반영되어 교육의 질적 및 양적 개선을 위한 기초자료로 활용되어야 한다.

둘째, 학교는 학생들의 진로를 설계하는 기능을 수행한다. 그러므로 학생들이 일과 직업세계에 관심을 가지도록 도모하고, 각자의 미래 직업을 탐색하거나 직업 생애를 설계할 수 있도록 직업교육을 제공해야 한다.

셋째, 학교는 학생들에게 성공 경험의 기회를 제공하는 장(場)이어야 한다. 그러므로 학생들의 학습 속도나 이전의 성취와 상관없이 모든 학생이 성공 경험을 할 수 있도록 지원해야 한다. 이를 위해 학생들의 요구를 반영한 교육 프로그램이 구성되어야 할 것이며, 다음과 같은 세 가지 방법을 추천한다(Hamburg, 1992).

- 학생들의 다양한 능력에 따라 수준별 집단을 구성하고 또래 간 협동 학습이나 상급생이 하급생을 개별 지도하는 것과 같은 교수전략을 활용한다.
- 학생들의 심화학습이 가능하도록 학습 계획을 융통성 있게 운영한다.
- 방과 후 학습, 여름이나 주말의 특별학습, 교사의 개별 지도 및 학부모 참여 지도 등 다양한 학습기회를 제공한다.

2) 좋은 학교환경의 특징 및 학교 현황

청년들에게 학교는 가정만큼이나 영향력 있는 기관이다. 특히 현대사회에서는 가정의 교육적 기능이 약화됨에 따라 상대적으로 학교의 역할이 점차 중요해지고 있다.

많은 학생이 초등학교를 떠나 중학교에 진학하면서 자신의 학업능력을 지각하게 됨에 따라 자신감 상실, 학업동기 감소, 학업성취 저하 등과 같이 학업적으로 당황하거나 슬럼프에 빠지는 경향이 있다(Roeser & Eccles, 1998; Roeser, Eccles, & Freedman-Doan, 1999: 정영숙, 신민섭, 이승연, 2009에서 재인용). 일반적으로 중ㆍ고등학교는 초등학교에 비해 규모가 더 크고, 과목 수와 과목별 담당교사의 수가 증가하며, 교사들은 학생의 이름을 다 알기 어려울 정도로 학생의 효과적인 관리 및 감독이 어렵고, 비개인적이며, 학업의 비중이 높아지는 경향이 있다. 따라서 청년 초기에는 사춘기와 함께 중학교에서의 적응 자체가 청년들에게 중요한 발달과제 중하나이다.

(1) 좋은 학교환경의 특징

많은 교육학자는 바람직한 학교환경을 조성하기 위하여 교사, 교과과정, 학교와 학급의 크기, 학교의 분위기 등 여러 조건을 다각적으로 검토해 왔다. 예를 들면, 잭슨과 데이비스(Jackson & Davis, 2000)는 대규모의 전문가 집단의 연구에 기초하여 성공적인 중ㆍ고등학교의 특징을 다음과 같이 제시하였다(정영숙 외, 2009).

- 교사는 초기 청년들의 전문적인 발달 기회뿐 아니라 이 연령대와의 상호작용을 위해 특별한 훈련이 필요하다.

- 교과과정은 엄격해야 하며, 학습 기대는 높아야 한다.
- 교과과정은 학생들이 자신의 삶과 관련 있다고 인식하도록 제공되어야 한다.
- 학교는 친절하고 지지적인 분위기를 지녀야 한다. 학생은 교사, 또래와 함께 학교사회를 공유한다고 느낄 수 있어야 한다.
- 중·고등학생은 자신의 의견과 생각이 존중받는다고 느껴야 한다.
- 학교는 학업적으로 우수하든지 미흡하든지 간에 모든 학생의 성공을 위해 노력해야 한다.
- 학부모는 학교에 참여해야 한다.
- 학교는 지역사회의 일부가 되어야 하며, 회사나 지역사회 기관 등과 상호작용해야 한다.
- 학생들이 좋은 건강습관을 형성할 수 있도록 격려해야 한다.

학교환경의 질을 논함에 있어서 흔히 준거가 되는 것은 학교와 학급의 크기이다. 잭슨과 데이비스(Jackson & Davis, 2000)의 성공적인 중·고등학교의 특징 중 하나인 '친절하고 지지적인 분위기'는 학교의 크기가 상대적으로 작은 경우(전교생의 수가 1,000명 이하이되, 너무 작은 경우는 제외함)에 비교적 조성되기 쉽다.

학교의 크기는 학생들의 행동 및 적응의 문제와 관련이 있는 것으로 보인다. 학교의 크기가 작은 경우에 학생들은 성공적으로 적응하는 것으로 나타났다. 그 이유는 첫째, 학교 규모가 작은 경우 학생들이 여러 활동에 적극적으로 참여할 가능성이 높으며, 둘째, 학생들에 대한 교사의 모니터링의 질이 대규모 학교보다 높기 때문이다(Elder & Conger, 2000: 정영숙 외, 2009에서 재인용). 학생 수가 적은 학교의 학생들은 학교에 대한 강한 소속감을 가지고 긍정적인 상호작용과 친사회적 행동을 많이 하는 반면에, 학생 수가 많은 대규모 학교의 학생들은 소속감이 결여되어 있으며 자신의 행동에 대한 책임의식도 낮아 무단결석이나 문제행동의 빈도가 높게 나타났다(정옥분, 2005). 대규모 학교의 경우, 학생들에 대한 교사들의 세심한 관심과 지도가 요구된다.

학교의 크기가 학생의 학업성취도와 직접적인 상관은 없으나, 학급의 크기는 학생들의 학업성취도와 관련 있는 것으로 나타났다. 구체적으로 학급당 학생 수가 50명이 넘는 과밀학급의 경우 학업성취도가 낮게 나타난 반면에 학급당 학생 수가 15명

이하일 때 학업성취도가 가장 높은 것으로 나타났다(정옥분, 2005에서 재인용).

　학급당 학생 수는 해당 학교급의 총 재적 학생 수를 총 학급 수로 나눈 값으로, 학교교육 여건의 수준을 나타내는 중요한 지표이다. 또한 교원 1인당 학생 수는 한 사람의 교사가 얼마나 많은 수의 학생을 대면하고 있는지를 보여 주는 지표로 학급당 학생 수와 함께 교육여건을 가늠하는 중요한 지표이다.

　저출산으로 인한 아동 감소 등으로 10년 전 대비 초등학교 교원 1인당 학생 수는 6.8명 감소, 학급당 학생 수는 6.9명 감소한 것으로 나타났다(통계청, 2019). 특히 초등학교와 고등학교의 학급당 학생 수 감소폭이 두드러지게 나타났으며, 우리나라의 교원 1인당 학생 수는 지속적인 감소 추세에 있어, 이는 우리나라의 학교 교육환경이 크게 개선되고 있음을 시사한다.

(2) 학교교육 현황

　2021년 학령인구(6~21세)는 763만 8,000명으로 전년 대비 2.3% 감소한 것으로 나타났다. 저출산으로 인해 학령인구 비중은 계속 감소하여 2021년도 총인구의 14.7%에서 2060년에는 총인구의 9.8%로 전망되고 있다(통계청, 2021).

　우리나라의 학교급별 학령인구 비중은 초등학교(6~11세) 5.2%, 중학교(12~14세) 2.6%, 고등학교(15~17세) 2.6%, 대학교(18~21세) 4.3%로 나타났으며, 이 역시 감

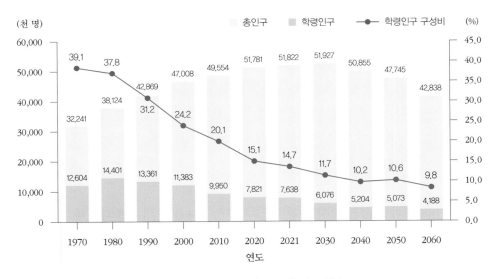

[그림 9-1] 학령인구(6~21세) 및 구성비

자료: 통계청(2021).

표 9-1	학령인구(6~21세) 추이											(단위: 천 명, %)
	총인구	학령인구 (6~21세)	구성비	초등학교 (6~11세)	구성비	중학교 (12~14세)	구성비	고등학교 (15~17세)	구성비	대학교 (18~21세)	구성비
1970	32,241	12,604	39.1	5,711	17.7	2,574	8.0	2,101	6.5	2,218	6.9
1980	38,124	14,401	37.8	5,499	14.4	2,599	6.8	2,671	7.0	3,632	9.5
1990	42,869	13,361	31.2	4,786	11.2	2,317	5.4	2,595	6.1	3,663	8.5
2000	47,008	11,383	24.2	4,073	8.7	1,869	4.0	2,166	4.6	3,275	7.0
2010	49,554	9,950	20.1	3,280	6.6	1,985	4.0	2,084	4.2	2,601	5.2
2020	51,781	7,821	15.1	2,717	5.2	1,358	2.6	1,382	2.7	2,364	4.6
2021	51,822	7,638	14.7	2,710	5.2	1,373	2.6	1,337	2.6	2,218	4.3
2030	51,927	6,076	11.7	1,797	3.5	1,143	2.2	1,321	2.5	1,815	3.5
2040	50,855	5,204	10.2	2,085	4.1	1,017	2.0	916	1.8	1,186	2.3
2050	47,745	5,073	10.6	1,733	3.6	941	2.0	1,002	2.1	1,396	2.9
2060	42,838	4,188	9.8	1,398	3.3	793	1.9	832	1.9	1,164	2.7

자료: 통계청(2021).

소 추세를 보이고 있다. 이러한 학령인구의 전반적인 감소 추이는 저출산과 관련이 있는 것으로 나타났다.

2. 교사의 역할

학교환경에서 학생들에게 가장 큰 영향력을 행사하는 사람은 교사이며, 이 영향력은 때로는 많은 학생의 진로를 좌우하거나 일생에 있어서 지속될 정도로 강력하다. 교사는 청년들의 품성을 격려하고 잠재력을 발휘하도록 북돋운다. 교사의 관심과 격려는 학생들이 발전하게 되는 긍정적인 동기가 되어 학업 수행과 재능을 계발시킨다.

훌륭한 교사의 특성을 제시한 학자들의 연구 결과를 살펴보면 다음과 같다(정영숙 외, 2009; 정옥분, 2008).

• 권위가 있는 동시에 열의와 적응력이 있으며, 학생들에게 공정하고 따뜻하며,

융통성이 있고, 학생들의 개인차를 잘 이해하는 교사(Jussim & Eccles, 1993)
- 공정하고, 실력이 있으며, 수업에 열의가 있고, 학생들을 좋아하며, 위엄이 있는 교사(Norman & Harris, 1981)
- 학생들에게 자신감 있고, 관대하고, 정서적으로 안정되고, 따뜻하고, 친절하고, 신뢰할 수 있으며, 학생들로 하여금 열등감을 느끼지 않도록 하는 교사; 합리적인 규제를 하고 자연스럽게 권위를 행사하는 교사; 청년들에게 관심을 가지고 청년들의 발달과 적응문제를 이해하는 교사(Aptekar, 1983; Carter, 1984; Teddlie, Kirby, & Stringfield, 1989)
- 학생들이 스스로의 학습에 책임감을 느낄 수 있도록 다양한 전략을 사용하는 교사(예를 들면, 학생들이 교과자료를 쉽게 이해할 수 있는 다양한 방법을 제시하거나 학생의 답안에 피드백을 제공함으로써 학습을 지원하는 교사; Bransford, Brown, & Cocking, 1999; Eccles & Roeser, 2003)
- 학습 내용을 학생들에게 관련 있고 의미 있게 구성하여 학생들의 참여도를 높이는 교사(National Middle School Association, 2005)
- 학생들의 능력에 다소 높은 기대 수준을 설정하여 긍정적인 피드백을 제공하고 학생들과 자주 대화하는 교사(Solomon, Scott, & Duveen, 1996)

종합해 보면, 교사들이 학생들에게 대하는 태도와 기대는 학생들의 성취행동과 적응에 중요한 영향을 미치는 것으로 나타났다. 훌륭한 교사란, 첫째, 수업에 있어서 실력이 있고, 자신감과 열의를 보였으며, 둘째, 위엄이 있되 학생들에게 공정하고 합리적으로 권위를 행사하였으며, 셋째, 따뜻하고 친절하며, 학생들에게 관심이 높아 개인차와 개개인의 적응 문제를 이해하였고, 넷째, 학생들의 자기주도적 학습을 유도하고, 학생들의 성취 수준에 높은 기대를 가지고 긍정적인 피드백을 제공하여 학생들의 학업을 증진시키는 특징을 지닌다.

3. 학업 수행에 영향을 주는 변인

청년들의 학습에 영향을 미치는 변인은 다양하다. 학습자의 학업 수행은 학습자의 성격이나 동기적 요인, 교사나 수업의 질 등 다양한 요인에 의해 영향을 받는데, 이에 대한 학자들의 연구 결과는 다양하다. 예를 들면, 블룸(Bloom, 1976)은 학습변인 중 약 50% 정도는 학습자의 인지적 특성이, 약 25% 정도는 학습자의 정의적 특성이, 나머지 25% 정도는 교사가 진행하는 수업의 질이 좌우한다고 보았다. 여기서는 청년의 학업 수행에 영향을 미치는 변인을 개인적 요인과 외부적 요인으로 분류하여 살펴보고자 한다.

1) 개인적 요인

청년기의 학업 수행을 이해하고 학업성취도를 높이기 위해서는 개인적 요인인 지적 특성, 정의적 특성과 함께 태도적 특성의 다양한 변인을 고려해야 한다.

(1) 지적 특성

학업성취도에 영향을 주는 지적 특성은 개념상 크게 일반 지적 행동, 특수 지적 행동, 준 일반 지적 행동으로 구분된다.

첫째, 일반 지적 행동(generalizable cognitive entry behavior)은 거의 모든 교과목의 학습에 영향을 줄 수 있다고 상정되는 보편적 지적 능력으로, 대부분 가정과 학교 초기 단계에 형성된다. 대표적인 예가 '지능'과 '언어능력'이다. 개인의 지능과 언어능력은 8세 이전에 80% 이상이 결정되며 학업 성적과 상관관계가 높은 것으로 알려져 있다.

둘째, 특수 지적 행동(specific cognitive entry behavior)은 학습과제와 밀접하게 관련된 선행학습능력으로, 대개 같거나 유사한 교과목에서의 선행학습 정도 및 성적을 그대로 특수 지적 행동의 지표로 사용할 수 있다. 특수 지적 행동은 일반 지적 행동보다 학업 성적과의 상관이 훨씬 높게 나타나는 것이 보통이다.

셋째, 준 일반 지적 행동(quasi-generalizable cognitive entry behavior)은 일반 지적 행동과 특수 지적 행동의 중간 정도에 해당하는 능력이다. 이는 지능만큼 일반적이지도 않으며, 특정 교과에 관련된 능력도 아니지만 대부분의 교과학습에 영향을 주는 능력을 지칭한다. 대표적인 예가 '독해력'과 '수학능력'이다. 준 일반 지적 행동과 학업 성적은 높은 상관관계를 나타내며, 그 상관 정도는 일반 지적 행동보다는 높고 특정 지적 행동보다는 낮은 수준이다.

① 지능

일반 지적 행동 중 모든 교과목에 가장 보편적으로 영향을 미치는 변인으로 지능(intelligence)을 들 수 있다. 지능은 일반적인 지적 능력으로 대개 표준화 검사를 통해서 측정된다. 표준화 검사는 집단 규준(norm)을 가진 검사로서 표준적인 절차와 방법으로 실시된다. 이때 규준이란 동일 집단의 실제 점수들을 대표하는 값이다. 표준화 지능검사는 한 번에 한 사람씩 실시하는 개인검사와 한 번에 여러 사람씩 실시하는 집단검사가 있다.

개인의 지능과 학업 수행 간에 높은 상관이 있음은 잘 알려진 사실이다. 청년 여성에게서 다소 예외가 발견되나, 높은 지능지수를 가진 학생들이 더 높은 교육적 포부 수준을 나타내는 것으로 밝혀졌다(O'Sullivan, 1990). 그러나 우수한 지능이 반드시 높은 학업성취도를 나타내는 것은 아니므로 가정의 사회경제적 배경, 부모와 교사 및 동년배의 영향, 자아존중감, 성취동기, 성 역할 기대, 불안통제 등 다양한 변인이 함께 고려되어야 한다.

이러한 사실을 종합해 볼 때, 지능이 학업성취도에 미치는 영향은 기대만큼 크지 않으며, 직접적이기보다는 간접적이라고 할 수 있다. 따라서 학교현장에서는 개인의 지능지수에 절대적인 의미를 부여하기보다 참고자료로 활용하는 것이 바람직하다.

② 선행학습

청년들의 학업에 영향을 주는 대표적인 특수 지적 행동으로는 선행학습을 들 수 있다. 특히 학습 위계가 뚜렷한 교과학습에서 선행학습의 영향력은 상당하다. 특수 지적 행동의 경우 일반 지적 행동보다 학업 수행에 대한 영향력이 더 클 뿐만 아니라 적은 시간과 노력으로 쉽게 변화 또는 개선될 수 있는 변인이라는 점에서 교육적 효용성이 높다.

그러므로 학습과제가 계열화된 것이라면 교사는 우선 학생들의 선행학습 정도를 확인하고, 부족할 경우에는 보충하거나 교정하여 시발행동을 동등하게 만드는 것이 중요하다. 이러한 목적을 위해 일반적으로 표준화 학력검사를 사용하며, 이보다 더욱 구체적이고 세부적인 정보를 수집하기 위해서는 교사 스스로 제작한 진단평가를 활용할 수 있다.

학생들의 학습 결손은 교과에 대한 흥미 상실과 학업 성적 저하 및 특정 교과목에 대한 학습 포기의 원인이 될 뿐만 아니라 나아가 학습에서의 실패가 부정적 자아개념과 같은 심리적 부적응과 문제행동을 유발한다. 부정적 자아개념은 열등감을 형성하고, 대인관계의 위축은 물론, 비합리적 신념 및 태도를 확산시켜 결국 청년들의 심각한 부적응과 사회적 문제행동을 초래한다.

읽기자료

마태효과(Matthew Effect)

마태효과란 선행지식이 풍부한 학생은 갈수록 학업성취가 높아지나 선행지식이 결여된 학생은 갈수록 학업성취가 낮아지는 현상이다. 이는 성경 마태복음에 "좋은 나무마다 아름다운 열매를 맺고 못된 나무가 나쁜 열매를 맺나니, 좋은 나무가 나쁜 열매를 맺을 수 없고 못된 나무가 아름다운 열매를 맺을 수 없다."라는 구절과 "무릇 있는 자는 받아 더욱 풍족하게 되고, 없는 자는 그 있는 것까지 빼앗기리라."라는 구절에 기인하여 명명한 것이다.

이는 빈익빈 부익부 현상으로 '지식 있는 자는 지식을 받아 더욱 풍족하게 되고, 지식 없는 자는 가진 지식까지도 빼앗긴다.'는 현상을 나타낸다. 마태효과는 학교현장에서도 적용되는데, 선행지식의 영향으로 인해 학생들 사이에서 학업성취의 빈익빈 부익부 현상은 갈수록 심화된다.

출처: 권대훈(2009), p. 418.

③ 기타

이 외에도 추상적 사고와 논리적 분석능력 역시 학업성취도와 밀접한 관련이 있는 것으로 밝혀지고 있다. 즉, 형식적 조작 사고와 교과목 성적 간에는 의미 있는 상관이 있으며, 특히 그 과목에 관한 사전지식이 없는 학생들 간에도 형식적 조작 사고능력이 높을수록 성적이 높은 것으로 나타났다. 우리나라 고등학교 2학년을 대상으로 형식적 조작 사고능력과 지능 및 학업성취도 간의 관계를 분석한 연구에서도 형식적 조작 사고능력이 높을수록 교과 성적, 특히 수학 점수가 높은 것으로 나타났다(허형, 1988). 또한 지능이 높을수록 형식적 조작 사고능력이 높게 나타났으며, 지능보다 형식적 조작 사고능력이 학업성취도에 미치는 영향이 더 큰 것으로 보인다.

(2) 정의적 특성

학업 수행에 영향을 미치는 중요한 개인적 요인 중 하나는 정의적 특성이다. 정의적 특성은 지적 특성보다 학업 수행에 때로는 더 큰 영향을 미치기도 한다. 정의적 특성은 지적 특성보다 정의하기가 더 어려운 복합 개념이다. 흔히 이를 동기(motivation)라는 용어로 총칭하지만, 블룸(Bloom, 1976)은 "흥미, 태도, 자아관의 복합체"라고 하였으며, 황정규(2010)는 "한 학습과제를 학습하기 이전에 형성된 개인의 정의의 총체"라고 정의하였다.

정의적 행동도 지적 행동과 마찬가지로 그것이 학습과제에 얼마나 직접적으로 관련되어 있느냐에 따라 일반 정의적 행동, 준 일반 정의적 행동, 특수 정의적 행동으로 구분한다. 즉, 흥미나 태도 그리고 자아개념의 경우 각각 일반, 준 일반(학교 또는 교사에 대한), 특수(특정 교과목에 대한)로 구분 가능하다. 정의적 행동을 일반, 준 일반, 특수까지 세 차원으로 개념화하였을 때 일반 정의적 행동보다 특수 정의적 행동이 학업 성적을 보다 더 많이 예언한다. 이는 특수 정의적 행동이 청년들의 학업 성적에 보다 더 영향을 주는 중요한 변인임을 시사한다.

종합적으로 정의적 행동과 학업 성적의 상관성을 시기별로 살펴보면 학습이 진행되는 초기에는 그다지 높지 않다가, 학습이 진행되거나 학년이 높아짐에 따라 상승하는 현상을 보인다. 이는 정의적 행동이 점차 누적적으로 영향력이 증가함을 의미하므로, 만약 정의적 행동이 부정적인 것이라면 그것이 고착되기 전에 긍정적 방향으로 변화시키는 체계적인 노력이 필요하다.

① 성취동기

동기(motivation)란 어떤 행동을 유발시키고 그 행동을 지속하도록 하는 유기체의 내부적 특성이다. 학습동기는 효과적인 학습을 위한 필요조건인 동시에 바람직한 학습의 성과이기도 하다. 학습동기가 높은 학생은 높은 성취동기와 긍정적인 자아개념을 가진다.

성취동기(achievement motivation)란 외적 보상이 없는데도 불구하고 새롭고 도전적이며 다소 어려운 과제를 잘 해결하고자 하는 개인적 동기를 말한다. 즉, 어려운 과제를 성취해 가는 과정 그 자체에서 만족을 얻으려는 욕구이다. 성취동기가 높은 사람은 일의 과정 자체를 즐기는 과업 지향적 동기, 어느 정도 어려운 과제를 해결하려는 적절한 모험심, 자기 책임감, 자신감, 결과를 알고 싶어 하는 성향 및 미래 지향성과 함께 정력적이며 혁신적인 활동력을 가지는 것이 특징이다. 최근 성취동기에 대한 이론에서는 목표 지향성과 자기효능의 동기적 역할을 강조하고 있다.

많은 연구 결과가 성취동기와 학업성취 간의 특징적 관계를 잘 설명해 주고 있다 (신명희 외, 2010).

첫째, 성취동기가 지능보다 학업성취를 더 많이 설명해 주고 있는 것으로 나타났다. 예를 들면, 지능이 높더라도 성취동기가 낮은 경우에는 학업성취가 낮게 나타났다.

둘째, 성취동기 수준은 학습과제의 양과 질의 수행 정도와 관련성이 높다. 예를 들면, 성취동기가 높은 학생의 경우 외부 감독이나 관리에 상관없이 스스로 사용할 수 있는 비정규 시간에도 높은 성취 정도를 유지하였다.

셋째, 성취동기는 과제 지속력과 정적 상관관계를 보인다. 성취동기가 높은 학생은 낮은 학생에 비해 과제 지속력이 긴 것으로 나타났다. 이들은 보다 열정적이고, 호기심을 가지고 스스로 문제를 해결하며, 그 과정을 통해 무엇인가를 배우려고 시도한다. 따라서 학습활동에 보다 지속적으로 몰두하며, 어려움을 적극적으로 극복하려 하므로 학업을 장기간 지속할 수 있다.

넷째, 성취동기가 높은 학생은 자신의 실패를 외재적 요인보다는 내재적 요인으로 귀인하는 경향이 높게 나타났다. 예를 들면, 성취동기가 높은 학생은 실패의 원인을 외부의 탓으로 돌리기보다는 자신의 노력 때문이라고 생각하고, 다음에 더 노력하면 성취 수준을 높일 수 있다고 확신한다.

종합적으로 성취동기가 높은 학생들은 만족스러운 학업성취 수준을 보이며, 이는 나아가 긍정적 자아개념을 형성하는 데 도움이 된다.

② 자아개념

자아개념(self-concept)은 한 인간의 인성과 행동의 핵심적인 요소로서 자기 자신에 대한 지각과 평가라 할 수 있다. 즉, 자아개념이란 신체적 특징, 개인적 기술, 특성, 가치관, 희망, 역할, 사회적 신분을 포함한 '나'에 대한 지각 또는 평가를 의미한다. 사람들은 자기 자신에 대해 어떻게 지각하느냐에 따라 행동이 달라진다. 그러므로 학생들이 자신을 어떻게 바라보느냐에 따라 학업성취 수준 역시 달라질 수 있다. 예를 들어, 나도 노력하면 잘할 수 있는 사람이라고 지각하는 경우 학업성취 수준이 자신의 기대에 미치지 못해도 이를 극복하려고 노력할 가능성이 있다. 반면에 부정적인 자아개념을 가졌다면 학업성취에서 실패할 것을 전제로 실패 회피 행동을 하거나, 성취 결과가 나쁘게 나타나도 이를 당연하게 받아들일 가능성이 높다. 우리나라 청년들의 경우 학업 성적에 지능 다음으로 학문적 자아개념이 큰 영향을 미치고 있는 것으로 나타났다. 그러나 자아개념은 학업성취의 필요조건이지 충분조건은 아니라는 점을 명심해야 한다.

③ 감성지능(EQ)의 발달

최근에는 감성지능지수(Emotional Intelligence Quotient: EQ)가 학업 수행에 어떤 영향을 미치는지에 대해 학계의 관심이 주목되고 있다. 감성지능이란 인간의 감정적 능력, 즉 자신의 감정을 조절하는 능력이다. 인간이 스스로 감정을 일으켜 그 감정에 휩싸이는 것을 통제할 수는 없지만 감정의 지속 시간은 통제할 수 있다. 자신의 감정을 적절하게 조절하는 사람은 그렇지 못한 사람보다 학습효과가 높고, 스트레스에 대응할 수 있으며, 자기주장이 분명하고, 좌절 상황에서 포기하지 않으며, 새로운 해결책을 제시하는 것으로 나타났다. 또한 자신의 감정 조절력이 높은 청년은 자신감과 독립심이 강하고, 인간관계의 신뢰성이 높으며, 과업 중심적이고, 언어능력과 수리능력의 점수가 높은 것으로 밝혀졌다. 그러나 감성지능은 감정에 의해서만 좌우되는 것이 아니라 지적 능력, 즉 일반지능과의 조화에 의해 계발된다. 다시 말해, 머리와 가슴의 균형, 즉 지성적 생각과 정서적 마음의 균형이 감성지능의 발달에 있어 중요하다.

일반적으로 청년의 감성지능 계발을 위해 다음 다섯 가지 방안을 제안할 수 있다.

- 자신의 감정 알기(knowing one's emotions): 감정이 일어날 때를 바로 알아차리는 것, 자기를 점검(monitor)할 수 있는 능력, 자신의 결정에 대한 느낌을 인식하는 것, 감정이 일어나는 조건과 상황을 아는 것 등을 말한다.
- 자신의 감정 다루기(managing one's emotions): 부정적 감정을 스스로 조절하는 능력(흥분을 진정시키는 능력, 과도한 불안이나 우울, 짜증을 떨쳐 버릴 수 있는 능력), 충동을 조절하는 능력(충동을 대상, 시기, 정도에 알맞게 조절할 수 있는 능력),

현재의 욕망을 장래의 어떤 목표를 위해 잠시 미루는 것 등을 말한다.

- 스스로 동기화하기(motivating oneself): 자신의 감성적 에너지를 어떤 한 곳에 집중하여 정렬시키는 능력(주의집중), 자신의 과제 수행력에 대한 개인적 신념(해결 중심의 접근)을 말한다.
- 타인의 감정을 알아차리기(recognizing emotions in others): 공감능력(비언어적 메시지에 초점을 맞추는 것)을 의미한다. IQ가 높으면 일을 잘하지만 EQ가 높으면 일을 잘하는 사람들을 잘 다루는 능력이 있다.
- 대인관계능력 배양하기(handling relationships): 다른 사람의 감정을 다루는 능력, 집단을 조정해 갈 수 있는 능력(지도력), 자발성과 협동성을 북돋울 줄 아는 능력, 협상능력, 결합능력, 사회적 분석능력 등을 말한다.

(3) 태도적 특성: 학습관 및 태도

청년들의 학업 수행 능력은 학습관이나 태도와도 관련이 있으므로 학업성취도를 높이기 위해서는 학습관 및 태도의 결함 여부를 진단하고 교정할 필요가 있다. 학습에서의 성공과 실패는 개인의 사고과정의 차이와 관련 있다. 예를 들면, 성공형 학생과 실패형 학생은 문제에서 핵심 어휘를 발견하는 방법, 문제의 요점을 파악하는 방법, 문제에 접근하는 방법 등에서 전혀 다른 태도를 나타낸다. 따라서 교과에 대한 능력도 중요하나 공부하는 방법이나 문제 해결 방법, 사고과정 등이 적절한지를 점검할 필요가 있다. 최근에는 학생들의 학습습관, 학습태도 등을 진단하고, 보다 효과적인 학습전략을 활용하여 학업성취도를 높이고자 하는 학습전략 훈련 프로그램이 다수 개발되고 있다.

2) 외부적 요인

청년기의 학업 수행에 영향을 주는 외부적 요인으로는 가정의 사회경제적 배경, 부모의 특성, 동년배 집단 등이 있다.

(1) 가정의 사회경제적 배경

일반적으로 가정의 사회경제적 지위는 청년기 자녀의 학업성취 수준과 상관관계가 있다. 예를 들면, 중류층 또는 상류층 가정의 경우 청년기 자녀의 학구적 지향을 격려하고 사회에서의 성취와 성공을 중요시한다(Sarigiani, Wilson, Petersen, & Vicary, 1990).

부모의 낮은 사회경제적 지위가 학생들의 학업성취에 부정적인 영향을 주는 원인은 다음과 같다(정영숙 외, 2009; Simons, Finley, & Yang, 1991).

첫째, 낮은 사회경제적 계층의 학생들은 학업 수행에 대해 긍정적인 부모의 모델과 영향이 부족하다. 이들은 의식주와 건강 문제, 그리고 생활 긴장 수준이 심각하므로 자녀의 학업 수행에 관심을 가질 여유가 없다. 하류계층 가정은 중류 또는 상류 계층 가정에 비해 상대적으로 낮은 교육 경력을 지니고 있으며, 학교에서의 학업 수행이 자녀의 삶을 변화시키거나 도움을 줄 것이라고 기대하지 않는다. 따라서 하류계층 부모들에게 자녀의 학업 수행은 그다지 중요하지 않으며, 지금의 학업성취 수준 정도도 충분하다고 생각하기 때문에 고등교육의 기대와 격려가 부족하기 쉽다.

둘째, 교사들은 사회경제적 배경이 낮은 학생들보다 높은 학생들에게 기회와 보상(예: 학급임원, 모니터링, 칭찬, 상, 인정 등)을 더 많이 제공할 가능성이 있으므로 학업 수행뿐 아니라 또래의 인정을 부가적으로 받게 되어 선망의 대상이 되기 쉽다. 때로는 교사 자신도 대부분 중류계층이므로 하류계층의 문화, 행동, 가치관 등에 대한 충분한 이해가 부족할 경우가 많다.

셋째, 낮은 사회경제적 계층 학생들은 중류계층 학생들보다 언어능력이 저조하기 때문에 읽기를 비롯한 전반적인 학업 수행에 있어 불리하다. 하류계층의 청년들은 이미 초등학교 수준부터 학습 결손을 지니고 있는 경우가 많으며 교육적 포부 수준이 낮은 경향이 있다.

우리나라 중학생의 경우에도 마찬가지인데, 부모의 직업 배경이 좋거나 학력 수준이 높을수록 영어와 수학의 특정 교과 성취 수준과 수학과목의 교과 효능감이 상당히 높은 수준으로 나타났다(김성식, 2007).

(2) 부모의 특성

성공과 성취에 높은 가치를 두고 자녀의 정서적 독립을 격려하는 부모의 자녀들은 높은 학업성취와 포부 수준을 가진다. 다시 말하면, 학교에서 성공적인 학생들은 부모에게서 사회적 지원과 격려를 받는다(Paulson, 1994). 이들은 부모의 훈육이 지나치게 엄하거나 제한적이지 않은 것은 물론 부모들이 그들을 이해하고 신뢰한다. 특히 청년 자녀에게 따뜻하고 수용적인 가정환경을 조성해 주고, 여가를 함께 공유하며, 정서적 지원을 제공할 수 있는 부모들은 자녀가 학교에서 겪을 불안 유발적 경험을 완충해 주는 역할을 한다. 아울러 부모가 독서를 생활화하고, 도서관이나 문화행사에 자녀를 동반하며, 대학 진학을 격려할 때 자녀의 학문적 성취를 지향할 수 있다.

청년은 아동보다 더 독립적이며 학업에 관해 부모에게 직접적인 도움을 덜 구하지만 가정 내의 미묘한 분위기는 여전히 그들의 학업 수행에 영향을 미친다.

1,000개 이상의 고등학교 졸업반 30,000명 이상에 대한 조사에서 높은 학업성취도를 보인 학생들의 부모들은 자녀의 생활에 가장 많이 관여하고 있는 것으로 나타났다(NCES, 1985). 특히 아버지의 관여 정도가 어머니의 관여 정도보다 자녀의 학업성취에 미치는 영향이 큰 것으로 나타났다. 아버지의 관여의 폭이 넓을수록 자녀들의 학업성취가 더 높았으며, 아버지가 덜 관여할수록 자녀의 학업성취가 낮은 경향을 보였다. 가장 도움이 되는 부모는 숙제와 성적을 살피는 것 외에 자녀들이 학교 '밖'에서 무엇을 하고 있는지를 파악하고 있었으며, 자녀와 자주 대화하며 지원하는 것으로 나타났다.

청년 자녀의 학업 수행을 성공으로 이끄는 양육방식으로 권위 있는 부모(authoritative parents) 또는 민주적인 부모를 들었는데, 이들은 독재적 부모보다 학교생활과 학업을 중요하게 여겼으며, 자녀 교육이나 학교의 자원봉사활동 등에 더 많이 참여하였고, 교사와 면담 시간을 충분히 가졌으며, 자녀의 과제를 돕거나 대화를 위해 많은 시간을 투자하는 것으로 나타났다(Kim, 1999; Melby & Conger, 1996; Spera, 2005).

가족 배경이 자녀의 성취와 높은 상관관계가 있는 것은 분명하나, 실제적인 차이를 낳는 것은 부모가 자녀를 '어떻게' 양육하느냐이다(White, 1982). 이는 부모의 관여 정도가 물질적 · 외형적 · 사회경제적 이익보다 자녀의 학업 수행에 결정적 요인임을 의미한다.

(3) 동년배 집단

동년배 집단은 청년들과 학교에서 상호작용을 하며 학업 수행에 영향력을 행사한다. 청년들을 또래관계의 질에 따라 성취동기, 학교활동 참여도, 소속감, 문화 반영도 등이 좌우된다.

학교에는 그 나름대로의 독특한 문화를 가지는 동년배 집단들이 존재한다. 코헨(Cohen, 1977; 1983)은 고등학생들 사이의 동년배 집단이 3개의 하위문화를 가지는 집단으로 구분됨을 발견하였다. 재미추구 하위문화(fun subculture), 학구적 하위문화(academic subculture), 비행 청년 하위문화(delinquent subculture)가 그것이다.

재미추구 하위문화 집단은 학업 수행을 거부하지는 않지만 체육활동이나 과외활동을 더 중요시한다. 이 집단의 대다수 학생이 대학에 진학하지만 학문적 성공이나 지적 영역의 확장을 위한 것은 아니다. 학구적 하위문화 집단은 학업을 중요시하고 지적 성취를 위해 노력한다. 이 집단의 학생들은 그들의 지적 욕구를 충족시키기 위해 대학에 진학하고 학문적 성공을 지향한다. 이와 대조적으로 비행 청년 하위문화 집단은 주로 교칙과 사회규범에 반항하는 청년들로 구성되며, 이들은 학업 수행이나 대학 진학에 관심이 없다.

코헨이 분류한 세 유형의 하위문화집단은 우리나라 고등학교 상황에도 그대로 적용될 수 있다. 비행 청년이나 일탈 청년을 제외하고 모두가 대학에 진학하기를 원하지만 모든 학생이 지적 성취를 위해 노력하는 것은 아니다. 소위 학구적 하위문화 집단에 속하는 학생만이 대학 진학 이후에도 그들의 지적 욕구를 충족시키기 위해 열심히 노력한다.

또래집단과 긍정적인 관계를 형성하는 청년의 경우 학업성취도가 높고, 학교활동 참여도가 높으며, 소속감이 강하여 바람직한 학교생활을 영위하는 것으로 나타났으나, 기존의 학교체제에 반항하는 비행 하위문화 집단이나 교육을 거부하는 또래집단의 문화를 받아들인 청년의 경우에는 학교를 중도탈락하거나 진로에 부정적인 영향을 받는 것으로 나타났다(정영숙 외, 2009).

4. 학교의 문제

최근 청년들이 학교교육에서 멀어지는 원인으로는 다음을 들 수 있다(김태련 외, 2004; 신성철 외, 2015).

첫째, 청년들은 입시 위주의 학교교육으로 어려움을 겪고 있다. 점차 학벌 위주가 아닌 실력 중심의 사회로 전환되고 있다 하더라도 고학력 중심의 진학 준비가 중점적으로 다루어지고 있는 고등교육의 현실은 학업성취도가 낮거나 진학에 어려움을 가진 다수의 청년에게 스트레스를 유발할 수 있다.

둘째, 공교육의 부실화를 들 수 있다. 우리나라 청년들은 사교육 비중이 높으며, 주요 교과의 경우 사교육 기관에서 선행학습을 받기 때문에 학교교육이 형식적으로 흐르거나, 학교교육에 대한 기대 수준이 낮은 편이다. 교사 역시 학생들의 상황을 이해하므로 공교육에 참여시키기보다는 개인차가 많은 학생들과 함께 수업을 평균 수준으로 진행하는 경우가 많다.

셋째, 자생적 청소년 학교문화의 부재를 들 수 있다. 중ㆍ고등학교로 진학할수록 청년들은 다양한 사회경제적 배경, 학업성취도, 개인적 취향, 진학 준비 등으로 인해 공통적으로 공유할 만한 학교문화와 동년배 간의 교류기회가 점차 감소한다. 과거와 달리 현재의 학교는 학생의 의견수렴에 적극적으로 변화하고 있음에도 불구하고, 여전히 학생들이 학교문화의 온전한 주체가 아닌 경우가 많다. 물론 코로나 상황으로 학생들의 자치활동이 상당히 제한적으로 이루어지고 있으나, 학교 내에서 학생회와 같은 자치활동, 동아리활동 등이 더 청소년 중심으로 이루어져 자생적 청소년문화로 자리매김할 수 있어야 할 것이다.

넷째, 점차 증가하고 있는 학교폭력 및 청소년 비행으로 인해 청년들이 힘들어하는 경향이 강하다. 교사와 선후배, 동년배 간에 발생할 수 있는 과도한 폭력은 청년들로 하여금 학교에 대한 공포를 유발할 수 있다. '학교폭력'이란 '학교 내외에서 학생 간에 발생한 폭행, 협박, 따돌림 등에 의하여 신체, 정신 또는 재산상의 피해를 수반하는 행위'로서 구체적으로 '상해, 폭행, 감금, 협박, 약취, 유인, 추행, 명예훼손, 모욕, 공갈, 재물손괴 및 집단 따돌림, 그 밖에 피해자의 의사에 반하는 행위를 가하거나 하게 한 행위'를 의미한다「학교폭력 예방 및 대책에 관한 법률」제2조(정의), 「학교폭력 예방 및 대책에 관한 법률 시행령」제2조(학교폭력의 종류)]. 학교폭력을 포함한 청소년 비행의 질은 점차 흉포화되고 있으며 지능화, 저연령화, 집단화되고 있는 것이 특징이다.

우리나라의 경우 치열한 입시 위주의 교육환경과 고학력 지향의 사회분위기, 경제적·가정적 불안요인, 코로나 상황으로 인한 사회적 불안감, 학생 개인의 동기 부족, 좌절감과 같은 심리적 요인 등으로 인해 학교와 가정에서 소외된 학생들이 배회하며 자신의 존재감을 학교폭력이나 음주, 흡연, 절도 등과 같은 비정상적인 방식으로 표출하는 사례가 많다. 그러므로 학교폭력, 청소년 비행, 부적응 등 다양한 문제를 예방하기 위해서는 가정, 학교, 지역사회, 국가적 차원에서 청년들에 대한 보다 세심한 관심과 지원대책이 마련되어야 한다.

제10장

청년기의 동년배 집단

'또래(peers)'란 비슷한 연령 또는 비슷한 성숙 수준에 있는 아동이나 청년을 의미하며, '동일한'을 의미하는 라틴어 par에서 파생된 단어이다. 같은 학년 또는 연령의 친구들을 지칭하여 '동년배(same-age peers)'라는 용어도 사용되나, 보통 '또래' '동년배' '친구'라는 용어가 혼용되고 있는 실정이다. 이 장에서도 또래와 동년배는 특별한 의미 구분 없이 혼용하여 사용하고자 한다. 동년배는 인생의 어느 시기에나 존재하지만 청년기의 동년배는 다른 시기보다 특별한 의미가 있으며, 사회성 발달은 물론 성격, 인지, 도덕성 발달에 큰 영향을 미친다.

동년배 집단은 아동이나 청년발달에 모두 중요한 영향을 미치지만, 청년기 동년배 집단은 아동기 동년배 집단과는 다소 차이가 있다(Brown, 1990). 청년들은 연령이 증가함에 따라 아동들보다 좀 더 구조화되고 통합된 동년배 집단을 형성하며, 동년배들과 점차 수평적이고 평등한 상호작용을 한다. 청년들에게 부모와 함께 동년배 집단이 영향력 있는 요인으로 작용함에 따라 친구들을 중요시하게 되고, 또 참된 우정을 통해 인간관계를 넓혀 간다.

친구는 청년들에게 꼭 필요한 존재 중 하나이다. 한 동물연구 결과를 살펴보면

(Suomi, Harlow, & Domek, 1970: Santrock, 2006에서 재인용), 집단생활을 하던 원숭이를 서로 떼어 놓아 살게 하였더니 우울 증세와 사회적으로 덜 진화된 행동을 보였다. 또한 사회적 발달에서 친구의 중요성은 안나 프로이트의 고전적 연구를 통해 볼 수 있다(Freud & Dann, 1951: Santrock, 2006에서 재인용). 그녀는 제2차 세계대전으로 부모를 잃은 후 함께 자란 여섯 아동을 연구하였는데, 이들은 부모의 보살핌이 없었음에도 불구하고 끈끈한 우정으로 말미암아 비행이나 정신병 등의 문제없이 잘 성장함으로써 좋은 교우관계의 중요성을 보여 주었다.

이와는 대조적으로 친구는 청년발달에 부정적인 영향을 미치기도 한다. 친구들에게 무시당하거나 거부당한 청년들은 소외감이나 적대감을 느끼기도 하며, 나아가 심리적 부적응과 문제행동을 일으키기도 한다. 또한 일부 청년들은 성인이 되기 전에 친구를 통해 알코올, 흡연, 각종 비행이나 범죄 등을 접하게 되기도 한다.

청년기에는 가정 밖에서 많은 시간을 보내게 되면서 친구를 만나거나 전화나 SNS, 채팅 등을 통해 교제하는 일에 많은 시간을 할애한다. 동년배 집단은 청년들에게 우정의 친밀감, 정서적 지원, 공감적 이해 등을 제공해 준다. 우리나라의 경우 입시 위주의 교육제도와 문화로 인하여 이른 아침에 등교하여 방과 후 수업 또는 야간 자율학습에 이르기까지 학교에서 친구들과 함께 보내는 시간이 많으므로 일부 청년에게는 가족 구성원보다는 친구가 더 영향력이 있다.

이 장에서는 청년기의 또래관계, 동년배 집단의 특성, 동년배 집단의 기능, 우정 발달이론, 동년배 집단과 사회적 관계에 대해 살펴보고자 한다.

1. 청년기의 또래관계

청년기에 친구는 부모나 학교에서 얻지 못하는 새로운 지식과 친밀감을 갖게 하는 주요 원천이 된다. 설리번(Sullivan, 1953)은 청년 초기의 또래관계가 평등한 사회적 관계를 정립하는 출발점으로서 청년의 발달에 상당히 중요한 역할을 한다고 하였다.

에릭슨은 청년기를 '자아정체감 대 역할혼돈'의 발달과업을 수행하는 시기로 규정하였는데, 이 시기에는 자기 존재에 대한 탐색을 통해 자아정체감을 획득하게 된다. 청년들은 자아정체감을 획득하기 위한 탐색과정에서 위기를 겪고 고민하거나

표 10-1 청소년의 고민 상담 대상(13~24세)　(단위: %)

	계	친구·동료	부모	아버지	어머니	형제자매	인터넷 (SNS 등)[1]	스승	기타[2]	선후배	스스로 해결
2018년	100.0	49.1	28.0	4.1	23.9	5.1	−	1.5	1.0	1.5	13.8
2020년	100.0	43.4	27.1	4.2	23.0	6.1	1.4	1.0	0.9	0.8	19.1
남자	100.0	40.7	28.0	6.8	21.2	4.9	1.7	1.2	0.9	1.1	21.5
여자	100.0	46.0	26.3	1.6	24.7	7.3	1.2	0.8	0.9	0.5	16.9
13~18세	100.0	36.1	32.5	5.1	27.5	5.9	1.9	1.5	0.5	0.6	21.1
19~24세	100.0	49.0	23.0	3.5	19.6	6.3	1.1	0.7	1.3	1.0	17.7

주: 1) 2018년 '스스로 해결'에 포함. 2020년부터 '인터넷(SNS 등)'을 분리하여 별도 항목으로 조사
　 2) '전문 상담가' 포함
자료: 통계청, 「사회조사」

방황하게 될 때 또래관계를 통해 해결하거나 정서적 안정감을 찾을 수 있다.

　2021 청소년 통계(통계청, 2021)에 따르면, 청소년이 고민을 상담하는 대상은 친구·동료(43.4%)가 가장 많았으며, 그다음으로는 부모(27.1%), 스스로 해결(19.1%), 형제자매(6.1%) 등의 순으로 나타났다. 특히 19~24세의 경우에는 13~18세에 비하여 친구나 동료에게 상담하는 경우가 상대적으로 많이 나타났다.

　또래집단(peer group)은 동년배 청년들이 사회 정서적 안정감과 친밀감을 형성하기 위하여 이루어진 비형식적인 1차적 집단이라 할 수 있다(신성철 외, 2015). 오늘날의 청년들은 자신과 타인과의 관계 속에서 사회인지가 발달함에 따라 아동기보다 또래관계를 더욱 중요시한다. 냅(Knapp)은 청년의 또래관계 형성과정을 〈표 10-2〉와 같이 제시하였다.

표 10-2 또래관계의 형성 과정

단계	내용	행동 수준
1단계: 시작 (initiating)	상대방에게 매력을 느끼고 관계를 갖고자 하는 마음을 갖게 되는 단계	• 더 이상의 관계 포기 • 피상적 수준의 관계 유지 • 더 깊은 관계 유지
2단계: 실험 (experimenting)	잘 모르는 상대방의 특성에 대해서 알아보는 단계	• 관계 유지 여부에 대한 탐색
3단계: 심화 (intensifying)	단순히 '아는 관계' 수준에서 '친한 관계' 수준으로 넘어가는 단계	• 사적·개인적 부분 공유

| 4단계: 통합 (integrating) | 심리적으로 하나가 되는 단계 | • 태도, 견해, 흥미 분야가 같아짐
• 신뢰 및 자기노출 심화 |
| 5단계: 동맹 (bonding) | 앞으로의 모든 관계에서 만족하고 서로 간의 관계를 공식화하는 단계 | • 서로에 대한 기여, 헌신 요구
• 새로운 규정 및 행동 규율 마련
• 윈-윈(win-win) 관계 |

출처: 유수현(2009) 수정.

2. 동년배 집단의 특성

청년기에는 단순히 놀이친구를 필요로 하는 아동기와는 달리 서로 간에 내면을 깊이 이해하고자 하는 동년배에 대한 욕구가 크다. 크로켓 등(Crockett et al., 1984)은 약 80%의 중학교 2학년 학생들이 안정적인 친구를 가지고 있고, 약 50%의 남학생과 약 80%의 여학생이 거의 매일 또는 일주일에 몇 차례씩 친구와 만나서 대화를 나누었으며, 이러한 친밀한 동년배관계는 16~19세 사이에 절정에 이른다고 하였다.

동년배 집단의 구성원이 되면 우선 동년배 집단의 구조를 파악하는 법을 배우게 되고, 앞으로 우호관계를 계속해야겠다고 생각하는 집단을 선택하게 된다. 동년배 집단과 우호적 관계를 확립하면 그 집단의 내적 구조나 규범을 인식하게 된다. 집단의 내부 구조 중 청년에게 의미 있는 것은 지배관계, 데이트, 그 집단 이외의 타자에 관한 관계가 어떠한가이다. 이는 사회 구조의 각 차원과 동년배 집단 성원의 행동에 관한 일련의 규범이나 기대와 밀접하게 관련되어 있다.

동년배 집단에서는 또래관계의 질도 중요하다. 청년기 동년배 집단에서의 지위나 자격(membership)은 성인기 사회집단 자격의 기초가 된다. 동년배 집단의 자격을 취득한 청년은 집단 속에서 자기 지위나 사회집단의 조직 수준을 평가하기 시작한다. 나아가 집단 정체감의 의미를 알게 되며, 자신의 사회적 지위를 향상시키고 싶어 한다. 청년들이 동년배 집단에 잘 통합되면 정서적 지지 및 사회적 학습에 도움을 얻게 될 것이며, 이는 자아존중감에 반영될 가능성이 크다(Kitchener et al., 1984). 동년배 집단을 통해 습득한 사회적 능력은 그 후 성숙한 사회적 집단에서의 원만한 삶을 보장하는 기본적인 대인관계 기술이 된다.

1) 도당과 무리

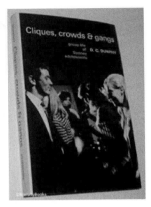

연령이 증가함에 따라 청년들의 사회적 관계망이 점차 확대되고, 동년배 집단의 범위와 크기도 확장되며 복잡성도 증가한다. 던피(Dexter C. Dunphy, 1969)는 오스트레일리아 시드니에 거주하고 있는 도시 청년들을 대상으로 연구한 결과, 청년기 동년배 집단을 도당(cliques)과 무리(crowds)로 분류하였다. 무리는 패거리 집단으로도 불리기도 하며, 던피는 도당(cliques)과 무리(crowds)의 특징을 〈표 10-3〉과 같이 제시하였다(권이종, 2010).

던피의 『Cliques, Crowds and Gangs』

표 10-3 던피의 동년배 집단의 유형별 특징

구분	도당	무리
의미	• 단순히 개인적으로 좋아하거나 공통의 이익 때문에 서로 어울리기를 좋아하는 커다란 구조 속의 하위집단 • 쿨리(Cooley, 1909)가 주장한 원초관계에 의해 형성되는 일차집단	• 같은 뜻을 가진 사람들의 집단으로, 도당보다 규모가 큰 집단 • 무리, 떼거리, 군중, 다수의 의미 • 유사용어: 군집, gangs, company group
구성원	• 대개 13세 이후의 서로의 배경과 관심사가 유사한 동년배 집단 • 무리의 1/3 정도의 규모(2~9명)	• 개성이 거의 없으며 서로의 관심, 기호, 사회적 이상 등의 활동에 대한 공통의 관심사에 의해 구성된 집단
특징	• 개인 사이에서 자발적으로 생겨나며 이 관계는 상호작용의 빈도, 의사전달의 용이성, '우리'의식의 정도 등에 의하여 특징지어짐 • 신뢰, 친밀감, 응집력, 공통 생활양식으로 높은 수준의 응집력을 지님	• 도당(2~4개 정도)의 연합으로 이루어짐 • 자석의 이동에 따라 동일한 방향으로 움직이는 쇳가루와 같음 • 또래 간 교제 범위의 확장 기회 • 도당보다 많은 인원으로 친밀한 관계를 유지하는 데 한계가 있음
기능	• 우정을 바탕으로 한 정서적 안정감 • 동기부여 및 자기효능감 기회 • 가족 같은 규모로 충성심 및 또 다른 안전지대 역할	• 자신과 다른 배경 및 가치관에 대한 이해와 상호작용에 대한 방법을 터득하게 됨 • 이성 친구를 사귀는 기회와 같은 교제의 창고 역할을 수행
적용	• 동아리	• 집단 관심 및 선호에 의한 긍정적 · 부정적 활동

출처: Dunphy (1969); 권이종 외(2010)에서 재인용; 네이버 지식백과.

종합해 보면, 도당은 소수 인원의 친구들로 구성되는 동년배 집단으로 상호 응집력이 높으며, 단짝집단이라고도 불린다. 높은 동료의식에서 오는 '우리감정(we-feeling)'과 강한 '집단 정체감(group identity)'은 도당의 특징이다. 외모, 운동, 성격의 유사성은 도당을 형성하는 주요 결정 요인이나, 지적 능력이나 학업성취도는 도당 형성에 기여하는 요인이 아니다(Crockett et al., 1984).

무리는 도당보다 집단 크기가 더 크고 느슨하게 조직되며 응집력이 낮은 것이 특징이다(Urberg et al., 1995). 보통 몇 개의 도당이 모여 무리를 형성한다. 도당이나 무리는 일반적으로 나이, 성별, 사회계층, 취미, 관심사, 활동 등이 비슷하거나 서로 원하는 개인들로 구성되며, 청년들의 사회활동의 구심점이 된다(Csikszentmilhalyi & Larson, 1984).

2) 자율성의 발달

청년기 동년배 집단의 두드러진 특징은 아동기 집단보다는 자율적이라는 것이다. 아동기의 동년배 집단의 활동은 어른에 의해 조직되고 감독되는 데에 반해, 청년들은 자기들끼리의 활동을 선호하며 대부분 성인의 감독 없이 꾸려 나간다(Brown, 1990). 일부 청년은 동년배들과 상호작용할 때 어른의 감독을 벗어나기 위해 의식적으로 노력한다. 중·고등학교 시기의 동년배 집단의 활동은 영화 감상이나 동아리 활동, 노래방, PC방, 놀이공원과 쇼핑몰 등에서 자유 시간을 보내면서 관심사를 논하거나 문화를 공유하며 이루어진다.

청년 후기의 자녀들은 대학에 진학하고 군대에 입대하거나 취업하여 부모를 떠나서 생활하는 일이 많아진다. 부모에게서의 독립을 특징으로 하는 청년 후기는 일생 중 부모와 가장 멀어지는 시기이다. 청년 후기 이전의 아동이나 청년들은 부모에게 의존하기 때문에 심리적으로 부모에게 가까움을 느낀다. 청년 후기의 청년들은 부모에 대한 의존성이나 동일시보다는 자율성과 독립성에 대한 욕구를 더 중요시하므로 부모와 가장 멀어지는 시기를 보낸다. 그러다가 청년 후기 이후에 성인이 되면 다시 자신과 부모가 유사하다는 느낌을 가지게 되면서 부모가 가깝게 느껴진다.

청년들은 부모에 대한 정서적·경제적 의존 상태에서 자율성을 획득하기 위하여 부모에 대한 애정과 의사소통을 유지하면서 점차 부모에 대한 의존도를 감소시켜 나간다. 이때 동년배 집단은 새로운 중요성을 가지게 된다. 청년들은 부모에게서의 독립에서 오는 불안을 감소시키기 위해 동년배 집단의 지원에 의존하고 동년배 집단의 규준에 동조한다. 때때로 청년들은 자신의 독립을 확인하기 위하여 부모의 견해와 가치관에 대해 반대 입장을 취하기도 한다. 그러한 과정을 거쳐서 청년 후기에 이르면 부모에게서 자율성을 획득하게 되고, 점차 부모와 상호 자율성을 존중하는 친밀한 관계를 유지하게 된다.

3) 애착 대상의 변화

청년들은 인생의 가장 복잡한 과도기를 무사히 넘기기 위해 정서적 안정감을 필요로 하는데, 이러한 도움을 동년배와의 애착에서 얻는다. 청년들은 사춘기의 급격한 변화를 겪는 자신의 처지를 공감할 수 있는 친구들에게 자문을 구함으로써 이해와 든든한 후원을 받게 되며, 이들에게 친구들은 부모에게서 자율성과 독립을 얻기 위한 지원의 근원이 된다(Newman & Newman, 1984).

대부분의 청년은 부모보다는 친구들과 함께 이야기하거나 활동하며 이해를 얻으려 한다. 특히 이성 문제, 성적 충동, 개인적 경험 등은 주로 친구들과 이야기하는 경향이 더 강하다. 이때 친구들은 이전에 가족에 의해 제공되었던 정서적 지원의 일부를 제공하는 역할을 한다. 이는 청년들의 사회적 관계망에서 친구들이 부모를 대체한다는 의미가 아니라 관계의 순위가 일시적으로 변화한 것이다. 많은 청년의 경우, 부모와의 친밀감이 감소할 때 친구들과의 친밀감이 증가한다.

그러나 일부 청년은 부모가 찬성하지 않을 수 있는 결정과 행동을 하기도 한다. 청년들의 약물 남용이나 비행, 범죄행위의 경우 동년배 집단의 영향을 받아 호기심이나 동년배의 동조 압력 또는 동년배 관계를 유지하기 위해서 시작하는 경우가 흔하다.

청년기에 동년배의 영향이 상대적으로 커진다고 해도 여전히 부모의 영향은 중요하게 작용한다. 특히 가치와 관련된 중요한 상황이거나 미래에 대한 결정에는 동년배보다 부모가 더 큰 영향을 미친다. 청년들이 가치관을 형성하고 교육과 직업적 목표를 설정하는 데는 부모의 승인과 지도가 중요하다.

4) 상호성의 증가

대부분의 청년은 친구들과 함께 활동에 참여하기를 원하고 친구들과 자신의 생각과 견해를 교환하기를 원한다. 친밀한 친구관계를 형성하는 것은 청년기의 일반적인 현상이다(Youniss & Smollar, 1985). 이러한 성향은 안정된 동년배 집단을 형성하고 유지하게 만들며, 집단 구성원들 간의 상호 유사성을 증진시킨다(Savin-Willams & Berndt, 1990).

청년 초기와 중기 동안 대부분의 청년은 최소한 하나 이상의 동년배 집단에 소속된다. 개인적인 욕구와 사회적 압력은 청년들로 하여금 최소한 하나의 친구집단을 가지도록 강요한다. 따라서 이러한 동년배 관계를 적절하게 형성하지 못하면 외로움과 고립감을 느낄 수밖에 없다. 친구관계는 성별, 인종, 나이, 사회계층에 따라 다양하게 형성될 수 있지만, 일반적으로 비슷한 지역사회에 살고 윤리적·사회경제적으로 유사한 동년배들 간에 형성되기 쉽다.

청년기 동안 가족과의 상호작용은 급격히 감소하는 반면, 대부분의 시간을 동년배와 함께 보내면서 동년배와의 상호작용은 증가한다. 12~16세의 청년들이 혼자,

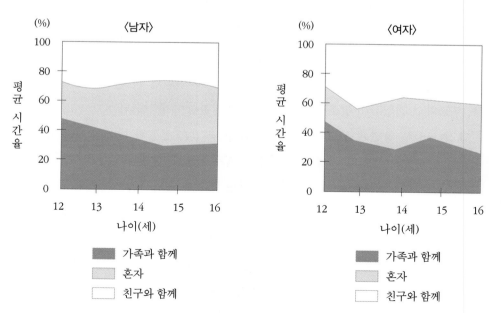

[그림 10-1] 청년기 타인과의 상호작용 시간 할애 비율

출처: 최윤미 외(2000), p. 172.

친구 또는 부모와 얼마나 많은 시간을 의미 있는 상호작용을 하며 보내는지를 5일 간의 면접을 통해 연구한 결과를 살펴보면(Buhrmester & Carbery, 1992), 청년들은 친구들과 하루 평균 103분을 의미 있는 상호작용에 할애한 반면, 부모와의 상호작 용에는 불과 28분만을 할애한 것으로 나타났다. 남자의 경우 부모와 시간을 보내는 대신 혼자 보내는 시간이 많았고, 여자의 경우 혼자 보내는 시간과 친구와 같이 보 내는 시간이 많은 것으로 나타났다([그림 10-1] 참조).

친밀감의 대상도 발달적 변화를 겪는다. 아동기의 동년배 집단 구성은 엄격하게 성이 구분되고 이성친구가 금기(禁忌)로 여겨지는 반면에, 청년기에는 이성친구가 집단의 구성원으로 편입되고 이성친구와의 상호작용이 증가하는 것이 특징이다. 설리번은 청년기 이전의 동성 중심의 동년배 관계는 청년기에 이르면 동성의 동년 배와 함께 이성 중심의 동년배 관계로 친밀감의 상대가 점차 변화한다고 하였다. 학 생들에게 3명의 친구를 꼽아 보도록 한 연구 결과를 살펴보면, 5, 6, 8, 11학년 학생 들은 일반적으로 동성친구를 선택하였으나, 12학년에 가면 이성친구를 선택하는 비율이 급격히 증가한 것으로 나타났다(Epstein, 1983). 그러나 또 다른 연구에서는 청년기 동안에는 새로 등장하는 이성친구뿐 아니라 동성친구에게서도 친밀감의 중 요성이 함께 증가한다고 주장한다(Sharabany et al., 1981).

청년기에는 스스로 친구 선택을 하는 독자성과 함께 상호성도 증가한다. 연구 결 과에 따르면, 참여한 청년들의 3분의 2 정도가 1년 동안은 안정되고 상호적인 친구 를 가지지 못하지만 학년이 높아짐에 따라 상호성이 증가해 서로를 친구로 지목하 는 경향을 보였다. 이는 특히 청년 여성들과 6~7학년 및 11~12학년 청년에게 두드 러진 현상이었다. 청년들은 친구의 생각과 감정을 보다 잘 이해하고, 친구관계에서 상호성의 중요성을 보다 잘 인식하는데, 이는 고도의 인지능력을 갖추게 되었기 때 문에 가능해진 것이다(Selman & Schultz, 1990).

청년들은 학년이 높아짐에 따라 친구라는 이름을 붙이는 데 보다 엄격하고 선택 적이다(Urberg et al., 1995). 이는 청년기의 우정에 친밀감과 상호성이 점차 강조되 기 때문이다. 학년이 높아짐에 따라 청년들은 친구의 숫자는 적어지는 반면에, 상대 방을 친구로 인정하는 비율은 늘어나 친밀성과 상호성이 증가함을 보여 준다.

청년들은 친구관계를 묘사함에 있어 아동들과 뚜렷한 차이를 보인다. 친구관계 를 어떻게 규정하는가는 인지발달의 수준과 관련이 있다. 청년기의 친구관계를 묘사하는 데에 새로이 추가되는 요소는 서로에 대한 신의와 친밀감과 같은 추상적 개념의 정서이다. 즉, 친구란 서로에 대해 뒤에서 다르게 이야기해서는 안 되며, 신뢰로워야 하고, 또한 순수한 태도를 가져야 한다는 것이다. 그리고 친구는 가장 비밀스럽고 개인적인 생각과 감정 등을 공유할 수 있으며, 상대방의 욕구에 민감하고, 서로에 대해 깊이 이해해야 한다는 것도 새로이 추가되는 내용이다.

3. 동년배 집단의 기능

청년들은 정서적 및 인지적으로 성숙함에 따라 타인과의 관계에서 신의, 친밀감, 공감적 이해 등을 더 많이 기대하게 된다(Berndt & Perry, 1990). 대부분의 대인관계에서 친밀감, 배려, 의지, 대인관계 기술과 같은 상호작용적 특성은 친밀감을 유지하는 데 점차 중요한 역할을 하게 된다(Claes, 1992). 청년기가 되면 친구는 단순히 같이 놀 대상에 머무는 것이 아니라 심리적으로 서로 유사하고, 양립할 수 있으며, 개인적인 비밀을 반드시 지켜 주어야 하고, 어려운 상황에서 서로에게 도움이 되어야 한다고 생각한다. 구체적으로 청년기 친구관계의 다양한 기능에 대해 살펴보면 다음과 같다(장휘숙, 1999).

1) 심리적 지원과 안정감의 제공

우정은 애착을 기반으로 하는 친구관계에서 경험하는 친밀감이다. 청년은 친구관계에서 자신을 노출하고 타인과 가깝고 신뢰할 수 있는 관계를 맺음으로써 심리적 지원과 안정감을 제공받는다.

청년들은 부모에게서 독립하기를 원하는 동시에 부모를 대신해서 자신을 지원해 줄 다른 대상을 필요로 한다. 동년배 집단은 부모 대신 청년들을 지원해 주며, 친구들도 자신과 비슷한 느낌과 갈등을 공유한다는 것을 인식함으로써 정서적 지지를 얻을 수 있다.

2) 동료의식

친구관계는 청년들에게 시간을 함께 할애하고 공동의 활동을 하는 친구를 가지게 해 준다. 즉, 친구관계는 시간과 자원 그리고 도움을 제공하는 관계로, 청년이 친구와 여가 시간을 함께 보내고, 과제나 문제를 해결할 뿐 아니라 오락을 할 수 있는 기회를 제공한다.

3) 자아지지 및 자아존중감의 근원

친구관계는 지지, 격려, 피드백을 제공해 줌으로써 청년들이 스스로 유능하고, 매력적이며, 가치 있는 사람이라고 느낄 수 있도록 돕는다. 청년들은 친구들에게서 자신의 능력과 가치를 평가받으며, 자신을 표현하는 방법과 기술을 습득함으로써 자아지지를 획득하고 자아존중감을 발달시킨다. 또한 친구는 대부분 자신의 있는 그대로의 모습을 지지해 주고, 자신의 선택도 지지해 주므로 청년들의 경우 친구를 통해 자아를 지지받고 자아존중감을 증진시킨다(정영숙, 신민섭, 이승연, 2009).

4) 모델링과 행동 표준의 근원

청년들은 친구들의 행동을 비교하거나 관찰하고 때로는 모방하기도 하며, 이를 자신의 행동을 위한 준거로 삼는다. 동년배 집단은 청년들의 의사결정에 영향을 주어 행동 모델의 기능을 수행한다. 특히 청년기 동안 부모-자녀 관계에 갈등이 있거나 부모가 부재 시에 동년배 집단의 영향력은 더욱 증가한다.

5) 역할 수행의 기회와 피드백의 제공

친구와 함께 참여하는 집단활동과 자유로운 토론은 청년들에게 서로 다른 역할 수행의 기회를 제공하고, 성인기에 필요한 기술을 연습할 수 있도록 돕는다. 아울러 청년 자신의 생각이나 감정 또는 행동이 다른 사람에게 어떠한 영향을 미칠지에 대한 피드백을 제공한다.

6) 정보 교환

동년배 집단은 구성원에게 흥미 있거나 유용한 정보를 교환하는 역할을 한다. 특히 청년들은 동년배 집단을 통하여 인터넷 관련 정보, 청년문화, 이성 교제, 게임, 연예 정보 등을 교환한다. 이 외에도 동년배 집단에서 청년들은 서로를 비교함으로써 자신의 위치를 파악할 수 있게 된다.

4. 청년기 우정발달이론

청년기는 전 생애 어느 시기보다 우정이 중요하게 여겨지는 시기이다. 우정은 또래 간의 친밀감을 바탕으로 하는 정서의 형태이다. 또래와 원만하게 지내거나 친밀한 관계를 유지하기 위해서는 친밀감 또는 대인관계의 욕구가 바탕이 되어야 하는데, 이것이 바로 우정이다. 청년기의 우정발달에 관한 대표적인 이론으로 설리번의 대인관계이론과 셀만의 조망수용이론이 있다.

1) 설리번의 대인관계이론

설리번

청년기 우정의 발달을 대표하는 이론으로는 설리번(Harry Sullivan)의 대인관계이론을 들 수 있다(Sullivan, 1953). 당시 부모-자녀 관계의 중요성만을 강조하였던 정신분석학자와는 달리, 설리번은 청년발달에서 친구관계의 중요성을 강조하였다. 설리번은 성격이 개인의 의미 있는 대인관계의 경험, 특히 친밀한 사람들과의 관계에 의해 일생 동안 형성된다고 보았다.

설리번은 〈표 10-4〉에서 나타난 바와 같이 연령에 따른 7단계의 대인관계이론을 정립하였다. 그는 발달 단계를 유아기(infancy), 아동기(childhood), 소년기(juvenile era), 청년 전기(preadolescence), 청년 중기(midadolescence), 청년 후기(late adolescence), 성인기(adulthood)로 나누었다.

표 10-4 설리번의 대인관계 발달 단계

단계	연령	대인관계 특징
유아기	0~18개월	• 사람들과의 접촉 욕구 • 양육자(주로 부모)에게 사랑받고 싶은 욕구 • 부모의 돌봄에 완전히 의존적
아동기	18개월~6세경	• 성인과 또래에 대한 대인관계 욕구가 함께 나타나 아동의 놀이에 성인이 참여해 주기를 원하는 욕구 • 극화: 성인역할놀이 • 의존적
소년기	6~10세경	• 또래의 놀이친구를 얻고자 하는 욕구 • 사회화: 협동과 경쟁적 활동에 참여 • 의존적
청년 전기	10~13세	• 친밀감이 급증 • 동성의 단짝관계에서 교감을 확인하고자 하는 욕구 • 순수한 인간관계 시작 • 독립심이 나타나지만 다소 혼란스러움
청년 중기	13~17세	• 성적 접촉 욕구: 강한 성욕 • 이중 사회성 욕구: 이성친구에 대한 친밀감 욕구와 또래에 대한 친근감 • 매우 독립적
청년 후기	17세~20대 초반	• 친밀감과 애정 욕구의 통합으로 한 사람의 이성에게 초점이 맞춰짐 • 불안에 대한 강한 안전 욕구 • 완전히 독립적
성인기	20대 초반~30세	• 성인사회로의 통합 욕구 • 사회화가 완전히 이루어짐 • 부모의 통제로부터 완전히 독립

출처: 허혜경, 김혜수(2010).

설리번은 성격발달을 자아(self)의 진화로 보았으며 각 단계에서 대인관계 욕구의 해결이 청년기의 자아정체감과 자아존중감을 형성하는 데 중요한 역할을 한다고 보았다(노안영, 강영신, 2003).

설리번의 대인관계 발달 단계 중에서 대략 청년기는 청년 초기, 청년 중기, 청년 후기의 세 단계에 해당되며, 각 단계별 특징은 다음과 같다(이옥형, 2006).

첫째, 청년 초기에는 친밀감이 급격히 증가하며 특히 동성의 단짝친구와 친밀감을 공유하고자 하는 욕구가 매우 강하다. 설리번은 이 시기에 주로 동성의 몇몇 친한 친구와 친밀한 관계를 형성하는 관계를 '단짝관계(chumship)'라고 지칭하였다. 단짝관계란 소수의 특별한 친구와 서로 비밀 이야기를 나누고 관심사를 공유하는 관계로 의리, 정직, 믿음 등에 기반을 둔 가깝고 상호적인 우정관계를 의미한다. 이 시기 청년들은 단짝관계를 통해 친밀감의 욕구를 충족시킬 뿐만 아니라 친구나 가족 간의 갈등과 고민을 해결하여 정서적 안정감을 얻기도 한다. 나아가 청년 초기의 친밀한 우정관계는 청년기와 성인기 전반에 걸쳐 타인과 친밀한 관계를 형성하는 자양분이 된다.

둘째, 청년 중기에는 성적 성숙과 함께 나타나는 성적 욕구와 이성과 애정적 관계를 형성하고자 하는 욕구가 나타난다. 물론 청년 초기의 동성친구는 청년 중기 이후에도 대인관계에서 중요한 역할을 담당하며, 동시에 이성에 대한 친밀감의 욕구가 새로 등장한다. 청년 중기가 상당 기간 지속되면서 청년들은 성적 충동, 불안감, 수치심 등으로 고민하나, 이성 및 동성 친구를 통해 정서적 지원과 안정을 제공받으며 해결한다.

셋째, 청년 후기에는 성적 적응이 이루어짐에 따라 애정의 욕구와 동성친구 간의 친밀감 욕구가 안정적으로 통합되어 평형을 이루면서 보다 세련되고 다양한 대인관계를 형성하게 된다. 이 시기에 청년들은 특정한 이성 한 사람과 성적으로 친밀한 관계를 가지며 점차 성인사회에 통합되어 가면서 사회적인 역할을 수행한다.

2) 셀만의 조망수용이론

셀만(Robert Selman, 1981)은 아동 및 청년의 대인관계 발달에 있어서 '조망수용능력(perspective taking ability)'이 반영되어 있으며, 조망수용능력은 청년들의 우정을 형성하는 데 중요한 역할을 한다고 보았다.

조망수용이란 다른 사람의 입장이 되어 그 사람의 감정이나 사고를 생각하고 이해할 수 있는 능력을 의미한다. 사회적 상황에서 나타나는 조망수용을 사회

셀만

적 조망수용이라 하며, 셀만은 자신의 사회적 조망수용 발달 단계를 근간으로 우정발달의 4단계 이론을 제시하였다(Selman, 1980: 이옥형, 2006에서 재인용).

(1) 제1단계: 일방적 조력 단계(4~9세)

일방적 조력 단계(one-way assistance stage)의 아동은 자기중심적 조망수용을 하므로 친구는 자신이 원할 때 도와주는 사람이라고 생각한다. 아동은 자신이 원하는 대로 응해 주는 사람, 즉 등굣길에 같이 가는 사람, 숙제를 함께 하는 사람, 내가 원할 때 물건을 나누어 주는 사람 등을 친구로 여긴다. 따라서 자신이 원할 때 거절하거나 자기편을 들어 주지 않는 친구는 원망스럽고 기분이 상하며 더 이상은 친구가 아니라고 생각한다.

(2) 제2단계: 협조 단계(5~9세)

협조 단계(two-way fair weather cooperation stage)의 아동은 점차 상호적인 조망수용이 가능하다. 따라서 친구 간에 좋아하는 것과 싫어하는 것을 조절하기 시작한다. 그러나 아직은 상호 간의 흥미보다는 각자 자기중심적인 생각이 앞서므로 이기주의적 만족을 우정의 기본 목적으로 추구한다.

아동은 친구관계에서 상대방의 기분이나 느낌을 이해하고 서로 노력해야 한다는 것을 인식하고 있으며, 친구관계에서 생기는 신의, 질투, 거부 등의 감정이나 의도에 대해서도 파악해 나간다. 그러므로 '친구를 믿는다는 것'은 '내가 그를 위해 무엇을 하면 그도 나를 위해 무엇을 하고자 하는 것'으로 이해하고 있는 단계이다(Selman & Schulz, 1990). 셀만은 이 시기 아동은 자신의 기분이나 감정에 많이 좌우되므로 이러한 특성을 살려 '상태가 좋을 때만 친구(fair weather friendship)'라고 표현하였으며, 한 번 싸우면 친구관계가 훼손되기 쉬우므로 우정이 오래 지속되지 않는 경향이 강하다.

(3) 제3단계: 상호 공유 관계 단계(9~15세)

상호 공유 관계 단계(mutually shared relationship stage)의 청년들은 자신과 상대방의 관점 그리고 제3자의 관점까지도 이해할 수 있다. 따라서 제3자의 입장에서 자신의 친구관계를 객관적으로 바라볼 수 있게 된다. 청년들은 각자의 이기주의를 만족시키기보다는 공통적인 흥미와 관심사를 위해 협력하는 데 우정의 기본 목적을 둔다. 청년들은 친구란 서로의 비밀과 감정을 공유하고, 강한 유대관계가 있으며, 개인적인 문제를 해결하기 위해서는 서로 도울 수 있어야 한다고 믿는다.

이 시기에는 타 집단에 비해 상당히 배타적이고, 유대가 돈독하며, 신의와 질투가 강한 배타적 유대관계를 형성하는데, 이는 설리번의 단짝관계와 일맥상통한다.

(4) 제4단계: 자율적 · 상호 의존적 우정 단계(15세 이후)

자율적 · 상호 의존적 우정 단계(autonomous & interdependent friendship stage)에는 심층적 · 상징적 조망수용을 하게 된다. 즉, 청년들은 이제 상호 간의 이해를 돕기 위해 자신, 상대방, 주변 사람들뿐 아니라 사회제도, 관습 등의 관점도 고려해야만 하는 보다 심층적인 조망수용을 하게 된다.

청년들은 강한 배타성으로 규정짓던 친구관계의 편협함에서 벗어나 상호 친밀감과 함께 정서적 지원은 강하게 교류하되, 서로의 자율성과 독립심은 존중하는 한층 성숙한 친구관계를 형성하게 된다. 이 시기 친구관계는 서로 속박하고 배타적인 관계가 아니라 친밀하고 끈끈하지만 서로를 독립된 개체로 존중하는 자율적이고 상호 의존적인 우정을 나누는 관계이다.

3) 우정 형성의 성차

청년들은 친구들과 우정을 나누면서 개인의 사회적 능력을 발달시키고 건강하게 적응할 수 있다. 청년기 동안 이루어지는 조망수용능력과 합리적 자기노출능력의 발달은 친구 간에 친밀감과 상호성을 증가시킨다.

전통적으로 여성들은 관계 형성의 기술이나 능력을 중요시하는 성 역할 사회화를 경험한다. 반면에, 남성은 친밀한 정서적 관계보다는 능력과 독립을 중요시하는 성 역할 사회화를 경험한다. 그 결과 남녀의 우정은 각기 다른 과정을 거쳐 발달하고 서로 상이한 기능을 한다. 여기서는 청년기를 초기, 중기, 후기로 나누고 각 시기에서의 우정 형성의 성차를 살펴보기로 한다.

(1) 청년 초기

가족에 대한 강한 애착을 지니고 있는 11~13세의 청년 초기 여성은 우정을 관계 그 자체보다 동성 간의 공통적 활동으로 인식한다. 친구란 함께 무엇인가 활동할 수 있는 대상으로 생각되므로, 이 시기 여성들의 우정은 피상적이고 자기애적이다. 따라서 친구가 되는 조건으로 쉽게 토라지거나 이기적이지 않은 성품이 중요하다 (Douvan & Adelson, 1996).

반면에, 청년 남성은 성 역할 사회화 과정의 영향으로 여성보다 동성과의 우정을 형성할 가능성이 적고, 친밀한 관계를 형성하지 못하는 경향이 있다(Coleman, 1980). 보통 청년 남성들은 청년 초기에 이르러서도 동성에 대한 개별적 우정에 관심을 보이지 않는다.

(2) 청년 중기

14~17세의 청년 중기 여성들은 동성에 대한 강한 애착을 나타내고 친구에게서 거부당하거나 배척당하는 것을 걱정한다(Coleman, 1980). 이 시기 청년 여성들의 우정은 자기애적 경향이 완전히 사라진 것은 아니지만 타인의 개인적 특성을 중요시한다. 청년 초기의 자아중심성이 감소하고, 상대편에 대한 충성심과 의리 및 심리적 지지가 중요시되며, 상호 간의 공유를 추구한다.

청년 중기 남성들의 우정은 청년기 이전 여성들의 우정과 유사하다. 일반적으로 남성들은 한두 사람의 친구와 개별적 우정을 형성하기보다는 집단으로 상호작용하는 것을 선호한다. 청년 남성들은 여성들과는 대조적으로 정서적 지원이나 친밀감 또는 안정감을 우정의 중요한 측면으로 생각하지 않으며, 단지 문제가 있을 때 친구가 그들 옆에 그냥 있어 주기만을 기대할 뿐이다.

(3) 청년 후기

청년 후기의 여성들은 동성의 친구들과 깊은 우정을 나눈다. 그들은 타인의 개성을 중요시하고 자신과 타인의 차이를 수용할 수 있는 능력을 지니게 된다. 동시에 지금까지 동성의 우정에 기울였던 정신적 에너지의 많은 부분을 이성에게 쏟기 시작한다(Epstein, 1983).

이 시기에 이르면 남성들도 개인의 성격 특성을 기초로 동성과 개별적인 우정을 형성한다. 그들은 유사한 태도와 가치관을 가지는 사람들끼리 우정을 나누며 새로운 친구를 사귀는 것을 선호한다. 그러나 여성들은 새로운 친구보다는 이미 형성된 동성의 우정을 유지하려고 하는 배타적 친구관계를 형성한다.

청년기 동안 동성은 물론 이성 간의 우정도 형성될 수 있다. 일반적으로 남녀 간의 우정은 지속될 수 없고 결국 애정으로 발전한다고 생각하는 경향이 있으나, 실제로 남녀 간의 우정관계가 유지될 수 있다. 이성 간의 우정은 동성 간의 우정보다 자신에 대한 정보를 더 많이 노출하고, 더 많은 활동을 공유하며, 상호 이익을 더 많이 교환하는 특징이 있다. 특히 남성은 동성보다는 이성에게 더 쉽게 자기노출을 하는 경향이 있다.

5. 동년배 집단과 사회적 관계

1) 동조성

동조성(conformity)이란 개인의 태도와 행동이 다른 사람들에 의해 영향받는 정도를 의미한다. 청년들의 동년배에 대한 동조성은 [그림 10-2]에서 제시한 바와 같이 청년 초기에 정점에 달하며, 그 이후 점차 감소하는 경향을 보인다. 동년배에게서

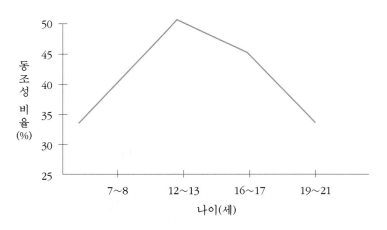

[그림 10-2] 동년배에 대한 동조성

출처: Costanzo (1970): 정옥분(2008), p. 348에서 재인용.

거부당하는 것을 두려워하는 청년들의 거부 공포는 15세경에 절정에 달한다(Lloyd, 1985).

　청년 초기에는 동년배 집단의 압력과 영향을 받는다. 청년들은 동년배 집단이 자신에게 기대하고 있는 바를 인지할 수 있는 지적 능력을 지니고 있다. 동년배 집단은 구성원들이 개인으로서의 역할은 물론, 단체행동을 통하여 집단적 영향력의 효과를 경험할 수 있도록 도와준다.

　그러나 청년들은 때로는 동년배 집단에게서 개성을 억압당하고 집단의 규준에 일치하도록 강요받는다. 대부분의 청년은 동년배 집단의 요구에 순응함으로써 안정감을 얻을 수 있기 때문에 개인적 가치나 태도를 변화시키고 집단 구성원들의 유사성을 증가시키기 위하여 노력한다. 그러나 동년배 집단의 기대와 청년 자신의 가치관 사이의 불일치 정도가 크면 긴장과 갈등이 초래된다. 일반적으로 12~16세의 청년들은 동년배 압력에 능숙하게 저항할 수 있다(Costanzo, 1970). 청년들은 동년배 압력에 저항해 봄으로써 동년배의 기대와 일치하지 않는 개인적 가치의 중요성을 인식하게 된다.

　코스탄조(Costanzo, 1970)는 청년 중기 이후에 보이는 동조성의 감소에 대해 자아의 중요성이 집단의 중요성을 능가하기 때문이라고 설명하였다. 청년들은 연령이 증가함에 따라 자아의 중요성도 함께 증가하므로 점차 집단의 압력에 저항할 수 있게 된다.

　동년배 집단에 대한 동조성은 자율성의 발달을 방해하기 때문에 문제가 된다. 특히 동년배 집단이 반사회적이고 불법적 행위를 격려하고 강요할 때 구성원들은 비행 청년이 될 가능성이 많다. 어떤 청년이 학교에서의 성공을 경시하고 낙제를 바람직한 행동으로 받아들이도록 강요하는 동년배 집단을 가질 때, 그는 집단에 일치하기 위하여 학교를 떠나거나 그 집단을 탈퇴해야 한다. 특히 동년배 집단의 규준이 일탈되어 있을수록 탈퇴는 용이하지 않다. 집단에서의 탈퇴를 배신으로 생각하는 구성원들은 탈퇴하려는 청년을 위협하거나 폭력을 행사하기도 한다.

　집단의 바람직한 가치규범에 동조하는 것은 성인기 집단 내에서의 사회생활을 준비하는 데 도움이 되는 긍정적 가치가 있다. 그러나 때로는 집단의 바람직하지 못한 규준에 동조함으로써 문제행동을 유발할 수 있다. 예를 들면, 학업 성적이 낮아서 좌절감에 빠져 있는 청년들이 서로의 아픔에 공감하여 동년배 집단을 이룰 때,

우리감정의 공유 정도와 집단 정체감은 높아지기 마련이며 집단에의 동조 압력 또
한 높아진다. 집단의 가치규범이 잘못 설정될 경우 높은 집단 정체감과 동조 압력은
비행집단을 형성하는 가장 빠른 통로가 될 수 있다.

동조 압력(pressure for conformity)은 청년기 동년배 집단에 있어서 문제가 되는 요
인이다. 청년기 동년배 집단은 강력한 동조 압력을 행사하는데, 동조 압력은 집단
과 시간을 보내거나 집단의 규범을 따르는 등 집단 자체의 활동이나 경영과 관련된
문제에서 가장 두드러진다(Brown, 1986). 동조 압력은 청년들의 비행이나 반사회적
행동을 부추기는 경향이 있으며, 특히 집단의 바람직하지 않은 규준에의 동조 경향
은 중학교 2~3학년경에 가장 높은 것으로 보고되고 있다(Berndt, 1979). 청년 후기
에는 음주, 성관계, 약물 사용과 같은 비행에 참여하라는 동조 압력이 강한데, 이는
성인의 가치와 행동규범을 강요하는 경우이다(박영신, 2001).

청년들의 동조성에 영향을 주는 요인으로는 부모의 양육방식을 들 수 있다. 같은
연령의 청년들이라도 친구의 영향에 민감한 청년이 있는 반면에, 친구나 주변 상황
의 변화에 영향을 받지 않고 자율적으로 행동하는 청년도 있다. 일반적으로 동조성
은 자율성과 상반되는 개념으로, 예를 들면 높은 동조성은 낮은 자율성을 의미하며,
낮은 동조성은 높은 자율성을 의미한다. 민주적이고 권위 있는 가정에서 성장한 자
녀의 경우 자율성이 높은 특성을 지니는데, 이러한 청년의 경우 반사회적 동조 압력
에는 저항적이고 긍정적인 동년배 영향에는 동조 경향을 보이는 것으로 나타났다
(Mounts & Steinberg, 1995).

2) 동년배 집단의 유형

(1) 리스먼의 친구관계

사회학자 리스먼(D. Riesman)은 인간은 부모나 교사와 같은 성인 권력집단에 의
해 영향을 받는 존재에서 또래집단의 영향을 받는 존재로 변화한다고 주장하였다.
그는 동년배 친구관계를 기능에 따라 연합적 친구관계, 수혜적 친구관계, 상호적 친
구관계로 분류하여 설명한다(박진규, 2014).

- 연합적 친구관계: 공간적 근접성, 학령의 유사성 등에 의해서 맺어지는 친구관

계로서, 정서적 유대나 깊은 관여가 부족하다. 연합적 친구관계는 단기적이며, 피상적인 수준에서 가볍게 만나서 교제하는 관계로서, 이사를 가거나 학교를 졸업하는 경우처럼 환경이 변하면 친구관계는 종료된다.

• 수혜적 친구관계: 한 사람이 상대방에게 주로 베푸는 역할을 하는 친구관계이다. 이러한 관계는 흔히 두 사람 간에 사회적 지위나 역할의 차이가 있는 경우가 대부분이다. 청년들 사이에 널리 받아들여지고 있는 짱문화는 수혜적 친구관계의 한 형태라고 볼 수 있다.

• 상호적 친구관계: 동등한 위치에서 서로에 대한 이해와 신뢰에 근거한 친구관계이다. 상호적 친구관계에서 형성된 우정은 관포지교(管鮑之交; 관중과 포숙아의 우정) 또는 다윗과 요나단의 우정에 비유될 정도로 두텁다.

(2) 학교문화와 동년배 집단

학교 안에서 자신이 속한 동년배 집단의 지위에 의해서도 청년의 학교문화는 형성되고 학교생활은 영향을 받는다. 대부분의 청년은 학교를 중심으로 친구관계를 형성하게 된다. 동년배 집단은 청년들의 행동 및 가치관 형성의 근간이 되며, 친구관계를 통해 사회 구성원으로서의 역할, 책임감, 신뢰감 등을 습득하게 되는 등 성장기에 있어 중요한 인적 기반으로 작용한다.

동년배 집단은 자신의 개인적인 성향 및 친밀도 등에 따라 범생이집단, 평민집단, 개성파집단, 날라리집단으로 분류할 수 있다(정하성, 유진이, 2012).

첫째, 범생이집단은 학업을 중요시하는 학생들로 구성되어 있으며, '공부를 열심히 한다.' '평범한 외모이다.' '잘 놀지 않는다.'는 특성을 보인다. 범생이집단은 단정하고 규범을 준수하는 행동으로 교사들의 칭찬과 인정을 받는 학생들이 대부분이며, 칭찬과 인정은 보상으로 작용하여 이들의 행동 특성을 더욱 강화한다. 범생이집단 학생들은 여가활동이나 동아리활동도 건전하거나 학구적인 것을 선택하는 경향을 보인다. 범생이집단은 교사, 부모, 또는 기성세대의 기준에 어긋나지 않게 행동함으로써 기성사회와의 조화를 중요시한다.

둘째, 평민집단은 학생으로서 학업의 중요성은 어느 정도 인식하고 있으나, 성적이 아주 뛰어나거나 아주 나쁘지는 않은 청년들로 구성된다. 평민집단은 친구들과 어울려 다니는 것을 즐기고, 스스로를 활발한 성격을 소유한 평범한 학생집단으로 인식한다. 학생으로서의 규범을 최소한 벗어나지 않으려고 노력하며, 주로 노래방, PC방, 카페, 패스트푸드점, 당구장 등 친구들과 어울릴 수 있는 장소에서 여가활동을 즐긴다.

셋째, 개성파집단은 친구들과의 친화력이 뛰어나고, 어울리기를 선호하며, 사람들을 잘 이해하는 성격을 지니고 있다. 개성파집단 학생들은 공부는 반드시 상위권이 아니더라도 적극적인 삶의 태도를 지니고 있으며, 참여의식이 상당히 높은 특징을 보인다. 학생 신분으로서 해야 할 학업의 중요성을 인식하여 열심히 살고, 규범 내에서 놀고 즐기는 조화로운 분위기에 잘 동화된다. 지나치게 규범에 얽매이기보다는 스스로의 판단에 따라 자유롭게 행동한다.

넷째, 날라리집단은 기성세대가 부여한 학생 신분으로서 지켜야 할 규범에서 일탈된 행동을 하는 특성이 있다. 규범의 테두리를 완전히 벗어나 다소 과격하고 일탈적인 행동을 하고, 학업은 소홀히 하는 특성을 보이지만, 스스로는 착하거나 인간적인 면도 있다고 평가하기도 한다. 남녀를 불문하고 음주와 흡연을 하는 경향을 보이고, 어른스럽게 행동하려고 유흥업소를 출입하는 등 성인문화를 모방하고자 하는 문화적 특성을 보인다. 날라리집단은 대다수의 평범한 학생들보다는 자기들과 사고방식이나 취향 등이 비슷한 다른 날라리집단의 시선을 의식한다. 강한 연대감 속에서 집단적인 행동을 선호하며, 동조성이 높은 경향이다.

3) 동년배 집단의 인기 유형

청년들에게 동년배 집단에 수용되는 것은 매우 중요한 일이다. 사회적으로 고립되고 동년배 집단에 속하지 못하는 것은 비행, 음주, 우울감, 고독감, 사회적 불만족 등 다양한 문제를 야기한다(권정혜, 이봉건, 김수현, 1992; 문은영, 윤진, 1994).

동년배 집단에게 인기가 있다는 것은 청년들에게 매우 중요하며, 때로는 학업보다 더 중요할 수 있다. 친구관계에서의 인기는 개인이 동년배 집단에서 어떻게 취급되며 어떤 대우를 받는가를 의미한다. 일반적으로 인기 있는 사람은 타인에게 친절하고, 섬세하며, 유머 감각을 가지고 있다. 또 사교적이고 협동적인 사람들이 동년배에게 인기가 있으며, 신체적 매력 역시 인기에 영향을 미친다.

청년들의 인기도를 파악하기 위하여 가장 자주 활용되는 검사는 '사회성 측정

(sociogram)'이다. 즉, '반에서 자리를 바꾼다면, 누구와 짝을 하고 싶은가(가장 친한 친구 1명을 알아보고자 하는 경우)?' '생일에 초대하고 싶은 친구는 누구누구인가(친한 친구 모두를 알아보고자 하는 경우)?' 등의 문항을 통해 인기도를 측정한다. 사회성 측정검사를 통하여 동년배 집단에서의 인기 유형을 다음 다섯 가지로 나눌 수 있다 (East, 1991).

- 인기형(popular type): 인기형의 청년은 일반적으로 신체적 매력이 있고, 머리가 좋으며, 사교적이고, 행동적이며, 지도력이 있다. 이들은 자아존중감이 강하며 여러 부류의 다양한 친구들과 어울린다. 유머 감각이 뛰어나서 그들과 함께 있는 것이 즐겁다.

- 보통형(acceptable type): 청년들의 절반 정도가 보통형에 속하며, 친구들이 특별히 좋아하지도 않고, 특별히 인기 있는 것도 아니지만 그렇다고 친구들이 싫어하는 유형도 아니다. 이들은 동년배 집단과 무난하게 어울리는 보통 청년이다.

- 고립형(isolated or neglected type): 고립되거나 무시당하는 청년은 친구들의 관심 밖에 있기 때문에 친한 친구로도, 아니면 싫어하는 친구로도 지명되지도 않는다. 이들은 수줍음을 잘 타고 위축된 성격으로 말미암아 낮은 자아존중감, 불안, 우울증 등 내적인 문제가 있는 경우가 많다.

- 거부형(rejected type): 거부형은 친구들이 가장 싫어하는 유형이다. 신체적·언어적 공격을 많이 하고, 교실에서 수업 분위기를 망치며, 학업성취도도 낮은 편이다. 인기 없는 친구들과 친구가 되거나, 자기보다 어린 친구들과 어울리기도 한다. 이들 중에는 약물 남용, 청년기 비행과 같은 외적인 문제가 있는 경우가 많다.

- 혼합형(controversial type): 친한 친구로 뽑히기도 하고 싫은 친구로 뽑히기도 하는 혼합형은 호불호가 분명한 유형이다. 공격적이고 파괴적인 면이 있는가 하면 자기주장이 강하고 지도력이 있다. 이들은 동년배 집단에서 눈에 띄는 편이라 좋아하는 사람도 많고 싫어하는 사람도 많아 친구들에게서 복합적인 반응을 유발한다.

일반적으로 지적인(intelligent) 사람은 그렇지 못한 사람에 비해 동년배 집단에게

표 10-5 동년배 간 인기 요인과 거부 요인

인기 요인	거부 요인
• 동년배 집단의 규준에 일치 • 사교적 성격, 유머 감각, 유연한 사회적 상호작용 능력 • 신체적 매력(미모와 멋진 체격) • 우수한 지적 능력 • 활발한 과외활동	• 동년배 집단의 규준에 불일치 • 지나치게 어른 같은 행동 • 비사교적 성격 • 지나치게 공부를 많이 하는 것

인기가 많다(Steinberg, 1993). 지적인 사람은 다른 사람에게 어떻게 행동하면 상대방이 자신을 좋아할지 잘 알고 있기에 타인이 싫어하는 행동을 하지 않기 때문이다. 이는 사회적 기술이나 대인관계 기술이 동년배 집단에서의 인기에 영향을 준다는 것을 잘 말해 준다. 청년기 동년배 관계에서의 인기에 영향을 미치는 또 다른 요인으로는 유머 감각, 유행을 선도하는 옷차림, 운동능력 등을 들 수 있다. 청년들이 동년배들 사이에서 인기를 얻거나 거부당할 수 있는 요인은 다양하며, 이를 정리하면 〈표 10-5〉와 같다.

동년배들에게 인기가 있다고 생각하는 청년은 인기가 없다고 생각하는 청년보다 더 높은 자아존중감을 지닌다(Walker & Greene, 1986). 반면, 무시당하거나 거부당하는 청년은 자신감이 부족하고, 다른 사람들과의 상호작용을 회피하며, 위축되는 경향을 보이므로 부모나 교사의 도움을 필요로 한다. 청년 초기나 중기의 청년은 청년 후기의 청년보다 더 불안정하므로 동년배의 거부나 조롱에 의해 쉽게 상처를 받으며 스트레스도 심한 편이다.

제**11**장

청년기의 사랑

1. 성의식의 발달

성의식이란 우리가 흔히 '섹슈얼리티(sexuality)'라고 말하는 것으로, 이는 단순히 성적 충동을 의미하는 것이 아니라, 개인이 성에 대해 가지고 있는 전반적이고 복합적인 관념을 의미한다. 성의식은 성에 대한 감정, 사고, 환상, 꿈뿐만 아니라 성에 대한 가치관, 신념 등을 내포하고 있다. 섹슈얼리티, 즉 성의식은 개인의 성격, 감정, 행동뿐 아니라 성적인 존재, 젠더 등을 나타내는 포괄적인 의미로 사용되고 있다. 이런 의미에서 성의식은 성적인 성격(sexual personality), 즉 전성(全性)이라고 할 수 있다.

사춘기에 들어서면서 청년들은 성에 대한 관심이 매우 높아진다. 청년들은 다양한 활동을 통하여 동년배 친구들의 신체적 변화를 확인하고 서로 비교해 보며 성적 매력을 평가하기도 한다. 청년들의 대화는 주로 성적 성숙과 성적 감정 및 성적 충동 등이다.

인간은 태어나면서부터 성적 감정을 가지고 태어나는 것이 아니라 신체적 발달과 함께 성 역할, 성에 대한 태도 등과 함께 발달한다. 성적 감정은 성 호르몬의 분비라는 생물학적 요인과 성 역할의 학습이라는 사회적 요인에 의하여 형성되고 발달한다.

인간은 태어나면서부터 생물학적 차이에 의해 여성과 남성으로 구분되며, 대부분 문화권에서 성장하는 동안 남녀 서로 다른 역할이 기대된다. 성 역할(gender role)은 한 개인이 속해 있는 문화권에서 어떠한 태도나 행위가 여성 또는 남성에게 적절한가를 말해 주는 문화적 기대치를 의미한다(허혜경, 김혜수, 2010).

사회는 남녀의 성 역할을 서로 다르게 규정하고 있고, 출생 직후부터 남녀가 다르게 취급되며, 그러한 성 역할을 어릴 때부터 학습하기 때문에 개인의 성은 자아정체감 형성에서 가장 영향력 있는 특성으로 작용한다. 이러한 성 역할을 내면화해 가는 과정인 성 역할 사회화를 통하여 성 정체감(gender identity)이 형성되고, 사춘기에 이르러 성 호르몬 분비가 증가하며 성적 감정을 발달시킨다.

성 호르몬은 인간이나 영장류의 성적 감정과 욕구를 촉발시키는 중요한 요인이다. 사춘기 이전에 인간이나 영장류의 성선을 제거하면 성적 감정과 욕구가 발달하지 못한다. 물론 인간의 성적 감정이나 욕구가 전적으로 성 호르몬에 의존하는 것은 아니다. 성 호르몬이라는 물질 그 자체는 성적 감정과 욕구 형성의 전제가 될 뿐이고, 성적 감정이나 욕구의 모습은 사회적·문화적 조건에 따라 다양하게 형성될 수 있다. 만약 어느 개인이 소속되어 있는 문화가 성적 감정의 유발에 필요한 자극을 제공하지 못한다면 성적 행동을 위한 개인의 충동은 일생 동안 잠복될 수도 있다.

사춘기의 변화를 경험하면서 청년들이 이성(異性)에 대해 관심을 가지는 것은 자연스러운 일이다. 청년기의 중요한 발달과업 중 하나는 자아를 향상시키거나 사회적으로 수용 가능한 방식으로 성적 욕구와 감정을 처리하는 방법을 습득하는 것이다.

인간의 성의식 발달은 일생을 통해 이루어지는 일련의 연속적 과정이다. 성의식의 발달과정은 다음과 같이 6단계로 구분할 수 있다.

- 1단계(잠재기): 자아통합이 주요 과제인 시기로서, 본능적 욕구의 출현은 아직 나타나지 않고 장차의 성적 갈등에 대비하는 시기이다.
- 2단계(전청년기): 성적이고 공격적으로 에너지가 표출되어 성격 구조의 균형이 깨진다. 이성 부모에 성적으로 끌리는 동시에 동성 부모에 대한 불만이 생기

고, 가족에서 이탈하여 또래에 편입되기 시작하며, '고삐 풀린 망아지'의 외관을 보인다.

- 3단계(청년 초기): 특정 대상에 매혹되어 열광적으로 동일시 현상을 보인다.
- 4단계(청년 중기): 심리적 재구조화 시기로서, 동성애적 충동이 이성애로 전환되고, 가족이라는 울타리 밖에서 새로운 이성 상대를 추구한다.
- 5단계(청년 후기): 이성 지향적 성향이 지속되며 청년 초기에 겪었던 혼란스러움이 점차 정리되는 단계이다. 사회적 역할에 대한 인식과 개인적 정체감이 확립되며 자아통합으로 발전하는 단계이다.
- 6단계(성인기): 발달 전환기인 청년기를 벗어나는 시기로서, 성격 구조가 견고해지고, 심리적으로 안정되며, 강력한 초자아와 이상이 발달하여 도덕관이 확고해진다.

한편, 헐록(Hurlock)은 이성에 대한 관심이 변화하는 양상을 이성에 대한 성의식 발달 단계로 제시하였다.

- 1단계-중성적 단계(1~5세): 부모와 같은 양육자에게 애정을 지니며 남녀의 구분없이 친밀감을 느끼는 단계이다. 자기를 돌봐 주는 사람에게 애정을 표시하며 남녀 구분 없이 잘 어울린다.
- 2단계-성적 대항기(6~12세): 이성에게 거부감이나 대립감을 가지고, 동성과 친밀감을 느끼는 단계이다. 동성과 어울리면서 남녀 간의 신체 차이를 의식한다. 때로는 이성친구와 놀면 또래에게 놀림을 당하기도 한다. 남녀의 대립은 초등학교 3, 4학년 때부터 현저하게 나타나 남아는 힘이 센 것으로 자신감을 가지고, 여아는 약자로서의 열등감 또는 대항의식을 가진다.
- 3단계-성적 혐오기(12~13세): 또래의 이성에게 심한 거부감이나 대립감을 가지는 단계로, 이성에 대한 혐오와 증오의 감정이 강렬해진다. 사춘기 신체변화에 따라 여성은 임신, 생리 등에 대한 불만으로 남성을 혐오하거나 연애를 불결하게 생각하고 이성을 냉담하고 무뚝뚝하게 대한다.
- 4단계-성적 애착기(14세): 또래의 동성과 연상의 이성에게 강한 애착을 보이는 단계이다. 이성에 대한 혐오감의 이면에 이성에 대한 호기심과 동년배 이성

의 접근으로 인한 감정적 불안정을 다른 대상을 통해 안정시키고자 한다. 이러한 이중적 욕구가 겹쳐 연장자인 이성 또는 동성에게 강한 애착을 보인다. 자신보다 연장자인 동성에게 외모, 학력, 인격 면에서 강렬한 매력을 느껴 질투하기도 하며, 그러한 자신의 모습에 대하여 자신이 혹시 동성애자가 아닌지 고민하기도 한다.

- 5단계—이성애 단계
  - 5-1단계) 송아지 사랑기(15~16세): 연상의 이성을 사랑하는 단계이다. 남녀 간의 신체변화에 대한 관심과 성적 호기심이 많으며, 공상과 영화 속의 주인공을 꿈꾸는 시기이다. 동년배 이성을 접할 용기가 없어 연장자인 선배, 연예인, 운동선수 등을 사랑하며 그들의 말투나 복장을 따라 하기도 한다.
  - 5-2단계) 강아지 사랑기(17~18세): 일반적인 이성에 대한 애정을 갖는 단계이다. 즉, 이성에 대한 관심이 연장자인 이성에서 같은 또래의 이성으로 바뀌면서 이성 전반에 대해 애정을 품는다. 그러나 아직 일대일 교제보다는 두세 사람의 동료와 같이 만나며, 상대의 주의를 끌기 위해 적극적으로 접근한다. 이성친구를 가진 친구를 부러워하거나, 이성친구에게 속없이 잘해 주다가도 사소한 말다툼으로 헤어지기도 한다.
  - 5-3단계) 연애기(19~20세): 또래 이성에 대해 애정을 느끼고 연애를 하는 단계이다. 한 사람의 이성에게 관심이 집중되고 두 사람만의 만남을 원한다. 자신의 부족감, 결여감을 보충하고자 상대를 찾는 경향이 있다. 연애와 성욕을 혼동하여 성적 충동에 의한 열정을 순수한 연애감정으로 착각하기도 하지만, 연애와 성욕을 차츰 분리하려는 생각을 가지게 되는 것이 특징이다.

이러한 성의식 발달 단계 중 청년 후기의 청년들은 신체적으로는 생식기관이 성숙 단계에 이르고 정신적으로는 인지발달이 완성 단계에 이른다. 이 시기는 자신의 실체를 인식하고, 자신이 처해 있는 세계와 성의 의미를 파악하여 성인으로서의 역할이나 개성을 신장시키는 전 생애적 설계가 가능하다. 즉, 대학에 다니는 동안 청년들은 미래사회의 주인이라는 정체감, 그리고 건강한 가정과 사회의 성문화를 만들어 가는 주체로서의 정체감을 확고하게 형성할 수 있다. 이들이 직접, 간접으로 경험하고 인식하는 성에 대한 생각과 감정은 대학 졸업 후 취업, 결혼 등을 통해 사회 구조 속에서 나타나는 성 역할 현상과 갈등을 예측할 수 있는 척도가 되므로 매우 중요하다.

개인의 성의식은 그 사람이 살고 있는 사회나 양육 및 성장환경, 학교 등과 같은 사회문화적인 맥락 속에서 학습되며, 이는 성적인 주체성과 밀접한 연관이 있다. 성적으로 성숙한 성격의 소유자는 상대방의 마음을 상하지 않게 하며, 또 약점이 드러나더라도 공격의 두려움을 느끼지 않는다. 이성관계에서 성행위는 사랑과 정감을 표현하는 수단이자, 결혼생활이 지닌 즐거움의 한 측면으로 중요한 의미를 지닌다. 남녀 간의 이성관계는 성행위보다는 상호 간의 이해와 신뢰, 보살핌과 존중 그리고 책임을 바탕으로 이루어져야 한다.

2. 이성 교제

청년기에 들어서면 이성에 대한 관심과 호기심이 점차 증가하면서, 이성 교제는 중요한 의미를 가진다. 이 시기에 청년들은 자기를 인식하는 동시에 타인을 이해할 수 있게 되며, 이성 교제를 통해 상대방을 배려하고 존중하는 능력을 키우게 된다. 또한 삶의 목표를 정립하고, 남녀 간의 성차를 이해하며, 다양한 사회 경험을 통해 남녀가 함께 살아가는 사회에서 적응력을 기를 수 있다.

데이트(date)는 젊은 남녀의 이성 교제의 한 행동 유형이다(임혜경 외, 2017). 이제는 흔한 개념인 데이트의 역사는 놀랍게도 100년이 채 되지 않는다. 시대가 변화함에 따라 미국 사회에서 데이트가 등장한 것은 제1차 세계 대전 이후부터이며, 1930년대에 와서 데이트가 일반화되었고, 1940~1950년대에는 데이트 연령이 10대로까지 확산되었다(김정옥 외, 2012).

과거에는 데이트가 결혼을 전제로 한 남녀의 만남으로 여겨졌으므로 미성년자의 데이트는 흔치 않았으며, 성인의 이성 교제 역시 부모의 허락을 통해 인정받을 수 있었다.

데이트 문화의 발생 배경을 살펴보면 산업화와 도시화의 영향을 들 수 있다(김양희 외, 2011). 전쟁을 전후하여 젊은이들은 도시로 이주함에 따라 부모의 통제권을 벗어나 군수품 생산 공장 등에 취업을 하게 되었다. 산업화와 함께 기술 혁신과 문명이 발달함에 따라 전화, 자동차, 영화, 레스토랑과 카페, 클럽, 스포츠 및 여가 문화, 소득 수준의 향상, 자유로운 사회·문화적 여건 조성 등으로 인해 부모의 보호와 감시로부터 자유로운 젊은 남녀의 접촉 기회가 점차 증가하게 되었다. 특히 여성 교육의 확산, 남녀공학 제도의 도입, 경제 활동에 참여하는 여성인구의 증가 등은 보다 진보적이고 자유로운 이성 교제를 가능하게 하였다.

데이트에서는 남녀 당사자가 스스로 이성 교제를 진행하며, 데이트 행위의 책임, 나아가 이성 교제를 종결하는 결정권도 스스로 행사하는 것이 일반적이다. 특히 가족 중심적 사고에서 개인 중심적 사고로 전환됨에 따라 부모의 영향력이 감소하고 있는 반면, 개인의 행복과 사랑을 위해 배우자 선택의 결정권을 스스로 행사하는 경향은 증가하고 있다. 이와 같이 부모 영향력의 점진적인 감소는 이성 간의 접촉 기회를 증가시키고 이성 교제의 자유로움과 낭만성을 더하는 요인으로 작용하였다.

오늘날의 데이트는 이성 교제와 비슷한 의미로 사용되고 있다. 이성 교제를 통해 남녀 간의 친밀한 만남이 이루어지며, 사랑, 낭만성, 친밀감 등의 정서를 경험할 수 있다. 프로이트(Freud)는 "가장 성공적인 삶이란 사랑하고 일하는 것이다(Lieben und Arbeiten)."라고 말함으로써 인생에서 가장 의미 있고 중요한 것 중 하나는 자신의 존재 의의와 보람을 느끼는 일을 하면서 사는 것이고, 다른 하나는 평생 동안 어떤 대상을 사랑하면서 사는 것이라고 하였다. 전 생애에 걸쳐 심리·사회적 발달 단계를 발전시킨 에릭슨(Erikson)은 성인 초기를 이성 교제를 통해 사랑에 눈뜨게 되고 친밀감이 발달하는 중요한 시기라고 보았다.

21세기로 넘어오면서 IT 기술이 발달하고, 모바일의 상용화로 인해 이성 교제의 양상이 변화하고 있다. 오프라인뿐 아니라 온라인에서의 이성 교제 경향이 두드러지는 등 정보 사회의 기술 혁신은 이성 교제의 패턴을 변화시켰다.

최근에는 코로나-19 확산으로 사회적 거리 두기를 실천함에 따라 이성 교제가 다소 위축되고 있는 실정이다. 이성 교제를 통해 남성과 여성의 특성을 파악하게 되어 이성에 대한 이해도를 높이며, 이성 간의 상호작용을 통해 함께 어울려 지내는 방법을 습득하게 되어 삶의 활력을 제공받는다. 나아가 청년들은 이성 교제의 경험을 통하여 장래 배우자를 선택하는 안목을 키우고, 원만한 인간관계의 기술을 배우게 된다. 특히 성인기에는 결혼과 가정의 형성이라는 발달과업을 수행하기 위하여 이성 교제가 긍정적인 경험을 제공할 수 있다.

1) 이성 교제의 발달

　이성 교제는 청소년기 또는 성인기의 '여성과 남성이 만나서 좋은 관계를 맺는 것'이다(김양희 외, 2011). 최근에는 이성 교제를 하는 연령대가 점차 낮아지고 있는 추세를 보이고 있으며, 아동이나 청소년기의 이성 교제는 동성 간의 친구관계와 함께 중요한 대인관계 양상으로 여겨진다. 청년기의 이성 교제에 대한 연령별 분화 정도를 살펴보면 〈표 11-1〉과 같다(김양희 외, 2011).

　이성 교제는 결혼을 전제로 한 연애(courtship)와는 차이가 있다(송진숙 외, 2006). 이성 교제란 남녀 간에 어떠한 계약적 관계가 아니며, 책임이나 의무 없이 교제 자체를 즐기고, 상대방을 한정하지도 않으며, 관계의 종결도 비교적 자유로운 것이 특징이다. 반면, 결혼을 전제로 한 연애는 상대가 한 명으로 한정되어 결혼을 목적으로 이루어지는 교제 유형으로, 이성 교제에 비해 보다 친밀하고 책임감이 수반되는 관계이다. 그러므로 이성 교제를 통해 이성에 대한 경험을 쌓고, 상대방에게 자신을

표 11-1 이성 교제의 연령별 특성

연령	이성 교제의 특성
12~15세	이성 교제에 대한 낭만적 관계를 수용하지 못하는 시기이므로 절대적인 관심을 끌지 못한다. 이 시기 이성 교제는 남녀가 단체로 학교나 외부에서 큰 부담이나 걱정 없이 함께 시간을 보내는 방식으로 진행된다.
16~18세	이성 교제가 상당히 일반화되는 시기로, 이성과 반드시 친밀한 관계는 아니며 우발적으로 이루어지는 경우가 많다. 즉, 근거리에 있는 관심을 보이는 이성을 좋아할 확률이 높아진다. 또한 이 시기는 이성 교제의 가능성만으로도 쾌감을 갖는 경우가 많아 실제로 이루어지는 이성 교제의 유형은 격식을 차리지 않는 경우가 많다. 이성 교제의 형태는 커플로 이루어진 남녀가 시간을 보내는 경우가 많아지며, 점차 외모를 가꾸는 등 격식을 갖추는 방향으로 변화된다.
19~22세	이 시기에는 자기에 대한 비판력이 증가하여 자신에게 부족한 부분을 이성 및 동성 친구에게서 찾기를 희망하여 '이상적 연인'을 원한다. 이성관계가 형성되면 점차 남녀 간에 친밀해지며 성적 안정감을 보이게 된다. 애정의 대상은 1인으로 좁혀지고, 비교적 장기적인 이성관계를 이루게 된다. 교제의 횟수는 이성관계의 독립성이 인정될수록 증가하게 된다.

출처: 김양희 외(2011) 수정.

투영함으로써 자신의 특성, 매력, 능력 등을 확인할 기회를 가지며, 대화나 감정이 잘 통하는 특정한 한 사람에게로 대상을 좁혀 연애를 하는 것이 이상적이다(정현숙, 2019).

청년들은 신체적으로는 생식 기관이 성숙 단계에 이르고, 정신적으로는 인지발달이 완성 단계에 이르는 시기이다. 이 시기는 자아를 인식하고, 자신이 처해 있는 세계와 성의 의미를 이해함으로써 성인으로서 장차 선택할 역할이나 개성을 신장시키는 전 생애적 설계가 가능하다. 그러므로 청년들이 이성 교제를 통해 이성에 대해 알아가는 기회를 가지며 직·간접적으로 하게 되는 경험은 성인기의 직업, 배우자 선택, 결혼 등과 같은 대인관계와 사회생활을 예측할 수 있는 바로미터가 되므로 상당히 중요하다.

2) 이성 교제의 기능

이성 교제는 상대방과의 관계를 어떻게 조화롭게 이루어 갈 것인가에 대한 훈련이다(김정옥 외, 2012). 특히 이성 교제는 향후 배우자 선택에 도움을 줄 수 있는 기초 과정으로서 이를 통해 이성에 대한 관심을 보다 구체화시킬 수 있다. 또한 사랑하는 과정을 통해 자신을 돌아볼 수 있으며, 사랑의 기쁨과 좌절을 경험하기도 하고, 서로의 인격이 존중받기도 하여, 삶의 의미를 깨달아 가며 성숙할 수 있다.

이성 교제가 지니는 일반적인 기능은 다음과 같다(김정옥 외, 2012; 송진숙 외, 2006; 허혜경 외, 2017; Bradbury & Karney, 2010).

(1) 인격도야의 기능

이성과의 상호접촉은 사회가 기대하는 정상적인 인격을 형성하는 데 중요한 역할을 한다. 이성 교제를 통해 자신의 장단점을 인식하게 되면서 자기 자신을 상대방에게 투사하여 자신을 성찰하는 자기평가와 자의식을 발달시키는 계기가 되어 성숙한 인격을 형성할 수 있다. 또한 상대방의 행동에 영향을 받거나, 자신의 행동이 상대방에게 영향을 주는 것을 경험하면서 자신과 타인의 행동에 대한 이해가 깊어지고, 나아가 전반적인 대인관계 형성과 사회생활에 도움을 줄 수 있다.

(2) 사회적 자아의 확인 기능

이성 교제 과정을 통해 사회적 자아를 확인하는 기회를 가질 수 있다. 이성 교제를 하면서 상대방이 자신에게 제공하는 긍정적인 피드백을 통해서 스스로를 긍정적으로 바라보게 되며, 때로는 부정적인 피드백을 통해 자신의 행동을 되돌아보게 된다. 즉, 이성 교제는 자신이 다른 사람에게 어떠한 영향을 주는지, 자신의 장단점은 무엇인지를 파악하여 대인관계 속에서 나 자신을 알게 되는 사회적 자아의 확인 기능을 지닌다. 나아가 성숙한 대인관계 기술을 익히고, 이성에 대한 막연한 기대나 비현실적 사고방식에서 벗어나 사회적 상황에서 자신의 행동을 적절하게 조절할 수 있는 능력을 기를 수 있다.

(3) 즐거움의 추구 기능

이성 교제는 당사자들에게 생활의 활력을 더해 주는 즐거운 일이다. 이성 교제가 결혼을 목적으로 하거나 배우자를 선택하기 위한 만남만을 의미하는 것은 아니다. 이성 교제는 서로에게 매력을 느끼는 두 남녀가 반드시 결혼해야 한다는 것을 배제하고, 긴장을 풀며 여가를 즐기는 일이다. 이성 교제는 남녀가 서로 사귀면서 삶의 만족을 증진시킬 뿐만 아니라 함께 즐거움을 추구하는 기능을 지닌다.

(4) 이성에 대한 적응의 기능

사춘기 이후에 청년들은 이성에 대한 관심이 증가하면서, 이성 앞에서 지나치게 긴장하거나 어색함과 수줍음을 느낀다. 그러나 이성과 직접 만나서 사귀며 친해지는 과정을 통해 이성에 대한 적응력이 생기게 되고, 일반적인 사회생활에서도 성숙한 대인관계의 기술을 습득하게 된다. 또 이성 교제를 하는 과정에서 이성에 대한 막연한 기대, 사랑에 대한 환상 또는 비현실적인 사고방식에서 점차 벗어나게 된다. 다양한 이성들과의 접촉과 교제를 통해 인간관계를 형성하고 발전시킬 수 있는 기회를 가지게 된다.

(5) 사회화의 기능

이성 교제를 하는 것은 사회인으로서 기대되는 성인 남녀의 역할을 수행하는 준비 단계라 할 수 있다. 다양한 이성 친구들과 접촉하거나 교제하면서 사회에서 기대하는 자신의 성 역할을 습득하게 되며, 이성과 친밀하고 깊이 있는 만남을 유지하는 방법을 터득하게 된다.

구체적으로 이성 교제를 통해 어떻게 대화를 시작해야 하는지 배우며, 상대방의 말을 경청하거나 공감을 표현하는 것과 같은 대인관계 기술을 발달시키게 된다. 때로는 이성 교제가 한 개인으로 하여금 지배나 복종과 같은 상이한 경험을 하게 하며, 이를 통해 남녀 간에 조화의 중요성을 깨닫게도 한다. 어떻게 육체적으로 다른 남녀가 서로 가깝게 되고 깊은 만남을 경험하는지를 배우는 성의 사회화도 이성 교제의 중요한 역할이다. 즉, 이성 교제는 결혼 후 가족이라는 사회 집단에서 상대방을 이해하고 함께 문제를 해결하는 방법, 성 역할 등을 습득하는 사회화의 기능을 수행한다.

(6) 배우자 선택의 기능

이성 교제의 중요한 기능 중 하나로는 배우자 선택을 들 수 있다. 과거에 비해 이성 교제를 통해 배우자를 선택하는 기능은 약화되었지만, 다양한 이성 교제를 통해 인격적으로 잘 조화되고 사랑할 수 있는 배우자를 선택하는 기회를 가질 수 있을 뿐 아니라 배우자를 선택하는 안목을 키울 수 있다.

상대방의 성격은 한두 번의 만남이나 특정 장소에서의 행동만으로는 정확하게 파악하기 어려우므로, 다양한 상황에서 일정 기간의 이성 교제를 통해 가능하다. 일반적으로 데이트 기간과 성공적인 결혼은 밀접한 관련이 있으므로 교제 기간이 길수록 유리하며, 오랜 기간의 이성 교제를 통하여 서로를 파악하는 과정에서 자연스럽게 배우자를 선택할 수 있다.

청년기 이성 교제의 기능은 연령에 따라 변화한다. 청년 초기와 중기에는 여러 사람과 자유롭게 만나면서 이성 교제를 하는 것이 특징이며, 이성 교제에서 즐거움의 추구 기능이 주가 된다. 청년 후기 무렵에는 점차 한 사람에게 집중하게 되어 두 사람만의 시간을 가지기를 원한다. 청년 초기에는 자기중심적이며 상대 이성의 근사한 외모나 친구들 간의 인기를 통해 자신을 과시하려는 목적으로 상대를 선택하기도 하지만, 청년 후기에는 이성 교제의 상호성을 강조하며 미래 지향적으로 장래를 고려하는 경향을 보인다(Roscoe, Dian, & Brooks, 1987).

3) 이성 교제의 진행

이성 교제의 진행 단계에 대해서는 학자들 간의 견해가 다양하지만, 그룹 데이트, 일시적 데이트, 지속적 데이트, 결정적 데이트의 순서로 진행되는 것이 일반적이다 (송진숙 외, 2006; 허혜경 외, 2017).

(1) 그룹 데이트

이성 교제를 시작하는 단계에서 그룹 데이트(group date)는 동성 간의 우정에서 이성 간의 교제로 전환되는 과도기적 성격을 가진다. 일반적으로 이성 교제 경험이 부족한 청년들이 이성 교제에 대한 심리적 부담감을 줄이기 위해 그룹 데이트 방식을 선호한다. 그룹 데이트의 가장 대표적인 예로는 우리나라에서 흔히 하는 미팅을 들 수 있다.

(2) 일시적 데이트

일시적 데이트(casual date)는 여러 사람과 자유롭게 교제하면서 상대방을 파악하고 자신과 맞춰 보는 것으로, 임의로운 데이트라고도 불린다. 일시적 데이트의 목적은 즐거움을 추구하면서 지속적인 데이트 상대를 찾는 것으로, 상대방에 대한 구속이나 책임감이 적어 교제의 시작과 종결이 자유롭다. 일시적 데이트 형태의 다양한 이성 교제를 경험함으로써 자신을 이해하고 이성에 대한 판단 기준을 형성하게 된다.

(3) 지속적 데이트

지속적 데이트(steady date)는 고정된 데이트라고도 불리며, 데이트 상대자 중 가장 매력을 느낀 한 이성과의 고정적인 만남을 의미한다. 일반적으로, 일시적 데이트의 단계가 지나면 매력적인 특정인과 지속적인 관계를 유지하고 싶어 한다. 특별히 상대를 구속하지는 않지만 상대가 자신과의 관계만 유지하기 원하는 동시에 자신도 상대방에게만 집중한다. 지속적 데이트를 통해 남녀는 심리적 안정을 얻게 되고 자아 욕구를 충족시키며, 친밀한 상호관계를 유지하면서 상대방에게 애정을 느끼게 된다. 또한 데이트 상대에게 적절한 매력을 보이며 경쟁을 해야 하는 초기 데이트 단계의 부담감에서 벗어날 수 있다. 데이트가 진행되면서 서로 미래를 설계하거나 상대방의 가능성에 대해 객관적으로 평가하기 시작한다. 또한 지속적 데이트를 통해 즐거움을 추구할 뿐 아니라 보다 책임감을 갖고 자신들의 관계를 진지하게 생각해 보게 된다. 그러나 이성관계의 폭이 좁아지고 성적 욕구가 강해지기도 한다.

(4) 결정적 데이트

지속적 교제가 긍정적인 방향으로 계속된다면 결혼에 대하여 보다 확실히 약속을 하게 된다. 결혼을 전제로 하는 결정적 데이트(pinning)는 당사자들이 다른 이성과 배타적 관계를 약속하는 구속적인 특성을 지닌다. 커플은 미래에 대하여 구체적이고 진지하게 의견 교환을 하고 서로 신뢰하며, 정신적 및 육체적 친밀도도 높아진다. 결정적 데이트는 약혼의 시험적 단계로서, 서로 반지와 같은 상징적인 선물을 주고받으며 결혼을 약속하기도 한다.

4) 이성 교제의 진행 단계

이성관계는 만남의 횟수가 증가하면서 점차 발전하게 되어, 두 남녀는 친밀감과 애정을 느끼게 되어 서로 사랑하게 된다. 사회심리학자들은 서로 사랑하는 이성 간에 인간관계가 심화되는 과정을 사회적 침투(social penetration)라 한다. 올트만과 테일러(Altman & Taylor, 1973)는 이성 교제의 진행 과정을 사회적 침투 과정의 5단계로 설명하고 있다(권석만, 2014; 김종운, 박성실, 2016).

(1) 첫인상 단계

첫인상 단계(first impression stage)에서는 상대방을 만나 서로 외모나 행동을 관찰하면서 인상을 형성하게 된다. 이 단계에서 상대방에게 좋은 인상, 즉 호감을 갖게 되면 상대에 대한 관심이 높아져 더 알고 싶은 마음이 생겨나며 개인적인 정보를 알기 위해 노력을 기울인다.

(2) 지향 단계

지향 단계(orientation stage)에서는 서로 자신에 대한 피상적인 정보를 교환하고, 상대방을 탐색한다. 상대방에게 좋은 인상을 주려고 노력하면서, 상대방도 자신에게 호감을 가지고 있는지 타진해 본다. 자신을 긍정적으로 보이려 하고, 타인에 대해서도 비판을 회피하는 다소 긴장된 상태의 단계이다. 이 단계에서 개인적 정보에 근거하여 관계를 지속할지 여부를 결정하는데, 대부분의 만남이 여기서 끝난다. 지향 단계에서 상대로부터 거부를 당해 자존심이 상할 수는 있으나, 마음의 상처는 그다지 크지 않다.

(3) 탐색적 애정 교환 단계

탐색적 애정 교환 단계(exploratory affective exchange stage)에서는 좀 더 친근한 태도를 취하고, 대화의 내용이 좀 더 풍부해지며 자발성도 증가하게 된다. 상대방에 대한 호감 이상의 초보적인 사랑의 감정을 느끼게 된다. 따라서 상대방을 좋아하는 감정을 어떻게든 알리려고 노력하고, 상대방이 자신을 사랑하는지 확인하려 한다. 그러나 애정 표현이 상대방이 허용한 범위를 넘어가면 상대방에게 부담을 주어 관계로부터의 이탈 가능성이 생기기 때문에 다소 형식적이고 초보적인 애정 교환이 이루어진다. 상대방의 말과 행동에 예민해져서 감정의 기복이 심해지는 이 단계는 살얼음판을 걷듯 예민하고 불안정하다. 이 단계에서는 상대에 대한 실망이나 상대로부터 거부를 당해 관계가 종결될 수 있으며, 이미 상당 수준의 감정이 개입되었기 때문에 관계 종결에 대한 아픔을 겪을 수 있다.

(4) 애정 교환 단계

애정 교환 단계(affective exchange stage)에서는 편안하게 상대에 대해 칭찬도 하고 때로는 비판도 한다. 서로 좋아한다는 것 또는 서로 사랑하는 연인 사이라는 것을 암묵적으로 인정하고 사랑을 표현한다. 사랑하는 마음을 전달하기 위해 빈번한 전화 통화, SNS, 만남, 선물 교환, 서로를 위한 이벤트 등을 하면서 친밀감을 형성한다. 그러나 아직까지는 상대방에게 자신의 속마음을 완전히 털어놓지는 않으며, 자신의 약점과 단점이 드러나지 않도록 조심하는 단계이다. 즉, 서로 사랑에 대한 약속을 한 상태가 아니기 때문에 여전히 사랑에 대한 확신은 없으나, 상대의 사랑을 확인하고 신뢰를 쌓아 가는 단계이다.

(5) 안정적 교환 단계

안정적 교환 단계(stable exchange stage)에서는 서로 마음을 터놓고 대화하며 서로의 소유물에도 접근한다. 또한 자신의 약점도 두려움 없이 보이게 된다. 상대방의 사랑에 대한 확신을 갖게 되고 친밀감과 신뢰를 바탕으로 안정된 애정 교환이 이루어진다. 이 단계에서 대부분 결혼 약속을 하게 되고, 육체적 사랑을 나누기도 한다. 안정적 교환 단계를 지속하다가 결혼에 이르게 된다면 더없이 행복한 경우이지만, 부모의 반대, 유학, 이사, 질병, 죽음 등의 이유로 결혼에 이르지 못하고 헤어지는 경우에는 두 사람 모두 상당한 마음의 상처를 입게 된다.

5) 이성 교제의 어려움

이성 교제가 진행되는 동안 남녀는 행복, 기쁨과 같은 긍정적인 정서를 느끼기도 하지만 헤어진 후의 좌절과 슬픔 등 부정적인 정서를 경험하기도 한다. 이성 교제를 하고 있는 커플의 경우 연령, 시기, 조건, 사회적 기대, 성 가치관, 가정문화 등의 요소는 서로를 위해 도움이 되기도 하지만 경우에 따라서는 어려움을 초래하기도 한다. 현대 사회에서 개인은 자신의 이성 교제에 대한 선택권을 가지지만, 아직까지는 이성 교제에 대한 명확한 기준이 있는 것은 아니다.

청년들이 이성 교제 시 예상치 못한 문제점이 발생하기도 한다. 여기서는 이성 교제 시 발생할 수 있는 어려움에 대해서 살펴보고자 한다(김양희 외, 2011; 김영희 외, 2016; 송진숙 외, 2006; 허혜경 외, 2017).

(1) 이중 기준

이성 교제에 있어서 남녀 간에 사고방식, 가치관, 행동 등의 차이가 있을 수 있다. 이는 남성과 여성이 같은 상황에서 생각하는 것이나 기대되는 행동이 다름에 따라 나타나는 자연스러운 현상이다. 예를 들어, 여성과 남성 각자가 생각하는 성 가치관이나 문화적 차이, 지속적이고 안정적인 관계를 유지하고자 하는 동시에 성적 친밀감 억제 등에 초점을 맞추는 여성의 성향, 데이트의 경제적 부담이나 성적 진전을 우선시하는 등의 남성의 관점도 문제로 여겨질 수 있다. 이중 기준에는 성별의 문제를 떠나 한쪽은 즐거움을 추구하기 위해 이성 교제를 하고자 하는 반면, 다른 한쪽은 결혼을 전제로 한 지속적인 관계를 원하는 경우처럼 관계 인식의 차이도 포함된다.

(2) 데이트 불안

이성 교제는 사회생활이므로 대인관계의 기술과 자기확신이 필요하다. 이성 교제를 진행할 경우에는 다음 요인에 의해 상황적으로 불안이 야기될 수 있다.

- 데이트 여건에 대한 불안: 데이트 장소로 어디에 갈지, 무엇을 할지, 데이트 비용은 넉넉한지, 무엇을 입을지 등과 관련된 불안이다.
- 의사소통에 대한 불안: 자신이 말하고 싶은 것을 어떻게 말해야 될지 모르는 문제, 어떤 주제로 대화를 나누어야 할지 모르는 문제, 관심을 어떻게 표현할지, 궁금한 것을 어느 수준까지 물어보아야 할지 모르는 문제로 인한 불안이다.
- 성적 호기심 및 친밀감에 대한 불안: 성적 친밀감이 느껴질 때, 성적 욕망만 느껴질 때, 전혀 이성으로 느껴지지 않을 때 어떻게 대처해야 할지 등에 대한 불안이다.
- 기타: 이 외에도 성장 과정에서 대인관계 기술이나 의사소통 기술을 올바르게 습득하지 못한 경우나 자기확신이 부족한 경우에도 이성 교제 시 불안감이 야기된다.

이러한 데이트 불안은 이성 교제의 어려움은 물론 우울감, 일상생활의 지장, 취업의 실패, 나아가 결혼으로의 진전을 방해할 수 있다. 즉, 사회성 발달이 미숙함에 따라 인간관계에 능숙하지 못한 경우 이성 교제도 불안하게 될 뿐만 아니라 자신의 심리적 건강 및 사회생활에도 어려움을 초래할 수 있다(박경란 외, 2002).

(3) 부모와의 갈등

부모는 자녀의 배우자 선택에 무관심할 수 없으므로 배우자 선택의 시험 단계인 이성 교제에도 관심을 가지게 마련이다. 부모의 요구보다 자신의 요구가 더욱 중요시되는 오늘날에는 이성 교제와 관련된 부모와의 갈등이 심화되는 경우도 있다.

부모들은 자녀의 이성 교제를 결혼과 관련시켜 생각하는 경향이 있으므로, 지나친 염려나 반대를 하기도 한다. 이성 교제에 대해 부모-자녀 간의 갈등을 해결하기 위해서는 먼저 부모들이 권위 의식을 버리고 자녀와의 대화를 통하여 자녀의 이성 관계를 이해하려는 마음가짐을 가져야 한다. 또한 부모는 이성 교제 전에 자녀들이 대인관계 기술을 습득하도록 지원하고, 성교육 또는 성 담론(gender talk) 등을 통하여 올바른 이성 교제를 하도록 돕는 것이 중요하다.

(4) 일, 학업의 지장

이성 교제는 삶의 활력을 주는 오락적인 기능이 있는 반면, 이성 교제에 지나치게 몰입할 경우 일상생활에 지장을 초래할 수 있다. 남녀가 서로를 생각하고 그리워하는 것은 사랑하는 관계에서는 자연스러운 일이지만, 과도할 경우 자신의 일이나 학업에 몰두하지 못하여 어려움에 처할 수 있다. 따라서 이성 교제 시 자신의 새로운 생활인 데이트에 시간과 노력을 할애해야 하는 점을 감안하여 더욱 효율적으로 시간을 배분하고 자신의 일과 학업 생활을 규모 있게 관리해야 한다.

(5) 혼전 성관계

성관계에 대한 기준과 가치는 사회, 문화, 시대에 따라 변화한다. 오늘날에는 혼전 성관계에 대하여 비교적 자유롭고 개방적으로 바뀌면서 성관계 경험의 연령이 점차 낮아지고 있다.

이성 교제가 진행되면서 자연스럽게 남녀의 신체적 접촉의 기회와 빈도가 늘어나게 되고 육체적 쾌락에 대한 통제력 상실로 인해 무분별한 혼전 성관계가 문제시되기도 한다. 특히 자기표현을 적극적으로 하는 젊은 세대들은 혼전 성관계에 대한 정보를 다양한 매체를 통해 접하게 되면서, 사랑한다면 육체적 성관계를 당위적인 과정으로 착각하기도 한다.

아직도 우리나라에서는 순결에 대한 기준이 남성에게는 비교적 관대한 반면, 여성에게는 보다 엄격하게 적용되고 있다. 혼전 성관계에 의하여 임신한 경우에는 결혼을 한다 하여도 갈등의 원인이 될 수 있으며, 만약 결혼을 하지 않을 경우에는 남성과 여성 모두에게 심각한 정신적 상처를 남길 수 있다.

성 의식이 개방적으로 변화되고 있는 현대에는 첫 성관계 경험의 연령이 점차 낮아지고 있으므로 무분별한 혼전 성관계에 따른 죄책감, 피임의 실패 및 불충분한 준비로 인한 미혼 부모의 발생 등에 따라 보다 책임감 있는 성 의식이 요구된다. 혼전 성행위에 대하여 남녀 모두 신중한 자세로 책임 있는 이성 교제를 하여야 한다.

(6) 데이트 폭력

데이트 폭력이란 일반적으로 미혼 남녀가 혼전에 교제하는 과정에서 상대에게 해를 끼칠 의도를 가지고 행한 모든 언어적, 신체적, 정서적, 성적 행위를 의미한다. 다시 말해, 데이트 폭력이란 친밀한 관계 혹은 연애하고 있는 연인 사이에서 일어나는 신체적·정신적·성적 폭력 등을 말한다. 데이트 폭력에는 모욕적 언사, 욕과 같은 언어적 공격과 위협하기 등의 비언어적 공격을 포함하는 심리적 폭력, 때리기, 밀기, 움켜잡기, 발로 차기, 물기, 물건 던지기 등과 같이 상대방에게 의도성 혹은 잠재적 의도성을 가지고 힘이나 도구를 사용해 상해를 입히는 신체적·물리적 폭력, 성관계를 강요하거나 성관계를 하는 행위인 성폭력이 포함된다. 데이트 폭력의 발생 장소는 교제하는 사람의 거주지, 야외, 자동차 안 등 다양하다.

특히 데이트 성폭력이란 데이트 중 명백한 동의가 없는 상태에서 한쪽의 일방적인 강요에 의해 일어나는 성폭력을 의미한다. 데이트 성폭력으로 고소하는 경우는 많지 않으며, 간혹 고소하는 경우에 가해자가 데이트 성폭력을 동의된 성관계라고 주장하면서 피해자를 무고죄나 명예훼손죄로 맞고소하는 일도 있다. 데이트 중에 성폭력이 발생하게 되는 원인은 다음과 같다(허혜경 외, 2017; Schwartz & Scott, 2003).

- 심리적 요인: 폭력을 수용하는 태도, 성 가치관, 인성과 같은 심리적 요인을 들 수 있다.
- 환경적 요인: 성장기의 가족 환경(부모의 이혼이나 별거, 가정폭력 등), 성장기에 가족으로부터 학대받은 경험 등과 같은 가족 요인, 과거 데이트에서의 폭력 경험 등을 들 수 있다.
- 잘못된 의사소통: 대화의 질, 그리고 성적인 의사소통 시 여성의 거부를 수용으로 잘못 받아들여 성적 공격을 하게 되는 경우이다.
- 약물 오남용: 음주 등 약물로 인한 자제력 상실로 일어나는 경우이다.

- 개인적 긴장 요인: 학업 성적, 경제적 문제, 취업 등과 같은 개인적으로 긴장을 유발하는 요인으로 인해 성폭력이 발생하는 경우이다.
- 상황적 여건: 성적인 행위가 허용되는 장소나 성 관련 내용의 영상 시청 등과 같은 기회가 주어졌을 때 성폭력이 발생할 가능성이 있다.

통계청 자료(KOSTAT통계플러스, 2020)에 따르면, 경찰청 통계에 집계된 전국 데이트 폭력 신고 건수는 2019년에 1만 9,940건으로 2017년 1만 4,136건보다 41.1% 증가한 것으로 나타났다. 데이트 폭력의 경우 호감을 가진 이성 간에 일어나기 때문에 가해 상대방에게 책임을 묻기가 어려워 피해가 반복되는 경우가 많다. 데이트 폭력은 폭력의 정도가 심하지 않더라도 상습적인 폭력을 행사하는 상대라면 관계를 조속히 정리하는 것이 현명하다.

(7) 관계의 종결

두 사람이 관계를 끝내고 싶으나 여러 가지 이유로 관계의 종결이 지연될 수 있다. 정 때문에 혹은 두려워서 말을 못 하거나 만나면 다투지만 헤어지면 외롭고 마음이 공허하여 다시 만나기도 한다. 그러나 좋은 파트너를 만나 관계를 발전시키는 것만큼 중요한 것은 자신에게 맞지 않는 파트너와 잘 헤어지는 것이다.

자신이 관계를 끝맺어야겠다고 결정하였을 때에는 상대방이 상처를 받을 것임을 인정하고, 명확한 이유로 관계를 종료할 것을 분명히 밝힌 뒤 관계를 끝내야 한다. 만약 상대방 쪽에서 관계를 정리하고 싶을 경우 심리적 고통이 심할 수 있으나, 이러한 고통은 일시적이라는 것을 인지하고 그 사람이 생각날 수 있는 기념물이나 사진, 문자 등은 정리하고, 혼자만의 시간을 갖는 것이 좋다. 이성 교제가 종결된 후에는 당연히 전화, 방문, 문자 등은 하지 않도록 한다.

이성관계를 종결하는 유형은 다음과 같다.

첫째, '일방적 실연'은 한쪽이 헤어질 것을 통보함으로써 이루어지며, 통보를 받은 쪽은 우울감, 상처, 분노 등을 경험하게 된다.

둘째, '합의된 실연'은 서로 합의하고 관계를 종결하는 경우이며, 상대에게 불만이 있어 헤어지는 것이므로 상대적으로 고통은 적으나 간혹 아쉬움이나 후회를 남기기도 한다.

셋째, '강요된 실연'은 외부 요인으로 관계가 중단되는 경우로 부모의 반대, 한쪽의 죽음, 부득이한 사고 등을 들 수 있다. 강요된 실연은 관계가 중단되더라도 그리움이나 아쉬움으로 인해 사랑의 감정이 더 애틋해질 수 있다. 때로는 주변의 반대와 같은 외부 요인은 연인 간의 사랑과 결속을 강화시키는 '로미오와 줄리엣 효과'를 가져오기도 한다(권석만, 2014; 김양희 외, 2011).

3. 사랑의 심리학적 분석

1) 스턴버그의 사랑의 삼각 이론

현대의 저명한 교육심리학자 겸 지능이론가인 스턴버그(Sternberg)는 경험적 연구를 통하여 사랑의 심리적 구성 요소들을 분석하였다. 스턴버그는 적어도 한 번 이상 사랑을 해 본 경험이 있는 다양한 연령층의 사람들을 대상으로 설문 조사와 면접을 통해 사랑을 연구한 결과, 사랑의 삼각 이론을 제시하였다. 그에 따르면 사랑은 친밀감, 열정, 결심·헌신이라는 3가지 구성 요소로 이루어지는데, 이에 대해 살펴보고자 한다(Sternberg, 1986).

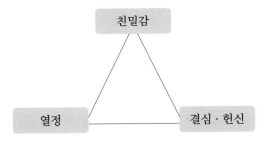

[그림 11-1] 사랑의 삼각 이론: 사랑의 3요소

출처: 허혜경 외(2017).

(1) 친밀감

친밀감(intimacy)이란 사랑의 '정서적 요인'으로, 사랑하는 관계 안에서 경험하는 연결감, 유대감, 밀착감과 같은 '따뜻한 느낌(warmth)'이다. 친밀감으로 인하여 두 사람이 함께 있으면 행복하고, 서로에게 관심과 호의를 보이며, 어려움이 있을 때 서로 친밀하게 의사소통을 하고, 상대방을 이해하며, 정서적으로 지지해 준다. 그리고 상대방을 소중히 여기고, 자신이 가진 것을 함께 나누고 의지하며, 상대방의 행복을 추구한다.

스턴버그는 친밀감을 나타내는 10가지 지표를 다음과 같이 소개하였다.

- 사랑하는 사람의 행복이 증진되기를 바라는 것
- 사랑하는 사람과 함께 있을 때 행복을 느끼는 것
- 사랑하는 사람에 대해 높은 존경심을 갖는 것
- 필요로 할 때 사랑하는 사람에게 의지할 수 있는 것
- 사랑하는 사람과 서로 이해하는 것
- 사랑하는 사람과 자신의 소유를 공유하는 것
- 사랑하는 사람에게서 정서적 지원을 받는 것
- 사랑하는 사람에게 정서적 지원을 제공하는 것
- 사랑하는 사람과 친밀하게 의사소통을 하는 것
- 자신의 인생에서 사랑하는 사람의 가치를 높게 부여하는 것

사랑하는 관계를 지속함에 따라 친밀감은 서서히 상승해 가다가 어느 시점에 이르면 친밀감의 존재 여부를 느끼지 못하는 상태가 되어 버린다. 이러한 현상이 일어나는 원인은 두 가지인데, 하나는 친밀감이 사라져 가는 경우이고, 다른 하나는 친밀감이 잠재되어 있지만 느끼지 못하는 경우이다. 미지근하게 지속되던 연인관계가 이별로 종식된 이후에 그 연인이 평소에 느끼지 못하고 있던 친밀감을 확인하고 후회하는 것을 종종 보게 되는데, 이것이 바로 친밀감이 잠재되어 있으나 느끼지 못하는 경우이다.

(2) 열정

열정(passion)은 사랑하는 관계에서 낭만이나 성행위 등으로 이끌어 주는 강한 신체적 매력, 감정 또는 성적인 욕구이다. 열정이란 사랑의 '동기적 요인'으로, 사랑하는 사람과 하나가 되고 싶어 하고 결합을 갈망하는 상태이다. 스턴버그는 이것을

'뜨거운(hot) 느낌'이라고 표현하였다. 이러한 욕구는 상황과 대상에 따라 다르게 나타난다. 즉, 부모-자녀 간에는 양육 동기, 의존 욕구, 지배 욕구, 복종 욕구, 자아실현 욕구 등으로 나타나고, 이성 간에는 사랑하는 사람과 육체적으로 결합하고자 하는 강한 갈망으로 나타나며, 성적인 욕구가 지배적이게 된다. 즉, 열정으로 인한 뜨거운 느낌은 이성 간에 낭만적인 감정을 발현시키고 신체적 매력을 느끼게 해 성적인 충동을 일으킨다.

열정은 급속하게 달아올랐다가 쉽게 식어 버린다. 많은 경우 성적 욕구가 열정의 주요 부분을 차지하지만, 자존감, 타인과의 친화, 타인에 대한 지배나 복종 같은 욕구들이 열정을 일으키기도 한다. 상대방에 대한 열정은 마치 중독과 같아서 상대방이 곁에 없으면 그리워하며 상대방에 대한 강한 갈망을 일으킨다.

하지만 열정의 발달 곡선에서는 중독 현상에 내재되어 있는 반대 과정(opponent process)이 일어날 수도 있다. 상대방에 대한 긍정적 충동이 절정에 달했을 때, 이와 정반대의 부정적 충동인 혐오감정이 서서히 생겨나서 결국에는 긍정적 충동은 사라지고 부정적 충동만이 남게 된다. 불같이 달아올랐던 격정이 순식간에 사라지고 서로의 마음속에 미움만 남아 헤어진 다음, 깊은 우울과 후회의 시간을 보낸 후에야 평정을 되찾게 되는 감정의 사이클은 바로 이러한 현상 때문이다.

열정과 친밀감은 밀접하게 상호작용한다. 즉, 열정적 관계에서 친밀한 관계로 발전할 수도 있고 친밀한 관계가 더 발전하여 열정적 관계로 변화할 수도 있다.

(3) 결심·헌신

결심(decision)·헌신(commitment)은 사랑의 '인지적 요인'으로, '차가운(cold) 느낌'으로 표현된다. 이것은 단기적으로는 어떤 사람을 사랑하겠다는 결심이며, 장기적으로는 그 사랑관계를 지속하기 위해 노력하고 책임지는 헌신이다. 그러나 이러한 장·단기적 측면이 항상 동반되는 것은 아니다. 즉, 사랑하지만 관계를 지속하지 않으려는 경우도 있고, 관계를 지속하고 책임을 지고자 하는 것이 꼭 사랑의 결심을 의미하는 것은 아니다.

친밀감이나 열정과 함께 결심·헌신도 사랑의 중요한 요소이다. 사랑의 감성적 측면은 진폭이 크고 불규칙적인 데 비하여 눈이 오나 비가 오나 어려운 때에도 사랑관계를 일정하게 지속시켜 주는 역할을 하는 것이 바로 결심·헌신이다. 즉, 친밀감이나 열정은 통제하기가 매우 어려운 반면에, 결심·헌신은 통제가 가능하다. 대체로 친밀감과 열정이 형성된 후에 결심·헌신이 뒤따르나, 때로는 결심·헌신 후에 친밀감과 열정이 수반되기도 한다.

결심·헌신은 관계의 초기부터 빠르게 발달하지만 시간이 지날수록 그 비중이 더 커지게 된다. 자녀에 대한 부모의 사랑이나 오랜 기간 동안 지속된 부부 간의 사랑도 결심·헌신에 해당한다.

완전한 사랑이란 사랑의 3요소인 친밀감, 열정, 결심·헌신이 균형 있게 갖추어져 있을 때 이루어지는데, 이것이 바로 사랑의 삼위일체이다.

스턴버그에 따르면 열정은 사랑하는 관계에서 초기에 발생하지만, 시간이 지날수록 점점 그 강도가 줄어든다. 사랑하는 사람 간에 일어나는 성적이고 열정적인 사랑은 빠르게 발전하여 정상의 감정에 도달하나, 쉽게 식어 가는 특징이 있다.

반면, 친밀감과 결심·헌신은 시간이 지나면서 서서히 발전하게 된다. 그러므로 사랑하는 사람 간에는 친밀감과 결심·헌신의 요소가 발달하여야 그 관계가 오래 지속될 수 있다.

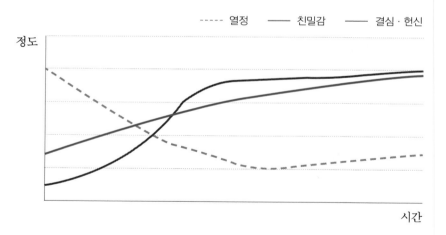

[그림 11-2] 시간 흐름에 따른 사랑의 구성 요소 변화

출처: 허혜경 외(2017).

4. 사랑의 분류

사랑을 표현하는 방법과 행태는 동서고금에 따라 다르다. 고대 그리스에서는 사랑을 에로스(eros)라고 칭하였는데, 이것은 육체적인 사랑뿐만 아니라 진리에 이르고자 하는 동경과 희구를 내포하는 말이다. 기독교에서의 사랑, 즉 아가페(agape)는 신에 대한 사랑 또는 인간에 대한 신의 무조건적 사랑을 의미한다. 인간이 인간에 대하여, 인간이 이성에 대하여 경험하는 사랑의 모습은 다양하다. 사람들은 '사랑'이라는 이름으로 환희를 경험하기도 하고 '사랑'이라는 이름으로 슬픔과 고통 등과 같은 경험을 하기도 한다. 이처럼 다양한 형태의 사랑을 심리학적으로 분류해 보는 것은 청년들이 추구해야 할 바람직한 사랑의 모습을 설정하는 데 상당히 의미 있는 작업이다.

1) 스턴버그의 일곱 가지 사랑

스턴버그는 사랑의 세 가지 요소, 즉 친밀감, 열정, 결심·헌신의 조합 형태에 따라 사랑의 종류를 일곱 가지로 분류하였다(김애순, 윤진, 1997; 김영희, 김경미, 2020). 그는 친밀감, 열정, 결심·헌신 중 한 요소도 포함되지 않은 경우는 사랑이 아닌 것

표 11-2 스턴버그의 사랑의 분류

사랑의 분류	이성 교제의 특성		
	친밀감	열정	결심·헌신
사랑의 부재(non-love)	×	×	×
좋아함(liking)	○	×	×
도취적 사랑(infatuated love)	×	○	×
공허한 사랑(empty love)	×	×	○
낭만적 사랑(romantic love)	○	○	×
동반자적 사랑(companionate love)	○	×	○
허구적 사랑(fatuous love)	×	○	○
완전한 사랑(consummate love)	○	○	○

출처: 허혜경 외(2017).

으로 보았다. 그리고 친밀감, 열정, 결심·헌신의 유무에 따라 좋아함, 도취적 사랑, 허구적 사랑, 공허한 사랑, 낭만적 사랑, 동반자적 사랑, 완전한 사랑 등 사랑을 7가지 유형으로 분류하였다. 친밀감, 열정, 결심·헌신의 세 요소가 상호 균형 있게 갖추어질 때 완전한 사랑이 이루어진다고 보았다.

먼저, '좋아함(liking)'은 친밀감을 주된 요소로 하여 정서적으로 따뜻함을 느끼는 우정과 같은 감정이다. 좋아함은 강한 열정이나 장기적인 헌신 없이도 상대방에 대해 따뜻함을 느끼거나 힘들 때 서로 위로해 줄 수 있는 친구 이상도 이하도 아닌 관계이다.

'도취적 사랑(infatuated love)'은 열정적 사랑으로 표현될 수 있으며, 호르몬 분비나 심장 박동과 같은 신체적 증상을 동반하는 강한 열정은 있으나, 친밀감이나 책임감이 없는 눈먼 사랑이다. 예를 들면, '첫눈에 반한 사랑' 또는 상대를 이상화시켜서 보는 사랑이 도취적 사랑이다. 이러한 사랑은 상대방을 있는 그대로 바라보는 것이 아니기 때문에 두 사람의 관계에 문제를 일으킬 수도 있다.

'허구적 사랑(fatuous love)'이란 친밀감은 없고, 열정이나 결심·헌신만이 존재하는 유형이다. 다시 말해, 열정을 느껴 사랑을 하여 관계가 이루어지거나 결혼을 하는 경우에 해당하나, 친밀감이 발달하지 못할 경우에는 '허구적 사랑'이 되고 만다. 허구적 사랑을 하다가 열정이 사라지기 시작하면, 상대방에 대한 실망감이 느껴져 결심·헌신하는 정도가 점점 약화되어 관계를 지속하기 어려워질 수 있다.

'공허한 사랑(empty love)'은 사랑해야 한다는 의지와 결심 또는 상대방에 대한 책임감으로 이루어진 상태로서, 친밀감이나 열정은 없는 사랑이다. 중매결혼의 초기 또는 한때의 격한 열정이나 매력이 사라진 뒤 체면이나 법적인 관계에 얽매여 오랫동안 미지근한 관계를 유지해 오고 있는 중년의 결혼생활에서 흔히 볼 수 있는 현상이다. 공허한 사랑을 한다고 해서 그 관계가 종결되었다는 것은 아니다.

'낭만적 사랑(romantic love)'은 좋아하는 것 이상의 강한 친밀감과 상대에 대한 매력, 열정을 느끼는 사랑이다. 친밀감과 열정이 존재하는 사랑으로 서로 감정적으로나 육체적으로 밀착되어 있는 사랑이다.

'동반자적 사랑(companionate love)'은 '우애적 사랑'이라고도 불리는데 열정이 없이 친밀감과 결심·헌신 요소가 결합된 사랑이다. 이 유형은 열정은 없으나 상대방과 친밀하고 사랑을 지속하려고 노력하며, 서로를 일생의 동반자나 친구처럼 느끼

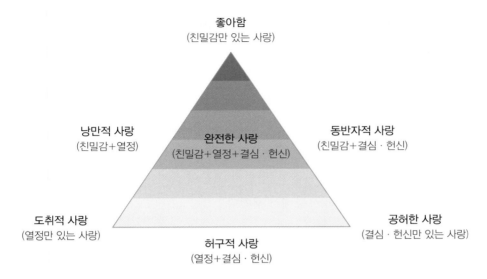

[그림 11-3] 스턴버그의 사랑의 유형

출처: Sternberg (1986).

게 되는 사랑이다.

　마지막으로, 친밀감, 열정, 결심·헌신이 균형 있게 갖추어진 사랑이 바로 '완전한 사랑(consummate love)'이다. 완전한 사랑은 성숙한 사랑이라고도 불리며, 이러한 유형의 사랑은 도달하기도 어렵고, 지키기도 어려운, 모든 사람이 추구하고 갈망하는 사랑이다.

2) 존재적 사랑과 결핍적 사랑

　인본주의 심리학자인 매슬로(Abraham Harold Maslow)는 사랑을 존재적 사랑(being-love)과 결핍적 사랑(deficiency-love)으로 구분하였다. 존재적 사랑이란 상대방의 존재 자체를 사랑하는 것, 즉 상대방의 단점을 있는 그대로 수용하고, 상대방에게서 남이 보지 못한 장점을 발견할 수 있으며, 상대방을 있는 그대로 사랑하는 것이다. 존재적 사랑은 상대방에 대해 지나친 요구를 하지 않으며, 소유욕에 얽매이지 않고, 불안이나 적대감이 거의 없는 끝없는 즐거움을 경험 내용으로 한다. 이러한 사랑은

매슬로

상대방의 자아를 확장시켜 주고, 상대방의 성장과 발달을 도와주고 위해 주는 비이기적인 사랑(non-selfish love)이다. 존재적 사랑을 통해 개인은 사랑의 가치감을 느끼며 자신이 성장하고 있음을 스스로 경험한다.

반면, 결핍적 사랑은 상대방에 대하여 사랑을 요구하고 갈구하며, 소유욕에 얽매여 사랑을 잃을까 봐 두려워하기 때문에 불안과 적대감을 갖게 되는 이기적인 사랑(selfish love)이다. 결핍적 사랑을 하는 사람은 결코 만족할 수 없으므로 상대방에 대해 독립적이지 못하며, 시기와 질투, 불안과 고통이 불가피하게 따른다. 눈먼 사랑의 비극은 바로 이런 결핍적 사랑에서 생긴다.

3) 리의 사랑의 유형 이론

사랑의 정의가 사람마다 다른 만큼, 사랑에는 여러 가지 유형이 있다. 캐나다의 사회학자인 리(Lee)는 『사랑의 색깔(Color of Love)』(1973)이라는 저서에서 사랑을 다음과 같은 6가지 유형으로 분류하였다.

- 낭만적 사랑
- 유희적 사랑
- 우정과 같은 사랑
- 소유적 사랑
- 논리적 사랑
- 헌신적 사랑

사랑의 유형 이론에서 색깔은 두 가지 의미를 지닌다(김영희 외, 2020). 첫째는 개인마다 선호하는 색깔이 다르듯이 좋아하는 사랑의 유형도 다르다는 의미이고, 둘째는 각자 선호하는 사랑의 유형을 지닌 두 사람이 서로 만났을 때 어떻게 어울리도록 배합할 것인가의 의미를 지닌다. 리(Lee)는 대개 둘 이상의 유형이 혼합된 사랑을 하고 있으며 그중에서 우세한 유형과 열세한 유형이 있다고 보았다. 우리가 살아가는 동안 사랑의 유형은 변화할 수 있다고 주장한다. 그는 캔버스 위에 원색 물감들이 서로 배합되면 다양한 색상이 만들어지듯이, 사랑의 3원색인 일차적 사랑이

표 11-3 리의 일차적 사랑과 이차적 사랑

일차적 사랑(사랑의 3원색)	이차적 사랑
• 낭만적 사랑(eros) • 유희적 사랑(ludus) • 우정과 같은 사랑(storge)	• 소유적 사랑(mania: eros+ludus) • 논리적 사랑(pragma: storge+ludus) • 헌신적 사랑(agape: eros+storge)

출처: 김애순, 윤진(1997), p. 153.

혼합되면 또 다른 색깔을 띤 이차적 사랑이 이루어진다고 보았다(김애순 외, 1997).

일차적 사랑에는 3가지 색깔의 원형적 사랑인 낭만적 사랑[romantic love; 에로스(eros)], 유희적 사랑[game-playing love; 루더스(ludus)], 우정과 같은 사랑[best friends' love; 스토르게(storge)]이 포함된다.

낭만적 사랑, 유희적 사랑, 우정과 같은 사랑과 같은 원형적 사랑, 즉 사랑의 3원색이 혼합되면 또 다른 색상을 지닌 이차적 사랑이 형성된다. 이차적 사랑에 해당하는 유형은 소유적 사랑[possessive love; 마니아(mania)], 논리적 사랑[logical love; 프래그마(pragma)], 헌신적 사랑[unselfish love; 아가페(agape)]이다.

사랑의 유형 이론은 사랑의 색깔이 잘 어울리는 사람을 찾도록 도와준다. 또한 사랑의 색깔이 다른 두 사람이 어우러져서 아름다운 배합이 되도록 도와준다.

(1) 낭만적 사랑(에로스)

낭만적 사랑은 첫눈에 반하는 사랑이다. 큐피드의 화살이 심장을 찔러 잠자던 격정을 일순간에 일깨워 놓는 유형의 사랑이다. 낭만적 사랑을 하는 유형은 사랑을 위하여 어떠한 위험을 감수할 준비가 되어 있으며, 신체적 매력에 탐닉하게 되고, 사랑하는 대상을 빨리 알게 되기를 간절히 원한다. 낭만적 사랑에서 가장 중요한 요건은 신체적 매력이므로, 낭만적 사랑에 빠지게 되면 대부분 신체적 접촉부터 시작한다. 만일 상대방의 신체적 매력이 차츰 덜해지면 그들의 사랑도 시들해지나, 그럴 때면 과거의 추억을 되살려서 현재의 상대를 이상화하여 보기도 한다. 원래 사랑이란 어느 정도는 착각인데, 이들은 이러한 착각에서 깨어나기를 거부하는 사람들이며, 사랑은 조건을 따지는 것이 아니라 느끼는 데 있다는 원리에 충실하다.

(2) 유희적 사랑(루더스)

루더스(ludus)는 게임이나 놀이를 나타내는 라틴어에서 비롯되었다. 유희적 사랑을 하는 유형은 사랑이란 하나의 게임이며 즐기는 것이라고 생각한다. 여기에서 헌신이니 책임이니 장래에 대한 언약이니 하는 것 따위는 고려의 대상이 되지 않는다. 게임의 목적은 어떻게 재미있게 놀이를 진행하는가 하는 것뿐이며, 친밀감을 조장하는 것은 오히려 방해가 된다고 생각한다. 그래서 이 사람들은 한 상대와 너무 오래 사귀지 않으며, 너무 정이 들려고 하면 관계를 깨 버리기도 한다. 또 질투를 가장 유치한 행위라고 생각한다. 이 유형은 상대방이 자신에게 너무 몰입하는 것을 피하기 위하여 파트너를 자주 보는 것을 싫어하며, 사랑이 삶에서 가장 중요한 것도 아니다. 그러므로 이 같은 사고방식에 동조하지 않는 사람들에게는 상당히 상처를 주는 사랑의 형태라 할 수 있다.

(3) 우정과 같은 사랑(스토르게)

스토르게(storge)는 형제자매 간이나 놀이 친구 간에 서서히 무르익는 사랑의 감정을 의미하는 고대 그리스어 storgay에서 비롯되었다. 오랫동안 가까운 친구로 서로 알던 관계가 언제부터인지도 모르게 사랑으로 변하여 애인 사이가 된 사랑이다. 주요한 특징으로는 서로가 좋은 동반자이며, 의사소통이 잘 되고, 서로 함께 취미도 즐기며 의존하고, 서서히 자신을 노출하는 스타일이다. 사랑의 상대에 대하여 백마를 타고 오는 왕자나 무남독녀 공주와 같은 환상을 갖지도 않으며, 서로 잘 알지 못하는 사람을 사랑하게 된다는 것은 상상도 할 수 없는 일이라고 생각하는 사람들이다. 갑자기 열정적으로 뜨거워지는 사랑도 아니며, 한순간에 로맨스에 빠지는 사랑도 아니다. 이들의 사랑은 사려 깊고 온화하며 좋은 동반자적 애정으로, 그 사랑은 은근하며 깊이가 있다. 어쩌다 싸웠다고 해서 사랑에 금이 가지도 않으며, 한동안 떨어져 있다고 해서 서로 간에 부정을 저지르거나 의심하지도 않는다.

(4) 소유적 사랑(마니아)

사랑은 상대방을 완전히 소유하는 동시에 상대방으로부터 나 자신이 소유당하는 것이라고 생각하는 유형이다. 사랑의 흥분에서 절망의 나락으로 금방 빠지거나, 철저한 헌신이 일순간에 질투의 불길로 변하고, 자신이 원하는 정도의 사랑을 받지 못하면 분노하는 등 감정의 변화가 심하다. 소유적 사랑을 하는 사람은 연인에게 사로잡혀 버리며, 질투와 소유욕이 강하고 사랑을 확인하거나 증명하기를 원한다. 그들은 함께 한곳을 바라보는 그런 사랑이 아니라 상대방으로부터 버림받지 않을까 하는 불안감에 휩싸여 있기 때문에 그들에게 사랑한다는 것은 항상 상대방의 사랑을 확인해야만 하는 괴로움의 연속이다. 그들은 자기 가치를 스스로 인정하는 충분한 자아존중감이 부족하기 때문에, 타인의 인정이나 애정에 마치 마약에 중독된 사람처럼 의존하게 되며, 사소한 거부 행위에도 과민하게 반응하는데, 마치 질투를 사랑의 구성 요인인 것으로 착각한다. 이러한 유형은 상대가 시간에 늦거나 약속을 어기면 분별력을 잃고 화를 내며, 상대에게 더 많은 애정과 헌신을 요구하고, 상대를 매일 만나고 싶지만 막상 만나게 되면 평온을 얻지도 못하는 상당히 피곤한 관계를 맺는다.

(5) 논리적 사랑(프래그마)

논리적 사랑을 하는 사람은 분별력 있게 자신과 잘 어울리는 상대를 찾는다. 서로 사랑하는 사람이 되기 위해서는 한 사람의 남편과 아버지, 또는 아내와 어머니로서 갖추어야 할 조건이 있는 것이어서, 그 조건을 만족시키지 않은 사람과는 결합할 수 없다는 사고방식이다. 이런 의미에서 논리적 사랑을 하는 사람들은 현실적이다. 이들은 자기가 원하는 상대가 어떤 사람인지 분명하며, 그런 사람이 나타날 때까지 기다린다. 상대방의 교육 수준, 성격, 가정 배경 및 외모 등이 자신과 어울려야 할 뿐만 아니라, 자기의 조건, 가령 얼마만큼의 돈을 모아야 한다든가, 어떤 학위를 마쳐야 한다든가 하는 조건이 충족될 때까지는 사랑을 회피하거나 연기하는 사람들이다. 그러므로 이들에게는 이성이 감정보다 우선시된다.

(6) 헌신적 사랑(아가페)

헌신적 사랑은 무조건적·이타적 사랑의 표본으로, 사랑은 나보다 상대방의 필요에 따라서 결정된다고 믿고 베푸는 유형의 사랑이다. 참된 사랑이란 받는 것보다는 주는 것이며, 자신보다는 상대방의 행복을 위한 것이고, 상대방의 목표를 위한 자기희생적인 사랑이라 생각한다. 즉, 사랑이란 가슴보다는 머리로, 감정보다는 의지로 베풀어 주어야 하는 의지적 사랑이라 생각한다. 헌신적 사랑을 하는 사람은 심지어 상대가 자신보다는 다른 사람과 함께 있는 것이 더 행복하다고 생각하면, 상대를 위해 기꺼이 그 관계를 단념할 수도 있다. 그들은 상대방이 다른 사람을 사랑하더라도 나를 필요로 하는 한 나의 사랑을 포기하지 않는다. 그러므로 배우자도 자신의 희생과 헌신적 사랑을 필요로 하는 사람으로 선택한다.

실제로 사람들이 하고 있는 사랑은 앞의 6가지 유형의 사랑으로 정확하게 구분되는 것은 아니고, 그 6가지의 색깔이 혼합되어 있을 수 있다. 또한 일생을 통해서 볼 때, 사람은 교제하는 상대방에 따라 각기 다른 색깔의 사랑을 할 수도 있다. 첫사랑은 분명히 낭만적인 색깔이 짙었는데, 현재 진행 중인 대상과는 논리적 사랑을 할 수도 있다. 간혹 한 사람과 장기간 사귀다 보면 사랑의 색깔이 변할 수도 있다. 처음 사귀는 무렵에는 황홀한 감정에 모든 것을 바칠 수 있을 것 같은 낭만적이고 헌신적인 색깔이 짙었는데, 몇 년이 지난 다음 사랑의 색깔이 변해서 소유적이고 의존적인 색깔을 띨 수도 있다. 자신의 사랑의 색깔을 인식할 수 있을 때 더욱 성숙한 사랑으로 만들어 갈 수 있을 것이다.

사랑이란 인간에게 있어 가장 근원적인 감정의 움직임이며 인생의 가장 중요한 부분인 결혼생활의 근거가 되는 요인이다(허혜경 외, 2015). 어떤 사랑이 자신의 자존감을 높이고, 삶에서 가치감을 느끼게 하며, 인격을 성숙하게 하는 사랑인지 신중하게 생각해 보아야 한다.

5. 사랑의 생화학적 분석

사랑을 할 경우 우리의 뇌는 마약, 도박, 알코올, 니코틴 등에 중독되었을 때와 같다고 한다. 뇌에서는 욕망을 일으키는 도파민(dopamine)이라는 신경전달물질이 분비되면서 흥분과 쾌락을 느끼게 된다.

리보비츠(Liebowitz, 1983)와 피셔(Fisher, 1992)에 의하면, '첫눈에 반하는' 사랑의 현상은 신체의 생화학적 성분 때문에 생기는 것이라고 한다. 열정적인 사랑에 빠지면 마치 마약에 취한 상태와 같이 기분이 황홀해지는데, 이러한 현상은 사랑이나 마약이 우리 신체의 특정 신경 화학 물질을 활성화시키기 때문이다. 이로 인해 활기가 넘치고, 행복감에 도취되며, 상대방을 미화하고, 의기양양해지는 기분이 생기는데, 리보비츠는 이 모든 것이 페닐에틸아민(phenylethylamine)이라는 화학물질 때문에 일어나는 현상이라고 하였다. 사랑에 눈이 멀어 부모의 말이 들리지 않고 판단이 흐려지는 것도 바로 이 화학물질 때문이라고 해석된다.

　열정적인 사랑에 의해 생성되는 또 다른 화학물질은 엔도르핀(endorphin)이다. 엔도르핀은 동물의 뇌 등에서 추출되는 모르핀(morphine)과 같은 진통 효과를 가져오는 물질을 총칭하는 것으로서 이 물질은 사람에게 평온과 안정, 충족감을 가져다준다. 엔도르핀이라는 말은 내인성의 모르핀을 뜻하는 'endogenous morphin'에서 유래하였다. 이 물질은 동물 뇌 안의 시상하부, 뇌하수체 후엽에서 추출된 모르핀과 같은 펩티드(peptide)로서 마약성 진통제의 수용체인 오피에이트(opiate, 아편제) 수용체에 특이하게 결합한다. 1976년에 처음 발견된 엔도르핀은 뇌하수체에 존재하여 호르몬과 같은 활동을 하고 있는 것으로 알려져 있지만, 그 생리적 작용체계는 아직 밝혀지지 않고 있다. 인체의 특정한 경혈(뜸자리)을 침으로 자극하여 통증을 잊게 하는 메커니즘에 의하여 엔도르핀의 작용이 증명되기도 하였다.

　사랑과 관련된 화학물질 중에는 신체 접촉으로 자극을 받으면 쾌감과 만족감을 느끼게 하는 옥시토신(oxytocin)도 있다. 하지만 영원할 것 같던 사랑도 점차 식는다. 코넬 대학교 인간행동연구소 신시아 하잔(Cinthia Hazan) 교수에 의하면 점차 상대에게 익숙해지면서 사랑에 내성이 생기는데, 이는 도파민, 페닐에틸아민, 옥시토신 등 사랑을 지배하는 뇌 분비 물질이 감소하기 때문이다. 결국 사랑의 감정은 1년 후에는 약 50%, 18~30개월이 지나면 거의 사라지게 된다. 성적인 끌림으로 시작한 사랑은 점차 친밀한 애착관계로 발전하는데, 이때 옥시토신이 분비된다. 옥시토신은 마사지나 성관계 등 신체 접촉 시에 분비되는데, 남녀의 첫 만남에서부터 서서히 증가해 애착관계가 형성되어 있는 동안 계속 분비된다(한겨레, 2016. 11. 13.).

6. 사랑의 학습

1) 사랑의 능력과 기술

사랑은 아무나 하는 것인가 아니면 배워야 할 수 있는 것인가? 에리히 프롬(Erich Fromm)은 사랑이 감정이 아니라 의지라고 보았다. 그래서 그는 사랑이란 능력이며 배워서 익혀야 하는 기술이라고 주장한다. 즉, 사랑할 수 있는 능력은 경험과 학습을 통해서 얻어진다는 것이다. 그는 사랑의 의지적 요소를 정확히 통찰하였고, 이러한 사랑의 의지적 요소 때문에 성서에 기록된 "서로 사랑하라."라는 말씀도 공허한 도덕경이 아니라 현실생활에서 따를 수 있고 따라야 하는 실현 가능성을 지니게 되는 것이라고 하였다.

에리히 프롬은 사랑이란 학습되어야 하는 기술(art)이기 때문에 사랑하기 위해서는 사랑에 관한 지식을 배우고 익히는 노력이 필요하다고 하였다. 사랑을 하기 위해서는 사랑의 의미와 가치를 알아야 한다. 사랑이 무엇이며, 그것이 인생에서 차지하는 의미가 무엇이고, 그것이 추구할 만한 가치를 지니는지에 관하여 분명한 인식이 있어야 참다운 사랑이 가능하다. 그런 다음 사랑의 기술을 배우고 익히고 실행함으로써 사랑이 있는 삶을 영위할 수 있게 된다. 에리히 프롬은 사랑하는 기술에 대해 다음과 같이 열거하고 있다.

첫째, 상대에게 자신의 욕구를 분명히 밝힌다. 마음이 평화롭지 않으면 사랑이 불가능하다. 스스로 욕구불만인 상태에서는 다른 사람을 사랑하는 것이 곤란하기 때문에 자신의 기본욕구를 먼저 충족시켜야 한다. 따라서 자기가 상대방에게 원하는 것이 무엇인지를 상대방에게 분명히 알려 주어야 한다. 사랑하는 사람들끼리 어떻게 사랑받고 싶은지를 자유롭게 말할 수 있다는 것은 그만큼 두 사람의 사랑이 기본적인 전제조건을 충족하고 있다는 것을 의미한다.

둘째, 상대방의 욕구를 알고 충족시키려고 노력한다. 사랑은 상호적인 것이므로 상대방 또한 그 욕구가 충족되어야만 나를 사랑할 수 있다. 그러므로 상대방의 욕구가 무엇인지를 알고 그것을 충족시켜 주어야 상호적 사랑이 가능하다. 상대방의 욕구를 충족시키기 위해서는 다양한 기술과 노력이 필요하다. 상대방이 깔끔하고 부지런하기를 원하면 그렇게 하도록 노력해야 할 것이다. 또 유머 있는 사람이 되기를 원하면 그렇게 되도록 노력해야 할 것이다.

셋째, 상대방의 사랑하는 방식을 이해하고 존중한다. 사랑을 표현하는 방식은 사람마다 다르다. 경상도 사람과 서울 사람의 사랑 표현방식이 다르고, 한국인과 프랑스인의 사랑 표현방식이 다르다. 대부분의 사람은 어린 시절 자신이 사랑받았던 방식대로 사랑을 표현한다. 어떤 사람은 상대방을 성실하고 책임감 있게 보살피지만, 정감이 우러나는 말이나 열정은 전혀 보이지 않을 수도 있으며, 또 그 반대일 수도 있다. 따라서 자기 방식의 사랑만이 진정한 사랑이라고 생각하는 것은 독선이다.

넷째, 사랑을 지킬 용기와 인내가 있어야 한다. 사랑은 우여곡절을 겪을 수도 있다. 이성 간의 사랑은 상대적이다. 사랑을 주기만 하고 받기를 포기하는 희생적인 사랑은 매우 드물다. 사랑하는 과정에는 욕구불만도, 좌절도, 상실감도, 실망도, 견디기 어려운 고통도, 위험도 있을 수 있다. 진정으로 그 사랑관계를 유지하기를 원한다면 이러한 모든 것을 감수하고 견디는 용기와 인내가 필요하다. 때로는 상대방이 원하는 대로 자신을 변화시킬 수 있는 유연성도 있어야 할 것이다.

2) 사랑의 학습조건

(1) 사랑하는 능력의 발달

사랑하기 위해서는 사랑하는 능력을 갖추어야 한다. "사랑을 받아 본 사람이 사랑을 할 줄도 안다."라는 말이 있듯이 사랑하는 능력은 사랑을 받은 경험이나 사랑하는 행동을 통해 모델링하여 학습된다. 이러한 학습은 우리가 자궁 속에 있을 때부터 시작되며 출생 후 부모와의 상호작용을 통하여 계속된다.

사랑의 능력은 일차적으로 부모-자녀 간의 애착관계를 통하여 형성된다. 부모-자녀 간의 애착관계는 양육의 질에 달려 있다. 즉, 부모가 유아의 요구에 즉각적으로 반응해 주고 충분한 관심과 사랑을 베풀어 주면 유아는 안정적인 애착관계를 형성하게 된다. 어린 시절 부모와 안정적인 애착관계를 형성한 사람들은 정서적으로 안정되어 자신뿐 아니라 타인 역시 신뢰하고 긍정적으로 생각한다. 이들은 성장 후에도 긍정적인 자아상을 갖고 있으며, 대인관계도 원만하고, 타인을 사랑할 수 있는 능력을 소유하고 있다.

반면, 부모가 유아의 요구에 제대로 반응해 주지 못할 뿐만 아니라 무관심하고 거부적일 경우, 유아는 불안정한 애착을 형성하게 된다. 이들은 정서적으로 불안정할 뿐만 아니라 자신과 타인을 신뢰하지 못하고 부정적인 자아상을 형성할 수 있다. 성장 후에도 이들은 자신이 사랑받을 만한 존재가 아니라고 생각하며 타인들과 친밀한 관계를 형성하는 데 어려움을 느낀다.

(2) 자기애, 자아개념, 자아존중감

자신을 사랑하는 자기애(自己愛)는 종종 이기심과 같은 것으로 오해되지만, 자기애와 이기심은 결코 같지 않다. 자신의 욕구나 유익에만 집착해 있을 뿐 진정으로 자신을 사랑하거나 가치 있게 생각하지 않는 이기심과 자기애는 구별된다.

에크하르트(Eckhart)는 "만일 그대가 그대 자신을 사랑한다면, 그대는 모든 사람들을 그대 자신을 사랑하듯 사랑할 것이다."라고 하였다. 또한 성서에는 "네 이웃을 네 몸처럼 사랑하라."라고 기술되어 있다. 이러한 말은 자기 자신을 사랑하는 것과 타인을 사랑하는 것은 양립할 수 없는 것이 아니라 오히려 자기애가 타인에 대한 사랑의 전제라고 풀이된다. 어떤 한 사람을 사랑할 수 있는 능력은 자신을 포함한 인간 자체를 사랑할 수 있는 능력과 밀접한 관련이 있다. 만약 어떤 사람이 자신을 긍정하고 가치 있게 생각하며 진정으로 사랑한다면, 그는 다른 사람도 소중하게 생각하고 사랑할 수 있는 능력을 갖춘 것이다.

사랑할 수 있는 능력은 긍정적인 자아개념과 밀접한 관련이 있다. 자기 자신을 사랑할 수 있는 사람은 자아개념이 긍정적으로 형성된 사람이다. 긍정적 자아개념의 소유자는 자신을 가치 있게 생각하며 높은 자아존중감을 갖고 있다. 이들은 자신의 감정이나 느낌을 솔직하게 표현하며, 자신의 경험을 타인에게 공개하는 데 매우 개방적이다. 자신과 타인에게 모두 개방적인 열린 마음(open mind)의 소유자이다. 그래서 자신의 단점이나 결함을 인정하고 수용하며, 자신의 욕구를 솔직하게 상대방에게 알릴 뿐 아니라, 타인의 단점이나 결함도 수용하고, 상대방의 욕구를 알아차리고 충족시키는 데서 기쁨을 얻는다. 반대로 자아개념이 부정적으로 형성된 사람은 자아존중감이 낮고, 자기혐오나 열등감에 빠져 있기 때문에 자기노출을 회피하고 폐쇄적이다. 또한 자신의 느낌이나 감정을 솔직하게 표현하지 못하며 방어적이다. 따라서 이들은 자신을 수용하지 못할 뿐 아니라 남도 수용하지 못한다. 즉, 이들은 폐쇄적인 성격 때문에 남을 받아들일 여지가 없는 사람이다.

　자아개념과 자아존중감은 사랑의 전제 조건으로 여겨져 왔다(허혜경 외, 2013). 자아존중감이 높은 사람은 비교적 자신을 가치 있고 유능하며, 성공할 수 있고, 중요한 사람이라고 받아들인다. 또한 이들은 자신의 생각이나 느낌을 솔직하게 표현하며, 자신의 경험에 대해 매우 개방적이고, 자신의 단점을 인정하며, 타인의 비난에 대해 심각하게 괴로워하지 않는다. 이들은 타인의 존재를 존중하고 수용하며, 상대방의 욕구를 알아차리고 충족시키는 데서 기쁨을 얻는 '자타 긍정(I am OK, you are OK)'의 생활 태도를 보인다. 따라서 높은 자아존중감은 다른 사람을 진정으로 사랑하는 데 필요한 조건이라 할 수 있다(신용주 외, 2017).

　그러나 자아존중감이 낮은 사람은 자신의 가치를 인정하지 않고 열등의식에 빠지기 쉬우므로 자신의 존재가 가치 없다고 여긴 나머지 솔직하게 자신의 생각이나 느낌을 표현하기를 주저하고 방어적이다. 자신을 수용하지 못하는 청년들은 상대방을 인정하고 수용하는 것도 어렵기 때문에 상대방을 사랑할 여유가 없다. "자기 자신이 두 발로 설 수 없기 때문에 누군가에게 매달린다면, 그것은 사랑의 관계가 아니며, 상대방은 단지 생명의 구원자일 뿐이다."라고 한 프롬의 말과 같이 자아개념과 자아존중감은 사랑할 수 있는 능력과 밀접한 관련이 있다.

7. 사랑과 성 행동

　이성 간의 사랑에서 성적 욕구는 매우 자연스러운 현상이다. 사랑에 빠진 남녀는 언제나 같이 있고 싶고, 서로 안고 싶고, 또 같이 자고 싶은 갈망이 있다. 성적 욕구는 인간의 본능적 측면에서 볼 때 고통스러운 긴장 상태로부터 벗어나 쾌락을 추구하려는 생물학적인 동기에서 생긴다. 이러한 생물학적인 차원에서의 성욕은 인간이나 동물이나 다를 바 없다. 성욕은 식욕이나 갈증처럼 본능적인 생물학적 욕구이나, 그 욕구를 충족시키는 데는 사회·문화적인 제약을 받는다. 또한 성욕은 다른 생물학적인 욕구와는 달리 특정 대상(파트너)을 통해서만 충족될 수 있다.

　성적인 욕망은 이러한 고통스러운 긴장의 해소라는 차원을 넘어서 외로움에서 벗어나려는 소망에서 생기기도 하고, 정복하거나 정복당하려는 소망에 의해, 상처를 주고 파괴하려는 욕망에 의해, 심지어는 허영심에 의해 생기기도 한다. 남녀 상호 간에 '하나됨(oneness)'의 갈망이 일어난다는 이유만으로 서로가 사랑하고 있다고 오해할 수가 있다. '하나됨'을 이루려는 소망이 '사랑'에 의해 자극될 때 상호 이해와 보살핌, 존경과 책임감이 수반된다. 육체적으로 하나됨의 욕구가 사랑에 의해 자극될 때는 자신의 욕구 충족만이 아니라 상대방의 만족까지도 배려할 수 있다.

남녀가 서로 성 행동을 하기 전에 고려해야 할 사항을 살펴보면 다음과 같다(김영희 외, 2020).

첫째, 성관계에서 자신의 역할을 분명하게 인식하는 것이다. 여기서 자신의 역할이란 성관계에서 여성 또는 남성으로서의 역할을 의미하기보다는 두 사람이 서로 사랑하고, 존중하며, 함께한다는 동반자의 역할을 의미한다.

둘째, 만약 자신의 신체상(body-image)과 성 행동에 대하여 부정적이거나 왜곡된 경우에는 자연히 자신의 성 행동과 성관계에 부정적인 영향을 미칠 수 있다. 그러므로 자신의 신체상과 성 행동에 대한 왜곡과 편견을 극복해야 한다.

셋째, 성에 대하여 올바른 지식을 습득한다. 전문가 또는 전문적인 매체를 통해 올바른 성 지식을 습득할 필요가 있다. 성에 대한 남녀의 신체적 차이를 이해하는 것은 자신의 성 행동을 이해하고 인정하는 데 도움이 된다.

넷째, 성 행동에 대하여 긍정적인 개념과 시각을 가진다. 성 행동에 대한 죄의식이나 부정적인 성관계 경험으로 인한 부정적인 시각은 본인은 물론 상대방에게 상처를 줄 수 있다. 따라서 긍정적인 성 개념을 가질 뿐 아니라, 자신의 성 행동, 성 가치관, 성 태도, 성에 대한 신념 체계 등이 건강한지 점검해 볼 필요가 있다. 아울러 상대방에 대한 배려와 책임감, 자신의 성 행동에 대하여 긍정적인 시각을 가진다.

건강한 사랑을 하는 남녀는 양성평등한 사고방식을 지니며, 성 행동에 있어서도 생명, 사랑, 몸과 마음의 조화, 책임감, 성 행동의 윤리를 추구한다. 인간의 성 행동에는 반드시 성 윤리가 수반되어야 한다. 성 윤리는 성에 대한 가치를 반영하며, 인간의 행동을 규제할 수 있다. 특히 성 윤리는 자신의 성 행동에 대한 의사결정과 성 행동에 영향을 줄 수 있다. 인간의 성 행동에는 반드시 다음과 같은 성 윤리가 지켜져야 한다(김영희 외, 2020).

첫째, 강압적으로 성 행동을 하지 않겠다는 원칙(principle of non-coercion)이 지켜져야 한다.

둘째, 성의 표현에 있어 서로 속이지 않겠다는 원칙(principle of non-deceit)이 지켜져야 한다.

셋째, 성관계는 힘이나 권력을 소유하였다는 표현이 아니라, 인간관계를 형성하였다는 표현으로 사용된다는 원칙(principle of treatment of people as ends)이 지켜져야 한다.

넷째, 성관계 시에는 상대방의 성적인 신념(beliefs)과 가치(values)를 존중하겠다는 원칙(principle of respect for beliefs)이 지켜져야 한다.

제**12**장

청년기 비행

1. 청소년 비행

청소년 비행은 세계적으로 심각한 문제이며, 비행의 수준이 날로 포악해지고 저연령화되고 있는 추세이다. 이 책에서는 청소년기보다는 청년기를 다루고 있으나, 법적 용어 등의 개념의 혼란을 최소화하고자, 여기서는 청소년 비행이라는 용어를 사용하고자 한다. 이 장에서는 청년기 부적응 중에서 청소년 비행의 개념, 현황, 특징과 관련 요인을 살펴본 후, 청소년 비행을 예방할 수 있는 방안을 제시하고자 한다.

청소년 비행은 국가, 사회, 그리고 시대에 따라 다양하게 정의되고 있다. 청소년 비행의 개념을 살펴보기 위해 먼저 우리나라에서 사용되고 있는 관련 용어를 정리해 볼 필요가 있다.

비행(delinquency)이라는 용어는 우리나라에서 매우 광범위하게 사용되고 있다. 비행은 협의의 개념으로 법조계의 시각에서 보면 미성년자(「소년법」 및 「민법」상 20세 미만, 「아동복지법」상 19세 미만, 「형법」상 14세 미만)가 법률을 위반한 행위를 의미한다. 그러나 비행은 실정법인 「형법」을 위반한 행위뿐만 아니라 사회적 규범을 위반하여 장차 실정법을 위반할 우려가 있는 모든 행위를 포함하는 포괄적인 용어이다. 그러므로 청소년 비행이란 청년에 의해서 저질러지는 살인, 강도, 절도, 강간, 약물 사용 등의 심각한 위법행위와 함께 도덕, 윤리, 규범에 어긋나는 행동에서부터 미성 년자에게 금하는 행위, 집단 부적응 행동 등의 일탈행동까지 모두 포함하는 광범위 한 개념이다.

청소년 비행은 성인의 범죄행위와는 구별되어 사용되는 개념으로서, 청소년들이 저지른 사회적 가치, 규범, 법에 위배된 행위를 말한다. 청소년과 같은 미성년자는 성인과 같은 판단 능력을 가지고 있지 않기 때문에 자신의 행동을 책임질 만한 능력 이 부족한 존재라는 점과 순화 가능성을 염두에 두어 처벌보다는 보호나 교육 등과 같은 조치로 지도하고자 하는 의도가 내포되어 있다.

우리나라에서는 「소년법」 제4조에 의거하여 청소년 비행을 크게 우범행위, 촉법 행위, 범법행위와 같이 세 범주로 나누고 있다.

첫째, 우범행위란 10세에서 19세 미만의 소년이 저지르는 불량한 행위로서, 그 자 체는 범죄가 아니나 성격 또는 환경에 비추어 장래에 범죄를 저지를 우려가 있다고 인정되는 행위이다. 우범행위는 보호자의 정당한 감독에 불복종하는 행위, 부도덕 한 사람과의 교제, 본인 및 타인의 덕성을 해치는 행위, 그리고 성인에 의해서 행해 질 경우 법에 위배되지 않으나 미성년자이기에 금해지는 행위가 포함되며, 그 예로 는 무단결석, 가출, 우범지대 출입, 흡연, 불건전한 오락, 부녀 유혹, 금전 낭비 등을 꼽을 수 있다. 우범행위를 하거나 이러한 상태에 놓인 소년을 우범소년이라 한다.

둘째, 촉법행위란 10세 이상 14세 미만의 미성년자(또는 소년)가 형벌법령에 저촉 되는 행위를 하였으나 형사책임을 묻지 아니하는 행위를 의미한다. 촉법행위는 아직 책임능력이 없는 미성년자가 행한 행위이며, 촉법행위와 범법행위는 「형법」 제9조에 명시된 형사책임연령인 14세를 기준으로 분리된다. 촉법행위를 하거나 이러한 상 태에 놓인 소년을 촉법소년이라고 한다.

셋째, 범법행위란 14세 이상 19세 미만의 소년에 의한 형벌법령에 저촉되는 행위 를 하는 경우로 형사책임이 있다. 범법행위를 하거나 이러한 상태에 놓인 소년을 범 법소년이라고 한다.

청소년 비행은 사회적 규범과 학자의 관점에 따라 다르게 분류되지만, 그 행위의 경중을 기준으로 하여 법률에 위반되지 않지만 비도덕적이거나 반사회적인 불량행위와 법률에 위배되는 범법행위로 나눌 수 있다(한상철, 조아미, 박성희, 2001). 불량행위의 대표적인 예로는 가출, 구타, 폭력, 음주, 흡연, 청소년 유해업소 출입, 부녀희롱, 기타 자신이나 타인의 덕성을 해치는 행위 등이 있다. 이에 반해 범법행위는 폭행 · 상해, 공갈과 같은 폭력범죄, 살인, 강도, 강간, 방화와 같은 강력범죄, 절도, 횡령 · 배임, 장물, 사기와 같은 재산범죄, 도로교통 위반이나 교통사고와 같은 교통사범 등으로 나눌 수 있다.

청소년 비행에는 성인이 하였을 때에는 범죄로 규정되지 않으나, 청소년이라는 사회적 지위 때문에 청소년이 행하였을 때 일탈행동으로 취급되는 지위비행(status offense)이 포함된다. 다시 말해, 지위비행이란 성인에게는 적용되지 않으나, 청소년에게 금지된 행위 또는 연령에 저촉되는 행동을 의미한다. 지위비행은 「형법」에는 저촉되지 않으나 미성년자에게 비행으로 간주되는 행위로서, 일반적으로 크게 네 유형으로 분류할 수 있다(장수한, 2020).

- 다루기 힘든 행동
- 가출
- 무단결석
- 음주와 흡연

지위비행의 개념은 우리나라뿐 아니라 외국에서도 사용되고 있는 개념이며, 다음과 같은 구체적 행동이 지위비행의 예라 할 수 있으며, 특정 국가나 사회 또는 문화권마다 다소 차이는 있을 수 있다(Griffin, 1978: 장수한, 2020에서 재인용).

- 상습적인 무단결석
- 절도범이나 비도덕적인 사람들과의 교제
- 자신이나 타인을 상해하거나 해치는 행동
- 부모나 보호자의 동의 없이 가정으로부터 이탈: 가출
- 비도덕적이며 상스러운 행동
- 주립시설이나 보호소로부터 이탈
- 법을 위반하면서 보호자의 동의 없이 결혼 시도

- 성적인 불법행위
- 유해물질을 사용하는 행위: 음주, 흡연, 마약 등
- 도박장 출입 및 도박을 하는 행위
- 무임승차
- 술집에 드나드는 행위

우리나라에서는 청소년 비행을 형법을 위반한 행위뿐만 아니라 장차 형법을 위반할 우려가 있는 행위, 지위비행까지도 모두 포괄하여 규정하고 있다.

2. 청소년 비행의 현황 및 특징

2021년 청소년 통계 결과에 따르면, 2019년 소년 범죄자는 전체 범죄자의 3.8%인 6만 6,247명로 나타났다. 전체 범죄 중 소년범죄 비중은 2017년도 이후 감소 추세를 보이고 있다.

표 12-1 연도별 청소년 범죄자 현황 및 구성비 (단위: 명, %)

연도 구분	2010	2011	2012	2013	2014	2015	2016	2017	2018	2019
전체 범죄자	1,764,746	1,711,687	1,843,289	1,859,697	1,851,150	1,888,959	1,973,655	1,818,237	1,704,086	1,723,499
청소년 범죄자	101,596	100,032	104,780	88,731	77,594	71,035	76,000	72,759	66,142	66,247
구성비	5.8	5.8	5.7	4.8	4.2	3.8	3.9	4.0	3.9	3.8

주: 청소년 범죄자의 기준은 18세 이하이며, 이하 동일함.
자료: 대검찰청(2011~2020).
출처: 통계청, 여성가족부(2021).

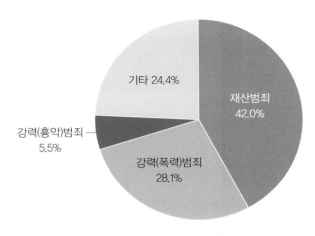

[그림 12-1] 범죄유형별 소년범(2019)

주: 2017년까지는 10~18세 피의자, 2018년부터는 14~18세 피의자
자료: 대검찰청, 「범죄분석통계」.
출처: 통계청, 여성가족부(2021).

　우리나라의 청소년 범죄의 현황에 근거한, 우리나라의 청소년 비행의 특징을 살펴보면 다음과 같다(김춘경, 이수연, 최웅용, 2006; 박정란 외, 2012; 이옥형, 2006; 장수한, 2020; 허혜경, 김혜수, 2015).

　첫째, 청소년 비행의 흉포화를 들 수 있다. 물질 만능주의의 사회 풍조, 코로나 팬데믹으로 인한 경제적 양극화, 풍요 속에서 느끼는 상대적 박탈감, 그리고 대중매체의 폭력적 장면 노출과 이에 대한 무비판적인 수용은 청년들이 단순한 비행이나 일탈의 차원을 넘어 흉악범죄, 폭력범죄, 조폭범죄에 가담하게 되는 결과를 빚고 있다. 소년 범죄 유형으로는 재산범죄(42.0%)가 가장 많았으며, 강력(폭력)범죄(28.1%), 강력(흉악)범죄(5.5%) 순으로 나타났다. 특히 2016년도 이후, 강력(폭력)범죄 및 강력(흉악)범죄의 증가세는 뚜렷하다. 특히 강력(흉악)범죄에는 살인, 강도, 방화, 성폭력 등이 포함되는데, 이 중에서 성범죄의 증가 추세를 보이고 있다. 청년들의 성범죄는 성교육 부재, 잘못된 성 인식, 성윤리 및 도덕성 부족, 성인 위주의 각종 저속한 공연물과 퇴폐유행업소 등과 같은 유해한 사회환경은 감수성이 예민한 청년들을 자극하여 성범죄에 빠지게 하는 원인으로 작용할 수 있다.

표 12-2 소년범죄

(단위: 천 명, 명, %)

	전체 범죄자 (천 명)	소년 범죄자[1] (명)	구성비 (%)	범죄유형별 구성비(%)			
				재산범죄[2]	강력(폭력) 범죄[3]	강력(흉악) 범죄[4]	기타[5]
2011	1,908	83,068	4.4	45.7	26.8	4.0	23.6
2012	2,118	107,490	5.1	44.3	30.5	2.9	22.3
2013	2,147	91,633	4.3	49.9	24.1	2.8	23.2
2014	1,880	77,594	4.1	46.7	24.9	4.1	24.2
2015	1,949	71,035	3.6	45.1	24.6	3.8	26.4
2016	2,020	76,000	3.8	43.5	25.6	4.4	26.4
2017	1,862	72,759	3.9	39.9	28.9	4.8	26.4
2018	1,749	66,142	3.8	40.1	29.8	5.3	24.8
2019	1,755	66,247	3.8	42.0	28.1	5.5	24.4

주: 1) 2017년까지는 10~18세 피의자, 2018년부터는 14~18세 피의자
   2) 절도, 장물, 사기, 횡령 등
   3) 공갈, 폭행·상해 등
   4) 살인, 강도, 방화, 성폭력
   5) 교통사범, 저작권법 위반, 기타
자료: 대검찰청, 「범죄분석통계」.
출처: 통계청, 여성가족부(2021).

둘째, 청소년 비행의 집단화이다. 청년들은 또래집단의 규범이나 행동을 모방하거나 동일시하는 성향이 강한데, 이는 청소년 비행의 집단화에 영향을 미친다. 청년기는 집단소속에 대한 열망이 강한 시기이므로, 비행 시에도 또래집단과 무리를 지어 행동하는 경향을 보인다. 청년들은 학교나 지역사회에서 자연스럽게 집단을 형성하여 호기심과 충동에 의한 모험을 즐기며, 때로는 범죄세계에 대한 동경심에 의해 자연스럽게 비행을 하기도 한다. 성인 범죄의 경우 공범률이 2% 미만인 반면, 소년 범죄의 경우 약 50%에 달하는 높은 공범률을 보이고 있다. 이러한 청년들은 비행집단을 조직하여 금품 갈취, 폭력, 흡연, 음주, 절도 등의 문제행동을 집단적으로 일으키는 경향이 짙다.

셋째, 최근 들어 청소년 비행의 양상으로는 비행이나 일탈행동의 보편화를 들 수 있다. 특히 청년에게는 흡연, 음주, 당구장이나 음란비디오방 출입, 내기 도박 등과 같은 지위비행을 포함하여 통계를 정확히 파악하기 어려운 불량 행위, 일탈행동 등

의 청소년 비행이 보편화되는 추세이다.

넷째, 청소년 비행의 저연령화이다. 특히 최근에는 초등학교부터 학교폭력이 만연하고 음주와 흡연의 시작 연령이 10세 미만으로 점차 낮아지고 있어 비행의 저연령화의 심각함을 더하고 있다.

다섯째, 청소년 비행이 저연령화됨에 따라, 학생 범죄 역시 증가하고 있는 추세이다. 청소년 범죄의 문제가 비행 청소년에게만 국한된 것이 아니라, 청소년 학생들에게서 쉽게 발견되고 있다.

여섯째, 청소년 비행의 누범화이다. 청소년 비행의 누범자는 점점 증가하고 있다. 청소년 범죄자의 재범은 전 세계적인 경향이며, 특히 다수전과를 가진 재범자의 비율이 높아지고 있는 추세인데, 우리나라도 예외는 아니다. 초범 연령이 낮을수록 누범횟수가 많았으며, 성인 범죄자로 발전할 가능성이 높았다. 또한 국가에서는 청년이 미성년자임을 고려하여 계속 선도할 필요가 있거나 개선 가능성이 높은 범법소년에 대해 '선도조건부 기소유예제도'를 실시하고 있다. 그러나 이러한 선도유예소년의 경우에도 재범률이 상당히 높은 것으로 나타났다.

염두에 두어야 할 것은 청소년 비행 중 청소년 범죄는 통계로 파악이 가능하지만, 우범행위에 속하는 불량행위나 일부 지위비행의 비율은 정확한 파악이 어렵다는 점이다. 만약 불량행위나 지위비행까지 모두 포함한다면 청소년 비행률은 상당히 높아질 것이므로 이에 대한 더 많은 관심이 요구된다. 또한 청소년 비행의 구체적인 관련 요인을 파악할 수 있는 깊이 있는 연구가 요구되며, 연구대상도 학생에 국한하기보다는 근로 청년 등 비학생의 범위까지 확대시켜야 할 것이다.

3. 청년기 비행의 관련 요인

청년기 비행은 개인적인 요인뿐만 아니라 청년들을 둘러싼 다양한 사회환경 요인과 관련되어 있음을 알 수 있다. 청년기 비행과 관련된 다양한 요인 중 원인에 해당하는 대표적인 위험 요인을 정리해 보면 다음과 같다(김춘경 외, 2006; 박정란 외, 2012).

1) 개인적 요인

낮은 자아통제감(low self-control)은 청년기 비행에 관련된 개인적 요인으로서 반항, 충동조절 결핍, 공격성 등과 같은 성격 특질을 지칭한다. 낮은 수준의 자아통제감은 청년기 문제행동의 중요한 예측 변인으로 낮은 학업성취도, 약물 사용, 비행 등의 문제행동을 유발할 가능성이 높은 것으로 보고되었다(Block, Block, & Keyes, 1988; Shedler & Block, 1990; Smith & Fogg, 1978; Spivack & Cianci, 1987). 자아통제감이 낮은 청년의 경우 욕구 충족을 위한 행동을 제어하기 어려우며, 욕구 충족을 위해 사회적으로 수용하기 어려운 방식이나 비효율적인 행동을 사용하는 경향이 강한 것으로 나타났다.

이 외에도 청년기 비행과 관련된 개인적 요인으로는 부정적인 자아개념, 낮은 자아존중감, 높은 공격성향, 반사회적 성격 특성, 높은 우울성향 등을 들 수 있다.

2) 가정환경 요인

청년기 비행에 관련된 가족 요인으로는 부모의 범법행위, 부모의 양육태도, 의사소통 문제, 가정폭력 등을 들 수 있다. 특히 청년 남성의 경우, 가족 기능이 비행의 가장 결정적인 예측 요인으로 확인되고 있다. 부모의 양육태도 면에서는 지나치게 엄격하거나 느슨하면 또는 무관심하거나 일관성이 부족하면 자녀의 비행을 유발할 가능성이 높다. 또한 배우자 간의 가정폭력에 자녀가 자주 노출될 경우, 자녀는 공격적인 부모와 동일시하게 되어 후일 공격적인 비행을 저지르거나 도덕성 발달에 부정적인 영향을 받을 수 있다(McWhirter, McWhirter, McWhirter, & McWhirter, 2004).

수더랜드(Sutherland: 최충옥, 1997에서 재인용)는 청년기 비행과 밀접한 관계가 있는 가정환경 요인을 다음과 같이 분류하고 있다.

- 도덕성이 결여된 가정: 가족 구성원 중 범죄자나 품행불량자 등이 있는 가정
- 결손가정: 양친 중 1명 혹은 양친 모두 사별한 경우, 이혼, 별거, 실정, 장기수형 등에 의한 구조적 결손가정
- 애정 결핍 가정: 부모와 자녀 혹은 형제간의 애정이 결핍된 가정

- 갈등가정: 가족 구성원 사이에 감정, 이해관계, 가치관 등의 갈등으로 인한 가정불화가 지속적으로 일어나는 가정
- 훈육 결여 가정: 편애, 과잉간섭, 과도한 통제, 방임 등 자녀에 대한 훈육과 감독이 적절치 못한 가정
- 빈곤가정: 실업, 저소득으로 인해 경제적으로 빈곤한 가정
- 시설가정: 고아원 등 아동양육시설이 가정의 역할을 대신 하는 경우

이 외에도 부모의 독재적 양육방식, 혹독한 처벌, 부모의 적대감, 거부행위, 비일관적 양육방식, 정서적 불안정 등은 청년기 비행과 상관관계가 높은 것으로 나타났다.

3) 학교 요인

학교가 청년들의 전인교육을 담당해야 함에도 불구하고, 입시 위주 학교교육의 병리적 현상은 청년기 비행의 환경적 요인으로 작용할 수 있다. 시험, 지나친 경쟁관계, 성적 위주의 평가 등으로 인해 학생들은 스트레스, 긴장감, 좌절감 등을 경험하게 된다. 학생의 개성이나 인권, 잠재력이 존중받지 못하는 학교환경으로 인한 무단결석, 학교폭력, 학업중단 등 많은 문제가 발생할 수 있다. 이와 같은 학교생활에 불만을 가진 학생들은 학교 부적응을 경험하면서 결국에는 청년기 비행에 가담하게 된다(박정란 외, 2012).

청년기 비행과 관련된 학교 요인은 학업 실패에 따른 학업성취도와 부정적인 학교에 대한 태도를 들 수 있다. 구체적으로 낮은 학업성취도, 학교생활 전반에 걸친 의욕 상실, 교사, 학교 친구 및 학교에 대한 애착 결핍 등과 같은 학교 요인은 장차 학교 중도 탈락, 무단결석, 흡연, 음주 등의 청년기 비행을 예측하는 강력한 요인으로 작용한다(Catalano & Hawkins, 1996; Stormshak, Bierman, & The Conduct Problems Prevention Research Group, 1998). 청년기에 학업에 대한 실패는 장기적으로 성공에 대한 동기를 약화시켜 더 이상 학교규범에 따라 또는 사회적으로 허용되는 행동을 할 이유가 없다고 느껴 문제행동을 유발하는 데 기여한다.

4) 대인관계 요인

비행 청년이 비행 또래집단과 교류할 경우 궁극적으로 일탈행동에 연루될 가능성이 높다(Elliott, Huizinga, & Ageton, 1985). 사회학습이론에 의하면, 청년기 비행은 또래집단 구성원에게 보상과 처벌을 통해 특정 행동을 모방하도록 강요하거나 그 행동을 강화하는 연합학습과정(associative learning process)으로 설명된다(Dishion, McCord, & Poulin, 1999; Patterson, Crosby, & Vuchinich, 1992). 청년 폭력조직은 혼자서는 생각지도 못할 범법행위에 동조하거나 쉽게 가담할 뿐만 아니라 집단 구성원에게 반사회적 행위를 강요한다.

최근에는 초기 사회화 과정에서 또래에 의한 집단따돌림을 당한 아동이 향후에 다른 또래와 부적응행동을 강화해 나가는 과정에서 일탈행동의 가능성을 증가시킬 수 있다는 주장도 제기되고 있다(Cowen, Pederson, Babigian, Izzo, & Trost, 1973).

5) 기타 환경 요인

광범위하게 설명하면 앞서 언급한 가정, 학교 및 지역사회와 같은 기타 환경적 요인이 청년기 비행을 조장하거나 억제한다는 것이다. 예를 들면, 농어촌보다는 지방 중소도시나 대도시에서 청년기 비행이 많이 발생하며, 현대의 물질적 풍요로움이나 물질만능주의적인 가치관 등은 쾌락주의적 문화가치와 맞물려 비행을 조장하기도 한다.

지역사회의 유해환경은 청년기 비행동기를 촉진하며, 범법행위를 하는 데 필요한 정보와 기술을 습득하는 원천이 되기도 한다. 예를 들면, 가정이나 학교 주변에 흡연, 음주, 성행위를 부추기는 유흥단란주점, 숙박업소, 게임장, 노래연습장, 비디오물 감상실 등과 같은 각종 유해업소가 산재해 있을 경우 청년기 비행을 증가시키는 환경 요인으로 작용할 수 있다.

대중매체도 청년기 비행과 관련된 환경 요인이라 할 수 있다. 대중매체는 청년의 가치관 형성에 결정적인 영향을 미치기 때문이다. 대중매체를 통해 경험한 폭력성 등은 청년기 비행을 증가시키는 환경 요인으로 작용하고 있다. TV에서 폭력 장면을 시청한 아동의 경우, 공격성이 증가한다는 사실은 이미 널리 알려져 있으며, 폭력적 영화를 감상하고 모방범죄를 저지른 사건은 폭력영상물이 청년기 비행에 미치는 환경적 영향이 얼마나 심각한지 여실히 보여 준다. 일부 청년은 대중매체에서 폭력 장면에 반복적으로 노출되면, 그들이 폭력의 유해성을 인지하고 있으나 동시에 자신이 경험한 폭력적 단서에 선택적 주의를 기울여 폭력과 같은 공격적 행동을 자신의 적절한 행동방식으로 학습하게 되어 탈선행동이나 반사회적 행동을 증가시키게 된다(Murray, 1993). 대중매체는 청년들로 하여금 범죄행위에 대한 도덕적 불감증을 유발하고, 비행과 관련된 정보를 알려 주며, 비행으로 유인할 가능성이 높은 것으로 나타났다(박정란 외, 2012).

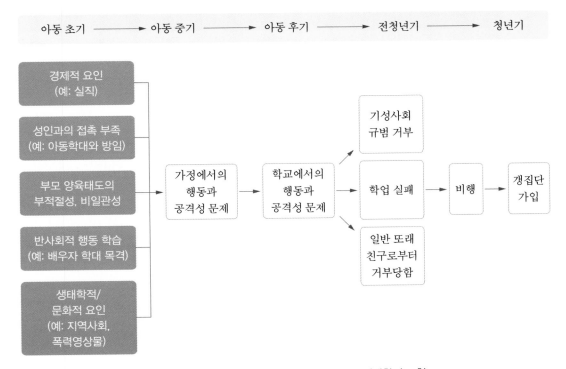

[그림 12-2] 비행 및 반사회적 행동의 발달적 · 생태학적 모형

출처: Patterson, De Baryshe, & Ramsey (1989).

4. 청년기 비행의 양상

1) 청년기 비행의 동향

『2020 청소년백서』에 근거하여 청년기 비행의 특징 중 2019년 전체 청소년 범죄자의 연령을 살펴보면, 18세가 26.5%(17,578명)로 가장 높은 비율을 차지하였으며,

표 12-3 청소년 범죄의 연령별 현황(2009~2019)   [단위: 명, (%)]

연령 연도	계	14세 미만	14세	15세	16세	17세	18세
2009	113,022 (100.0)	1,989 (1.8)	15,431 (13.7)	24,657 (21.8)	26,153 (23.1)	23,307 (20.6)	21,485 (19.0)
2010	89,776 (100.0)	445 (0.5)	8,870 (9.9)	19,280 (21.5)	21,611 (24.1)	19,637 (21.9)	19,933 (22.2)
2011	83,068 (100.0)	360 (0.4)	5,189 (6.2)	17,084 (20.6)	21,815 (26.3)	19,936 (24.0)	18,684 (22.5)
2012	107,490 (100.0)	856 (0.8)	12,978 (12.1)	21,009 (19.5)	26,080 (24.3)	24,140 (22.5)	22,427 (20.9)
2013	91,633 (100.0)	471 (0.5)	11,338 (12.4)	16,645 (18.2)	20,463 (22.3)	21,208 (23.1)	21,508 (23.5)
2014	77,594 (100.0)	37 (0.0)	9,712 (12.5)	14,041 (18.1)	16,940 (21.8)	17,517 (22.6)	19,347 (24.9)
2015	71,035 (100.0)	64 (0.1)	7 (0.0)	14,387 (20.3)	17,624 (24.8)	18,231 (25.7)	20,722 (29.2)
2016	76,000 (100.0)	84 (0.1)	7,530 (9.9)	13,789 (18.1)	17,589 (23.1)	17,607 (23.2)	19,401 (25.5)
2017	72,759 (100.0)	93 (0.1)	7,703 (10.6)	12,376 (17.0)	16,391 (22.5)	17,358 (23.9)	18,838 (25.9)
2018	66,142 (100.0)	–	8,321 (12.6)	11,595 (17.5)	13,306 (20.1)	15,513 (23.5)	17,407 (26.3)
2019	66,247 (100.0)	–	9,053 (16.4)	11,730 (17.7)	13,548 (20.5)	14,338 (21.6)	17,578 (26.5)

주: 2018년 이후 14세 미만은 통계에서 제외.
자료: 대검찰청(2010~2020b).

이어 17세 21.6%, 16세 20.5%, 15세 17.7%, 14세 16.4%의 순으로 나타났다. 특히 최근 10년간 청소년 범죄자의 연령 추세를 볼 때 17~18세 청소년 범죄자의 비율이 증가하고 있다.

최근 10년간 전과가 있는 청소년 범죄자의 비율을 살펴보면 증감을 반복하고 있다. 전과를 가진 청소년 범죄자의 비율은 2009년 35.7%에서 2013년 46.1%까지 증가한 이후 감소세로 나타나 2018년 33.7%로 기록되었다. 그러나 4범 이상 청소년 범죄자의 비율은 계속 증가하고 있는데, 2009년 8.8%에서 2018년 13.4%, 2019년 14.9%로 2배 가까이 증가하였다. 이는 청소년 범죄의 상습화 및 누범화가 심각한 수준에 있고, 향후 재범률이 높은 청소년 범죄자에 대한 체계적인 교정교육과 지속적인 사후관리의 필요성을 시사하고 있다.

2) 청년기 비행: 약물 중독

청년기는 약물을 남용할 가능성이 큰 시기이다. 청년기에 자아정체감이 확립되어 있지 않거나 취업에 대한 불안이 커질수록 약물 중독에 빠질 가능성이 높아진다. 불확실한 미래와 진로결정 및 직업선택의 어려움, 배우자의 선택과 결혼 등 발달과업에 부담이 크면 클수록 약물에 의존함으로써 현실을 도피하거나 일시적으로 괴로움을 달래는 수단으로 약물을 사용하여 약물 중독에 빠지기도 한다. 청년들이 남용하는 약물에는 알코올이나 니코틴과 같은 합법적 약물과 마리화나, 코카인 또는 LSD와 같은 불법적 약물, 흥분제나 진정제와 같은 처방 약물 등이 있으며, 이러한 약물의 부적응적 사용을 물질 남용(substance abuse) 또는 약물 중독(addiction)이라고 부른다.

이러한 약물의 접근과 중독은 청년기의 일시적 현상으로만 그치는 것이 아니라, 습관성 또는 약물 중독으로 인해 장기적인 영향을 미칠 수 있다. 청년의 약물 중독은 다른 심리나 정서적 병리 현상보다 평생에 걸쳐 장기적이며 치명적인 피해를 줄 수 있다.

청년의 약물 사용은 사용 정도와 심각성에 따라 오용(misuse), 남용(abuse), 의존(dependence), 중독(addiction)으로 분류할 수 있으며(김선애, 2014), 이 중 가장 심각한 수준의 피해를 주는 약물 사용은 바로 약물 중독이다.

첫째, 약물 오용(drug misuse)은 약물을 의학적 목적으로 사용하나, 의사의 처방에 따르지 않고 임의로 사용하거나 처방된 약을 처방대로 사용하지 않는 것을 말한다.

둘째, 약물 남용(drug abuse)은 의학적 상식, 법규, 사회적 관습에서 일탈하여 쾌락을 추구하기 위하여 약물을 사용하거나 과다하게 사용하는 행위를 의미한다. 법적 규제의 대상이 되는 마약류를 사용하는 것과 법적 규제의 대상에 포함되어 있지 않은 약물이라도 환각 목적으로 사용할 경우 약물 남용에 해당한다.

셋째, 약물 의존(drug dependence)은 마약류의 약물을 지속적 또는 주기적으로 사용하여 정신적 및 신체적 변화를 일으켜 약물을 중단하거나 조절하는 것을 어렵게 하는 상태를 의미한다.

넷째, 약물 중독(drug addiction)은 약물 사용에 대한 강박적 집착, 일단 사용하기 시작하면 멈출 수 없는 조절 불능, 해로운 결과가 있으리라는 것을 알면서도 강박적으로 사용하는 상태를 말한다(Haugaard, 2001).

청년기의 약물 중독은 성장과정에 있는 청년에게 신체적으로나 정신적으로 악영향을 줄 뿐만 아니라, 성인이 되어서도 사회 문제를 야기할 수 있으므로 그 폐해는 심각하다. 우리나라에서는 청소년 유해약물에 대해서 「청소년보호법」에서는 「주세법」에 의한 주류, 「담배사업법」의 규정에 의한 담배, 「마약류관리에 관한 법률」에 의한 마약류, 「유해화학물질관리법」에 의한 환각물질, 기타 중추신경에 작용하여 습관성, 중독성, 내성 등을 유발하여 인체에 유해한 약물 등 사용을 제한하지 아니하면 청소년의 심신을 심각하게 훼손할 우려가 있는 약물로서 대통령령이 정하는 기준에 따라 관계기관의 의견을 들어 청소년보호위원회가 심의, 결정하고, 여성가족부 장관이 고시한 것으로 지정하고 있다.

일반적으로 약물 중독의 경우 약성 약물에서 강성 약물로 전이되는 것이 보편적이며, 약물을 일단 사용하면 습관성, 의존성 및 내성이 강해져 중단하기 어렵다. 특히 청년들이 약물을 사용하는 경우 신체적으로나 정신적인 발달에 치명적인 손상을 줄 뿐만 아니라 제2비행의 관문(gateway) 역할을 할 우려가 높기 때문에 알코올이나 담배의 유통과 청년의 음주 및 흡연은 범국가적인 문제로 지속적인 관심을 받고 있다.

그럼에도 불구하고 청년의 음주와 흡연은 어렵지 않게 볼 수 있는 행동으로, 사회적 규범에서 벗어나는 일탈행위의 하나이다. 흔히 음주와 흡연은 청년의 지위비행에 포함되는 일탈행위이자 비행의 걸음마 단계로 여겨지는데, 그 이유는 음주와 흡연을 접한 청년들이 비행의 늪에서 점차 **빠져나오기** 어려워지는 경우가 많기 때문이다(고성혜, 전명기, 박창남, 이희길, 1997). 여기서는 청년기 비행 중 음주, 흡연 및 마약, 본드와 가스, 기타 약물의 남용에 대하여 살펴보고자 한다.

(1) 음주

대부분의 비행 청년들이 가장 쉽게 경험하는 약물이 알코올(alcohol)이다. 청년들은 술 마시는 행위를 어른스럽게 여길 뿐만 아니라, 우리 사회에서는 술을 적당히 마실 줄 알아야 사회생활을 잘할 수 있다는 왜곡되고 관대한 음주문화가 팽배해 있기 때문에 중학교 이전에 술을 쉽게 접하는 경향이 있다.

청년 음주의 주된 원인은 성인과 유사하게 스트레스나 불안에서 벗어나고 싶은 마음과 즐거움, 술맛 또는 분위기에 의해 마시는 경우도 많지만, 동년배 집단의 권유나 동조 압력을 적절하게 거절하지 못하거나, 이로 인한 따돌림이 두려워서 또 호기심에 마시는 경우도 많은 것으로 나타났다(고성혜 외, 1997).

알코올은 청년들이 가장 쉽게 접근할 수 있는 유해약물로서 중추신경 억제제로 분류된다. 알코올 남용은 중추신경을 억제함으로써 뇌의 기능을 둔화시키는 중추신경억제제로서 수면 및 마취 작용이 있으며, 알코올을 흡수하는 위나 장에 해로울 뿐 아니라, 이를 분해하는 간이나 배출하는 신장을 해치게 된다. 청년이 알코올을 과다하게 섭취하는 경우 알코올이 뇌에 도달하여 신체 감각 및 자율신경이 둔화되고, 뇌세포를 손상시키며, 기억능력 저하 및 판단 장애를 일으켜 학업 및 사회생활에 지장을 초래할 우려가 있으며, 청년기에 분비되는 성장 호르몬을 억제하게 된다. 특히 아직 미성숙한 청년의 과음은 개인의 건강과 학업뿐만 아니라 자신 및 타인의 인생을 고통스럽게 만든다. 보통 청년의 음주는 성인과 비교할 때 적당히 마시는 경우가 많지만, 자칫하면 습관성 음주 및 만성 알코올 중독으로 발전할 가능성이 있다.

일반적으로 원만하지 못한 부모-자녀 관계, 부모의 그릇된 음주습관, 쉽게 싫증을 내거나 노력의 즉각적 대가를 기대하는 성격에, 자아존중감이 낮고, 충동적이며, 무책임하고, 반항적인 청년들이 음주 문제를 일으킬 소지가 높은 것으로 나타났다.

청년층을 대상으로 현재 음주하고 있는 비율인 현재 음주율을 살펴보면 남녀 모

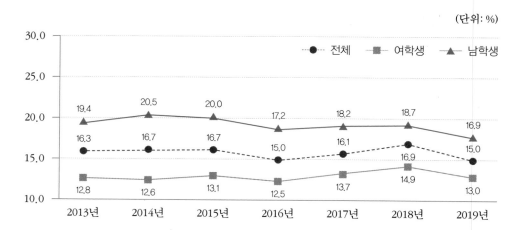

[그림 12-3] 청소년(중·고생) 현재 음주율 추이

주: 청소년 현재 음주율은 최근 30일 동안 1잔 이상 술을 마신 적이 있는 사람의 분율임.
자료: 보건복지부, 질병관리본부, 교육부(2020).

두 2007년부터 꾸준한 감소세를 보이고 있다.

2019년 청소년의 현재 음주율은 남학생 16.9%, 여학생 13.0%로 남학생이 여학생보다 높았으며, 고학년일수록 현재 음주율이 증가하는 것으로 나타났다. 2017년부터 2019년까지 학년별 현재 음주율의 연도별 추이를 살펴보면, 남학생은 중학교 1학년부터 고등학교 3학년까지 전 학년에서 2018년 대비 2019년 현재 음주율이 모두 감소한 것으로 나타났으며, 여학생은 중학교 3학년부터 고등학교 3학년까지 2018년 대비 2019년 현재 음주율이 감소한 것으로 나타났다.

2019년 청소년의 처음 음주 경험 연령은 남학생 12.9세, 여학생 13.5세로, 남녀 학생 간 차이는 0.6세였다. 위험음주율이란 최근 30일 동안 1회 평균 음주량이 중등도 이상(남자 소주 5잔 이상, 여자 소주 3잔 이상)인 사람의 분율을 의미한다. 남학생의 위험음주율이 8.2%로 여학생의 위험음주율(7.5%)보다 높았으며, 남학생과 여학생 모두 전년 대비 위험음주율이 감소한 것으로 나타났다. 현시점에서 현재 음주율과 위험음주율의 감소 추세는 바람직한 현상이라 할 수 있다.

표 12-4 음주 관련 지표
(단위: %)

구분	2017년			2018년			2019년		
	전체	남학생	여학생	전체	남학생	여학생	전체	남학생	여학생
처음 음주 경험 연령(세)[1]	13.2	12.9	13.5	13.3	13.0	13.7	13.2	12.9	13.5
위험음주율[2]	8.2	8.8	7.6	8.9	9.1	8.6	7.8	8.2	7.5

주: 1) 평생 음주 경험자 중에서 처음으로 1잔 이상 술을 마신 연령의 평균
　　2) 최근 30일 동안 1회 평균 음주량이 중등도 이상(남자 소주 5잔 이상, 여자 소주 3잔 이상)인 사람의 분율
자료: 교육부, 보건복지부, 질병관리본부(2020).

(2) 흡연

담배는 대표적인 중추신경 흥분제로서 청년기 유해약물로 분류된다. 청년들이 몰래 모여 담배를 피우는 것이 학창시절의 낭만이며 담배가 일종의 기호품이라는 인식이 강해지면서 날로 증가하는 청년 흡연자에 대한 우려의 목소리가 높아지고 있다. 담배는 알코올 다음으로 청년들 사이에 흔히 사용되고 있는 약물이다.

청년 흡연의 원인으로는 성인행동의 모방과 또래집단의 압력을 들 수 있다. 청년은 기성세대에 대한 반항이나 도전 심리로 역설적이지만 성인을 모방하는 흡연을 하게 되며, 또래집단이 권하면 청년에게 금지된 행동을 하게 된다는 심리에서 동년배 결속력은 오히려 더 강화되는 성향을 보인다(고성혜 외, 1997). 그리고 학업이나 입시 스트레스, 부모의 흡연 및 부모와의 소원한 관계 등은 흡연이 건강에 해롭다는 사실을 알면서도 오히려 자신의 행동을 합리화하여 흡연하게 된다.

담배는 보편적 유해약물로서 담배 연기 속에는 약 4,000종의 독성화학물질이 들어 있다. 담배 속 유해성분으로 알려진 니코틴은 흥분제이면서 진정제 효과가 있지만 폐암, 심장병, 호흡기계 질환의 직접적인 원인으로 건강을 해치며, 두뇌활동에도 영향을 미쳐 사고능력 저하 및 의욕 감퇴를 일으킨다. 니코틴은 복합적 효과를 지닌 유해성분의 화학물질로서 아편과 거의 같은 수준의 습관성 중독을 일으킨다. 담배 속 독성화학물질은 직접 폐에 흡수되어 각종 폐질환을 유발할 수 있으며, 혈전증, 구강암, 간접흡연으로 인한 제3자의 질환발생 등 본인과 함께 주위 사람들의 건강에도 큰 피해를 주는 유해약물이다. 특히 청년기는 아직 발달이 진행 중인 상태이므로 이 시기에 흡연을 시작하게 되면 성인보다 건강에 더 큰 폐해가 있으며, 성인기

에 담배를 피우기 시작한 것보다 더 니코틴 중독에 빠져 금연이 어려워진다.

2019년 청소년의 현재 흡연율은 남학생은 9.3%, 여학생은 3.8%로 나타나 남학생의 현재 흡연율이 여학생의 현재 흡연율보다 높은 수준으로 나타났다. 연도별로 살펴보면, 남학생의 현재 흡연율은 2017년부터 2019년까지 지속적으로 감소하는 경향을 보인 반면, 여학생의 현재 흡연율은 2017년 3.1%, 2018년 3.7%, 2019년 3.8%로 나타나 남학생과 반대로 지속적으로 증가하고 있는 추세이다.

2019년 청소년의 처음 흡연 경험 연령은 13.2세, 매일 흡연 시작 연령은 14.1세로 나타났고, 남학생의 경우 처음 흡연 경험 연령은 13.1세, 여학생은 13.6세이며 매일 흡연 시작 연령은 남학생 14.1세, 여학생 14.1세로 나타나 성별에 따른 큰 차이는 없는 것으로 나타났다. 한편, 2019년 주 1일 이상 가정 내 간접흡연 노출률은 남학생 29.3%, 여학생 34.3%로 나타났다.

청년의 경우, 신체발달이 미완성인 상태이므로 흡연으로 인한 폐해가 더욱 심각할 뿐 아니라 정신건강 면에서도 집중력 감퇴 및 음주, 폭력, 절도 등 청년기 비행의 계기가 되고 있는 것이 더 심각한 문제이다. '위기 청소년'을 가출 청소년, 학교 부적응 청소년, 소년원 청소년을 포괄하여 정의할 때, 위기 청소년의 흡연율이 60% 이상인 점을 감안하면 청년기 흡연과 일탈행동이 밀접한 관련이 있음을 시사한다.

OECD 국가와 비교하였을 때, 우리나라의 흡연율이 감소 추세이기는 하나, 다소

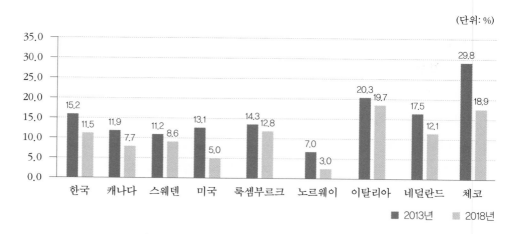

(단위: %)

[그림 12-4] 청소년(15~24세) 흡연율(2013/2018)

주: 흡연 여부를 묻는 질문에 매일 또는 30번 이상이라고 응답한 비율
자료: OECD (2020).

높은 편이라 할 수 있다. 15~24세 청소년에게 흡연 여부를 묻는 질문에 매일 또는 30번 이상이라고 응답한 비율이 10%를 상회하고 있다. 따라서 정부나 학교에서 흡연예방에 관한 교육을 어려서부터 실시하는 것이 바람직하며, 흡연 청년들을 대상으로 하는 상담과 치료 사업의 국가적 지원이 요구된다.

(3) 마약

마약은 고대에서부터 긴장감을 덜어 주고 현실에서 도피한 황홀경을 제시해 주기 위해서 사용되어 왔다. 최근에는 급격한 사회 · 경제의 변화와 함께 물질적으로 풍요로워지면서 향락과 퇴폐풍조가 만연해 마약류 사범이 급증하고 있다. 마약(narcotics)이란, 일반적으로 마약원료인 생약으로부터 추출되는 천연마약(양귀비, 아편, 헤로인, 코데인, 모르핀, 코카인 등)과 화학적으로 합성되는 합성마약으로 분류되고 있다. 아편, 모르핀, 헤로인 등은 모두 진통완화작용을 하는 약물로서, 환각 목적으로 사용할 경우 행복, 불안, 공포, 몽롱, 집중력 상실, 판단력 장애 등의 증상이 나타나면서 지속적으로 사용하면 중독 현상이 발생하고, 뇌와 간에 심각한 손상을 일으켜 심한 경우 사망에까지 이르게 하는 유해약물이다(김선애, 2014).

청년이 마약을 사용할 경우 더욱 심각한 문제를 초래하게 되는데, 그 이유는 다음과 같다. 첫째, 청년이 마약을 사용하였을 경우 성인에 비해 약물 중독에 빠질 소지가 높으며, 신체적 · 정신적인 발달상 손상이 우려되며, 그 결과 학업능력 저하, 심리적 부적응, 청년기 비행과 같이 정상적인 사회생활에 상당한 어려움이 수반된다. 둘째, 마약 사용은 법에 위배되는 범법행위이며, 마약이 음성적으로 거래되기 때문에 마약에 중독된 경우에는 마약을 구하기 위해 제2, 제3의 범행도 불사하게 된다. 마약의 소지, 사용 및 거래가 모두 불법이므로 범죄집단과 연루되지 않고서는 마약에 접근이 불가능하다는 현실적인 면을 고려할 때 청년의 마약 사용은 법적으로나 신체적, 심리적, 정신적으로 엄청난 대가를 치러야 한다.

특히 청소년 마약 사용 및 거래가 음성적으로 진행되는 점을 고려한다면 실제 청소년 마약 사용 인구는 공식적으로 파악하기가 쉽지 않으나, 우리나라는 청소년 마약류 사범이 점차 증가하고 있는 추세라 할 수 있다. 2014년 이후 청소년 마약류 사범이 100명을 넘는 것을 감안할 때, 청소년에게 마약류가 유통되는 경로를 차단하여 청소년의 마약류 중독을 막기 위한 노력이 필요하다. 특히 2019년 19세 이하 적

표 12-5 청소년 마약류 사범 연령별 현황 (단위: 명, %)

연도 \ 구분	전체 마약류 사범	청소년 마약류 사범	
		인원	비율
2009	11,875	82	0.7
2010	9,732	35	0.4
2011	9,174	41	0.4
2012	9,255	38	0.4
2013	9,764	58	0.6
2014	9,984	102	1.0
2015	11,916	128	1.1
2016	14,214	121	0.9
2017	14,123	119	0.8
2018	12,613	143	1.1
2019	16,044	239	1.5

자료: 대검찰청(2010~2020a).

발인원은 239명으로 전년 대비(전년도 143명) 대폭 증가 추세를 보이는 등 그 심각성을 엿볼 수 있다.

청년기 약물 남용에 효과적으로 대처하기 위해서 우리나라 청년들에 의해 주로 사용되는 약물의 종류와 관련 법규를 살펴보면 〈표 12-6〉과 같다. 최근 청년들이

표 12-6 유해약물의 종류와 특성

구분	종류	약리학적 분류	법적 분류	투여방법	신체적 증상 및 행동	의존성	
						심리적 의존성 (습관성)	신체적 의존성 (중독성)
마약	Opium(아편) Heroin Morphine Codeine Methadine Demerol	중추 신경 억제제	「마약류 관리에 관한 법률」	경구, 주사, 코 흡입	중추신경 억제로 인한 행복감과 도취감, 신체조절력 상실, 동공 축소, 눈물, 콧물, 오한, 발한, 식욕 감퇴, 졸림, 수면, 멍함, 체중 감소	심리적 의존	신체적 의존
	Cocain	중추 신경 흥분제	「마약류 관리에 관한 법률」	주사, 코 흡입	흥분, 동공 확대, 불안, 초조, 손 떨림, 미약한 환각	–	–

환각제	LSD, DMR, DET, STP, LBJ Mescaline Psilocybin Phencyclidine	중추 신경 흥분제/ 억제제	「마약류 관리에 관한 법률」	경구, 주사	용량과 개인에 따라 다양함, 불안, 초조, 도취감, 감정 억제, 동공 확대, 착각, 망상, 환각, 지각 강화, 지각 왜곡, 오심, 구토, 예측 불허의 행동, 공황 또는 공포성 정신병적 반응	심리적 의존	–
	대마, Marijuana Hashish	중추 신경 흥분제/ 억제제	「마약류 관리에 관한 법률」	경구, 주사	투여방법에 따라 효능이 다양함, 안구 충혈, 구강 건조, 말이 많아짐, 웃음, 도취감, 약한 환각, 시간과 공간의 왜곡, 과장된 지각		
흥분제	Amphetamines Benzedrine Dexedrine Methedrine 필로폰	중추 신경 흥분제	「마약류 관리에 관한 법률」	경구, 주사	동공 확대, 식욕 상실, 흥분, 잠이 많아짐, 손 떨림, 코·입 술·구강의 건조, 호흡 곤란, 과로, 피로, 불면증, 다량 정맥주사 시 망상, 적개심, 공격행위, 환각, 공황증, 편집증	심리적 의존	–
진정 수면제	Barbiturates phenobarbital Amytal Seconal Tuinal	중추 신경 억제제	「마약류 관리에 관한 법률」	경구, 주사	동공 축소, 취한 행동, 말더듬, 사고 산만, 억제, 졸림, 멍청함, 과량 사용 시 무의식·혼수· 호흡마비로 사망	심리적 의존	신체적 의존
신경 안정제	Valium Librium Ativan Quaalude	중추 신경 억제제	「마약류 관리에 관한 법률」	경구	중추신경 억제제와 유사함, 평온, 즐거움과 안정감, 발한, 감정 억제, 정신적 침체, 배뇨장애, 노여움, 긴장, 불안, 정신적 흥분, 언어장애	심리적 의존	신체적 의존
흡입제, 본드, 가스	Toluene Hexane Acetone Gasoline Thinner	중추 신경 억제제	「유해 화학 물질 관리법」	흡입	술과 유사함, 동공 축소, 혼수, 언어장애, 현기증, 도취감, 시각과 청각 왜곡, 환각작용, 콧물, 눈물, 침, 근조절장애, 취한 행동, 성냄, 흥분, 졸림, 무의식	심리적 의존	–
술	Wine Beer Whiskies	중추 신경 억제제	「청소년 보호법」/ 「미성년자 보호법」	경구	음주량과 개인의 정서적 상태에 따라 효과가 다름, 위통, 위염, 오심, 구토, 이뇨, 영양장애, 각종 질환, 불안, 긴장, 공포, 호전성	심리적 의존	신체적 의존

출처: 김선애(2014), pp. 229–230 참조.

남용하고 있는 마약 및 환각물질 흡입행위의 폐해에 대해 홍보 및 사회적 관심이 필요하며, 특히 우리나라 청년의 약물 관련 비행은 동년배 압력이나 호기심에서 발생하는 경우가 많으므로 약물 사용 및 중독의 심각성에 관한 예방교육이 절실하다.

5. 청년기 비행의 예방

청년기 비행을 지도하기 위해서는 비행을 미연에 방지하는 예방지도와 이미 비행을 저지른 청년이 다시 비행을 일으키지 않도록 지도하는 선도 등 두 가지 방법이 있다. 청년기 비행을 막는 가장 바람직한 방법은 청년의 경미한 문제행동을 조기 발견하여 반사회적 문제행동으로 발전하지 않도록 예방지도하는 것이다. 또한 비행 청년에 대해서는 앞으로의 또 다른 비행에 대한 예방조치를 포함한 선도가 필요하다.

청년 범죄자를 선도하는 제도나 프로그램은 국가나 사회에 따라 다양하다. 우리나라의 경우 청년이 범법행위를 하면「소년법」이 적용되어 형사처벌을 하고 있으나, 개선 가능성이 있을 경우에는 선도 차원에서의 교육적 처우가 이루어지고 있다. 청년 범죄자를 선도하는 기관은 소년분류심사원, 소년원, 소년교도소, 보호관찰소가 있다.

우리나라에서는 정부 부처 및 지방자치단체 등에서 청년기 비행을 예방하기 위한 다양한 방안을 실행하고 있다.

첫째, 학교폭력 예방 및 근절을 위하여 매년 신학기 초에 '학교폭력 자진신고 기

117학교폭력 신고센터 소개　　One-Stop 지원센터 소개　　One-Stop 지원센터 현황

117학교폭력 신고센터는 학교 · 여성폭력 및 성매매피해자 긴급지원센터입니다.

학교·여성폭력으로 인한 피해자의 인권보호 및 신속구조를 위해 적극 대응하고 있습니다.

[그림 12-5] 117학교폭력 신고센터 소개

출처: https://www.safe182.go.kr

간'을 3개월간 운영하고 있다. 자진신고 학생 등 경미한 초범 가해학생의 경우 경찰단계에서 '선도하는 조건으로 불입건'한 후 전문기관과 연계하여 선도하도록 조치하고 있으며, 피해신고 학생은 비밀보장과 함께 담당 경찰을 서포터로 지정하여 보호하는 활동을 전개하고 있다. 또한 2012년도부터 학교폭력 신고전화를 117로 통합하여 24시간 신고접수 및 상담서비스를 제공하고 있다.

둘째, 유해환경 정화활동을 통해 사회환경적 요인을 정비함으로써 청년기 비행을 예방할 수 있다. 정보통신산업의 발달로 인해 인터넷 및 미디어에 폭력 및 음란성 콘텐츠가 범람하여 청년기 비행을 부추길 가능성이 높다. 또한 우리나라는 입시 위주의 교육이 현실적으로 이루어지며 청년의 놀이 문화 및 공간의 발달이 미흡하다. 막상 거리로 나가면 각종 유흥업소와 비디오방, 카페, 호프집, 화상채팅 노래방, 나이트클럽 등 청소년 유해업소는 해마다 증가하며 청년의 비행을 조장하는 유해환경 요인이 꾸준히 늘고 있다. 이러한 학교 주변의 유해환경은 정서적으로 불안정한 청년에게 탈선을 조장하여 건전한 인격체로 성장하는 데 부정적인 환경을 조성한다. 특히 우리나라는 다양한 유흥문화의 발달로 인해 청소년 유해업소 및 신·변종 유해업소의 수가 매년 증가하고 있으며, 이 업소들이 주거지와 학교 및 학원과 혼재되어 있어 교육적으로 유해한 환경에 청년들이 고스란히 노출되어 생활하고 있는 경우가 많다. 특히 학교 주변에 산재해 있는 유흥업소, 숙박업소, 각종 게임장, 비디오물 감상실 등의 유해업소는 청년기 비행과 학교폭력의 온상으로 작용하고, 낮은 수준의 교육환경을 조성하여 청년발달에 불건전한 영향을 줄 가능성이 높다. 이에 경찰은 각종 음란·폭력성 매체물과 술·담배 등 유해약물을 청년에게 판매하거나 유해업소(예: 유흥주점, 비디오방 등)에서 청년을 고용하거나 출입시키는 등의 행위를 하는 「청소년보호법」 위반사범에 대하여 지속적인 단속을 실시하여 각종 유해환경에서 청년을 보호하고 건전한 인격체로 성장할 수 있는 환경을 조성하는 활동을 펼치고 있다.

또한 TV 방송, 유튜브 등 대중매체의 콘텐츠는 청년기 음주, 흡연, 마약 등에 대한 호기심을 유발할 수 있다. 특히 감수성이 예민한 청년기에 좋아하는 연예인의 음주 및 흡연 장면은 청년들로 하여금 음주 및 흡연 충동을 유발할 뿐 아니라 자연스럽게 음주와 흡연에 대한 긍정적 인식을 심어 주는 역할을 한다. 따라서 보건복지부와 방송통신위원회에서는 미디어 음주 및 흡연 장면을 모니터링하여 드라마 제작 책임자

읽기자료

절주문화 확산을 위한 미디어 음주 장면 가이드라인

1. 음주 장면을 최소화해야 하며, 반드시 필요한 장면이 아니라면 넣지 말아야 한다.

   지나친 음주로 인한 피해를 줄이고 청소년을 보호하기 위해서는 극 중 맥락이나 프로그램 구성에서 반드시 필요한 장면이 아니라면 음주 장면은 넣지 말아야 한다.

2. 음주를 긍정적으로 묘사하는 것은 피해야 한다.

   미디어에서는 흔히 술을 마시면 분위기가 유쾌해지는 것처럼 묘사된다. 음주가 갈등을 해소하는 데 도움이 되는 것으로 묘사되면 술을 마시는 것이 위험하다는 사실이 간과될 수 있으며 갈등을 근본적으로 해결하기 위한 여러 노력을 막게 될 수 있다. 따라서 미디어에서는 음주로 인한 유쾌함, 화해 등의 긍정적 효과뿐 아니라 지나친 음주로 발생할 수 있는 부정적 결과도 균형 있게 제시할 필요가 있다.

3. 음주와 연관된 불법 행동이나 공공질서를 해치는 행위를 자연스러운 것으로 묘사해서는 안 된다.

   음주운전, 음주 후 무단횡단, 노상 방뇨, 고성, 폭력은 많은 사람에게 피해를 주는 불법 행위이다.

4. 음주와 연계된 폭력, 자살 등의 위험 행동을 묘사하는 것은 삼가야 한다.

   흉악범죄와 폭력범죄의 3분의 1과 자살 시도의 절반가량이 음주 상태에서 발생한다. 우리나라에서는 음주 후 일탈행위를 관대하게 보는 경향이 있으며, 음주 후에 일으키는 위험 행동을 미디어가 반복적으로 묘사하게 되면 이런 위험 행동이 덜 심각한 것으로, 쉽게 이해되는 것으로 착각하게 할 수 있다. 또한 음주 후 위험 행동을 자극적으로 묘사하면 모방 등을 통해 실제 행동으로 이어질 수 있으므로 신중하게 묘사해야 한다.

5. 청소년이 음주하는 장면은 묘사해서는 안 되며, 어른들의 음주 장면에 청소년이 함께 있는 장면을 넣는 것도 신중히 해야 한다.

   우리나라에서는 법적으로 만 19세 이상이 되어야 술을 마실 수 있다. 청소년기에 음주를 시작하는 것은 뇌신경계 발달에 악영향을 미칠 뿐 아니라 성인이 되어서 알코올 의존증으로 이어질 가능성도 높으므로 주의해야 한다.

6. 연예인 등 유명인의 음주 장면은 그 영향력을 고려하여 신중하게 묘사해야 한다.

   광고에서뿐만 아니라 일반 방송 프로그램에서도 연예인 등 유명 인사가 음주를 조장하는 행위나 대사를 하는 경우가 종종 있다. 이러한 내용은 시청자, 특히 어린이나 청소년의 음주 욕구를 높이는 데 큰 영향을 미치므로 신중해야 한다.

7. 폭음, 만취 등 해로운 음주 행동을 묘사하는 것은 삼가야 한다.

　　2차나 3차로 이어지는 음주 상황이나, 폭탄주 제조 장면, 신고식의 의례로서 지나치게 음주를 하는 장면 등 해로운 음주 행동을 당연한 듯 묘사하는 것은 청소년들의 호기심과 모방 욕구를 자극할 수 있으므로 삼가야 한다.

8. 음주 장면이 주류 제품을 광고하는 수단이 되어서는 안 된다.

　　한국에서 주류에 대한 방송 광고는 광고 가능 시간대와 도수를 제한하고 있다. 주류 제품에 대한 간접 광고 역시 「방송법 시행령」 제59조의3 제2항에서 금지하고 있으며, 이는 관련 법 위반 행위일 뿐 아니라 국민 건강 증진 및 청소년 보호를 위한 관련 정책에도 반하는 것이기 때문에 피해야 한다.

9. 음주에 대한 자기결정권을 무시하는 장면은 피해야 한다.

　　음주는 그 어떠한 상황에서도 절대로 강요되어서는 안 된다. 집단의 위계질서에 의해서 상사나 선배에게 음주를 강요당한 사람은 매우 큰 신체적·정신적 고통을 경험하게 된다. 미디어에서 그러한 상황을 희화화하거나 일반적인 것처럼 묘사한다면, 원하지 않는 음주를 거절하기 어려운 사회 분위기를 만드는 데 일조할 수 있다.

10. 잘못된 음주 문화를 일반적인 것으로 묘사해서는 안 된다.

　　술을 많이 마시거나 폭음하는 것을 남자답다거나 사회적 능력이 있는 것으로 묘사하는 사례, 사회적 위계에 따라 음주를 강요하는 것을 대수롭지 않게 다루는 문화, 여성의 음주를 독자성이 강한 전문직 여성의 상징으로 인식하게 만드는 장면, 음주가 성적 행위를 위한 손쉬운 수단으로 잘못 인식하게 하는 상황이나 장면 등은 잘못된 음주 문화를 일반적인 것으로 인식하게 할 수 있으므로 유의해야 한다.

출처: 보건복지부(2017).

간담회 개최, 개선 캠페인 실시 등 실질적인 개선방안을 추진하고 있다.

　이와 같이 범국가적인 활동과 전문가의 도움이 요구되는 특수한 경우를 제외하고, 일반적으로 청년기 비행을 예방지도함에 있어서 고려할 사항은 다음과 같다(한상철 외, 2001; 허혜경, 김혜수, 2015).

　첫째, 청년이 저지르기 쉬운 비행에 대해 철저한 예방교육을 실시하여 비행을 폐해 및 책임감 등을 가볍게 여기거나 호기심으로 저지르는 일이 없도록 올바른 인식을 심어 주어야 한다.

둘째, 청년의 발달적 특성을 이해하여 청년의 입장에서 지도하고 대화를 나누며 바람직한 가치관이 정립되도록 도와주는 것이 필요하다. 이 과정에서 청년들은 자신의 성격, 학업문제, 이성문제 등의 고민이 해소되며, 심리적 안정감을 느낄 수 있으며, 나아가 기성세대에 대한 불만이나 불신보다 심리적으로 긴밀한 관계가 유지될 수 있도록 노력하여야 한다.

셋째, 청년의 긴장과 불안을 해소하여 정신적 · 신체적으로 건강을 유지할 수 있도록 취미 개발, 운동, 사회봉사활동과 같은 건전한 여가선용방법을 통해서 청년의 다양한 욕구가 건전한 방향으로 발산될 수 있도록 도와준다.

넷째, 청년기 비행의 지도는 장기적인 계획하에 청년의 사고나 행동방식에 따라 세심하게 관찰하면서 단계적으로 꾸준히 이루어져야 한다. 비행 청년들은 이미 부모와의 관계나 심리 · 사회 · 정서적인 측면에서 많은 문제를 내포하고 있기 때문에 선도하는 프로그램은 먼저 성인과 수용적인 인간관계를 확립할 수 있도록 고려하여야 하며, 또한 이들이 긍정적인 자아상을 가지도록 배려하여야 한다(장휘숙, 1999).

청년의 교육과 정서발달을 위해서는 생활환경이 중요하며, 이에 맹자(孟子)의 어머니가 맹자의 교육환경을 위해 세 번 이사하였다는 맹모삼천지교(孟母三遷之敎)의 의미는 시사하는 바가 크다. 청년기 비행을 예방하기 위하여 부모─자녀 상호작용을 위한 가정의 노력, 학업보다 학생들의 인성을 배려하는 학교의 노력, 그리고 유해환경 및 유해업체를 정비하려는 지역사회의 노력으로 건전한 생활환경을 조성해야 한다.

제4부

청년기의 문화와 미래

제**13**장

일과 진로발달

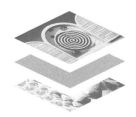

청년기에 달성해야 하는 중요한 발달과업으로는 직업을 선택하여 진로를 정하고, 그에 따른 준비를 하는 것이다. 청년들은 진로발달을 통해 자아실현을 도모하며, 이후 성인으로서의 경제적 독립을 하는 기반을 마련할 수 있다. 현대와 같은 지식기반사회에서는 직업세계에 대한 변화가 가속화되고 있으므로, 유망한 직업선택이 쉽지 않으며, 그에 대한 충분한 정보를 갖기가 어렵다. 특히 오늘날과 같이 과업 지향적인 사회에서 직업은 청년기 자아정체감의 중요한 측면으로 작용한다. 이 장에서는 일, 직업, 진로의 개념과 기능, 직업발달이론, 직업선택의 영향 요인, 청년기 진로발달 등에 대해 살펴보고자 한다.

1. 일, 직업, 진로의 개념

일, 직업, 진로는 서로 혼용되는 경우가 흔하다. 일(work)은 사람이 체력을 소모하여 하는 모든 활동으로, 보수가 있는 활동뿐만 아니라 무보수의 활동까지도 모두 포함된다. 직업(occupation, vocation)이란 구체적인 직무나 직업활동을 의미하며, 개인이 계속적으로 수행하는 경제 및 사회 활동의 일종으로, 일반적으로 보수를 받고 일을 하는 것을 의미한다(김선애, 2014; 김영봉, 권순희, 장성화, 황인호, 2013). 직업은 일에 대한 대가와 함께 개인의 생활 및 삶의 질을 결정하는 활동을 의미하며, 사회적 지위뿐만 아니라 자신과 가족에게 가치를 부여하기도 하는 중요한 요인이다. 진로(career)는 어원적으로 '수레가 다니는 길을 따라간다(to roll along on wheels).'는 뜻을 가진 'carro'에서 유래한 단어이다. 진로란 자아와 직업세계에 대한 이해를 통하여 개인의 일생을 체계적으로 선택해 나가는 일의 개념으로 볼 수 있다(이현림, 2007). 진로는 생계수단으로서의 직업뿐만 아니라 무보수로 하는 사회적 활동 및 역할(가사일, 봉사)까지도 포함하는 개념이다. 진로는 반드시 보수가 따르는 직업에만 국한되지 않으며, 유년기에 시작하여 은퇴 후 계속되는 전 생애에 걸친 자기계발(self-development)의 모든 체험을 의미한다.

일과 직업은 보다 나은 삶을 위한 자아실현의 수단이 되며, 이는 진로발달을 전제로 한다. 진로발달은 전 생애에 걸쳐 이루어지지만, 특히 청년기는 자신과 환경에 대한 이해를 바탕으로 자신에게 적합한 직업군을 탐색하고, 선택하며, 이를 준비하는 진로발달의 결정적 시기라 할 수 있다(정규석 외, 2013). 청년들이 개인의 능력과 소질을 계발하여 올바른 진로를 계획하고 선택하는 일은 개인의 '자아실현'과 함께 인적 자원의 적재적소 배치에 의한 '국가경쟁력의 향상'이라는 측면에서 강조되어야 한다(김계현 외, 2013).

2. 사회환경의 변화: 코로나 팬데믹과 2030세대의 변화 양상

현대사회는 4차 산업혁명, 첨단 과학과 기술 문명의 발달, 지식기반사회 등으로 대변되고 있으며, 세계화의 물결로 말미암아 다양한 문화와 가치관이 공존하고 있다. 최근에는 디지털, 바이오산업, 물리학 등 3개 분야의 융합된 기술들이 경제 체제와 사회 구조를 급격히 변화시키는 4차 산업혁명(Fourth Industrial Revolution: 4IR)의 진행(Klaus Schwab, 2016), 그리고 2020년도부터 전 세계를 강타한 코로나 팬데믹

(COVID-19 Pandemic)에 따른 변화 양상도 두드러진다. 그 결과 현대사회 구조의 전반적인 패러다임이 변화하고 있으며, 이에 따라 개인의 사고방식과 생활양식도 점점 다양해지고 있다.

특히 코로나 팬데믹으로 인한 코로나 블루도 심각한 사회 문제로 부각되고 있다. 코로나 블루(CORONA Blue)란 '코로나-19(COVID-19)'와 '우울감(Blue)'이 합쳐진 신조어로서 코로나-19의 확산 및 사태의 장기화로 인해 일상에 큰 변화가 발생함으로써 생긴 우울감이나 무기력증을 의미한다. 코로나 블루 현상은 사회 구성원들의 삶에 직간접적으로 부정적인 영향을 주고 있다.

2020년 코로나-19로 인해 청년들은 학교생활은 부정적으로, 가족관계는 긍정적으로 변화하였다고 응답하였다(통계청, 2021). 구체적으로 청년 응답자의 48.4%가 코로나-19로 인해 학교생활이 부정적으로 바뀌었다고 응답하였으나, 가족관계는 긍정적 변화(22.1%)가 부정적 변화(9.6%)를 앞질렀다. 코로나-19로 인해 친구관계,

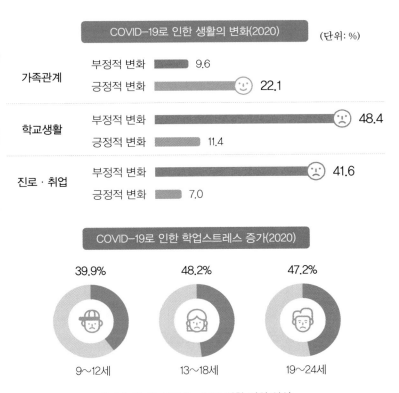

[그림 13-1] COVID-19로 인한 변화 양상

출처: 통계청, 여성가족부(2021).

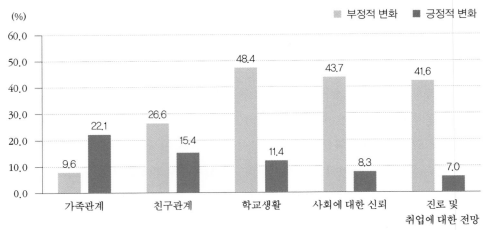

[그림 13-2] 코로나-19로 인한 삶의 변화

자료: 여성가족부, 「청소년종합실태조사」, 9~24세 청소년 대상.
출처: 통계청, 여성가족부(2021).

사회에 대한 신뢰, 진로 및 취업에 대한 전망에서 부정적 변화가 크게 나타났다.

2020년도부터 전 세계를 뒤흔든 코로나 팬데믹은 우리의 일상은 물론 대인관계, 취업, 가치관까지 광범위하게 영향을 미치고 있다. 코로나 팬데믹으로 인해 예전과는 완전히 다른 예측 불허의 변화 속에서 살아가야만 하는 뉴 노멀(New Normal) 시대에 2030세대의 변화 양상을 "코로나 트라이앵글"이라고도 부른다(조선일보, 2021). 여기서 "코로나 트라이앵글"이란 비정규직, 만혼·비혼, 자산 양극화를 의미한다. 이러한 "코로나 트라이앵글"을 포함하여 출산 등 가족과 관련된 변화 양상에 대해 살펴보고자 한다.

첫째, 통계청이 발표한 고용 동향에 의하면, 코로나-19로 인한 고용 시장의 한파로 안정적인 상용직 일자리가 감소함에 따라 20~30대 청년 세대들은 불안정한 임시·일용직으로 일자리를 구하는 고용 불안 현상을 보이고 있다. 한국고용정보원에 따르면 2020년 5월 기준 29세 이하 대졸자 중 첫 일자리가 상용직인 사람(106만 7,000명)은 5.9%(6만 7,000명) 감소한 반면, 임시·일용직인 사람(35만 8,000명)은 1.5%(5,000명) 증가한 것으로 나타났다(조선일보, 2021).

둘째, 이러한 청년 세대의 고용불안은 혼인, 출산 등을 현실적으로 감당하기 어렵다는 판단으로 이어져 결혼과 출산을 미루거나 포기하는 경향을 보이고 있다. 연애·결혼·출산을 선택으로 여기는 20~30대에게 비연애·비결혼·비출산의 '3비

(非) 문화'는 점점 당연시되는 분위기이다(중앙일보, 2021. 1. 23.)

셋째, 자산 시장에서 뒤처진 20~30대들은 '영끌·빚투'로 주택을 구입하거나 주식 시장에 뛰어든 개미가 되어 아슬아슬한 경제 불안의 주역이 되었다는 우려의 목소리가 크다. '영혼까지 끌어모으다'를 줄인 영끌, '빚을 내 투자한다'는 의미의 빚투 열풍은 청년 세대의 불안정한 경제 상황을 대변하고 있다. 문제는 2022년에도 코로나-19 여파가 지속되면서 고용 불안, 혼인·출산 기피 현상, 경제적 양극화 현상이 심화되고 있다는 것이다.

이러한 사회환경의 변화, 생활양식과 의식의 변화, 자연스럽게 직업 구조와 취업 환경의 변화를 수반하고 있다. 코로나-19가 종식되어 청년 세대의 불안정한 고용 시장, 사회적 요인, 자산 격차가 점차 완화되기를 기대한다.

3. 우리나라 청년의 진학 및 취업 현황

2021년 청소년 통계에 근거하여 우리나라 청년들의 진학 및 취업 현황을 살펴보고자 한다. 우리나라 고등학생들은 진로를 대학 진학으로 설정하는 경우가 대부분이다. 2020년 고등학교 졸업생 10명 중 7명(72.5%)이 대학교에 진학하였으며, 대학 진학률은 2017년 이후 지속적으로 증가하고 있다. 성차를 살펴보면 여학생(76.1%)이 남학생(69.3%)보다 대학 진학률이 높게 나타났다.

세계 여러 선진국에서는 성인진입기의 사람들, 즉 청년들을 대상으로 대학교육을 포함하여 모든 교육 또는 훈련 프로그램을 3차 교육(tertiary education)이라 부른

표 13-1 대학진학률[1] (단위: %)

	2012	2013	2014	2015	2016	2017	2018	2019	2020
전체	71.3	70.7	70.9	70.8	69.8	68.9	69.7	70.4	72.5
남성	68.6	67.4	67.6	67.3	66.3	65.3	65.9	66.6	69.3
여성	74.3	74.5	74.6	74.6	73.5	72.7	73.8	74.5	76.1
차이(여-남)	5.7	7.1	7.0	7.3	7.2	7.4	7.9	7.9	6.8

주: 1) 당해 연도 고등학교 졸업자 중 국내·외 상급학교에 진학한 사람의 비중(재수생 미포함)
자료: 한국교육개발원, 교육부(2021).

다. 국가마다 3차 교육을 어떻게 구조화하느냐는 매우 다양한데, 미국, 캐나다, 일본, 우리나라 대학교는 전공과 일반 교양교육을 편성하게 된다. 대부분의 대학생들은 4년제 대학 학위를 취득하는 데 평균 6년 가까이 걸리는데, 이는 대학을 다니면서 군복무를 하고, 전공을 바꾸거나, 전공·부전공을 추가하고, 인턴십이나 연수 프로그램에 참여하거나, 학비를 조달하기 위해 일을 하게 되는 등의 변수가 있기 때문이다.

대학과 같은 3차 교육에 요구되는 돈과 시간을 과연 투자할 만한 가치가 있는가에 대한 고민을 하는 청년들이 있는가 하면, 상당히 많은 대학생은 부모로부터 전부또는 일부 경제적 지원을 받으면서 자신의 시간과 에너지를 쓰고 있기도 하다.

2019년도에 대학교 졸업 후 취업률이 전년 대비 0.6%p 감소한(67.1%) 경향이있으나, 우리나라에서는 대학 졸업이 경제적 이점이 있음을 시사한다. 전문대학(70.9%)이 일반대학(63.3%)보다 대학교 졸업 후 취업률이 높게 나타났다.

2020년도 청년층(15~29세) 고용률은 전년 대비 1.3%p 감소(42.2%)한 것으로 나타났다. 연령대별로 살펴보면, 15~19세 6.6%, 20~24세 41.1%, 25~29세 67.6%로나타났다. 2020년도 청년층 실업률은 전년 대비 0.1%p 증가한 9.0로 나타났다.

표 13-2 졸업 후 취업률 (단위: %)

	2012	2013	2014	2015	2016	2017	2018	2019	2020	
고등학교 졸업 후 취업률[1]	29.3	30.2	33.5	34.3	33.9	34.7	30.7	24.9	직업계고[2]	50.7
									비직업계고[3]	7.5
대학교 졸업 후 취업률[4]	68.1	67.4	67.0	67.5	67.7	66.2	67.7	67.1	–	–
전문대학	68.1	67.9	67.8	69.5	70.6	69.8	71.1	70.9	–	–
대학[5]	66.0	64.8	64.5	64.4	64.3	62.6	64.2	63.3	–	–

주: 1) (당해 연도 졸업자 중 취업자) / (졸업자-진학자-입대자)×100
   　2011년부터 일반고, 특수목적고, 특성화고(직업, 대안 포함), 자율고로 구분
   2) (당해 연도 졸업자 중 취업자) / (졸업자-진학자-입대자-제외인정자)×100
   3) (당해 연도 졸업자 중 취업자) / (졸업자-진학자-입대자)×100
   4) (당해 연도 졸업자 중 취업자) / (졸업자-진학자-취업불가능자-제외인정자-외국인유학생)×100
   5) 일반대학
자료: 한국교육개발원·교육부, 「교육기본통계조사」「고등교육기관졸업자취업통계조사」「직업계고졸업자취업통계」.
출처: 통계청, 여성가족부(2021).

[그림 13-3] 청년층(15~29세) 고용률 및 실업률

자료: 통계청(2021).

이는 2017년 이후 감소하던 추세에서 벗어나 2020년 0.1%p 소폭 반등한 수치이다. 코로나-19로 인해 취업에 대한 전망이 다소 부정적으로 감지되고 있으나, 점차 코로나 상황이 완화되어 청년들의 고용 시장이 안정되기를 기대한다.

4. 일과 직업의 기능

일과 직업의 기능은 경제적 측면과 심리사회적 측면에서 살펴볼 수 있다(김선애, 2014; 김애순, 2005; 이옥형, 2006).

첫째, 일 또는 직업활동을 통해서 소득을 얻고 생계를 유지하는 경제적 기능을 들수 있다. 청년 및 성인들은 직업을 통해서 정당한 노동의 대가를 얻음으로써 생계유지의 수단과 함께 삶의 보람을 느낄 수 있다.

둘째, 직업은 청년들에게 자아정체감의 핵심이며, 자아존중감의 원천이 된다. 우리는 취업 후에는 "나는 ~일을 하는 ○○○입니다."라고 하면서 직업과 자신을 동일시하며 자기소개를 할 것이다. 이와 같이 청년들은 직업을 사회생활 속에서 내가누구인지를 확인시키는 가장 명확한 수단으로 사용한다. 또한 직장에서 일을 함으로써 청년들은 자신이 사회를 위해 유용한 일을 하고 있는 가치 있는 존재라고 느끼며 자아존중감이 높아진다. 청년들은 직업을 통해 생산적인 일을 하고 있다는 자부심, 자신과 환경을 통제할 수 있다는 확신, 사회에서 가치 있는 존재라는 자아존중감 등을 느낄 수 있다.

셋째, 직업은 자아실현의 욕구와 성취동기 충족의 원천이 된다. 청년들은 일을 통해 적절한 보수와 정서적 안정감을 보장받는 한편, 자신의 잠재력과 비전을 실현할 수 있는 생산적이고 창조적인 일을 할 수 있다. 청년들은 일과 직업을 통해 재능을 발휘하고, 자아를 실현하며, 성취동기를 충족시킬 수 있으며, 이러한 과정에서 보람과 만족을 느낄 수 있다.

넷째, 일과 직업은 개인적 성장에 기여한다. 일을 하고 있는 청년과 취업을 하지 못한 청년은 수입 면에서만 차이가 나는 것이 아니라 개인적 성장에서 더욱 차이가 난다. 직업은 개인의 성격과 삶의 태도에 영향을 미쳐서, 자아를 성장시키기도 하고, 때로는 파괴시키기도 한다. 직업세계에 적응하는 동안 청년들은 자신에 대해 현실적인 안목을 가질 수 있게 되고, 다른 사람을 배려하거나 타협할 수 있는 능력도 가지게 된다. 직업을 가지고 일을 하면서 새로운 사람을 만나게 되고, 외부 세계를 탐색하고, 새로운 정보를 추구하며 사회적 맥락의 폭을 확장시켜 나간다. 직업적 목표를 성취하거나 사회적 승진을 위해 개인적 충동이나 혐오스러운 감정도 억누르면서 보상과 만족의 지연을 통해 인내심도 키울 수 있으나, 때로는 불안감을 무릅쓰고 새로운 일자리를 찾아 나서기도 한다. 청년과 성인은 직업을 통하여 개인적 성장과 함께 타인과 사회를 위하여 일하는 사회적 성숙에 이르게 된다.

다섯째, 직업은 사회적 지위와 인정의 근원이 된다. 청년 또는 성인이 직업을 갖게 되면 자연스럽게 직종과 직위에 합당한 사회적 지위와 인정이 부여된다. 직업에 따라 사회에서 받는 인정과 대우가 달라지기 때문에 가능한 한 직업을 선택할 때 사회에서 높은 가치를 둘 직종을 선호하게 된다. 청년 또는 성인은 직무를 통해서 자신의 재능이나 능력을 확인하고, 직분과 자신을 동일시하며, 직무에 따른 사회적 지위와 인정을 받을 것을 기대한다. 직업이란 개인의 수입과 특권을 결정지음으로써 삶의 양식을 구축할 뿐만 아니라 직종과 직위에 합당한 사회적 지위와 인정을 받는 통로가 될 수 있다.

5. 진로발달이론

진로발달(career development)이란 개인이 직업을 선택하고 준비하는 과정이다. 다시 말해, 진로발달은 개인이 자기가 설정한 진로목표에 접근하고, 그 진로목표를 달성하는 과정을 의미한다. 진로발달은 개인이 설정한 진로목표를 준비하는 것이므로, 모든 사람에게 통용되는 공통적인 진로발달의 경로가 있는 것은 아니다.

진로발달은 정적인 과정이 아니라, 연령에 따라 변화하는 역동적인 과정이다. 개인은 진로발달과정을 통해 직업에 대한 이해와 지식을 습득하고, 직업을 선택하며, 업무 수행을 위한 지적 능력, 동기, 욕구, 신체적 능력을 갖추어야 하므로, 진로발달은 인지, 정서, 사회성, 신체 등 전반적인 발달을 포함하는 개념이다. 실제로 청년들의 흥미, 동기, 상황, 기술, 지식 등은 시간이 경과함에 따라 변하기 때문에 개인의 직업선택은 인생의 특정 사건이라기보다는 하나의 발달과정으로 이해하여야 한다.

청년들의 진로발달을 설명하는 대표적인 이론으로는 긴즈버그의 진로발달이론과 슈퍼의 자아개념이론이 있다. 슈퍼(Super, 1967)와 긴즈버그(Ginzberg, 1972)는 직업선택이 연령에 따라 변화하는 발달적 결과라고 주장하였다. 슈퍼와 긴즈버그는 진로발달이 아동기부터 성인 초기에 국한된다는 입장에 이의를 제기하고 진로발달이 전 생애에 걸쳐서 이루어지고 변화되는 것이라고 보았다(김선애, 2014; 장휘숙, 2009).

1) 긴즈버그의 진로발달이론

긴즈버그(Ginzberg)의 진로발달이론은 절충이론 또는 현실타협이론(compromise with reality theory)이라 불린다. 긴즈버그는 진로선택이란 한순간에 일어나는 일회성 행위가 아니라 장기간에 걸친 발달과정이며, 특정 직업의 선택으로 이끄는 일련의 '하위 결정'이 계속적으로 이루어진다. 진로선택과정은 비가역적이기 때문에 나중에 이루어지는 결정은 그 이전의 결정에 영향을 받게 된다. 예를 들면, 고등학교에서 대학 진학 대신에 취업준비를 선택한 결정은 이후에 대학 진학 결정을 어렵게 만들 수 있다. 이러한 진로선택은 개인의 가치관, 정서적 요인, 교육 수준 및 종류,

실제 상황적 여건의 네 가지 요인의 상호작용에 의해 결정된다.

긴즈버그는 진로선택과정을 바람과 가능성 간의 타협으로 보았으며, 타협을 선택의 본질적 측면으로 여겼다. 긴즈버그는 진로선택과정을 환상적 단계, 시험적 단계, 현실적 단계로 구분하여 설명하고 있다(김선애, 2014; 김영봉 외, 2013; 이현림, 김봉환, 김병숙, 최웅용, 2003; 정영숙, 신민섭, 이승연, 2009).

(1) 환상기(6~10세)

환상기(fantasy stage) 아동들은 현실적인 여건, 자신의 능력이나 가능성을 고려하지 않고 자신이 원하는 직업을 상상한다. 아동은 현실적 장애물을 의식하지 못하고, 제복·소방차·발레화 등과 같이 특정 직업의 피상적인 측면만을 생각하는 경향을 보인다. 현실적인 여건보다는 자신의 소망만을 중시하고, 자기가 원하는 것은 무엇이든지 다 할 수 있다고 믿기 때문에 비현실적인 직업을 희망하기도 한다. 예를 들면, 아동은 특정 직업에서 하는 일을 상상해 보며, 놀이활동을 통해서 직업적 소망을 표출한다.

(2) 잠정기(11~17세)

잠정기(tentative stage)는 시험적인 단계로, 청년 초기부터 중기 무렵에 해당한다. 잠정기 청년들은 진로선택과정에서 자신의 흥미와 능력, 가치를 고려하게 되지만, 역시 현실적 요인이 감안되지 않는 편이다. 잠정기는 흥미기, 능력기, 가치기, 전환기와 같은 네 가지 하위 단계로 구분된다.

- 흥미기(interest sub-stage; 11~12세): 자신의 기호와 흥미에 기초하여 직업을 선택하는 시기로서, 환상기에서 잠정기로 넘어가는 과도기이다.
- 능력기(capacities sub-stage; 13~14세): 청년 자신이 느끼는 흥미에 연결해서 성공할 수 있는 능력이 있는가를 시험하며 다양한 직업, 직업의 보상적 측면, 준비 수단 등을 인식하는 시기이다. 청년들은 직업적 요구와 관계된 자신의 능력에 관해 생각해 보게 된다.
- 가치기(value sub-stage; 15~16세): 이 시기에는 직업과 자신의 흥미를 동시에 고려한다. 청년들은 자신의 흥미와 가치를 직업역할과 연관시키고자 하며, 직

업적 요구와 자신의 가치와 능력을 감안한다. 직업을 선택할 때 고려해야 하는 요인과 선호하는 특정 직업과 관련된 요구를 알아보고, 이것을 자신의 가치관과 생애목표에 비추어 평가하는 시기이다.

- 전환기(transition sub-stage; 17~18세): 점차 주관적 요소에서 현실적인 외적 요인들로 관심이 이행되는 시기이다. 청년들은 부모, 또래, 대학진학, 학교 졸업 후 상황의 압력에 반응하여 시험적인 것에서 현실적인 선택으로 이행한다.

(3) 현실기(18~22세)

청년 후기에 해당되는 이 단계에서는 비로소 현실적인 선택이 이루어진다. 자신의 흥미, 능력, 가치, 취업의 기회뿐 아니라 직업의 요구조건, 교육의 기회, 개인적 요인 등과 같은 현실적 요인을 고려하고 타협해서 결정에 도달한다. 현실기(realistic stage)에는 정서적 불안정, 개인적 문제, 재정적인 풍족함 등의 원인으로 인해 진로 선택이 지연되기도 한다. 현실기는 탐색기, 정교화기, 구체화기의 하위 단계로 분류된다.

- 탐색기(exploration sub-stage; 17~18세): 자신의 진로선택을 위해 필요하다고 판단되는 교육이나 경험을 축적하고자 노력하며, 더 많은 지식과 이해를 위해 집중적으로 정보를 수집하는 단계이다.
- 정교화기(crystallization sub-stage; 19~21세): 직업목표를 정하고 자신의 결정에 관련된 내·외적 요소를 종합할 수 있는 단계이다. 이 시기에는 어떤 한 종류의 직업선택으로 좁혀 가면서 거기에 전념하는 시기이다.
- 구체화기(specification sub-stage; 21세 이후): 자신이 내린 직업선택 결정을 더욱 구체화시키고 더 세밀한 계획을 세우는 단계이다.

긴즈버그의 진로발달이론은 여러 연구에서 타당성이 입증되고 있으며, 직업선택은 청년 후기의 자아정체감 형성에 필수 요소라고 할 수 있기 때문에 그 중요성은 더욱 부각된다(이옥형, 2006). 환상기의 아동은 눈에 보이는 특성만 가지고 직업의 세계를 이해하고, 잠정기의 청년은 추상적 사고가 가능해지면서 자신의 흥미, 능력, 가치관 등의 심리적 특성을 고려하여 자신을 이해하며, 현실기에는 비로소 직업적 여건과 개인적 여건을 통합하여 직업을 선택하게 된다. 그러나 긴즈버그의 이론은 다음과 같은 비판을 받고 있다(이옥형, 2006; 정영숙 외, 2009).

첫째, 긴즈버그의 이론은 중류층 이상의 청년들을 대상으로 한 연구 결과이다. 중 상층 청년들은 광범위한 직업선택 범위를 갖고 있으며, 자신도 다양한 직업선택의 기회를 가지고 있는 것으로 지각하기 때문에 직업선택과정도 더 오래 걸리는 것으로 나타났다. 그러나 저소득층 청년들은 어린 시절부터 직업을 선택하여야만 하며, 직업은 흥미나 능력과는 무관하게 선택되고, 직업선택의 범위도 제한되어, 좀 더 일찍 구체화기에 도달하는 것으로 나타났다. 긴즈버그(Ginzberg, 1990)는 이후에 그의 이론을 수정하면서 하류층의 청년들이 중류층 청년들처럼 다양한 기회를 가질 수 없다는 점을 인정하고, 직업선택에 의한 의사결정 시기를 성인기까지 연장하였다.

둘째, 긴즈버그의 진로발달이론은 각 단계의 시기를 구분하는 틀이 너무 경직되어 있다는 것이다. 대부분 연구들은 그의 이론과 대략적 내용은 타당하나, 단계와 관련된 연대기적 나이를 반드시 지지하지는 않는다.

2) 슈퍼의 자아개념이론

슈퍼(Super, 1980)에 의하면 직업선택은 자아개념 및 자아정체감과 관련이 깊다. 자아개념은 유아기부터 사망할 때까지 연령이 증가함에 따라 변화하며, 청년기는 자아정체감 발달의 결정적 시기이다. 청년들은 자신의 욕구, 흥미, 능력 등을 포함한 자신의 이미지나 자아정체감에 일치하는 직업을 선택한다. 슈퍼는 진로발달을 욕구와 현실의 절충이라기보다는 통합의 개념으로 이해하였다.

청년기는 직업선택에서도 결정적 시기지만 직업정체감 역시 일생을 통해 이루어지는 계속적인 발달과정이다. 슈퍼는 진로발달을 전 생애 동안 통합적이며 포괄적으로 접근하였으며, 성장기, 탐색기, 확립기, 유지기, 쇠퇴기의 다섯 단계로 분류하여 설명하고 있다(김순애, 2014; 김영봉 외, 2013).

(1) 성장기(출생~14세)

아동은 연령의 증가와 함께 점차 자아개념이 발달하며, 직업세계에 대한 기본적인 이해가 생긴다. 성장기(growth stage)는 환상기, 흥미기, 능력기의 하위 단계로 구성된다.

- 환상기(fantasy sub-stage; 4~10세): 호기심을 가지고, 직업에 대한 환상을 가지기 시작한다. 개인의 욕구가 지배적이고 환상적인 연출이 중요하게 작용한다.
- 흥미기(interest sub-stage; 11~12세): 가정, 부모, 또래관계 등을 통해 환경을 탐색하여 일과 자신의 흥미, 능력에 대한 정보를 획득하는 시기이다. 개인적 취향이 개인의 목표와 활동의 주요 결정 요인이 된다.
- 능력기(capacity sub-stage; 13~14세): 개인의 능력을 좀 더 중시하고 직업훈련의 자격요건을 고려하게 된다. 이 시기에 접어들면 실제로 자신이 통제할 수 있는 환경 통제감과 의사결정능력을 키울 수 있다.

(2) 탐색기(15~24세)

청년들은 학교생활, 여가활동, 아르바이트 등을 통해서 일과 관련한 역할 수행, 자신의 다양한 면모를 파악하는 자기검증, 그리고 자신에게 적합한 직업을 선택하여 탐색하는 직업적 탐색을 하게 된다. 청년들은 점차 현실적 요인을 중요하게 생각하며, 미래에 대한 계획을 세우고, 진로를 탐색한다. 탐색기(exploration stage)는 잠정기, 전환기, 시행기의 하위 단계로 이루어진다.

- 잠정기(tentative sub-stage; 15~17세): 개인의 욕구, 흥미, 능력, 가치관, 기회 등을 고려하여 잠정적인 선택을 하고, 이러한 선택은 환상, 논의, 교과, 일, 다른 경험 등을 통해서 시도된다.
- 전환기(transition sub-stage; 18~21세): 취업을 하거나 취업에 필요한 교육이나 훈련을 받으며 진로발달과정을 실천하게 되고, 보다 현실적 요인을 중시하게 된다.
- 시행기(trial sub-stage; 22~24세): 자신에게 적합하게 여겨지는 직업을 선택하고, 이 분야의 직장을 구해서 실천에 옮긴다.

(3) 확립기(25~44세)

슈퍼는 진로발달의 확립기를 25~44세경으로 보았다. 확립기(establishment stage)

는 자신에게 적합한 분야를 찾아서, 그 분야에서 정착함으로써 안정을 이루는 시기이다. 확립기는 정착기, 공고화기, 발전기의 하위 단계로 분류된다.

- 정착기(시행기; trial sub-stage; 25~30세): 청년 후기부터 성인 초기에 해당된다. 선택한 직업이 자신의 자아개념을 잘 표현할 수 있는지와 직업에서 성공하는 데 필요한 기술을 자신이 가지고 있는지를 확인하는 단계이다. 만약 스스로 선택한 일의 분야가 자신에게 맞지 않을 경우에는 자신에게 적합한 직업을 발견할 때까지 지속적으로 노력을 기울이는 시기이다.
- 공고화기(안정기; stabilization sub-stage; 31~40세): 직업에 정착하게 되며, 직업적 안정을 찾게 된다. 만약 이 시기에 직업적 안정을 찾지 못하면 탐색기로 재순환이 시작된다.
- 발전기(development sub-stage; 41~44세): 자신이 속해 있는 직업세계에서 능력을 인정받으며, 신뢰받는 사회적 생산자로서 안정적이고 책임 있는 지위를 마련하기 위해 노력한다.

(4) 유지기(45~64세)

유지기(maintenance stage)는 직업세계에서 확고한 위치가 확립되어 이를 유지하기 위해 노력을 하는 단계이다. 직업세계에서 멘토로 활동한다. 자신의 직업을 통해 수행 수준을 유지하거나 개선하며, 때로는 새로운 직업 분야를 선택하기도 한다. 새로운 직업을 선택하기 위해서는 이전 단계인 탐색기, 확립기, 유지기를 재순환한다.

(5) 쇠퇴기(65세 이상)

육체적 및 정신적 능력이 쇠약해짐에 따라 직업활동에 대한 흥미가 감소한다. 이에 따라 직업활동에 변화가 오고 종국에는 직업활동을 중단하게 된다. 쇠퇴기(disengagement stage)에는 성공적인 은퇴를 준비하고, 새로운 사회적 역할을 개발해야 한다. 쇠퇴기는 은퇴를 준비하는 감속기(65~70세), 은퇴 이후 생활에 적응하는 발달과업을 수행하는 은퇴기(71~75세), 은퇴 후 생활을 유지하며 신체와 주변 환경 변화에 순응하는 은퇴생활기(75세 이후)로 나눌 수 있다.

표 13-3 슈퍼의 진로발달이론

단계	진로발달 단계		
	세부 단계	특징	
성장기 (출생 후~14세)	환상기(4~10세)	욕구 중시	
	흥미기(11~12세)	취향 중시	
	능력기(13~14세)	능력 중시	
탐색기 (15~24세)	잠정기(15~17세)	흥미, 욕구, 기회, 정보 기반	
	전환기(18~21세)	교육, 훈련, 준비 상태 기반	
	시행기(22~24세)	직업 선택/종사	
확립기 (25~44세)	정착기/시행기(25~30세)	자아개념, 능력과 직업의 적합도 중시	
	공고화기/안정기(31~40세)	긍정적 평판 중시	
	발전기(41~44세)	책임 있는 지위 획득	
유지기(45~64세)	유지, 갱신, 혁신 중시		
쇠퇴기 (65세 이상)	감속기(65~70세)	개인 직무 변화 수용, 은퇴 준비	
	은퇴기(71~75세)	은퇴 적응	
	은퇴생활기(75세 이후)	신체, 주변 환경 변화에 순응	

출처: 김선애(2014), p. 120.

 슈퍼(1990)는 진로발달이론에서 다루어야 할 열한 가지 요소로서 개인차, 직업적 능력의 유형, 부모와의 동일시 및 모델의 역할, 적응의 계속성, 생애 단계, 진로유형, 발달의 지도 가능성, 발달이 개인의 상호작용의 결과라는 점, 진로유형의 역동성, 직업만족, 직업이 생계유지의 수단이라는 점을 들었다. 또한 진로발달이 전 생애 동안 이루어지는 연속적인 과정임을 강조하여 '평생순환과정(maxicycle)'이라고 하였으며, 개인이 평생에 걸쳐 수행하는 다양한 역할까지도 함께 고려하여야 한다고 주장하였다.

6. 직업선택의 기준

 과거 전통적 사회에서 직업은 부모의 직업을 세습하는 것이 일반적이었으며, 직종도 제한되어 있어 자유로운 직업선택은 거의 불가능하였다. 그러나 현대사회에서 직업은 다양하고 선택의 폭도 넓다. 2012년 말의 한국직업사전에는 직업 수 기준 10,141개, 직업명 수 기준 12,565개의 직업이 수록되어 있다. 적지 않은 직업이 장기간 또는 고도의 훈련된 기술과 지식을 요구하고 있기 때문에 개인의 적성뿐만 아니라 교육 수준에 따라서 직업선택은 달라진다.

먼저, 청년들은 직업을 선택할 때 직업적 세계를 잘 이해하기 위하여 다음과 같은 질문을 검토해 볼 필요가 있다(이옥형, 2006). 첫째, '직업에서 필요로 하는 자질은 무엇인가?' 직무를 수행하기 위해서 자격증, 전문적 지식, 사회적 능력, 신체적 지구력 등 각 직업이 요구하는 직업적 자질은 다양하기 때문이다. 둘째, '나는 어떤 직업 환경에서 일을 하게 될 것이며, 나는 그런 환경적 조건에 적합한가?' 셋째, '이 직업을 통해서 내가 얻을 수 있는 것은 무엇인가?' 예를 들면, 직업을 통해 얻을 수 있는 것으로는 수입, 사회적 지위, 성장 기회, 성취감, 만족감, 사회적 공헌도 등이 있을 수 있다. 넷째, '향후 이 직업의 전망은 어떠한가?' 급변하는 사회와 정보통신기술의 발달 등을 고려할 때 현재 직업세계의 흐름뿐만 아니라 미래의 직업적 전망까지 예측할 수 있는 폭넓은 시야와 통찰력이 요구된다.

이 외에도 청년들이 학교교육을 마치고 처음으로 직업을 선택할 때 고려해야 할 요인을 살펴보면 다음과 같다(김선애, 2014).

첫째, 직업을 선택할 때 우선 고려할 요인은 개인의 적성이다. 청년들은 타고난 소질과 적성, 그리고 개인적 특성을 고려하여 직업을 선택해야만 직업에 대한 정서적 충족감을 느낄 수 있으며, 나아가 더욱더 자신의 직업적 역량을 계발할 수 있다.

둘째, 직업에 대한 장래성을 고려하여야 한다. 현대사회는 직업과 직종이 다양할 뿐만 아니라 직업에 대한 전망도 급격하게 변화하기 때문에 직업의 장래성을 파악하는 일은 중요하지만 쉽지 않은 과제이다. 따라서 자신이 선택하고자 하는 직업 자체가 자신의 행복한 삶을 영위하는 데 도움이 되는지 검토하고, 그 직업이 장차 다른 직업과 어떠한 과제를 가지고 변화할지도 고려해야 한다.

셋째, 직업을 선택할 때에는 경제성을 고려하여야 한다. 삶의 기본이 되는 의식주를 해결하기 위해서는 소득이 있어야 하기 때문에 직업은 경제적으로 안정된 생활을 하는 데 도움을 줄 수 있어야 한다. 청년들은 경제적으로 안정적이며, 점진적으로 숙련도와 지위에 따라 더 나은 소득을 기대할 수 있는 직업을 선택해야 한다.

넷째, 직업을 선택할 때에는 기여성을 고려하여야 한다. 청년들은 스스로 만족한 삶을 사는 데 기여하는 동시에 사회적으로도 의미 있는 기여성 높은 직업을 선택하여야 한다. 만약 자신이 잘할 수 있는 일을 직업으로 선택한다면 그 기여성은 더욱 증가할 것이다. 또한 직업을 선택할 때 직업 자체의 가치도 중요하지만, 개인이 스스로 가치를 창출할 수 있는 직업인지에 대해서도 검토하여야 한다.

7. 직업선택에 영향을 미치는 요인

청년들의 직업선택에 영향을 미치는 요인은 크게 개인적 요인과 환경적 요인으로 나눌 수 있다. 첫째, 직업선택에 영향을 미치는 개인적 요인으로는 지능, 적성, 흥미, 학력, 성취욕구, 성 역할과 같은 개인의 심리적 요인과 연령, 성, 신체조건, 인종과 같은 개인의 물리적 요인이 포함된다. 둘째, 직업선택에 영향을 주는 환경적 요인은 크게 가정환경, 교육환경, 사회환경으로 나눌 수 있다. 먼저 가정환경으로는 부모의 양육태도, 가치관 및 직업관, 부모의 직업 및 학력 등의 부모 요인과 가정의 문화매체, 가족 분위기 등이 포함된다. 교육환경으로는 학교환경, 교사의 영향, 교육정책 등이 해당된다. 사회환경으로는 인구학적 변화 추이, 거주환경, 산업구조의 변화, 직업수요, 사회의 직업에 대한 가치관 등이 포함된다.

이와 같이 직업선택에 영향을 주는 다양한 요인 중에서 주로 많이 연구된 내용을 중심으로 살펴보고자 한다(이옥형, 2006; 장휘숙, 2009; 정영숙 외, 2009).

1) 개인적 요인

개인의 성격 특성은 직업선택에 영향을 미친다. 사람들은 각자의 성격 요인(예: 특성, 흥미, 가치 등)과 조화를 이루는 직업을 우선적으로 선택하게 되므로 각기 다른 직업 분야에 종사하게 된다고 보았다(Holland, 1985). 개인이 선택한 직업은 개인적 성격 요인을 반영한 결과라고 주장한 홀랜드의 성격 특성 이론을 살펴보도록 하겠다.

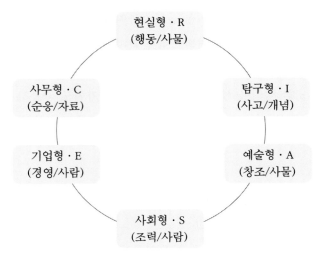

[그림 13-4] 홀랜드의 성격유형과 직업선택

출처: Santrock (2004).

(1) 개인의 성격 특성: 홀랜드의 성격 특성 이론

홀랜드에 의하면 사람들은 자신의 성격유형에 일치하는 환경을 제공하는 직업을 선택하며, 개인의 특성과 환경의 특성이 유사한 직업 분야를 선택하여 종사할 가능성이 높다. 개인의 직업선택은 개인의 성격 특성과 관련이 있다. 청년들이 자신의 성격에 맞는 직업을 선택할 때 잘 적응하며, 일하는 것에 즐거움을 느끼고, 성공하기가 쉽다고 보았다. 그러므로 청년들은 개개인의 성격을 측정하여 성격에 맞는 직업을 선택하는 것이 바람직하다.

홀랜드는 직업과 관계되는 여섯 가지 기본적인 성격유형(현실형, 탐구형, 예술형, 사회형, 기업형, 관습형)을 측정하는 SDS(Self-Directed Search)를 개발하고, 육각모형인 'RIASEC(Realistic, Investigative, Artistic, Social, Enterprising, Conventional) 모형'과 함께 각 성격유형에 상응하는 직업환경을 제시하였다(김영봉 외, 2013; 장휘숙, 2009; 정영숙 외, 2009).

① 현실형(Realistic: R)

구체적인 사물이나 개인이 소유한 외적 특성(예: 돈, 지위 등)을 중요하게 여긴다. 기계조작능력과 운동 기술을 가지고 있다고 자각하며, 대인관계 기술이 부족하다고 느낀다. 이러한 성격유형의 사람은 체계적인 대상·도구·기계·동식물을 다루는 직업이나 신체적 기술을 사용하는 활동을 선호하며, 교육적·치료적 활동은 좋아하지 않는다. 엔지니어, 건설 및 건축업, 운동선수, 자동차 기계 및 항공기 조종사, 정비사, 전기·기계 기사, 농부, 농장경영 등의 직업에 적합하다.

② 탐구형(Investigative: I)

탐구심이 많고, 논리적이며, 새로운 아이디어를 도출할 수 있는 능력을 지니고 있으며, 과학적인 활동, 문제 해결 등을 중요시한다. 창의적이고 분석적인 일을 좋아하지만, 반복을 요구하는 일을 싫어한다. 수학과 과학 능력이 뛰어나지만, 지도자의 자질은 부족하다고 느낀다. 과학자, 생물학자, 의사, 컴퓨터 전문가 등의 직업이 적합하다.

③ 예술형(Artistic: A)

상상력이 풍부하고, 감수성이 뛰어나며, 자유분방하고 개방적이다. 심미적 특성을 중시하고, 관습적 활동을 회피하며, 개성이 강하고 협동적이지 않다. 스스로 직관적이고 동조하기 싫어하는 사람으로 자각한다. 예술적 창조와 표현, 변화와 다양성, 상징적인 활동은 좋아하지만 체계적이고, 틀에 박힌 것, 구조화된 활동에는 흥미가 없다. 대표 직업으로는 예술가, 음악가, 무대감독, 작가, 배우, 미술가, 디자이너 등이 있다.

④ 사회형(Social: S)

사람들과 함께 일하는 것을 즐기며, 언어적 기술이 뛰어나다. 배려와 이해심이 많으며, 스스로 타인을 이해하고 돕는 능력과 지도력을 지니고 있다고 인식한다. 대표 직업으로는 사회복지사, 교육자, 간호사, 종교지도자, 상담자 등이 있다.

⑤ 기업형(Enterprising: E)

경제적 성공을 이루고 조직적 목표를 달성하기 위하여 다른 사람들을 지배하는 직업을 선호한다. 통솔력이 있으며, 자기주장이 강하고, 언어구사력이 뛰어나며, 경쟁적이고, 열성적이다. 자신을 열정적이고, 인기 있으며, 사교적이고, 지도력이 높은 사람으로 평가한다. 대표 직업으로는 정치가, 법조인, 세일즈맨, 부동산중개인, 기업경영인, 보험설계사, 연출가 등이 있다.

⑥ 사무형(Conventional: C)

구조화된 환경을 선호하며, 질서정연하고, 체계적으로 정리하는 것을 좋아한다. 정확하고, 조심성이 있으며, 세밀하고, 계획성 있으며, 변화를 좋아하지 않고, 책임감이 강하다. 동조적 성격과 함께 우수한 수리능력과 사무능력을 소유하고 있다고 지각한다. 정해진 원칙과 계획에 따라 자료를 기록, 정리, 조직하는 일을 좋아하며, 체계적인 작업환경에서 사무적 · 계산적 능력을 발휘하는 활동을 좋아한다. 대표 직업으로는 공인회계사, 은행원, 세무사, 경리사원, 컴퓨터프로그래머, 감사원, 안전관리사, 사서, 법무사, 경제분석가 등이 있다.

(2) 개인의 심리적 요인

청년 개개인이 지닌 다양한 심리적 요인은 직업선택과정에 영향을 미칠 수 있다. 고등학생과 대학생의 직업 및 진로 선택과정에 가장 영향력이 높은 심리적 요인으로는 지능, 적성, 흥미, 학업성취, 성 역할 등을 들 수 있다(이옥형, 2006).

① 지능

개인의 지능과 직업 및 진로 선택의 관계를 살펴보면 다음과 같다. 첫째, 지능은 개인의 의사결정능력(decision-making ability)과 관계가 있다. 지능이 높은 청년들은 비교적 직업을 선택할 때 자신의 능력, 흥미, 직업훈련기회 등을 다각적으로 고려한다. 반면, 지능이 낮은 청년들은 비현실적이며, 자신의 능력이나 흥미보다는 피상적으로 좋아 보이는 직업을 선택하거나 부모나 또래의 영향을 크게 받는다. 둘째, 지능이 높은 청년들은 비교적 높은 포부 수준과 성취동기를 지니고 있다. 셋째, 지능은 선택한 특정 직업에서의 성공 여부와도 관계가 있다. 때로는 성실성과 높은 동기, 진지한 삶의 태도를 지닌 청년이 지능이 높은 청년들보다 직업적으로 성공하는 경우도 있다. 높은 지능이 성공할 자질을 갖추고 있음을 시사하지만, 반드시 직업적 성공을 보장하는 것은 아니다.

② 적성

어떤 활동이나 직업을 성공적으로 수행하는 데 필요한 잠재적 능력을 적성이라고 한다. 직종에 따라 요구되는 적성은 다양하여서, 어떤 직업은 물리적 힘을 필요로 하지만, 어떤 직업은 정확한 수리능력이 요구되기도 하며, 협동심을 요구하는 직업도 있다. 따라서 청년들은 자신의 적성이 선택한 특정 직업이 요구하는 적성과 잘 부합하는지를 검토하여야 한다.

③ 흥미

어떤 사물이나 활동에 대해 개개인이 느끼는 좋아함의 정도를 흥미라고 한다. 개인이 지닌 흥미는 직업선택에 영향을 미치는 중요한 요인 중 하나이다. 자신이 선택한 직업이나 직종에 흥미가 클수록 그 분야에서 성공할 확률은 높아진다. 특히 능력에 기초한 흥미는 보다 현실적으로 직업선택에 영향을 미칠 수 있다. 따라서 어떤 특정 직업에서의 성공 여부를 예측하기 위하여 다양한 지능검사, 적성검사, 흥미검사 등의 심리검사를 활용할 수 있다.

④ 학업성취

우리나라의 경우 고등학교나 대학에 진학할 때 자신의 적성이나 흥미보다는 학업성취(예: 내신 성적, 수능 성적 등) 수준에 맞추어 진로를 결정하는 현상이 지배적이다. 학업성취 수준을 우선적으로 고려하여 진로를 선택하였으나, 적성이나 흥미가 없어서 진로를 전환하거나 부적응과 갈등을 겪을 수 있다. 학업성취 수준도 직업선택의 중요한 요인이나 개인의 적성이나 흥미를 동시에 고려한 진로선택과정이 바람직하다.

⑤ 성 역할

청년들은 남성 또는 여성이 해야 하는 일의 유형에 대해 사회적 기대의 영향을 크게 받는다. 일반적으로 남성은 전문, 행정, 기술, 생산, 서비스업 등 다양한 영역에 골고루 확산되어 직업을 선택하나, 여성은 교사, 간호사, 비서, 서비스업 등의 영역에 제한되어 직업을 선택하는 경향을 보였다. 이와 같이 직업선택의 범위에 있어서 존재하는 성 역할 고정관념은 여성의 직업선택을 한정시킬 뿐 아니라 나아가 직업적 성공을 저해하는 부정적인 요인으로 작용한다. 최근에는 점차 직업선택에 남녀 구분이 모호해지고, 여성의 직업적 성취를 바람직하게 바라보는 경향이 높아지고 있는 추세이다.

청년 초기 여성의 경우 남성보다 더 높은 직업적 포부를 지니고 있으나, 고등학교 이후에는 청년 여성의 직업적 포부가 하락하는 경향을 보인다. 청년 여성들은 남성들에 비해 직업적 성공에 대한 기대나 열망 수준이 낮은 편이며, 이에 따라 궁극적으로 많은 젊은 여성이 자신의 능력과 재능을 충분히 발휘하지 않는 직업에 종사하는 것으로 나타났다(O'Brien, Friedman, Tipton, & Linn, 2000). 이것은 남성과 여성이 다르게 사회화된 점, 역할기대에 있어서의 성차, 실제로 존재하든 본인이 그렇게 지각한 것이든 상관없이 여성이 느끼는 차별, 서로 다른 흥미 등이 여성의 직업포부 저하에 영향을 미치는 것으로 보인다.

2) 부모의 영향

부모는 다양한 방식으로 청년 자녀의 직업선택에 영향력을 행사한다. 첫째, 직업의 직접적인 계승을 들 수 있다. 부모가 자녀에게 견습 훈련 기회를 제공함으로써 자녀에게 부모가 종사하고 있는 사업, 가업, 기술 등을 물려주는 것이다. 부모의 직업적 계승은 청년 혼자서 독자적으로 진로를 개척하는 것보다 쉽고 현명한 선택일 수 있다.

둘째, 부모가 제공하는 경험은 청년 자녀의 직업선택에 잠재적 영향을 미칠 수 있다. 부모가 장난감을 제공하거나, 여가시간에 책을 읽어 주고, 도서관이나 박물관에 가도록 하거나, 운동이나 예술적 활동을 격려하는 등 부모는 자녀의 취미나 흥미를 격려 또는 반대하고, 특정 활동에 참여하도록 지원함으로써 가정에서 제공되는 전반적인 경험을 구성하게 되고, 이러한 경험은 어릴 때부터 자녀의 흥미와 활동에 영향을 미친다(Lent, Brown, & Hackett, 2000).

셋째, 부모는 자녀가 따라야 할 역할 모델을 제시함으로써 부모가 의식적으로 영향력을 발휘하려고 애쓰지 않아도 자연스럽게 영향을 줄 수 있다. 음악가인 부모는 음악가가 아닌 부모가 결코 줄 수 없는 방식으로 음악과 관련된 경험을 줄 수 있으며, 요리사인 부모도 마찬가지로 음식에 대한 특별한 경험을 제공할 수 있다.

넷째, 부모의 직업적 포부 수준이 높을수록 청년의 직업적 포부 수준도 높다. 자녀의 직업선택에 미치는 영향력에는 아버지와 어머니 간에 차이가 있다. 아버지와 아들의 관계가 애정적이고 친밀할 경우, 아버지의 직업이 전문직이나 관리직 등 사회적 지위가 높을 경우에 아버지는 영향력 있는 직업 역할 모델이 된다. 성취 지향적인 어머니는 일반적으로 성취 지향적인 자녀를 가지는 경향을 보인다. 특히 성취 지향적인 어머니는 딸의 독립성을 격려함으로써 직업생애를 지향하고 성취 지향적인 여성으로 딸을 양육한다. 아버지가 아내의 직업활동에 긍정적인 태도를 가질 때, 딸은 성취 지향적인 포부 수준을 가지며, 결혼생활과 직업생활을 만족스럽게 수행할 가능성이 높다.

다섯째, 부모가 자녀에게 가지는 성 역할 역시 자녀의 직업선택에 영향력을 발휘한다. '너는 남자니까 이렇게 행동하고, 너는 여자니까 이렇게 행동해야 한다.'는 식의 부모의 성 역할 고정관념은 자녀의 성 역할 정체감과 직업선택에 부정적인 영향을 미친다(O'Neil, Ohlde, Barke, Gelwick, & Farfield, 1980). 많은 여성은 남성에 비해 상대적으로 직업적 탐색을 적게 시도하였으며, 주로 성 역할 고정관념과 일치하는 직업에 관심을 가지게 된다(Betz, 2006). 아버지가 자녀를 양육할 때 성 역할 고정관념을 갖지 않고, 한 사람의 '여성' 또는 '남성'으로 수용하고 독립과 성취를 격려할 경우에 자녀들은 성취 지향적인 개인으로 성장할 수 있다.

3) 사회경제적 지위

사회경제적 지위(Socio-Economic Status: SES)는 청년들의 직업에 대한 정보와 이해에 영향을 미친다. 따라서 청년의 사회경제적 지위는 그들의 직업정보와 직업선호에 영향을 줄 수 있다. 중류계층 부모는 하류계층 부모보다 직업에 대한 지식과 조언의 폭이 넓으므로 자녀의 직업선택에 더 많은 정보와 선택의 기회를 제공할 수 있다.

또한 사회경제적 지위는 청년들의 학업성취 수준과 관계가 있으며, 학업성취 수준은 상급학교 진학에 영향을 주고, 자연히 상급학교 진학에 따라 직업선택의 종류가 달라지게 된다. 특히 부모의 직업적 지위가 높을 경우, 자녀에게 자연스럽게 직업역할 모델이 되기 때문에 자녀의 직업선택에 영향력을 행사한다. 반면, 하류계층 청년들은 일반적으로 직업과 관련된 경험과 다양한 기회에 적게 노출되는 편이며, 이에 따라 그들은 노동시장에 들어간 바로 그 시점에 자신이 알고 있는 직업만을 선택하려는 경향을 보인다.

사회경제적 지위는 청년들의 직업적 포부 수준에 영향을 미친다. 물론 어떤 직업적 지위를 열망하는 직업적 포부와 실제적 성취를 기대하는 것은 다른 것이다. 하지만 대부분의 중류계층 청년들은 부모와 비슷하거나 부모보다 좀 더 높은 수준의 직업을 가지기를 희망한다. 그러나 하류계층의 청년들은 직업목표에 도달할 가능성이 희박하다는 것을 인식하면서 자신의 직업적 포부 수준을 낮추는 경향이 있다.

4) 기타 요인

이 외에도 청년들의 직업선택에 영향을 주는 요인으로는 친구와 교사의 영향이 있다. 일반적으로 대부분의 청년은 부모의 목표와 일치하는 목표를 가진 친구들과 어울리기 때문에 친구들은 부모의 포부를 강화하는 역할을 한다. 친구들은 서로 직업선택에 대해 고려해 보거나 직업과 관련된 정보를 적극적으로 구하도록 긍정적인 영향을 줄 수 있다(Kracke, 2002).

교사, 코치, 진로상담자 등은 청년들에게 직업과 관련된 정보나 조언을 제공하고, 청년들의 직업결정에 영향을 줄 수 있다. 그들은 청년들이 지닌 능력이나 잠재력에 대해 현실적인 평가를 할 수 있도록 도울 수 있다. 또한 그들은 청년들의 직업선택, 직업목표 설정 또는 수정, 직업결정에 강하고 지속적인 영향을 발휘할 수 있다. 그들의 영향력으로 인해 청년들은 직업결정에 격려를 받을 수도 있고, 단념을 할 수도 있으며, 직업목표를 세울 수도 있지만 때로는 목표를 수정하고 대안적인 목표를 재설정할 수도 있다.

8. 청년기 직업선택

청년기 진로발달과정은 장래의 직업을 위해 준비하고 특정 직업을 선택하는 문제와 관련이 있으며, 이는 개인의 자아정체감 확립을 위한 전제조건이 된다. 청년들의 연령에 따라 변화하는 역동적인 과정인 직업선택을 할 때에는 직업적 세계와 함께 청년 자신의 개인적 특성을 정확하게 이해하여야 한다. 다시 말해, 청년들이 직업을 선택할 때 먼저 자신의 흥미, 적성, 능력, 성격, 인생관, 가치관 등과 같은 개인적 특성을 정확하게 이해하여야 한다. 특히 개인적 특성을 직업세계와 연계하여 검토해야 하는데, 청년들은 자신의 개인적 특성에 대한 이해를 돕기 위해 다음과 같은 질문을 스스로에게 던져 보아야 한다(이옥형, 2006).

첫째, '나는 무엇을 하기를 원하는가?' 이 질문을 통해 나의 미래 직업적 전망과 함께 어떠한 직업환경에서 일하는 것이 적합한지를 살펴보아야 한다. 예를 들면, 나는 사람들과 함께 일하는 것을 좋아하는가, 혼자서 일하는 것을 즐기는가, 사물을 다루는 것을 좋아하는가, 긴박한 생활을 좋아하는가, 아니면 느긋한 생활을 즐기는가 등과 같이 자신을 탐색하는 질문에 대해 답해 본다.

둘째, '나는 무엇을 할 수 있는가?' 이것은 나의 개인적 역량에 관한 질문이다. 나의 지적 수준은 어느 정도인가, 내가 소유하고 있는 지식, 기술, 특기는 무엇인가, 나는 혹시 어떤 분야에 종사하는 데 문제가 되는 신체적 또는 정신적 결함이 있는가 등에 대해 고려해 본다.

셋째, '나의 인생의 목표와 가치는 무엇인가?' 청년기의 인생목표와 가치는 시간이 지나면서 변화할 수 있다. 청년들은 이러한 변화 가능성을 항상 염두에 두면서 장기적인 직업목표와 계획을 수립하는 것이 바람직하다.

넷째, '나의 가정환경은 어떠한가?' 가정의 사회경제적 지위, 특히 가정의 경제 사정은 내가 원하는 직업준비를 하기에 충분한가, 부모는 내가 희망하는 직업에 대하여 어떤 의견을 가지고 있는가 등을 살펴보아야 한다.

제**14**장

청년문화

1. 청년문화

1) 문화의 개념과 특징

문화(culture)는 어원적으로 '경작하다.' 또는 '재배하다.'의 의미를 가지고 있다. 경작한다는 것은 '자연에 노동을 가하여 수확한다.'는 것을 뜻한다. 이와 같이 문화란 자연 상태의 어떤 것에 인간적인 작용을 가하여 그것을 변화시키고, 새로운 것을 창조해 낸 것이다. 자연만의 것이 아니라 인간의 작용에 의해 변화되거나 창조된 것을 문화라 하는 것이다.

문화의 개념적 변천사를 살펴보면 15세기경으로 거슬러 올라간다. 15세기경 자료에 의하면, 문화는 곡물 경작이나 가축 사육을 의미하는 어원에 충실한 개념으로 사용되었다. 16세기 초반부터 문화의 개념은 동식물의 경작에서 인간의 정신이나 심리와 같은 추상적 의미로 확대되면서, '마음이나 정신의 수양, 예술'을 의미하는 용어로 사용되었다. 18세기에는 계몽사상의 영향으로 문화라는 개념이 사회발

전 및 진화의 과정, 문명화의 과정이라는 의미로 사용되었다. 19세기 말 인류학에서 발전된 문화의 개념에 영향을 받으면서 문화는 '특정 집단에 의해 공유되는 생활양식'을 의미하는 용어로 사용되었다.

최근 문화의 개념은 한 사회에서 구성원에 의해 공유되는 지식, 신념, 행위, 생활양식의 총체(totality)를 말한다. 문화는 한 사회가 갖고 있는 인간이 스스로 만들어 내는 생활양식과 그에 따른 산물, 상징체계를 의미한다. 문화는 광의의 의미로 사회 전반의 기술, 예술, 삶의 양식 등을 총칭하지만, 협의의 의미로 문화는 음악, 미술, 문학, 연극, 영화와 같은 예술 등을 나타내기도 한다.

문화란 특정 사회의 구성원들에 의해 공유되고 전승되는 지식, 태도, 습관적 행위유형, 생활방식의 총체이다. 총체론적 관점에서는 적응 메커니즘으로서 문화의 기능적 특성을 강조한다. 인간은 문화를 활용하여 생태적 환경에 적응하면서 살아가게 되고, 여러 세대를 거쳐 환경에 적응하는 과정에서 축적된 지식, 태도, 행위유형, 생활방식의 총체를 문화로 본다.

일반적으로 문화는 공유성, 학습성, 축적성, 통합성, 변동성, 다양성의 특성을 지닌다. 다음과 같은 문화의 특성을 설명하면 다음과 같다(김선애, 2014; 천정웅, 장근영, 이채식, 김윤나, 2014).

첫째, 공유성이다. 문화가 지닌 공유성이란 특정 사회 구성원에게 공통적으로 나타나는 행동 및 사고방식을 의미한다. 공유성은 같은 문화를 지닌 사회 구성원에게 원활한 사회생활을 위한 공통의 장을 제공한다.

둘째, 학습성이다. 문화는 타고나는 것이 아니라 후천적으로 학습된다는 것이다. 따라서 개인의 사고방식이나 행동은 그들이 어떤 문화를 학습하고 생활하였는지에 달려 있다.

셋째, 축적성이다. 문화는 서로 발달하고 상호작용하는 과정을 거쳐서 과거에서 현재로 발전한다. 인간은 한 세대에서 이루어진 경험과 지식을 다음 세대로 전달하며, 이러한 세대 간 문화전수과정을 통해 문화는 축적된다.

넷째, 통합성이다. 특정 사회집단의 문화는 지식, 신앙, 예술, 도덕, 관습 등의 수많은 문화적 요소로 구성되어 있는데, 이러한 요소들은 각각 독립적으로 존재하는 것이 아니라 상호 긴밀한 관계를 유지하면서 통합적 체계를 이루고 있다. 문화의 통합성을 총체성이라고도 한다. 이처럼 문화는 하나의 전체(whole) 또는 체계(system)

를 이루고 있으므로, 사회 내의 문화적 요소들은 사회의 다양한 측면에서 유기적으로 연관되어 있다.

다섯째, 변동성이다. 축적된 문화는 정체되거나 고정불변한 것이 아니라 지속적으로 변화 또는 발전한다. 예를 들면, 과거에는 유선전화를 사용하였지만 몇십 년 사이에 휴대전화가 상용되고 있는 것을 보면 문화의 변동성을 실감할 수 있다.

여섯째, 다양성이다. 각 사회마다 사회 구성원이 환경에 적응하는 방식이 상이한 것처럼 문화도 각각의 사회, 집단, 연령층, 종교 등 분야마다 다양한 방식으로 나타난다. 이와 같이 각 사회마다 독특하고 고유한 문화가 다양하게 존재하므로 반드시 문화적 상대성이 인정되어야 한다.

2) 청년문화의 개념

문화의 총체론적 관점에서 청년문화란 청년들에 의해 공유되는 생활양식의 총체로서, 청년들의 환경에 대한 적응 메커니즘으로 기능하고, 세대변화를 거치면서 지속적으로 학습되고 축적된다. 청년문화란 아동기와 성인기의 사이의 발달 전환기에 있는 청년들의 행동양식, 사고방식, 취향, 태도, 가치관 등을 총칭한다(천정웅 외, 2014). 사회적 범주로서의 청년문화란 청년층을 특징짓는 하위문화를 가리킨다. 청년은 이상주의적이고 미래 지향적이므로 현실 지향적인 기성문화에 도전하고 각종 부조리를 비판하기도 한다. 감각적이며, 유행이나 취향이 독특한데, 특히 음악이나 의상에서 개성이 현저하게 나타난다. 또 가족보다는 친구나 동료집단을 중심으로 사회관계를 갖는다. 노동보다는 여가를 중시하는 태도를 취하며, 여가행동이나 취미에서의 무계급성의 특징을 보이며, 개성적인 생활문화를 탐닉한다.

청년문화 역시 일시적이고 미완성적인 특성을 지니는 경우가 많으며, 급격한 사회 변화에 따른 가치관의 혼란으로 기성세대와의 갈등, 이상과 현실 사이의 갈등, 전통과 현대문화 사이에서의 갈등을 빚기도 한다. 청년문화는 성, 인종, 계급, 교육 그리고 각종 문화적 양식에서 다양함을 보인다. 현대사회에서 특정 청년문화의 성장은 경제적 풍요로움과 대중매체의 영향에 크게 의존한다. 청년문화는 청년층을 위한 새로운 문화상품의 시장을 만들어 내며, 자본주의 경제에서 일종의 탈출구를 형성하고 있다(고영복, 2000).

2. 청년문화의 특징

1) 청년문화의 분류

문화의 구성을 인류학적 관점에서 설명하기 위해서는 문화체계, 문화요소, 문화복합의 개념을 활용한다(천정웅 외, 2014).

먼저, 문화체계(cultural system)란 문화가 전체로서 하나의 통합된 체계를 이루고 있다는 통합성, 총체성을 강조하는 용어이다. 청년문화를 구성하고 있는 수많은 요소는 하나의 통합된 체계로서, 긴밀하게 연계되어 있다. 청년문화의 주체인 청년들의 언어생활, 의상 스타일, 중·고등학교나 대학생활, 소비생활 등 다양한 요소는 상호 밀접한 관계를 형성하고 있으며, 한 요소가 변하면 연쇄적으로 다른 요소에도 영향을 준다.

문화요소는 문화특질(cultural trait)이라고도 불리는데, 문화를 구성하고 있는 수많은 요소 중 더 이상 나눌 수 없는 최소한의 구성단위를 뜻한다. 청년문화도 수많은 문화요소로 이루어져 있는데, 예를 들면 언어문화, 의복문화, 소비문화, 사이버문화, 학교문화 등은 각각 독립적인 문화특질로 이해할 수 있다.

문화복합(cultural complex)은 통합성의 원리에 따라 유사성이 높은 문화요소들이 모여 문화복합을 이루게 되는 것을 의미한다. 예를 들면, 학교를 중심 개념으로 교복, 봉사, 동아리활동, 자율학습 등 학교 문화복합을 이루게 되는 것이다.

문화는 분류하는 기준에 따라 몇 가지 유형으로 설명하기도 한다(박진규, 2014; 천정웅 외, 2014).

첫째, 문화는 일반적으로 중핵문화와 하위문화로 구분할 수 있다. 중핵문화(core-culture)란 사회적으로 영향력이 있는 집단에 의해 향유되는 문화를 의미하며, 전통 있고 사회적으로 더 영향력을 지닌 집단이 만들어 유지하는 주류문화 또는 지배문화(hegemonic culture)이다. 반면, 하위문화(sub-culture)란 사회의 특수한 집단이나 영역에서 특징적으로 나타나는 문화를 의미한다. 예를 들면, 청년집단과 같은 소집단, 또는 하류계층 사람들이 만들어 유지하는 문화로서, 평민문화(common culture)라고도 한다.

둘째, 문화는 존재양식에 따라 표현된 문화와 내재된 문화로 구분할 수 있다. 표현된 문화는 청년들의 독특한 복장, 헤어스타일 등과 같이 관찰 가능한 형태로 표현된 문화를 의미하며, 내재된 문화란 청년들의 개성, 사고방식, 가치관 등과 같이 직접적으로 관찰이 불가능한 영역의 문화를 말한다.

셋째, 문화는 이상적으로 바라고 있는 상태와 현실에서 실제로 나타나고 있는 상태가 차이를 보일 경우에 이상문화와 실재문화로 구분할 수 있다. 예를 들면, 어른을 공경하고, 예의를 지키는 효문화는 이상문화에 속하지만, 일부 청년이 지하철 노약자석에 앉아서 노인에게 자리를 양보하지 않는다면 이것은 실재문화인 것이다.

넷째, 문화는 물질문화(material culture)와 정신문화(spiritual culture)로 구분할 수 있다. 물질문화란 구체적으로 보고 만질 수 있는 물질적 형태의 산물과 그것을 사용하는 방법을 의미하는 반면에, 정신문화란 인간의 가치, 신념, 제도 등 인간의 정신 상태로 유지되는 문화를 말한다.

이와 같은 문화적 분류 기준에서 보면 청년문화는 하위문화로서, 표현된 문화와 내재된 문화, 이상문화와 실재문화, 물질문화와 정신문화 등 다양한 형태로 존재한다고 할 수 있다.

2) 청년문화의 특징

문화의 공유성, 학습성, 축적성, 통합성, 변동성, 다양성과 같은 특성에 기초하여 청년 문화의 특징을 설명할 수 있다(천정웅 외, 2014).

첫째, 청년문화는 청년들 사이에서 공유되는 행위양식, 사고방식, 다양한 스타일이라 할 수 있다. 예를 들면, 청년들에게 공유되는 문화로는 입시문화, 교복을 줄여 입는 문화, 감각지향적 문화, 특정 브랜드나 패스트푸드 선호 문화, 쿠폰이나 포인트 활용 문화 등을 들 수 있다.

둘째, 청년 문화의 학습성은 문화화(문화의 사회화)과정으로 설명할 수 있다. 새로운 세대는 기성세대의 문화를 학습을 통하여 획득하게 되는 문화의 내면화과정을 사회화(socialization)라고 하고, 이는 세대와 세대 간에 전승되어 간다는 점에 착안하여 문화전계(enculturation)라고 부른다. 청년의 문화전계과정은 다양한 영역에서 다양한 집단을 통해 상당히 복잡한 양상으로 전개된다. 청년은 가정의 구성원, 학교의 구성원, 가상세계의 구성원, 청소년단체 회원, 각종 동호회 회원으로서 다양한 사회집단에 참여하면서 다양한 문화를 학습한다.

셋째, 청년문화의 축적성을 들 수 있다. 청년문화는 청년들이 참여하는 청소년 단체, 동아리 등을 통해 고유한 집단문화를 공유하며, 시간이 지남에 따라 집단 구성원들이 지속적으로 충원되거나 교체되는 과정을 겪으면서, 선후배들을 대하는 태도, 가입식, 특별 행사를 치루는 방법 등이 집단의 회칙, 규율, 관행 등의 형태로 축적된다.

넷째, 청년문화도 통합적인 특성을 보인다. 청년문화는 청년들의 삶과 밀접하게 관련되어 있는 가정환경, 학교환경, 지역사회환경뿐만 아니라, 이들의 삶에 영향을 주는 교육제도, 일상적으로 접하는 대중매체 및 사이버 문화의 특성 등 다양한 사회문화적 환경, 제도, 관행 등 복합적인 맥락을 감안하여 통합적으로 파악해야 하는 것이다. 청년들의 일탈문화를 이해할 때 단순히 일탈행태를 보이는 청년들의 개인적 특성이나 가정환경만을 보아서는 안 되며, 청년들의 일탈행위와 관련된 파행적인 청년문화가 조성된 복합적인 맥락을 분석해야 한다.

다섯째, 청년문화는 변동성의 특징을 지닌다. 과거 70 · 80세대와 21세기를 살고 있는 현 청년세대의 문화적 차이는 확연하다. 70 · 80세대가 청바지에 통기타 음악을 즐겼던 문화라면, 1990년대에는 서태지 신드롬, 댄스음악, 강한 비트의 랩 등의 대중문화가 만연하였으며, 21세기 이후에는 한류문화가 부상하고 스마트폰, SNS(Social Network Services; 소셜 네트워크 서비스) 등을 활용한 청년문화가 확산되는 등 청년문화도 시대의 변화에 부응하여 지속적으로 변화하고 있다.

여섯째, 청년문화는 다양성을 띤다. 청년문화는 성별, 연령별, 학교급별, 지역별, 관심영역별 등 다양한 기준에 의해 세분화된 청년집단들에 의해 다양한 형태로 나타날 수 있다. 청년문화의 다양성은 청년들이 각 영역에서 이루어 내는 삶 자체가 모여 독특한 청년문화를 일구어 낸다는 문화 다원적 입장에서 이해할 수 있다.

3) 우리나라 청년문화의 특성

오늘날 청년문화는 기성세대의 문화적 특성과 청년의 창조적 특성이 혼합된 과도기적 문화라고 할 수 있다. 특히 우리나라 청년들은 중 · 고등학교 또는 대학교 중심으로 학교문화를 누리고 있으며, 인터넷과 모바일 등 영상문화에 길들여져 있고, 문화감수성과 개성이 풍부하며, 소비문화를 지향하고 있는 특성을 보인다. 여기서는 우리나라 청년문화의 일반적인 특성에 대하여 살펴보고자 한다(정하성, 유진이, 2012).

첫째, 청년문화는 학교문화로 간주되고 있다. 대부분의 우리나라 청년은 많은 시간을 학교에서 지내고 있으며, 치열한 입시경쟁과 대학진학, 취업준비 등과 같은 학교문화 속에서 생활하고 있다. 청년들은 교육제도의 틀 속에서 획일적인 학교문화와 학습활동, 학교생활에 적응하거나 강요당하며 생활한다.

둘째, 청년문화는 다른 세대 문화에 비해 상대적으로 문화감수성이 발달하였다. 청년들은 다양한 동아리활동, 봉사활동 등을 통해 자신만의 문화를 창조하는 다양한 활동에 참여하고 있다. 이러한 문화적 활동은 청년들의 잠재력을 개발하고, 문화감수성을 긍정적으로 발달시키는 여건과 기회를 제공할 수 있다.

셋째, 청년문화는 다양성의 특성을 보인다. 청년문화를 살펴보면 학교생활, 교복 등과 같은 획일적 특성도 있는 반면, 음악, 영화, 스포츠, SNS 활동 등과 같은 여가활동 영역에서 다양한 특성을 보이고 있다. 미래에 대한 직업관, 아르바이트, 각종 선호도도 다양해지고 있으며, 소비 경향과 문화행위 양식도 다양성이 증가하고 있다.

넷째, 우리나라 청년들은 대중매체에 높은 의존도를 보이고 있다. 청년들은 감각적이고 직관적인 특성을 보이고 미디어 친화력이 높은 영상세대이다. 청년들은 극장, TV, 인터넷, 스마트폰, 게임 등과 같은 대중매체의 활용성이 높은 문화를 발전시키고 있다. 청년들은 사이버 공간에서 많은 시간을 보내고, 스마트폰을 상용하며 생활하는데, 이러한 특성은 새로운 청년문화의 하위문화를 창출할 수도 있으나, 때로는 게임 중독이나 휴대전화 중독과 같은 심각한 부적응 문제를 유발하기도 한다.

다섯째, 우리나라 청년문화는 가족주의에 기반을 둔 집단주의적 특성을 나타낸다. 우리나라에서 대부분의 청년은 서구사회 청년들과 달리 가족의존도가 높으며, 가족에 기반을 둔 집단주의 생활을 하고 있다. 건강한 가족관계하에서 애착과 신뢰감이 높은 청년은 어려움이 생기면 가족과 상의하면서 해결하려는 집단주의적 특성을 보인다. 그러나 건강하지 못한 가족관계를 지닌 청년은 부모-자녀 갈등으로 인해 가족집단주의에서 탈출하려는 욕구가 강하고, 가족 구성원들 간에 불신과 불화의 특성을 보이기도 한다.

여섯째, 청년문화의 주체인 청년들은 강한 개성과 자기표현 성향을 보이는 것으로 나타났다. 자신에 대한 개성적인 표현을 적극적이고 진솔하게 하는 청년은 다양한 활동과 소비패턴, 가치관 등을 통해 자기표현을 강하게 하는 성향을 보인다. 또한 청년들은 미래에 대한 도전보다는 현실에 안주하여 행복을 추구하려는 경향인 현실만족주의를 추구하며, 힘든 일을 기피하고 여가를 즐기면서 자신이 하고 싶은 일을 하려는 욕구가 강하다.

일곱째, 청년문화는 물질주의적 경향을 띠고 있다. 기성세대에게서 직간접적으로 물려받은 경제적 풍요로움은 자본주의 본질에 충실하며 개인주의에 근거한 청년들의 물질주의 경향으로 나타나고 있다. 최근 소비계층으로 청년들이 차지하는 비중이 점차 증가하면서, 소비문화, 대인관계 등에 강한 물질주의 경향이 녹아 있는 것을 발견할 수 있다. 회장 당선 시에 간식 등을 친구들에게 돌리는 문화나 더치페이 등을 통해 물질을 중시하는 청년문화적 특성을 엿볼 수 있다.

마지막으로 우리나라 청년들의 개방적인 성의식의 자유분방함은 새로운 성문화를 창출하고 있다. 청년들의 성의식을 살펴보면 성을 개인적인 성욕구와 쾌락을 충족시키기 위한 도구로 생각하며, 과거에 비해 상대적으로 성관계를 쉽게 가지는 경향을 보인다. 인터넷 동영상, 비디오, 케이블 심야방송 등과 같은 미디어를 통해 포르노가 여과 없이 방영되고, 웹툰, 인터넷 소설, 성 화보 등이 자유롭게 게재되고 있어 청년들의 간접적인 성적 경험의 기회와 콘텐츠가 범람하고 있다.

3. 청년문화의 유형

청년문화를 연구한 학자들에 의하면, 학교문화, 여가문화, 사이버 문화, 모바일 문화, 소비문화, 성문화 등 다양한 문화로 분류하고 있다(권이종, 김천기, 이상오, 2010; 박진규, 2014; 성열준 외, 2011; 정하성 외, 2012; 천정웅 외, 2014). 이 절에서는 청년문화의 각 유형별 특성에 대하여 살펴보고자 한다.

1) 학교문화

우리 사회는 지식기반사회(knowledge-based society)로 정의되며, 교육적 측면에서는 정보를 지식화하여 높은 사회적 가치를 창출할 수 있는 지식의 습득과정이 강조되고 있다. 지식기반사회의 사회화 및 인재양성을 담당하는 교육은 전문적이고 다양한 교육과정에 기초하여 학생들의 학습활동을 촉진한다. 청년들에게 학교는 지식의 구성에 기여할 뿐 아니라 사회화가 이루어지는 주된 맥락이며 학교문화의 장이 된다.

학생은 청년기에 학교라는 공간에서 학교문화를 향유하는 청년집단으로 이해하여야 한다(정하성 외, 2012). 학교 적응은 취학 전 아동부터 청년에 이르기까지 발달적 측면에서 중요하게 여겨진다. 학교생활에 적응을 잘한 학생은 심리적·정서적 안정감을 보이며 대인관계와 사회생활을 원만하게 영위하기 때문이다.

청년들의 학교 적응은 다양한 측면에서 설명할 수 있다. 우선적으로 학업적 적응을 들 수 있으며, 학생의 관심 영역, 통제능력, 욕구 충족 행동방식과 같은 자기 통제적 기능인 행동적 적응, 사회적 기술과 동료집단의 규준을 포함하는 사회·정서적 적응을 포함한다(천정웅 외, 2014). 학교 적응이란 학생의 개인적 특성과 학교환경의 요구 간의 교육적 적합성을 최대화하는 데 필요한 적응이라 할 수 있는 반면에, 학교 부적응은 학업동기, 학업성취, 학교 참여, 지속성, 학교 출석, 학습준비, 학교 졸업 등에서의 부적합성으로 나타난다(Spencer, 1999: 강창실, 2008에서 재인용).

학교 적응은 학교환경, 교사, 수업, 친구, 생활 적응의 다섯 가지 구성 요소로 설명할 수 있다(김용래, 2000). 첫째, 학교환경 적응이란 학생이 학교환경을 수용하여 개인적 요구를 적절하게 조절하고, 학교환경에서 수반되는 스트레스에 대처하는 정도이다. 둘째, 학교교사 적응이란 학습자가 교사와의 관계에서 바르게 이해하고 개인적 요구를 적절하게 조절하며, 교사와의 관계에서 수반되는 스트레스에 적절하게 대처해 나가는 정도이다. 셋째, 학교수업 적응이란 수업 상황에서 일어나는 일들을 수용하고 수업시간에 개인적 요구를 적절하게 수용하며, 수업 시간에 유발되는 개인의 스트레스에 건전하게 대처하는 정도이다. 넷째, 학교친구 적응이란 교우관계에서 일어나는 일들을 바르게 이해하고 개인적 요구를 적절하게 조절하며, 친구 간에 유발되는 각종 스트레스에 건전하게 대처해 가는 정도이다. 다섯째, 학교생활 적응이란 학교생활을 함에 있어 교칙, 질서, 각종 행사, 시설물 활용, 교내 홍보 등의 주요 사항을 중심으로 교내 생활 전반에서 일어나는 일들을 파악하며, 학습자 개인에게 유발되는 여러 가지 스트레스에 잘 대처해 나가는 정도이다. 학교 적응은 학업성취에만 국한되는 것이 아니라, 청년들이 소속된 사회집단의 목적을 달성하며, 개인의 전반적인 발달과 학교문화의 형성을 모두 포함한다.

학교문화는 또래문화와 동아리문화로 분류할 수 있다(정하성 외, 2012). 또래문화란 학교 내에서 학생 개인이 속한 또래집단의 지위에 따라 형성되는 청년 학교문화의 하위문화이다. 학생들은 학교를 중심으로 교우관계를 형성하게 되는데, 이것이 또래집단이다. 청년들은 가정보다 학교에서 또래들과 더 많은 시간을 공유하며 영향을 주고받는다. 청년기에 또래는 부모보다 청년의 행동과 가치관에 더 중요하게 작용한다. 또래집단은 개개인의 성향과 친밀도에 따라 자연적으로 생성되는 경우가 많다. 또래집단은 청년들의 행동과 가치관 형성에 기준이 되며 사회 구성원의 역할과 책임의식을 배우게 되는 중요한 인적 기반이 된다. 청년들은 또래문화를 통해 서로를 이해하고, 갈등을 해결하는 대인관계 기술을 배우고 사회성을 향상하게 된다. 또래문화를 공유하는 과정을 통해 청년들은 타인의 관점에서 자신을 바라보게 되어 자아개념과 자아존중감에 영향을 받게 되며, 나아가 자아정체감 형성에도 도움을 받는다. 때로는 비행문화집단에 속해 일탈행위를 하거나, 교내에서 지위와 인정을 얻기 위한 집단 간 힘겨루기와 같은 폭력이 일어날 수도 있으며, 이에 따라 동년배 집단 내에서 지위가 낮거나 자아존중감이 약한 학생은 저항하기 어려운 학교폭력의 피해자가 되기도 한다. 이러한 학교 내 비행문화집단에 의해 음주, 흡연, 집단 성폭행 등의 문제나 학교폭력, 집단따돌림 등의 문제가 발생할 수 있다.

동아리문화란 학교 내외에서 학생들이 하고 싶은 활동을 직접 선택하고, 동아리 회원 간의 회의를 거쳐 공동으로 의견을 조율하고, 함께 동아리활동을 하면서 생성하는 문화이다. 동아리활동이란 관심 분야, 취미, 소질, 가치관, 문제의식 등을 공유하는 청년들에 의해 자발적으로 생긴 자치활동으로, 교육과정 밖에 존재하는 것이 특징이다(한국청소년연구원, 1992). 교내 동아리는 주로 교육과정과 상호보완적인 내용을 갖추는 활동, 여가활동의 욕구를 충족시킬 수 있는 활동, 봉사적 성격을 띠는 활동, 학생들의 진로선택과 관련된 활동 등 다양한 유형으로 운영된다. 동아리문화는 동아리활동의 중심에 청년들이 있고 자치적으로 운영되는 특성으로 인해 문화적 의미가 크다.

이 외에도 학교문화에는 모두가 스타가 되고 모두가 짱이 되기를 희망하는 '짱문화', 점심시간에 급식을 먹으면서 친구들과 대화를 나누고 쉬면서 공유하는 '급식문화', 자율학습시간에 친구들과 공부하거나 때로는 몰래 자거나 놀면서 함께 공유하는 '야자문화(야간자율학습문화)' 등이 다양하게 존재한다.

2) 여가문화

여가(leisure)는 그리스어 schole와 라틴어 licere에서 유래되었다. 그리스어 schole는 '여가' 또는 '학술토론이 열리는 장소'를 의미하고, 라틴어 licere는 '허락되다(to be permitted).' 또는 '자유스러워지다(to be free).'라는 의미이다. 어원적 의미를 통해 살펴보면, 여가는 '자기수양의 계발을 위한 시간'이라고 할 수 있다. 여가는 일(work) 또는 노동(labor)과 대칭관계에 있는 성격의 활동과 심리 상태를 중심으로 구성된 개념이다. 또한 여가는 자유 시간과도 엄격한 의미상의 차이가 있다. 자유 시간은 꼭 해야 하는 일과 생존을 위한 일을 마친 후 임의로 보낼 수 있는 시간인 반면, 여가는 한가하게 보내는 무료한 시간이 아닌 자기 발전을 위하여 창조적인 활동에 참여하는 시간이라 정의할 수 있다.

여가에 대한 정의는 시간, 활동, 심리적 상태의 세 가지 범주로 구분된다(천정웅 외, 2014).

첫째, 시간을 중심으로 한 여가의 정의를 살펴보면, 여가는 하루 24시간 가운데 노동, 수면, 식사, 기타 생리적으로 필요한 시간 등을 제외한 나머지 시간을 의미하며, 잔여 시간(residual)으로 간주하는 입장이다. 여가를 시간으로 개념화하는 것은 여가를 비교적 쉽게 계량화할 수 있다는 장점이 있지만, 동시에 여가가 즐거움 등의 질적 성격을 가지고 있다는 점을 간과하는 단점이 있다.

둘째, 활동적 관점에서 여가는 단순히 시간적 관념에서 벗어나 참여하는 활동으로 정의할 수 있다. 활동적 관점에서 여가는 목적을 가지고 재미있는 활동을 하는 것, 편안한 독서나 휴식 등의 활동, 꼭 해야 하는 일에서 벗어나 기분전환을 위한 활동, 일상적인 것과는 다른 활동 등을 의미한다. 이러한 접근은 여가활동에서 얻는 심리적 결과를 과소평가하고 있다는 단점이 있다.

셋째, 심리적 상태로서의 여가는 여가를 즐기는 당사자의 정신 상태에 의해 정의 한다는 것이다. 이는 여가를 남은 시간이나 휴가의 결과가 아니라, 당사자가 지닌 마음의 태도라는 것을 강조한다.

여가 개념의 역사적 변천사를 살펴보면 고전사회에서 여가는 활동의 범주가 아 니라 생활의 전체로서 통합되어 있었다. 일을 해야 했던 주된 동기는 먹는 것을 구 하고 안전한 보금자리를 구하는 일차적인 생물학적 욕구를 충족하기 위한 것이었 다. 이후 전근대적 사회에서 여가는 특권층인 유한계급만이 향유하였으며, 그들이 사회의 모든 문화적인 면을 독점하였으므로, 평민들은 여가의 기회에서 배제된 노 동 중심적 생활문화가 지배적이었다. 근대적 시대에서는 노동에서 면제되어 왔던 유한계급을 비판하는 '일하지 않으면 먹지도 말라.'라는 노동관이 확산되며, 여가보 다 노동이 가치 있는 것으로 인식되었다. 오늘날 여가에 대한 정의는 일반적으로 개 인의 자유의지에 의해 탐닉하는 일로서 직업, 가정 및 사회적 의무를 이행한 후에 휴식을 취하거나, 즐기거나, 지식 함양, 기술 향상, 지역사회봉사 등을 수행하는 활 동으로 본다.

오늘날은 노동 및 생산 중심에서 여가 및 소비 중심의 생활양식으로 변모함에 따 라 대중 여가의 시대를 맞이하게 되었다. 경제성장만이 국가의 주된 목표였던 과거 와 달리 여가는 21세기 국가 경쟁력의 핵심으로 인식되고 있다. 우리나라는 선진국 진입의 발판이라는 1인당 국민소득 2만 달러 시대에 접어들어 경제적 풍요로움과 함께 여가에 대한 인식 및 가치관이 변화하고 있다. 생활양식의 변화, 다양한 매체 의 등장 및 컴퓨터의 대중화, 주 5일제 근무, 건강에 대한 관심 고조, 웰빙 · 힐링의 개념 보급 등으로 인해 여가생활 수요는 점점 증가하고 있다. 여가는 삶의 질 향상 과 국가 경쟁력 증진 차원에서 더욱 의의가 크다.

그러나 우리나라 청년들은 과중한 입시부담, 진로준비 등으로 인해 여가를 충분 히 활용하기 어려운 실정이다. 가정에서는 부모가 청년문화 특성에 대한 이해가 부 족하여 자녀에게 개인적으로 여가를 즐길 수 있는 기회를 허용하지 않거나, 자녀의 잠재력과 적성을 외면하고 간섭과 억압적 생활을 요구하는 등 건강한 여가문화가 조성되기 어려운 실정이다.

청년들은 여가문화를 통해 학교생활이나 사회생활에서 받는 스트레스, 갈등, 정 서불안, 피로를 해소하고 의욕과 자신감을 회복하며, 궁극적으로는 삶의 질을 향상시킬 수 있다(성열준, 강세현, 김정일, 이복희, 2013). 청년 여가문화는 대중매체 시청, 인쇄매체 활용, 음악이나 동영상 감상, 게임, 인터넷, 휴대전화, 문화예술관람, 야외 취미활동, 종교활동, 봉사활동, 스포츠, 단순한 휴식, 친구와의 담소, 가벼운 일탈행위, 낮잠 등 다양한 여가활동을 통해 형성된다(정하성 외, 2012). 이 중 청년들이 가장 많이 참여하는 여가활동은 사이버, 모바일, 미디어 등을 이용한 활동이다. 다음으로는 청년들의 일상에서 강력한 영향력을 행사하는 사이버 문화와 모바일 문화에 대해 살펴보고자 한다.

3) 사이버 문화

청년들이 누리는 문화는 시대와 사회가 변하면서 다양한 양상으로 나타난다. 특히 정보화의 영향으로 각종 전자영상매체에 노출된 채 성장한 현 청년들에게 가장 영향력 높은 문화는 단연 사이버 문화(cyber culture)이다.

사이버 공간에서 다양한 활동을 하는 청년들의 특징은 사이버 공간이 가지는 고유한 특징과 함께 어우러져 사이버 문화가 형성된다. 컴퓨터에 친숙하고 자기중심적으로 어떠한 형식에 얽매이는 것을 싫어하며, 자신의 감정을 존중하여 선택하는 청년들은 신속하게 변하는 정보에 민감하고, 휴대전화를 상용하며, 이메일을 쓰고, 사이버 언어로 소통하며, 사이버 공간 내에 그들만의 사이버 놀이문화가 존재한다. 특히 최근에는 컴퓨터의 높은 보급률, 인터넷이 가능한 스마트폰 사용 인구의 증가, PC방의 증가 등으로 인해 청년들은 보다 쉽게 인터넷을 이용하며 사이버 문화에 노출된다.

청년들이 인터넷을 이용하는 여섯 가지 심리적 요인을 살펴보면, 첫째, 정보나 지식을 얻고자 하는 '학습욕구', 둘째, 다른 사람과 관계를 형성하고자 하는 '관계욕구', 셋째, 간섭받지 않는 자신만의 공간을 갖거나 자신의 생각을 자유롭게 펼치고자 하는 '독립의 욕구', 넷째, 타인과 서로 생각을 공유하며 서로 격려하는 '친밀감의 욕구', 다섯째, 자신 및 타인, 세상에 대해 이해하고자 하는 '자기 및 세상에 대한 이해의 욕구', 여섯째, 아무런 목적이나 동기 없이 인터넷을 이용하는 '집착', 그리고 인터넷을 자신의 표현수단으로 활동하는 등으로 인터넷 이용동기를 분석할 수 있다.

청년들이 사이버 공간을 선호하는 데에는 몇 가지 이유가 있다. 첫째, 사이버 공간이 현실적인 공간이 아님에도 불구하고 마치 직접적으로 접촉하고 있는 것처럼 느낄 수 있게 해 주고, 특별한 규칙이나 규제를 받지 않고 자유롭게 출입할 수 있어 누구나 부담 없이 즐길 수 있다. 둘째, 청년에게 사이버 공간은 현실에서처럼 감정을 조절하거나 표현하지 않아도 되기 때문에 매력적이다. 셋째, 특히 청년은 현실 공간에서 기성세대에게 받고 있는 '일상적인 간섭'과 '획일적인 통제'에서 벗어나 자기만의 시간과 공간을 가지고 싶어 하는 욕구가 강하다. 사이버 공간은 이러한 욕구를 충족시켜 주기 때문에 청년에게 매력적인 공간으로 자리 잡았다.

우리나라 대부분의 청년은 전자매체에 대한 친화력이 높으며, 사이버 공간을 교육과 성장의 장, 모바일과 SNS를 활용한 소통의 장으로 비교적 잘 활용하고 있는 편이다. 물론 사이버 공간에서는 탈대면성과 익명성이 강조된 소통을 하기 때문에 현실세계에서 이루어지는 전인적인 만남과는 차이가 있다. 긴 메시지를 작성하는 중에 대화자가 나가 버리거나 다른 사람이 대화에 들어올 수 있으므로 짧고 간결한 언어 사용이 불가피하며, 즉각적인 피드백이 이루어지고, 상황적 맥락에서 상대방에게 자신의 감정과 의사를 풍성하게 전달하기 위하여 이모티콘을 재치 있게 활용하기도 한다.

청년들의 개성을 마음껏 표출할 수 있는 사이버 공간으로는 블로그와 SNS를 들수 있는데, 이들 문화도 게임만큼이나 중독적인 경향이 있다. 청년들은 페이스북, 트위터, 인스타그램, 카카오스토리 등 블로그나 SNS를 운영하기 위해 많은 시간과 노력을 투자하고, 자신을 잘 나타낼 수 있는 방법을 고안한다. 블로그와 SNS의 가장 큰 매력은 사이버 공간에서 자신의 개성과 삶을 잘 나타낼 수 있는 활동을 하면서 동시에 또래집단과의 관계 유지 및 불특정 다수와의 관계 형성이 가능하다는 것이다(정하성 외, 2012). 블로그와 SNS 문화가 확산된 배경에는 디지털 카메라와 휴대전화의 보급, 셀카 문화, 인증샷 문화의 영향이 있으며, 방문자 수, 댓글 관리 등을 지속적으로 하기 위해 중독적으로 로그인 상태를 유지하기 때문에 일상생활에 지장을 초래하기도 한다.

이와 같이 사이버 공간은 청년들의 삶의 한 양식을 규정하는 가상적인 환경으로 자리매김하였으며, 잘만 활용한다면 보다 편리하고 유익한 문명의 혜택을 누릴 수 있다는 긍정적인 측면이 있다. 하지만 인터넷의 오용과 남용으로 인터넷 중독, 모바일 중독, 게임 중독, 불건전 인터넷 사이트 이용과 같은 부정적인 폐해도 심각하다.

인터넷 중독(internet addiction)은 흔히 사이버 중독이라고도 불리며, 이용자가 지나치게 인터넷에 매달려 일상생활에 심각한 사회·정신·심리·신체·금전적 지장을 받고 있는 상태이다. 인터넷 중독에는 게임 중독, 음란물 중독, 채팅이나 블로그의 과다 사용, SNS 중독 등 다양하다.

　인터넷 중독의 기준으로 강박적 집착과 사용, 통제력 상실, 일상생활의 장애(예: 수면 부족, 학교생활 지장, 불성실한 생활 등) 등을 들 수 있으며, 다음과 같은 8개 기준 중 5개 항목 이상에 해당하는 사람을 인터넷 중독자로 분류할 수 있다(홍찬숙, 2006: 한국정보문화진흥원, 2006에서 재인용).

- 점점 오랜 시간을 온라인에 접속해야 만족하게 된다.
- 오프라인 시 금단증상을 호소한다. 즉, 우울증 증가, 침울감, 초조함, 짜증, 안절부절못함, 불안, 강박적 사고, 환상이나 꿈, 타이핑, 손놀림 등이 학교와 사회생활에 지장을 줄 정도이며, 이러한 증상 때문에 다시 인터넷에 접속하게 된다. 흔한 예로는 접속을 끊고 나오면 점점 우울해지는 것이다.
- 의도했던 것보다 자주 또는 오랫동안 접속 상태를 유지하거나, 인터넷상에서 장시간을 소모한다.
- 인터넷 접속을 줄이려 하였으나, 실패한다.
- 온라인 접속 시간을 늘리기 위한 시도(수업을 빼먹는다거나, 인터넷 접속을 위해서 잠자리에 늦게 들거나 일찍 일어남)를 한다.
- 사회생활, 직장생활 또는 여가활동(취미, 남들과 어울리는 것, 친구와 전화 연락하는 것 등)에 흥미를 상실한다.
- 인터넷 사용 때문에 여러 가지 문제(직장, 학교, 재정 또는 가족 문제 등)가 생겼거나 문제가 더 나빠졌어도 인터넷을 계속 사용한다.
- 인터넷을 사용하지 않을 때에도 빨리 접속하고 싶은 마음에 사로잡힌다.

　우리나라 휴대전화 보급률은 세계 1위를 차지하고 있다. 특히 코로나 팬데믹 이후에 스마트폰으로 QR인증이나 방역패스 등 개인 ID와 같은 역할까지 충족시키고 있어, 일상생활과 더욱 밀접해지고 있다. 청년들에게 휴대전화는 의사소통을 위한 수단이 아니라 생활의 편의를 도모하고, 지식과 정보를 공유하고, 여가를 즐기는 디지털기기로 인식된다. 모바일로 향유하는 사이버 문화는 대표적인 청년문화로 자리 잡게 되었다.

이 외에도 청년들의 대표적인 문화영역으로 소셜 네트워크 문화를 들 수 있다. 가이드와이어 그룹의 창업자인 크리스 쉬플리(Chris Shipley)가 처음 사용한 용어인 소셜 네트워크(social networks)는 자신만의 온라인 사이트를 구축하여 콘텐츠를 만들고 친구들과의 연결을 통해 콘텐츠나 커뮤니케이션을 공유하는 것으로(정건희, 2010), 우리나라에서는 트위터나 페이스북이 인기가 높다. 소셜 네트워크 문화는 스마트폰의 보급과 확산으로 가능해진 하나의 문화 현상이며, 한 번의 글 게시만으로도 파급효과가 막강하다는 장점을 이용하여 네트워크 인맥 차원을 넘어서 상업적 홍보, 정치적 영향력 등 사회적 영향력을 행사하고 있다(정하성 외, 2012).

청년들에게 휴대전화는 단순한 의사소통의 도구를 넘어서 개개인의 자기표현 욕구를 표출하는 수단이자 청년들이 선호하는 행위양식을 생산하고 감정을 공유하는 문화적 생산도구로서의 역할까지 하고 있다.

청년들에게 휴대전화가 중요한 일상적 미디어로 자리 잡게 됨에 따라 게임 중독에 이어 스마트폰 중독과 같은 인터넷 중독이 새로운 문화적 역기능으로 대두되고 있다. 이미 대중화된 휴대전화와 100%에 가까운 청년들의 스마트폰 보급률, 언제든지 사용 가능한 무선 인터넷 서비스 등 IT 문명의 발달로 인해 일부 청년이 과도하게 휴대전화를 사용함에 따라 순기능보다 오히려 역기능이 문제시되고 있다. 일부 청년은 휴대전화의 과도한 사용을 넘어 집착 및 중독의 단계로까지 발전하고 있다. 휴대전화가 자신의 몸의 일부인 양 밥을 먹고, 수업을 들으며, 친구를 만나고 심지어 화장실에 가거나 목욕할 때에도 손에서 떼어 놓지 않을 정도로 과다하게 사용하고 있으며, 간혹 휴대전화를 집에 두고 나온 경우에는 불안하여 일상생활에 지장을 받는 경우도 있다. 모바일 게임에 중독되어 신용불량자가 되어 버린 경우부터, 하루 종일 카톡을 보내거나 확인하는 경우, 비대면 수업에 접속하되 집중하지 못하는 경우, SNS 과다사용 등 역기능의 실상은 심각하다.

이에 청년들의 모바일 문화에 대한 향후 과제를 살펴보면 다음과 같다(성열준 외, 2013).

첫째, 청년들의 휴대전화 사용에 대한 인식이 전환되어야 할 것이다. 청년들이 휴대전화를 필수품으로 인식하는 것을 보면 이제 청년들의 휴대전화 사용은 더 이상

특별한 일이 아니다. 나아가 새로운 휴대전화 출시와 함께 무차별적인 마케팅 대상이 된 청년들에게 소비자로서의 권리와 경제 개념이 요구되는 바이다.

둘째, 휴대전화는 청년들의 네트워크 형성에 중요한 매개체로 작용한다. 따라서 휴대전화를 사용하여 친구관계를 유지하는 등 사회적 관계형성에 긍정적인 기능을 잘 활용하여야 할 것이다.

셋째, 청년들의 휴대전화 가입에 대한 정책적 방안은 여전히 부모나 보호자의 동의과정을 거쳐 엄격하게 관리되어야 할 것이다. 미성년자 가입이나 명의도용으로 인한 비행을 사전에 예방하기 위하여 10대 청년의 경우 부적절한 휴대전화 사용에 관하여 각종 서비스를 제한할 수 있는 장치가 마련되어야 할 것이다.

넷째, 청년들을 대상으로 휴대전화와 관련된 소비자교육과 디지털 시민의식이 더욱 강화되어야 한다. 디지털 세상에서 휴대전화를 올바르게 사용할 수 있도록 지원하는 디지털 시민교육은 필수적일 것이다.

다섯째, 통신요금에 대한 청년들의 자제력이 필요하다. 경제력이 구비되지 못한 청년들의 경우 휴대전화와 무분별한 웹 콘텐츠 사용, 과도한 인터넷 쇼핑 등으로 결제요금을 해결하지 못해 신용불량자로 전락하는 경우가 늘고 있다. 이에 청년들이 스스로 책임질 수 있는 한도 내에서 휴대전화를 규모 있게 사용하는 책임감과 자제력에 대한 교육이 필요하다.

4) 소비문화

현대사회는 소비의 사회이며, 소비의 주체가 점차 다양해지고 있다. 소비주체의 다양화로 인해 생산계층이 아닌 청년까지도 소비가 가능하게 되었다. '청소년을 주요 소비자로 한 시장에서는 불황이 없다.'는 말이 있을 정도로 청년들의 구매력은 국가 경제력 향상에 일조하고 있다.

청년들이 소비의 주체가 될 수 있었던 환경적 배경으로는 대중문화와 소비시장의 확대 그리고 풍요로운 가정환경을 들 수 있다(정하성 외, 2012).

첫째, 대중문화와 소비시장의 확대는 청년들의 소비문화에 영향을 주었다. '아이돌 문화' '얼짱' 등 팬덤문화와 관련하여 선망하는 연예인의 패션을 공유하고 싶다는 연예인 모방심리가 강하게 작용하며, 연예인이 착용한 물건을 소유하고 싶다는 욕구는 '완판녀'라는 말이 생겨날 정도로 소비를 조장하고 있다. 특히 인터넷의 발달로 소비환경은 더욱 용이해졌다. 온라인뿐만 아니라 오프라인까지 소비시장이 확대되어 청년들은 인터넷 쇼핑몰에서 저렴한 물건을 쉽게 구매할 수 있게 되었다.

둘째, 핵가족의 가정환경에서 성장한 청년들은 과거에 비해 비교적 물질적 풍요로움을 누리며 생활하고 있다. 부모의 입장에서는 경제 수준이 높아지고, 자녀 수가 감소함에 따라 자녀에 대한 아낌없는 경제적 지원을 하게 되었다. 이에 따라 청년들은 비경제인구임에도 불구하고 소비시장에서 큰 영향력을 지닌 구매자가 될수 있다.

이와 같이 소비환경의 급속한 변화는 청년들의 소비행태에 영향을 미치게 되었다. 소비행태를 표현해 주는 신조어들을 살펴보면 소비양상을 엿볼 수 있다(강수현, 2012). 이른바 '몰링(malling)'은 대형 복합 쇼핑몰에서 쇼핑은 물론 오락 등 다양한 여가를 즐기는 활동을 일컫는 신조어이다. '하비 홀릭(hobby-holic)'은 생계를 위한 일에서 벗어나 와인, 자전거, 이색요리 등 특수한 취미생활을 즐기기 위한 과감한 소비행동 또는 이러한 소비행동을 수반하는 사람들을 일컫는 말이다. '지름신'은 '저지르다.'와 '신'이 합쳐진 신조어로서, 사고 싶은 물건의 구매를 저지르게 만드는 신 같은 존재를 의미한다. 현대인의 소비행태를 일컫는 이러한 신조어들은 소비가 더 이상 생활에 꼭 필요한 물품을 구입하는 행위가 아니라 구매자의 욕구충족, 특별히 소비를 통한 자아정체감 형성과 지위인식 강화라는 욕구충족을 위한 하나의 상징이 되어 가고 있음을 보여 준다.

청년들의 소비문화의 특성을 살펴보면, 유행에 대한 민감성, 모방성, 과시성, 충동성을 들 수 있다(장수한, 2020; 천정웅 외, 2014). 첫 번째 소비문화의 특성은 유행에 대한 민감성이다. 청년들은 자신의 개성을 표현할 수 있는 특이하고 다양한 상품을 선호하는 한편, 유행에 뒤처지고 싶지 않아 하는 경향을 보인다. 외형과 감각을 중시하는 청년들의 소비행태는 개성과 새로운 것을 추구하면서 타인과의 차별을 추구하지만, 동시에 유행에 뒤처지지 않으려는 노력을 통해 또래와의 동질성 및 소속감을 유지하고자 하는 욕구를 지닌다.

두 번째 특성은 모방소비이다. 청년들은 또래나 자신이 선망하는 유명인들의 패션, 라이프스타일 등을 그대로 모방하여 구매하고자 하는 욕구에서 모방소비 혹은 동조소비를 하는 경향이 있다.

세 번째 특성으로는 과시성을 들 수 있다. 옷을 구매할 때 유명 브랜드를 선호하는 현상을 통해 청년들의 과시성이 종종 표출된다. 청년들은 자신이나 부모의 경제력을 고려하지 않고 유명 브랜드 제품을 구입하여 자신을 돋보이게 하고 또래친구들에게 인정을 받으려는 욕구가 과시소비행태로 연결된다고 볼 수 있다.

네 번째 특성으로는 충동소비를 들 수 있다. 청년들의 소비문화는 충동적이고 즉흥적인 특성을 보인다. 청년들은 옷, 가방, 신발 등을 구입할 때 가격이나 디자인이 괜찮다 싶으면 용돈의 규모나 현재의 경제력을 고려하지 않고 즉시 구매하는 경우가 흔히 있다. 이러한 특징으로 인해 청년층을 주 고객으로 하는 제품의 수명 주기도 점점 단축되고 있는 추세이다.

유행에 대한 민감성, 모방성, 과시성, 충동성에 근간을 둔 소비문화에 익숙한 청년들은 물질지향풍조와 감각 지향적인 소비행태를 보인다. 이는 청년들의 유행이나 패션에 민감한 반응과 함께 특정 브랜드 상품에 대한 선호와 구매 현상으로 나타난다.

청년 소비문화의 특성을 청년의 발달적 특성을 고려하여 설명하면 다음과 같다(정하성 외, 2012).

첫째, 청년기에는 발달 특성상 또래집단의 동조성과 모방심리가 높은 경향을 보이는데, 이 시기에 풍요로운 상업화된 대중문화의 영향을 받으면 자연스럽게 청년들은 대중문화에 순응하여 모방하는 소비를 하게 되는 것이다.

둘째, 청년들의 소비행위는 타인과의 차별성을 추구하고 정체감을 획득하는 수단이 될 수 있다. 청년기에는 자아정체감 획득이라는 발달과업을 달성하기 위해 '나는 누구인가?'에 대한 끊임없는 고민을 하게 된다. 이때 청년들은 자신의 정체감을 표현하고 타인과 구별 짓기 위하여 특정한 생활양식이나 스타일을 추구하게 된다. 청년들이 자신을 표출하고 차별성을 추구하려는 목적으로 소비를 하는 행위는 기성세대의 소비행태와는 상이한 특성이다. 물건의 소비와 획득을 통해 개인의 사회적 지위와 개성을 상징적으로 드러내는 청년들의 소비문화는 자신의 정체감을 표현하고자 하는 심리에서 비롯된다.

셋째, 청년들은 자신만의 고유한 지위획득을 위해 소비를 하며, 이러한 소비행위를 통해 타인에게 인정을 받고 싶어 한다. 현대사회는 개인의 외관, 즉 잘생긴 외모나 소지한 물품 등에 의해 개인을 평가하는 경향이 있다. 특정 제품이나 브랜드의 지위상징성을 인식함에 있어서 청년들은 또래집단이나 연예인의 영향을 많이 받는다. 청년들은 재화의 소유나 소비를 통해 자신만의 고유한 지위를 획득하고, 그 과정에서 자신의 지위를 과시하려는 과시소비를 하게 된다. 특히 타인에게 높은 평가를 받기 위해 특정 물건을 소유하고 싶은 욕망으로 소비하는 경우에는 비싸거나 한정적인 물건, 유행하는 물건 등을 소유함으로써 자신의 지위가 향상된다고 인식하는 경향이 있다.

청년 소비문화는 자신의 경제력과 관계없이 인기스타나 상류층의 소비행태를 모방함으로써 개성을 표현하고 스스로를 과시하여 자신만의 고유한 지위를 획득하는 수단이 되고 있다. 이와 같은 소비행태를 통해 청년들은 정체감을 획득하고, 이와 같은 행태에는 또래집단에게 인정을 받거나 소속감을 확보하려는 욕구가 그대로 반영된다. 자아정체감 형성의 결정적인 시기를 보내고 있는 청년들은 물질만능시대, 소비주의시대의 사회경제적 구조를 빠르게 답습하여 자아정체감 형성과 소속감 구성의 중요한 장으로 표현하고 있는 것이다.

청년들이 어릴 때부터 익힌 소비의식은 평생 지속되는 경향이 있으므로, 청년기에 건전한 소비태도를 함양하는 것은 개인의 삶뿐 아니라 국가 경제적 측면에서도 의미가 있다. 바람직한 청년 소비문화를 정착하기 위한 방안을 살펴보면 다음과 같다(정하성 외, 2012). 첫째, 청년세대의 소비의식을 개선하기 위해 기성세대가 솔선수범하여 외제품 선호를 지양하고, 무절제한 소비생활을 개선하여야 할 것이다. 둘째, 부모는 자녀가 합리적으로 용돈을 관리하게 하여 자녀의 경제개념 확립을 돕는다. 셋째, TV 등 대중매체에 등장하는 청년 대상 광고에 대한 규제와 심의를 강화하여 유명상표나 고가품에 대한 왜곡된 선입관과 무분별한 소비심리를 근절하는 대중매체의 자정적 노력이 필요하다.

5) 성문화

청년들은 성인과 같은 생식능력을 갖게 될 뿐만 아니라 성과 관련하여 성인의 역할이 가능해진다. 청년들은 성적 관심과 성적 욕구가 증대되는 반면, 이로 인해 심리적 갈등과 스트레스를 많이 겪기도 한다. 최근 청년들은 생물학적으로는 성적 성숙에 이르나, 교육기간의 연장으로 사회적으로 용인되는 방법으로 성욕구를 해결할 수 있는 시기가 연장됨으로 인해 성적 갈등과 고민이 더욱 증가하고 있다. 청년기에 나타나는 성적 욕구를 조절하거나 적절하게 분출할 수 있도록 하여 심리적 갈등을 해소하는 것은 청년기의 주요 발달과업이며, 이를 적절하게 수행하지 못할 경우에는 건강상의 문제를 초래하기도 한다. 성은 단순히 생식과 종족보존의 본능적 요소만이 아니라, 남녀관계에 있어 친밀감을 형성하고 사랑을 유지하는 관계적인 요소도 포함하고 있다(천정웅 외, 2014).

청년의 성의식 형성에 작용하고 있는 다양한 사회적 환경요소의 작용을 성문화라 할 수 있다. 청년 성문화는 청년들을 둘러싸고 있는 사회환경을 통해 살펴볼 수 있다. 우리 사회는 급격히 산업화, 도시화, 핵가족화, 개방화가 진행되면서 성에 관한 정보가 빠르게 확산되었고, 이에 따라 성의식과 가치관이 많이 변화되었다. 정보화사회로 급변함에 따라 인터넷을 보편적으로 사용하게 되었고, 이에 따라 성과 관련된 정보에 대한 접근성이 높아졌다.

우리나라 사회의 성문화적 특성을 살펴보면 다음과 같다(장수한, 2020; 정하성 외, 2012).

첫째, 우리나라의 성문화는 이중적 성규범의 특성을 지니고 있다. 우리 사회에서는 여성과 남성에게 서로 다른 역할과 규범을 기대하고 있는데, 이는 우리 사회의 왜곡된 성차별의 원인이 된다. 이와 같은 성 역할 고정관념과 성차별의 문화는 남성의 사회적 역할과 여성의 가정적 역할을 강조하는 상호 배타적인 성 역할 분업체계를 유도하여 성차별의 문화를 형성할 수 있다.

둘째, 가정과 학교에서의 금기적 성문화와는 달리 성개방화의 진행으로 인한 향락적 성문화가 공존한다. 청년들이 성에 대한 지식을 얻을 수 있는 경로 중 하나인 학교와 가정에서는 불만족스러운 성교육이 진행되거나 금기적 성문화가 만연하고 있으며, 이와 같은 실질적인 성교육 부재는 청년들로 하여금 성에 대한 호기심을 비공식적인 경로로 해결하도록 방치하고 있다. 이러한 현실적 문제와 청년들의 성적 욕구를 파악하여 확산되고 있는 것이 바로 성의 상업화 현상이다. 청년들은 성적 호기심이나 성적 욕구를 분출할 수 있는 다른 비공식적인 통로를 필요로 함에 따라, 성의 상업화 현상은 음란물, 성매매 등과 같은 음성적 성문화를 조성하고 있다.

셋째, 청년 성문화의 주목할 만한 현상으로는 성경험의 저연령화와 직접적인 성행동의 증가를 들 수 있다. 실질적인 성교육이 부재한 상태에서 올바른 성의식이 미처 정립되기 전에 가지게 되는 청년들의 성경험은 낙태, 성폭력, 미혼부모 양산 등과 같은 각종 문제를 야기할 수 있다. 따라서 청년들은 성을 정서적으로 교감하며 친밀감을 형성하는 행위이자 남녀 간의 전인적 결합으로 인식하는 건전한 성의식을 확립해야 할 것이다.

종합적으로 우리 사회의 남성과 여성에 대한 이중적 성규범, 개방적인 성문화 확산, 그리고 성의 상업화 현상은 정서적으로 민감하고 아직 성의식이 확고하게 형성되지 못한 청년에게 성문화에 대한 경종을 울리고 있다. 건강한 청년 성문화를 조성하기 위해서는 이중적인 성의식과 성규범을 타파하고 양성평등적 관점에서 성규범이 재정립될 필요가 있다.

4. 청년문화와 복지

청년문화를 위한 복지방안을 강구하는 것은 미래사회에 새로운 문화적 역량을 창조하는 토대가 된다. 현시대를 사는 청년들의 문화에 대한 복지방안에 대해 살펴보면 다음과 같다. 문화는 더 이상 소비대상이 아니라 새로운 생산을 위한 목적활동이며, 문화가 상품인 시대에 살고 있다. 전 세계가 열광하는 한류문화가 얼마나 많은 경제적 가치를 창출하는지를 보면 알 수 있다.

미래에는 생활에 여유가 생기면서 문화에 대한 관심은 더 집중될 것이고, 문화가 경제의 주역으로 부상할 것이다. 문화를 잘 만들고, 잘 조성된 문화를 향유하고 사는 사람들이 주역인 시대를 맞이하게 될 것이다. 문화는 단순히 삶의 한 부분으로서, 스트레스 해소를 위한 한 방편으로서의 문화생활과 같은 치유적 기능과 함께 자신의 삶을 최선으로 안내하는 역할을 할 것이다. 그러므로 문화를 잘 형성하고 향유하는 사람이 자신의 삶을 주도적으로 이끌며, 그러한 민족이 세계를 주도할 것으로 전망한다.

청년문화를 위한 복지적 지원방안으로 청년들의 미래 지향적인 능력 계발과 함께 포괄적인 문화환경을 제공함으로써 청년들의 문화적 향유를 지원하여야 할 것이다. 청년문화는 곧 문화적 복지의 일환이 될 수 있으며, 이것을 통해 청년들의 잠재적 능력을 계발하고 역량을 성취할 수 있는 강력한 기제가 될 수 있기 때문이다

(김선애, 2014).

청년문화활동의 지원정책은 문화적 기회의 다양성을 제공하여, 향후 새로운 문화적 창조의 기회를 제공하는 데 초점을 맞추어야 한다(김선애, 2014). 정책적으로 청년들이 문화활동을 하는 데 있어 경제적인 지원이 필요하다. 대부분의 청년은 음악회나 뮤지컬과 같은 고급스러운 문화활동을 즐길 경제적 여유가 많지 않다. 간혹 공연에서 뒤쪽의 자리를 '청년석'이라 하여 싼 가격으로 제공하기도 하나, 이러한 뒷자리에서 그 공연이 주는 생생한 현장의 감동을 전달받기에는 어려움이 있다. 그러므로 소외계층 청년이 문화를 향유할 수 있도록 하기 위해 좋은 문화공연 등을 공감할 수 있는 자리를 값싸게 이용할 수 있는 지원방안이 필요하다.

문화의 보편성을 공유해야 하는 시대에서 살고 있다면, 청년기에 문화 전반에 관한 교육은 중요하다. 문화적 감수성이 예민하고 문화적 창의성을 구현할 수 있는 힘과 기회를 갖고 있는 청년에게 문화교육은 예술적 소양을 일깨우는 촉매가 될 뿐만 아니라 자신이 원하는 생애설계를 할 수 있는 정신적 여유를 부여할 수 있다.

예를 들어, 2019년도에 청소년의 자기주도적 참여 기회를 확대하고 청소년정책 및 활동에 대한 관심을 높이기 위해 개최된 '대한민국청소년박람회'에서는 청소년 유튜버 생중계 등 새로운 시도를 통해 역대 최대 규모의 인원이 참가하였다.

최근에는 코로나 팬데믹으로 인해 다양한 문화 행사가 비대면으로 이루어지거나 미디어 아트 형식으로 진행되는 경우가 많아 청년들이 문화를 향유할 기회가 증가하고 있다는 점은 긍정적으로 평가된다. 2020년에는 코로나-19 관계로 '대한민국청소년박람회'를 온라인 비대면 방식으로 진행하여 약 16만 명 이상이 참여하였다.

이와 같이 청년을 위한 문화활동은 지적 교육의 범주를 넘어서 체험이나 일상에서의 경험을 통해서 가능해야 한다. 다양한 문화활동은 성인이 되어서도 문화 영역에 접근할 수 있는 동기부여가 되는 동시에 스스로 새로운 문화요소를 창출하는 원동력이 된다. 청년문화는 청년 스스로를 더욱 성숙하고 주체적인 문화적 인재로 양성하는 중요한 수단이 될 것이다.

📖 참고문헌

강수현(2012). 슬로우 시티 슬로우 라이프: 도시에서 만나는 건강한 소비생활. 도시문제, 47(526), 58-59.

강창실(2008). 청소년의 자아탄력성과 학교적응과의 관계. 공주대학교 교육대학원 석사학위 청구논문.

고성혜, 전명기, 박창남, 이희길(1997). 청소년 문제행동의 이해와 지도. 서울: 한국청소년개발원.

고영복(2000). 사회학사전. 서울: 사회문화연구소.

곽금주, 문은영(1993). 청소년의 심리적 특징 및 우울과 비행 간의 관계. 한국심리학회지: 발달, 6(2), 29-43.

교육과학기술부(2012). 청소년건강행태온라인조사. 서울: 교육과학기술부, 충북: 질병관리 본부.

교육부, 보건복지부, 질병관리본부(2020). 제15차(2019년) 청소년건강행태온라인조사 통계.

교육인적자원부(2005). 학교폭력예방 및 대책 5개년 기본계획.

교육인적자원부, 한국교육개발원(2008). 2007 교육통계연보. 서울: 한국교육개발원.

구본용(1997). 문화매체의 유해성에 대처하는 길. 기독교사상, 41(11), 28-36.

권대훈(2009). 교육심리학의 이론과 실제(2판). 서울: 학지사.

권석만(2004). 젊은이를 위한 인간관계의 심리학(개정증보판). 서울: 학지사.

권석만(2014). 젊은이를 위한 인간관계의 심리학(개정증보판). 서울: 학지사.

권석만(2017). 젊은이를 위한 인간관계의 심리학(3판). 서울: 학지사.

권이종, 김천기, 이상오(2010). 청소년문화론. 경기: 공동체.

권정혜, 이봉건, 김수현(1992). 부모양육변인들과 교우관계변인들이 청소년 초기의 숨은 비행에 미치는 효과. 한국심리학회 '92 연차대회 학술발표논문집, 515-524.

김경아(2003). 아동과 청소년의 외모 및 신체만족과 심리적 특성간의 관계. 성신여자대학교 대학원 심리학과 석사학위 청구논문.

김계현, 김동일, 김봉환, 김창대, 김혜숙, 남상인, 천성문(2013). 학교상담과 생활지도(2판). 서울: 학지사.

김도환(1995). 심리사회적 성숙성 척도의 타당화 연구. 연세대학교 대학원 석사학위 청구논문.

김선애(2014). 청년발달과 이해. 서울: 창지사.

김성식(2007). 중학교 학생의 학업성취에 대한 학교 풍토 변인의 영향 분석. 한국교육, 34(2), 27-49.

김성이, 조학래, 노충래, 신효진(2013). 청소년복지학. 경기: 양서원.

김성일, 김남희(2001). 청소년이 지각한 부모의 의사소통 유형과 자아정체감의 관계. 한국심리학회지: 발달, 14(1), 75-89.

김애순(2005). 청년기 갈등과 자기이해. 서울: 시그마프레스.

김애순, 윤진(1997). 청년기 갈등과 자기이해. 서울: 중앙적성출판사.

김양희, 김이선(1995). 여성의 문화활동 프로그램. 서울: 한국여성개발원.

김양희, 전세경, 문영소, 이영세, 김예리, 김진희, 장온정, 박정윤, 김효민, 안진경, 백선아, 최은주(2011). 결혼과 가족. 경기: 양서원.

김영봉, 권순희, 장성화, 황인호(2013). 생활지도와 상담. 경기: 서현사.

김영애(2009). 자기성장을 위한 성격심리학. 서울: 김영애가족치료연구소.

김영화, 최영진(2017). 오늘의 청소년 그들은 누구인가? 청소년복지론. 경기: 정민사.

김영희(1986). 성역할 사회화에 관한 문헌적 탐색: 가정환경 요인을 중심으로. 원우논총, 4, 179-207.

김영희(1988). 연령, 성, 친구관계 유형이 친구에 대한 아동의 공유지식에 미치는 영향. 아동학회지, 9(1), 33-46.

김영희, 김경미(2020). 결혼과 가족. 경기: 파워북.

김영희, 김경미, 조주영, 황종귀(2016). 결혼과 가족. 경기: 양서원.

김용미, 서선희, 옥경희, 정혜정(2009). 결혼과 가족의 의미. 경기: 양서원.

김은경, 이선희(2003). 성장기 소녀의 초경에 따른 비만도 및 성장 발달 비교. 대한영양사협회 학술지, 9(2), 106-113.

김재구(2008). 청소년들의 체격 최대발육연령과 체질량지수가 초경에 미치는 영향. 한국체육학회지: 자연과학, 47(4), 517-524.

김정옥, 박귀영, 유가효, 전귀연, 홍계옥, 홍상욱(2012). 가족관계. 경기: 양서원.

김제한(1998). 발달심리학. 서울: 양서원.

김종운, 박성실(2016). 인간관계 심리학. 서울: 학지사.

김진화, 송병국, 고운미, 이채식, 최창욱, 임형백, 이창식, 김경준, 김진호, 권일남, 양승춘(2002). 청소년 문제행동론. 서울: 학지사.

김청송(2009). 청소년심리학의 이론과 쟁점. 서울: 학지사.

김춘경, 이수연, 최웅용(2006). 청소년상담. 서울: 학지사.

김태련, 조혜자, 이선자, 방희정, 조숙자, 조성원, 김현정, 홍주연, 이계원, 설인자, 손원숙, 홍순정, 박영신, 손영숙, 김명소, 성은현(2004). 발달심리학. 서울: 학지사.

김혜원, 백화정(1996). 남녀 대학생의 신체상에 관련된 태도에서의 차이. 한국심리학회지: 여성, 1, 89-103.

김호기, 고동현, 김인정(2008). 2.0 세대의 사회학: 시민사회와 정보사회의 시각. 한국사회학회 사회학대회 논문집, 2008(12), 150-157.

김희화(1998). 청소년의 자아존중감 발달: 환경변인 및 적응과의 관계. 부산대학교 대학원 박사학위논문.

노안영, 강영신(2003). 성격심리학. 서울: 학지사.

대검찰청(2013). 대검찰청 통계자료(www.spo.go.kr).

대검찰청(2010~2020a). 마약류범죄백서.

대검찰청(2010~2020b). 범죄분석.

명지연(2008). 자기표현훈련 프로그램이 중학생의 자아개념에 미치는 효과: 디자인 수업을 중심으로. 이화여자대학교 교육대학원 석사학위 청구논문.

문경주(2004). 청소년기 자율성 욕구와 부모 허용 간 불일치가 우울 및 일탈행동에 미치는 영향: 부모와의 갈등을 매개변인으로. 연세대학교 대학원 박사학위 청구논문.

문은영, 윤진(1994). 또래의 수용이 청소년 초기의 고독감과 비행에 미치는 영향. 한국심리학회지: 발달, 7(1), 44-63.

박경란, 이영숙, 전귀연(2002). 현대가족학. 서울: 신정.

박경숙(1999). 왕따·학교폭력의 실태와 대처방안에 대한 토론. 경희대학교 교육문제연구소 편. 일본 동경국제대학 T. Takuma 교수 초청 한일 학술대회 자료집(pp. 18-25). 서울: 경희대학교 교육문제연구소.

박병기, 추병완(1996). 윤리학과 도덕교육 1. 경기: 인간사랑.

박선희(2014). 초기 청소년의 자아존중감에 영향을 미치는 요인. 인지발달중재학회지, 5(1), 17-34.

박성옥, 어은주(1994). 청소년의 자아정체감에 영향을 미치는 변인 연구. 대전대학교 기초과학연구소 논문집, 5, 101-110.

박아청(1984). 아이덴티티의 탐색. 서울: 정민사.

박아청(1988). Erikson의 아이덴티티 論. 서울: 교육과학사.

박아청(2006). 성격발달심리의 이해. 서울: 교육과학사.

박재연(2010). 학교폭력이 청소년 우울 및 자살에 미치는 영향에서 탄력성의 매개효과. 사회복지연구, 41(1), 345-375.

박정란, 서홍란, 장수한(2012). 청소년복지론. 경기: 양서원.

박진규(2014). 청소년문화(2판). 서울: 학지사.

박현진, 송미경, 김은영(2011). 위기청소년 부모교육 프로그램 개발. 서울: 한국청소년상담원.

방희정(1996). 몸의 자리. 한국심리학회지: 여성, 1, 6-28.

보건복지가족부(2009a). 2008 보건복지가족백서. 서울: 보건복지가족부.

보건복지가족부(2009b). 2008 청소년 유해환경접촉 종합실태조사. 서울: 보건복지가족부.

보건복지가족부(2009c). 2008 아동 · 청소년 백서. 서울: 보건복지가족부.

보건복지부(2017). 절주문화 확산을 위한 미디어 음주 장면 가이드라인.

보건복지부, 질병관리본부, 교육부(2020). 청소년건강행태조사.

서병숙(1993). 결혼과 가족. 서울: 교문사.

서봉연(1975). 자아정체감에 관한 심리학적 일 연구. 경북대학교 대학원 박사학위 청구논문.

서선진, 송원영(2012). 가출청소년의 가출 결정 과정에 나타난 부모-자녀관계 유형 분류. 청소년상담연구, 20(1), 141-157.

서울대학교교육연구소 편(1998). 교육학 대백과사전. 강원: 하우.

성열준, 강병연, 이채식, 강세현, 김정일, 황주권, 황수주(2011). 청소년문화론. 경기: 양서원.

성열준, 강세현, 김정일, 이복희(2013). 청소년지도방법론. 경기: 양서원.

성현란, 이현진, 김혜리, 박영신, 박선미, 유연옥, 손영숙(2009). 인지발달. 서울: 학지사.

손승영(2000). 청소년과 부모세대 간 의식차이: 청소년의 학교생활을 중심으로. 한국청소년연구, 11(2), 129-152.

송명자(2008). 발달심리학. 서울: 학지사.

송인섭(1998). 인간의 자아개념 탐구. 서울: 학지사.

송진숙, 권희경, 김순기(2006). 결혼과 가족 그리고 부모됨. 서울: 창지사.

신명희, 강소연, 김은경, 김정민, 노원경, 박성은, 서은희, 원영실, 황은영(2010). 교육심리학. 서울: 학지사.

신명희, 강소연, 김은경, 김정민, 노원경, 서은희, 송수지, 원영실, 임호용(2014). 교육심리학(3판). 서울: 학지사.

신명희, 서은희, 송수지, 김은경, 원영실, 노원경, 김정민, 강소연, 임호용(2013). 발달심리학. 서울: 학지사.

신성철, 신종우, 정희정, 김윤진(2015). 청소년문화론. 경기: 정민사.

신재철, 이찬, 문준, 오민정, 김탁, 구병삼, 홍명호, 박영주(1996). 한국 10대 여성의 초경에 관한 연구. 대한산부인과학회지, 39(5), 865-879.

여성가족부(2011). 2011년 청소년 유해환경 접촉 종합 실태조사: 보고서.

여성가족부(2013). 2013 청소년백서.

여성을 위한 모임(1994). 일곱 가지 남성 콤플렉스. 서울: 현암사.

오세복, 홍예주(2014). 초경시기별 아동, 청소년의 신장과 체중 및 BMI 분석. 한국초등체육학회지, 20(1), 105-113.

오승환(2010). 청소년 가출에 대한 생태체계적 영향 요인: 가출충동과 가출경험을 중심으로. 청소년복지연구, 12(4), 301-324.

오영희, 송진숙, 송영란, 양승지(2005). 최신 가족학의 이론과 실제. 경기: 21세기사.

오혜경(2014). 여대생의 신체상 인식에 관한 현상학적 분석. 한국콘텐츠학회논문지, 14(3), 289-300.

유수현(2009). 인간관계론. 경기: 양서원.

윤근섭(1995). 여성과 사회. 서울: 문음사.

윤옥경(2000). 사이버시대의 세대차이와 세대갈등에 대한 전망: 세대문제 해결을 위한 장으로서의 사이버공간의 가능성 탐색. 한국청소년연구, 11(2), 55-75.

윤종건(1994). (교사, 학부모, 직장인을 위한) 창의력의 이론과 실제. 서울: 원미사.

윤진, 최정훈, 김영미(1989). 성역할 고정관념과 남성의 스트레스와의 관계. 한국심리학회지: 사회, 4(2), 70-83.

이경숙(1983). 대학생의 자아정체 수준과 학업성취와의 관계. 서울대학교 대학원 석사학위 청구논문.

이명숙(1994). 기질 및 또래지지가 청소년의 자기평가에 미치는 영향: 단기 종단적 패널연구. 연세대학교 대학원 박사학위 청구논문.

이병승, 우영효, 배제현(2008). 쉽게 풀어 쓴 교육학(2판). 서울: 학지사.

이성진, 박성수(1999). 교육심리학. 서울: 한국방송대학교출판부.

이순희, 허만세(2014). 아동·청소년의 자아존중감에 대한 체계적 고찰. 학교사회복지, 27, 253-274.

이영숙, 박경란(2010). 현대 가족관계학. 서울: 신정.

이옥형(2006). 청년심리학. 경기: 집문당.

이옥형, 강민수, 김보나, 문연심, 박경애, 박숙희, 박현경, 유은정, 이나현, 이현주, 이혜진(2012). 교육심리학. 서울: 성신여자대학교출판부.

이자영, 남숙경, 이미경, 이지희, 이상민(2009). Rosenberg의 자아존중감 척도: 문항수준 타당도 분석. 한국심리학회지: 상담 및 심리치료, 21(1), 173-189.

이차선(1999). 청소년의 자아정체감 형성요인 분석. 고려대학교 대학원 박사학위 청구논문.

이춘재, 오가실, 정옥분(1991). 사춘기 신체성숙시기와 심리사회적 발달. 한국심리학회지: 발달, 4(1), 89-102.

이현림, 김봉환, 김병숙, 최웅용(2003). 현대진로상담. 서울: 학지사.

이형득, 한상철(1995). 인간이해와 교육. 서울: 중앙적성출판사.

임은미(1999). 사이버스페이스를 활용한 상담자 교육. 학생생활연구, 17, 69-86.

임정빈, 정혜정(2000). 성역할과 여성: 여성학강의. 서울: 신정.

임정훈, 한기순, 이지연(2009). 교육심리학. 경기: 양서원.

임혜경, 이현, 안윤경, 유정선(2017). 사랑과 결혼. 경기: 양서원.

장수한(2020). 청소년문화론. 경기: 공동체.

장휘숙(1999). 청년심리학. 서울: 학지사.

장휘숙(2000). 전생애 발달심리학: 인간발달. 서울: 박영사.

장휘숙(2007). 청년심리학(제3판). 서울: 박영사.

장휘숙(2008). 가족심리학. 서울: 박영사.

장휘숙(2009). 청년심리학(제4판). 서울: 박영사.

전혜원, 김선애(2013). 미디어의 영향과 신체상 및 자아존중감의 관계에 대한 실증분석: 대학
생을 대상으로. 한국자치행정학보, 27(4), 289-305.

정경은, 문성호(2008). 청소년가출에 관한 연구동향 분석. 미래청소년학회지, 5(1), 219-241.

정규석, 김영미, 김지연(2013). 청소년 복지의 이해. 서울: 학지사.

정영숙, 신민섭, 이승연(2009). 청소년심리학. 서울: 시그마프레스.

정영진(1996). 자녀발달의 결정적 시기. 서울: 학지사.

정옥분(2005). 청년심리학. 서울: 학지사.

정옥분(2008). 청년발달의 이해(개정판). 서울: 학지사.

정옥분(2019). 청년심리학(제2판). 서울: 학지사.

정익중, 박재연, 김은영(2010). 학교청소년과 학교 밖 청소년의 정신건강, 자아통제력, 자아
존중감의 관계연구. 한국교육논단, 8(3), 25-41.

정진경(1989). 성역할 고정관념 및 특성이 기혼여성의 취업에 따르는 적응문제에 미치는 영
향. 한국심리학회지: 사회 및 성격, 4(2), 169-184.

정진경(2002). 부모-자녀 관계 및 또래 관계와 비행. 연세대학교 대학원 석사학위 청구논문.

정하성, 유진이(2012). 청소년 문화. 경기: 양서원.

정현숙(2019). 가족관계. 서울: 신정.

조아미(2008). 1318 청소년심리. 서울: 이너북스.

조형(1988). 지배문화 남성문화. 서울: 청하.

천정웅, 이용교, 김혜원(2009). 청소년발달 · 역량개발 · 청소년복지. 경기: 교육과학사.

천정웅, 장근영, 이채식, 김윤나(2014). 청소년문화론. 경기: 양서원.

청소년위원회(2005). 2005 청소년백서.

최문정(2011). 한국인의 초경연령에 영향을 주는 요인. 고려대학교 보건대학원 석사학위 청
구논문.

최석훈(2013). (성장의 과속) 성조숙증: KBS 생로병사의 비밀. 서울: 현문미디어.

최원혜(2005). 양성평등교육관점에서 본 중학교 사회교과서 내용분석. 교육발전논총, 26(2), 241-263.

최윤미, 박희경, 손영숙, 정명숙, 김혜원, 최해림, 백화정, 강순화, 이은경, 이규미, 이은순, 정현희(2000). (현대) 청년심리학. 서울: 학문사.

최윤진(2000). 아동의 권리와 청소년의 권리. 청소년학연구, 7(2), 277-300.

최은섭, 리대룡(2004). TV 광고에 묘사된 아동층 성유형화 연구. 광고학연구, 15(2), 95-130.

최인재(2010). 청소년기 자녀의 자살 생각에 대한 부모자녀관계의 영향: 자아존중감 및 우울의 매개효과를 중심으로. 청소년학연구, 17(9), 105-130.

최인재, 모상현(2012). 아동·청소년 정신건강 증진을 위한 지원방안 연구 I. 2011 아동·청소년 정신건강 실태 조사. 서울: 한국청소년정책연구원.

최임숙(2007). 대학생의 학교적응 행동, 학업성취도와 성역할 정체감 및 학습양식의 관계. 인문학연구, 34(2), 547-573.

최임숙, 김충희(2004). 성역할 정체감 유형에 따른 학교적응행동의 차이. 교육심리연구, 18(1), 131-143.

최정훈, 이훈구, 한종철(1988). 고교생과 대학생의 심리적 적응 수준 향상을 위한 기초연구. 서울: 연세대학교.

최충옥(1997). 유해환경과 청소년 문제. 교육사회학연구, 7(3), 55-80.

통계청(2014). 2014 청소년통계(http://kostat.go.kr).

통계청(2019). 2018 한국의 사회지표.

통계청(2021). 경제활동 인구조사.

통계청, 여성가족부(2021). 2021년 청소년통계.

한국교육개발원, 교육부(2021). 교육기본 통계조사.

한국마약퇴치운동본부(1997). 청소년의 약물남용 실태조사결과. 마약 없는 밝은 사회, 9.

한국음주문화연구센터(2002). 알코올백과.

한국정보문화진흥원(2006). 멋진 나! e주인공: 인터넷 사용조절 집단상담 프로그램 중등용, 지도자용.

한국청소년개발원(2006). 청소년문제론. 서울: 교육과학사.

한국청소년연구원(1992). 청소년문화론.

한국청소년정책연구원(2009). 청소년 가출 현황과 문제점 및 대책 연구.

한국형사정책연구원(1991). 청소년의 약물남용과정에 관한 연구.

한국형사정책연구원(1993). 청소년 가출과 비행의 관계에 관한 연구.

한상철, 조아미, 박성희(2001). 청소년 심리학. 서울: 양서원.

한정란, 이성호, 강승혜, 김미옥, 김은정, 김혜수(2005). 청소년의 자율성과 창의성 계발을 위한 부모교육 방안 연구. 서울: 한국청소년개발원.

허형(1988). 형식조작적 사고와 지능과 학업성취도와의 관계. 교육학연구, 26(1), 79-97.

허혜경, 김혜수(2002). 청년발달심리학. 서울: 학지사.

허혜경, 김혜수(2010). 청년발달. 서울: 학지사.

허혜경, 김혜수(2015). 청년 심리와 교육. 서울: 학지사.

허혜경, 김혜수, 박인숙(2013). 현대 가정의 이해. 서울: 문음사.

허혜경, 박인숙, 김혜수(2017). 현대사회와 가정. 서울: 동문사.

홍찬숙(2006). 어머니의 양육태도 및 아동의 대인불안에 따른 컴퓨터 게임 중독. 전남대학교 대학원 석사학위 청구논문.

황란희(2009). 여대생의 섭식장애, 신체상 및 자아존중감 관계 연구. 여성건강간호학회지, 15(4), 328-335.

황정규(2010). 인간의 지능. 서울: 학지사.

KOSTAT통계플러스(2020, 가을호). 데이트 폭력의 현실, 새롭게 읽기.

Adair, L. S. (2001). Size at birth predicts age at menarche. *Pediatrics, 107*(4), E59.

Adams, G. R., Gullotta, T. P., & Markstrom-Adams, C. A. (1994). *Adolescent life experiences* (3rd ed.). Pacific Grove, CA: Brooks/Cole.

Aptekar, L. (1983). Mexican-American high school students' perception of school. *Adolescence, 18*, 345-357.

Arnett, J. J. (2018). 인간발달: 문화적 접근(제2판) [*Human development: A cultural approach* (2nd ed.)]. (정영숙, 박영신, 정명숙, 안정신, 노수림 공역). 서울: 시그마프레스. (원저는 2016년에 출판).

Atwater, E. (1996). *Adolescence*. Eastwood: Prentice Hall.

Bakan, P. (1966). *Attention: An enduring problem in psychology*. Princeton, NJ: Van Nostrand.

Baltes, P. B. (1987). Theoretical propositions of life-span developmental psychology: On the dynamics between growth and decline. *Developmental Psychology, 23*(5), 611-626.

Bandura, A. (1973). *Aggression: A social learning analysis*. Englewood Cliff, NJ: Prentice-Hall.

Bandura, A. (1977). *Social learning theory*. Eaglewood Cliff, NJ: Prentice-Hall.

Bandura, A. (1986). *Social foundations of thought and action: A social cognitive theory*.

Englewood Cliff, NJ: Prentice-Hall.

Bandura, A. (1997). *Self-efficacy: The exercise of control*. New York: Freeman.

Bandura, A. (2000). Self-efficacy. In A. Kazdin (Ed.), *Encyclopedia of psychology* (pp. 212-213). Washington, DC & New York: American Psychological Association and Oxford University Press.

Bandura, A., Grusec, J. E., & Menlove, F. L. (1967). Some determinants of self-monitoring reinforcement systems. *Journal of Personality and Social Psychology, 5*, 449-455.

Bandura, A., Ross, D., & Ross, S. A. (1961). Transmission of aggression through imitation of aggression models. *Journal of Abnormal and Social Psychology, 63*, 575-582.

Barker, E. T., & Galambos, N. L. (2003). Body dissatisfaction of adolescent girls and boys: risk and resources factors. *Journal of Early Adolescence, 23*, 141-165.

Baumrind, D. (1967). Child care practices anteceding three patterns of pre-school behavior. *Genetic Psychology Monographs, 75*, 43-88.

Baumrind, D. (1991). Effective parenting during the early adolescent transition. In P. A. Cowan & E. M. Hetherington (Eds.), *Advances in family research* (Vol. 2, pp. 111-163). Hillsdale, NJ: Erlbaum.

Belansky, E., & Coleman, L. (1992). Predicting Reconstructive Errors: The Role of Stigma in Women. Paper presented at the Annual Convention of the APA (100th, Washington, DC. August 14-18, 1992)

Bem, S. L. (1974). The measurement of psychological androgyny. *Journal of Consulting and Clinical Psychology, 42*, 155-162.

Bem, S. L. (1975). Sex role adaptability: One consequence of psychological androgyny. *Journal of Personality and Social Psychology, 31*, 634-643.

Bernard, H. S. (1981). Identity formation in late adolescence: A review of some empirical findings. *Adolescence, 16*, 349-358.

Berndt, T. J. (1979). Developmental Change in conformity to peers and parents. *Developmental Psychology, 15*(6), 608-616.

Berndt, T. J., & Perry, T. B. (1990). Distinctive features and effects of early adolescent friendships. In R. Montemayor, G. R. Adams, & T. P. Gullotta (Eds.), *From childhood to adolescence: A transitional period?* (pp. 269-287). Newbury Park, CA: Sage.

Berzonsky, M. D. (1997). Identity development, control theory, and self-regulation: An individual differences perspective. *Journal of Adolescent Research, 12*, 347-353.

Berzonsky, M. D., & Kuk, L. (2000). Identity status, identity processing style, and the transition to university. *Journal of Adolescent Research, 15*, 81-98.

Betz, N. E. (2006). Women's career development. In J. Worell & C. D. Goodheart (Eds.), *Handbook of girls' and women's psychological health* (pp. 253-277). New York: Oxford University Press.

Block, J. H. (1973). Conceptions of sex roles: Some cross-cultural and longitudinal perspectives. *American Psychologist, 28*, 512-526.

Block, J., Block, J. H., & Keyes, S. (1988). Longitudinally foretelling drug usage in adolescence: Early childhood personality and environmental precursors. *Childhood Development, 59*, 336-355.

Bloom, B. S. (1976). *Human characteristics and school learning.* New York: McGraw-Hill.

Bradbury, T. N., & Karney, B. R. (2010). *Intimate relationships.* New York: Norton.

Bransford, J. D., Brown, A. L., & Cocking, R. R. (Eds.). (1999). *How people learn: Brain, mind, experience, and school.* Washington, DC: National Academy Press.

Brody, G. H., & Shaffer, D. R. (1982). Contributions of parents and peers to children's moral socialization. *Developmental Review, 2*, 31-75.

Bronfenbrenner, U. (1979). Contexts of child rearing: problems and prospects. *American Psychologists, 34*, 844-850.

Brown, B. B. (1990). Peer groups. In S. S. Feldman & G. R. Elliot (Eds.), *At the threshold: the developing adolescent* (pp. 171-196). Cambridge, MA: Harvard University Press.

Brown, B. W., & Theobald, W. E. (1999). *How peers matter: A research synthesis on peer influences on adolescent pregnancy.* Washington, DC: National Campaign to Prevent Teen Pregnancy.

Brown, R. (1986). *Social psychology* (2nd ed.). New York: Macmillan.

Buhrmester, D., & Carbery, J. (1992). Daily patterns self-disclosure and adolescent adjustment. Paper presented at the biennial meeting of the Society for Research on Adolescence, Washington, DC.

Burger, J. M. (2000). *Personality* (5th ed.). Belmont, CA: Wadsworth/Thomson.

Carlson, J. D., & Crawford, J. K. (2005). Adolescent boys and body image: Weight and muscularity concerns as dual pathways to body dissatisfaction. *Journal of Youth and Adolescence, 34*, 629-636.

Carroll, J. C., & Rest, J. R. (1982). Moral development. In B. B. Wolmmanet al. (Eds.), *Handbook of developmental psychology.* Englewood Cliff, NJ: Parential-Hall.

Carter, B. (1984). A teacher's view: Learning to be wrong. *Psychology Today, 18*, 35.

Carter, B., & McGoldrick, M. (1989). Overview: The changing family life cycle-a framework for family therapy. In B. Carter & M. McGoldrick (Eds.), *The changing family life cycle* (2nd ed., pp. 2-28). Boston: Allyn & Bacon.

Catalano, R. F., & Hawkins, J. D. (1996). The social development model: A theory of antisocial behavior. In J. D. Hawkins (Ed.), *Delinquency and crime: Current theories* (pp. 149-197). New York: Cambridge University Press.

Chandler, M., Boyes, M. C., & Ball, L. (1990). Relativism and stations of epistemic doubt. *Journal of Psychology, 3*, 253-262.

Cheek, D. B. (1968). *Human growth: Body composition, cell growth, energy and intelligence*. Philadelphia: Lea & Febiger.

Chugani, H. T. (1998). A critical period of brain development: studies of cerebral glucose utilization with PET. *Preventive Medicine, 27*, 184-188.

Claes, M. E. (1992). Friendship and personal adjustment during adolescence. *Journal of Adolescence, 15*, 429-436.

Clausen, J. A. (1975). The social meaning of differential physical and sexual maturation. In S. E. Dragastin & G. Elder (Eds.), *Adolescence in the life cycle: Psychological change and social context* (pp. 25-49). New York: Wiley.

Clayton, P. E., & Trueman, J. A. (2000). Leptin and puberty. *Archives of Disease in Childhood, 83*(1), 314-320.

Cohen, A., & Koegel, P. (1996). Positive events and social support as buffers of life change stress. *Journal of Applied Social Psychology, 13*, 99-125.

Cohen, J. (1977). Sources of peer homogeneity. *Sociology of Education, 50*, 227-241.

Cohen, J. (1983). Commentary: The relationship between friendship selection and peer influence. In J. Epstein & N. Karweit (Eds.), *Friends in school: Patterns of selection and influence in secondary schools* (pp. 163-174). New York: Academic Press.

Cole, C. L. (1984). Marital quality in later life. In W. H. Quinn & G. A. Hughston (Eds.), *Independent aging: Family and social systems perspectives* (pp. 72-90). Rockville, MD: Aspen.

Coleman, J. (1980). Friendship and the peer group in adolescence. In J. Adelson (Ed.), *Handbook of adolescent development* (pp. 408-431). New York: Wiley.

Collins, W. A., Lausen, B., Mortensen, N., Luebker, C., & Ferreira, M. (1997). Conflict processes and transitions in parent and peer relationships: Implications for autonomy and regulation. *Journal of Adolescent Research, 12*(2), 178-198.

Comstock, G., & Scharrer, E. (2006). Media and popular culture. In K. A. Renninger & I. E. Siger (Eds.), *Handbook of child psychology: Vol. 4. Child psychology in practice* (6th ed., pp. 817–863). Hoboken, NJ: Wiley.

Costanzo, P. R. (1970). Conformity development as a function of self-blame. *Journal of Personality and Social Psychology, 14*, 366–374.

Cowen, E. L., Pederson, A., Babigian, H., Izzo, L. D., & Trost, M. A. (1973). Long-term follow-up of early detected vulnerable children. *Journal of Consulting and Clinical Psychology, 66*, 624–633.

Crockett, L., & Dorn, L. (1984). Young adolescents' pubertal status and reported heterosocial interaction. Paper presented at the biennial meeting of the Society for Research in Child Development, Baltimore.

Csikszentmihalyi, M. (1996). *Creativity: Flow and the psychology of discovery and invention*. New York: Harper Colins.

Csikszentmihalyi, M., & Larson, R. (1984). *Being adolescent*. New York: Basic Books.

Csikszentmihalyi, M., & Wolfe, R. (2000). New conceptions and research approaches to creativity: Implications of a systems perspective for creativity in education. In K. Heller, F. Monks, R. Sternberg, & R. Subotnik (Eds.), *International Handbook for research on giftedness and talent* (pp. 81–93). Oxford: Pergamon.

Dacey, J., & Kenny, M. (1997). *Adolescent development* (2nd ed.). New York: McGraw-Hill.

Davis, G. A. (2001). *Creativity is forever*. Iowa: Kendall/Hunt.

Davison, T. E., & McCabe, M. P. (2006). Adolescent body image and psychological functioning. *The Journal of Social Psychology, 146*, 15–30.

De Mello, A. (1986). *One minute wisdom*. Garden City, NY: Doubleday.

Dishion, T. J., McCord, J., & Poulin, F. (1999). When interventions harm: Peer groups and problem behavior. *American Psychologist, 54*, 755–764.

Doesher, S. M., & Sugawara, A. I. (1990) Sex role flexibility and prosaical behavior among preschool children. *Sex Roles, 22*, 111–123.

Douvan, E., & Adelson, J. (1966). *The adolescent experience*. New York: Wiley.

Dunphy, D. C. (1969). *Cliques, crowds & gangs: Group life of Sydney adolescents*. Melbourne.

Dusek, J. B., & McIntyre, J. G. (2003). Self-concept and self-esteem development. In G. Adams & M. Berzonsky (Eds.), *Blackwell handbook of adolescence* (pp. 290–309).

Malden, MA: Blackwell.

East, P. L. (1991). Peer status groups. In R. M. Lerner, A. C. Petersen, & Brooks-Gunn (Eds.), *Encyclopedia of Adolescence* (Vol. 2). New York: Garland.

Eccles, J. S., & Roeser, R. W. (2003). Schools as developmental contexts. In G. R. Adams & M. D. Berzonsky (Eds.), *Blackwell Handbook of Adolescence* (pp. 129-148). Oxford, England: Blackwell Publishing.

Eisenberg, N., & McNally, S. (1993). Socialization and mothers' and adolescents' empathy-related characteristics. *Journal of Research on Adolescence, 3*, 171-191.

Eisenberg, N., & Valiente, C. (2002). Parenting and children's prosocial and moral development. In M. H. Bornstein (Ed.), *Handbook of Parenting* (2nd ed., pp. 111-142). Mahwah, NJ: Erlbaum.

Elder, G. H., Jr., & Conger, R. D. (2000). *Children of the land.* Chicago: University of Chicago Press.

Elkind, D. (1967). Egocentrism in adolescence. *Child Development, 38*, 1025-1034.

Elkind, D. (1975). Recent research on cognitive development in adolescence. In S. E. Dragastin & G. H. Elder, Jr. (Eds.), *Adolescence in the life cycle.* New York: Wiley.

Elkind, D. (1978). *The child's reality: Three developmental themes.* Hillsdale, NJ: Erlbaum.

Elkind, D., & Bower, R. (1979). Imaginary audience behavior in children and adolescents. *Developmental Psychology, 15*, 38-44.

Elliott, D. S., Huizinga, D., & Ageton, S. S. (1985). *Explaining delinquency and drug use.* Beverly Hills, CA: Sage.

Epstein, H. T. (1978). Growth spurts during brain development: Implications for educational policy and practice. In J. S. Chall & A. F. Mirsky (Eds.), *Education and the brain* (pp. 343-370). Chicago, IL: University of Chicago Press.

Epstein, H. T. (1979). Correlated brain and intelligence development in humans. In M. E. Hahn, C. Jensen, & B. C. Dudek (Eds.), *Development and evolution of brain size: Behavioral implications* (pp. 111-131). New York: Academic Press.

Epstein, J. L. (1983). Examining theories of adolescent friendships. In J. L. Epstein & N. L. Karweit (Eds.), *Friends in school* (pp. 39-61). New York: Academic Press.

Erikson, E. H. (1968). *Identity: Youth and crisis.* New York: Norton.

Erwin, P. (2001). 아동기와 청소년기의 친구관계 [*Friendship in childhood and adolescence*]. (박영신 역). 서울: 시그마프레스. (원저는 1998년에 출판).

Feather, N. T., & Simon, J. C. (1975). Reactions to female success and failure in sex-linked occupations: Impressions of personality, casual attributions, and perceived likelihood of different consequences. *Journal of Personality and Social Psychology, 31*(1), 20-31.

Field, A. E., Camargo, C. A., Taylor, C. B., Berkey, C. S., Frazier, L., & Gillman, M. W. (1999). Overweight, weight concerns and bulimic behaviors among girls and boys. *Journal of the American Academy of Child & Adolescent Psychiatry, 38*(6), 754-760.

Fingerman, K. L. (2006). Social relations. In J. E. Birren & K. W. Schaie (Eds.), *Handbook of the psychology of aging* (6th ed.). San Diego: Academic Press.

Fisher, H. E. (1992). *Anatomy of love: The natural history of monogamy, adultery, and divorce.* New York: Norton.

Fishkin, J., Keniston, K., & Mackinnon, C. (1973). Moral reasoning and political ideology. *Journal of Personality and Social Psychology, 27*(1), 109-119.

Ford, M. R., & Lowery, C. R. (1986). Gender differences in moral reasoning: A comparison of the use of justice and care orientations. *Journal of Personality and Social Psychology, 50,* 777-783.

Franzoi, S. L., & Herzog, M. E. (1987). Judging physical attractiveness: What body aspects do we use? *Personality and Social Psychology Bulletin, 13,* 19-33.

Fregly, M. J., & Luttge, W. G. (1982). *Human endocrinology: An interactive text.* New York: Elsevier Biomedical.

Freud, A. (1958). Adolescence. *Psychoanalytic Study of the Child, 13,* 255-278.

Freud, A., & Dann, S. (1951). Instinctual anxiety during puberty. In A. Freud (Ed.), *The ego and its mechanisms of defense.* New York: International Universities Press.

Frisch, R. E. (1990). The right weight: Body fat, menarche and ovulation. *Baillie's Clinical Obstetrics and Gynecology, 4*(3), 419-439.

Frisch, R. E. (1991). Puberty and body fat. In R. M. Lerner, A. C. Petersen, & J. Brooks-Gunn (Eds.), *Encyclopedia of adolescence* (pp. 884-892). New York: Garland.

Frost, J., & McKelvie, S. (2004). Self-esteem and body satisfaction in male and female elementary school, high school, and university students. *Sex Roles, 51,* 45-54.

Galvin, K. M., & Brommel, B. J. (1982). *Cohesion and change.* Scott & Foresman.

Gilligan, C. (1977). In a different voice: Women's conceptions of self and morality. *Harvard Educational Review, 47*(4), 481-517.

Ginzberg, F. (1990). Career Development. In D. Brown, L. Brown, & Associates (Eds.), *Career choice and development* (pp. 169-192). San Francisco: Jossey-Bass.

Gold, M., & Petronio, R. J. (1980). Delinquent behavior in adolescence. In J. Adelson (Ed.),

Handbook of adolescent psychology. New York: Wiley.

Goossens, L. (2006). Parenting, identity, and adjustment in adolescence. Paper presented at the meeting of the Society for Research on Adolescence, San Francisco.

Gove, P. (1993). *Webster's third new international dictionary of the English language unabridged.* Springfield, MA: Merrian-Webster Inc.

Gray, J. (1995). 화성에서 온 남자, 금성에서 온 여자 [*Men are from Mars, women are from Venus*]. (김경숙 역). 서울: 친구미디어. (원저는 1992년에 출판).

Grotevant, H. D., & Cooper, C. R. (1985). Patterns of Interaction in Family Relationships and the Development of Identify Exploration in Adolescence. *Child Development, 56,* 415-428.

Guilford, J. P. (1959). *Personality.* New York: McGraw-Hill.

Guiney, K. M., & Furlong, N. E. (1999). Correlates of body satisfaction and self-concept in third and sixth graders. *Current Psychology: Development, Personality, and Social Learning, 18*(4), 353-367.

Hall, G. S. (1904). *Adolescence: Its psychology and its relations to physiology, anthropology, sociology, sex, crime, religion, and education.* Englewood Cliffs, New Jersey: Prentice-Hall.

Hamburg, D. A. (1992). *Today's children: Creating a future for a generation in crisis.* New York: Times Books.

Hann, N., Smith, M. B., & Block, J. (1968). Moral reasoning of young adults: Political-social behavior, family background, and personality correlates. *Journal of Personality and Social Psychology, 10,* 183-201.

Harris, L. (1988). *Public attitudes toward teenage pregnancy, sex education, and birth control.* New York: Planned Parenthood of America.

Harris, L. (1995). *Between hope and fear: Teens speak out on crime and the community.* New York: Author.

Harter, S. (1983). Developmental perspectives on the self-system. In P. H. Mussen (Ed.), *Handbook of child psychology* (4th ed., 275-385). New York: John Wiley.

Harter, S. (1985). Competence as a dimension of self-evaluation: Toward a comprehensive model of self-worth. In R. Leahy (Ed.), *The development of the self* (pp. 55-122). Orlando, FL: Academic Press.

Harter, S. (1990). Self and identity development. In S. S. Feldman & G. R. Elliot (Eds.), *At the thresholds: The developing adolescent* (pp. 352-387). Cambridge, MA: Harvard

University Press.

Harter, S. (1999). *The construction of the self*. New York: Guilford.

Harter, S. (2006). The development of self-representations in childhood and adolescence. In W. Damon & R. Lerner (Eds.), *Handbook of child psychology* (6th ed., pp. 610-642). New York: Wiley.

Havighurst, R. (1952). *Developmental tasks and education*. New York: Longmans, Green.

Hendrick, C., & Hendrick, S. (1986). A theory and method of love. *Journal of Personality and Social Psychology, 50*(2), 392-402.

Hill, J. P. (1980). The family. In M. Johnson (Ed.), Toward adolescence: The middle school years. *The seventy-ninth yearbook of the National Society for the Study of Education* (pp. 32-55). Chicago: University of Chicago Press.

Hill, J., & Holmbeck, G. (1986). Attachment and autonomy during adolescence. In G. Whitehurst (Ed.), *Annals of child development* (pp. 145-189). Greenwich, Conn.: JAI Press.

Hoffman, L. W. (1989). Effects of maternal employment in two-parent families. *American Psychologist, 44*, 283-293.

Holmbeck, G. N., Paikoff, R. L., & Brooks-Gunn, J. (1995). Parenting adolescents. In M. Bornstein (Ed.), *Handbook of parenting: Children and parenting* (Vol. 1, pp. 91-118). Hillsdale, NJ: Lawrence Erlbaum Associates.

Horner, M. (1969). Fail: Bright women. *Psychology Today, 3*(6), 36, 38, 62.

Hurlock, E. B. (1973). *Adolescent development*. New York: McGraw-Hill.

Hurlock, E. B. (1975). *Developmental psychology*. New York: McGraw-Hill.

Huston, A. C., & Alvarez, M. M. (1990). The socialization context of gender role development in early adolescence. In R. Montemayor, G. R. Adams, & T. P. Gullota (Eds.), *From childhood to adolescence: A transitional period?* (pp. 156-179). Newbury Park, CA: Sage.

Huttenlocher, P. R. (1994). Synaptogenesis in human cerebral cortex. In G. Dawson & K. W. Fischer (Eds.), *Human behavior and the developing brain* (pp. 137-152). New York: Guilford Press.

Inhelder, B., & Piaget, J. (1958). *The growth of logical thinking from childhood to adolescence*. New York: Basic Books.

Jackson, A. W., & Davis, G. A. (2000). *Turning Points 2000: Educating adolescents in the 21st century*. New York: Teachers College Press.

James, W. (1890). *The principles of psychology.* New York: Holt.

Janosz, M., Blanc, M. L., Boulerice, B., & Tremblay, R. E. (2000). Predicting different types of school dropouts: A typological approach with two longitudinal samples. *Journal of Educational Psychology, 92*(1), 171-190.

Jussim, L., & Eccles, J. S. (1993). Teacher expectations II: Construction and reflection of student achievement. *Journal of Personality and Social Psychology, 63*, 947-961.

Kandel, D., & Lesser, G. (1972). *Youth in two worlds.* San Francisco: Jossey-Bass.

Kaplan, P. S. (2004). *Adolescence.* New York: Houghton Miffin Company.

Keating, D. P. (1980). Thinking processes in adolescence. In J. Adelson (Ed.), *Handbook of adolescent psychology* (pp. 211-246). New York: Wiley.

Kifer, E. (1978). The impact of schooling on perceptions of self. Paper presented at the Self-concept Symposium, Boston, September-October.

Kim, H. (1999). Relationship between parenting styles and self-perception-academic competence, morality, and self-reliance among Korean-American college students. Ph. D. Dissertation, University of Southern California.

Kimmel, D. C., & Weiner, I. B. (1995). *Adolescence: A developmental transition.* New York: Wiley & Sons, Inc.

Kitchenerr, K. S., King, P. M., Davison, M. L., Parker, C. A., & Wood, P. K. (1984). A longitudinal study of moral and ego development in young adults. *Journal of Youth and Adolescence, 13*, 197-211.

Knox, D., Zusman, M. E., & McGinty, K. (2002). College students' attitudes and behaviors toward ending an unsatisfactory relationship. *College Student Journal, 36*(4), 630-634.

Kohlberg, L. (1963). The development of children's orientations toward a moral order. *Vita Humana, 6*, 11-33.

Kohlberg, L. (1966). A cognitive-development analysis of children's sex-role concept and attitudes. In E. E. Maccoby (Ed.), *The development of sex differences* (pp. 82-173). CA: Stanford University Press.

Kohlberg, L. A. (1969). Stages and sequence: The cognitive-developmental approach to socialization. In A. A. Goslin (Ed.), *Handbook of socialization theory and research* (pp. 347-480). Skokie, IL: Rand McNally.

Kohlberg, L. A. (1976). Moral stages and moralization: The cognitive development approach. In T. Likona (Ed.), *Moral development and behavior: Theory, research and social issues* (pp. 31-53). New York: Holt, Rinehart & Winstion.

Kohlberg, L. A. (1981). *Essays on moral development: Vol. 1. The philosophy of moral development.* San Francisco: Harper & Row.

Kohlberg, L. A. (1994). *Moral reasoning in adolescence.* Boston: Allyn & Bacon.

Kracke, B. (2002). The role of personality, parents and peers in adolescents' career exploration. *Journal of Adolescence, 25,* 19-30.

Kurtines, W. M., & Gewirtz, J. (Eds.) (1991). *Moral behavior and development: Advances in theory, research, and application.* Hillsdale, NJ: Erlbaum.

Lapsley, D. K. (1990). Continuity and discontinuity in adolescent social cognitive development. In R. Montemayor, G. R. Adams, & T. P. Gullotta (Eds.), *From childhood to adolescence: A transitional period?* (pp. 183-204). Newbury Park, CA: Sage.

Lapsley, D. K. (1991). Egocentrism theory and the "new look" at the imaginary audience and personal fable in adolescence. In R. M. Lerner, A. C. Petersen, & J. Brooks-Gunn (Eds.), *Encyclopedia of adolescence* (pp. 281-286). New York: Garland.

Larson, M. S. (2001). Interaction, activities, and gender in children's television commercials: A content analysis. *Journal of Broadcasting & Electronic Media, 45,* 41-56.

Laser, J. A., & Nicotera, N. (2011). *Working with adolescents: A guide for practice.* New York: The Guilford Press.

Laursen, B. (1995). Conflict and social interaction in adolescent relationships. *Journal of Research on Adolescence, 5,* 55-70.

Laursen, B., & Ferreira, M. (1994). Does parent-child conflict peak at mid-adolescence? Paper presented at the meeting of the Society for Research on Adolescence, San Diego.

Lefrancois, G. R. (1990). *The lifespan.* Belmont, CA: Wadsworth Publishing.

Lent, R. W., Brown, S. D., & Hackett, G. (2000). Contextual supports and barriers to career choice: A social cognitive analysis. *Journal of Counseling Psychology, 47,* 36-49.

Levine, M., & Harrison, K. (2004). Media's role in the perpetuation and prevention of negative body image and disordered eating. In J. K. Thompson (Ed.), *Handbook of Eating disorders and obesity* (pp. 695-717). New York: Wiley.

Lewis, R., Casto, R., Aquilino, W., & Magguffin, N. (1978). Developmental transitions in male sexuality. *The Counseling Psychologist, 7*(4), 15-18.

Liebowitz, M. R. (1983). *The chemistry of love.* Boston: Little Brown.

Lloyd, M. A. (1985). *Adolescence.* New York: Harper & Row.

Looft, W. R. (1972). *Developmental psychology*. Hinsdale: The Dryden Press.

Luckmann, J., & Sorensen, K. (1974). *Medical-surgical nursing*. Philadelphia: W. B. Saunders Company.

Maccoby, E. (1995). Divorce and custody: The rights, needs, and obligations of mothers, fathers, and children. *Nebraska Symposium on Motivation, 42*, 135-172.

Maccoby, E., & Jacklin, C. (1974). *The psychology of sex difference*. Stanford: Stanford University Press.

Malina, R. M., & Bouchard, C. (1991). *Growth, maturation, and physical activity*. Champaign, IL: Human Kinetics Books.

Marcia, J. E. (1980). Identity in adolescence. In J. Adelson (Ed.), *Handbook of adolescent psychology* (pp. 159-187). New York: Wiley.

Martin, C. L., & Halverson, C. (1983). The effects of sex typing schemas on young children's memory. *Child Development, 54*, 563-574.

McWhirter, J. J., McWhirter, B. T., McWhirter, E. H., & McWhirter, R. J. (2004). *At risk youth: A comprehensive youth* (3rd ed.). Belmont, CA: Books/Cole.

Melby, J. N., & Conger, R. D. (1996). Parental behaviors and adolescent academic performance: A longitudinal analysis. *Journal of Research on Adolescence, 6*, 113-137.

Mischel, W. (1970). Sex typing and socialization. In P. H. Mussen (Ed.), *Carmichael's manual of child psychology* (Vol. 2, pp. 3-72). New York: Wiley.

Monge, R. H. (1973). Developmental Trends in factors of adolescent self-concept. *Developmental Psychology, 8*, 382-393.

Mounts, N. S., & Steinberg, L. (1995). An ecological analysis of peer influence on adolescent grade point average and drug use. *Developmental Psychology, 31*, 915-922.

Mruk, C. (2013). *Self-esteem and positive psychology: research, theory, and practice*. New York: Springer Publishing Company.

Mullis, R. L., & Markstrom, C. A. (1986). An analysis of the imaginary audience scale. *Journal of Early Adolescence, 6*, 305-316.

Munro, G., & Adams, G. R. (1977). Ego identity formulation in college students and working youth. *Developmental Psychology, 13*(57), 523-524.

Murray, J. P. (1993). The developing child in a multimedia society. In G. L. Berry & J. K. Asamen (Eds.), *Children and television: Images in a changing sociocultural world* (pp.

9-22). Newbury Park: Sage.

National Middle School Association (2005). National Middle School Association's position statement on curriculum, instruction, and assessment. National Middle School Association. Retrieved September 1, 2006, from http://www.nmsa.org/AboutNMSA/PositionStatements/Currirulum/tabid/767/Default.aspx.

National Network of Runaway and Youth Service (1985). *A profile of America's Runaway and Homeless Youth and the Programs that Help them*. Washington, D.C.: Author.

Newman, B. M., & Newman, P. R. (1984). *Development through life: A psychological approach* (3rd ed.). Homewood, IL: The Dorsey Press.

Noack, P., & Buhl, H. M. (2004). Relations with parents and friends during adolescence and early adulthood. *Marriage & Family Review, 36*, 31-51.

Norman, J., & Harris, M. W. (1981). *The private life of the American teenager*. New York: Rawson, Wade.

Norris, C. M. (1978). The professional nurse and body image. In C. M. Norris & C. Carlson (Eds.), *Behavioral concepts and nursing intervention* (pp. 39-65). Philadelphia, PA: Lippincott.

Nottelmann, E. D., Susman, E. J., Blue, J. H., Inoff-Germain, G., Dorn, L. D., Loriaux, D. L., Cutler, C. B., & Chrousos, G. P. (1987). Gonadal and adrenal hormone correlates of adjustment in early adolescence. In R. M. Lerner & T. T. Foch (Eds.), *Biological-Psychological interactions in early adolescence* (pp. 303-323). Hillsdale, NJ: Erlbaum.

Nucci, L. (2006). Education for moral development. In M. Killen & J. Smetana (Eds.), *Handbook of moral development* (pp. 657-682). Nahwah, NJ: Erbaum.

O'Neil, J. M., Ohlde, C., Barke, C., Gelwick, B., & Farfield, N. (1980). Research on a workshop to reduce the effects of sexism and sex-role socialization on women's career planning. *Journal of Counseling Psychology, 27*, 355-363.

O'Sullivan, R. G. (1990). Validating a method to identify at-risk middle school students for participation in a dropout prevention program. *Journal of Early Adolescence, 19*, 209-220.

OECD (2020). Non-Medical Determinants of Health.

Oetzel, R. M. (1996). Sex roles. In E. E. Maccoby (Ed.), *The development of sex differences* (pp. 223-321). Stanford, CA: Stanford University Press.

Offer, D., & Offer, J. B. (1975). *From teenage to young manhood: A psychological study*. New York: Basic Books.

Offer, D., Ostrov, E., & Howard, K. I. (1981). *The adolescent: A psychological self-portrait*. New York: Basic Books.

Oyserman, D., & Markus, H. R. (1990a). Possible selves and delinquency. *Journal of Personality and Social Psychology, 59*, 112-125.

Oyserman, D., & Markus, H. R. (1990b). Possible selves in balance: Implications for delinquency. *Journal of Social Issues, 46*, 141-157.

Papalia, D. E., Olds, S. W., & Feldman, R. D. (1989). *Human development*. New York: McGraw-Hill.

Papini, D. R., Roggman, L. A., & Anderson, J. (1990). Early adolescent perceptions of attachment to mother and father: A test of the emotional distancing hypothesis. Paper presented at the meeting of the Society for Research in Adolescence, Atlanta.

Parsons, T., & Bales, R. F. (1955). *Family socialization and interaction process*. New York: Free Press.

Parsons, T., & Shils, E. A. (1962). *Toward a general theory of action*. New York: Harper & Row.

Patterson, G. R., Crosby, L., & Vuchinich, S. (1992). Predicting risk for early police arrest. *Journal of Quantitative Criminology, 8*(4), 335-355.

Patterson, G. R., De Baryshe, B. D., & Ramsey, E. (1989). A developmental perspective on antisocial behavior. *American Psychologist, 44*(2), 329-335.

Paulson, S. E. (1994). Relations of parenting style and parental involvement with ninth grade student's achievement. *Journal of Early Adolescence, 2*, 250-267.

Piaget, J. (1932). *The moral judgment of the child*. New York: Free Press.

Piaget, J. (1954). *The construction of reality in the child*. New York: Basic Books.

Piaget, J. (1965). *The moral judgment of the child*. London: Kegan Paul.

Piaget, J. (1980). *Recent studies in genetic epistemology*. Geneva: Cahiers Foundation Archives Jean Piaget.

Piaget, J. (1981). *Intelligence and affectivity: Their relationship during child development*. T. A. Brown & C. E. Kaegi (Trans. & Ed.), Palo Alto, CA: Annual Reviews.

Pierce, K., & Edwards, E. (1988). Children's construction of fantasy stories: Gender differences in conflict resolution strategies. *Sex Roles, 18*, 393-404.

Pleck, J. H. (1976). The male sex role: Definitions, problems, and sources of change. *Journal of Social Issues, 32*, 155-164.

Pleck, J. H. (1995). The gender role strain paradigm: An update. In R. E. Levant, & W. S.

Pollack (Eds.), *A new psychology of men* (pp. 11-32). New York: Basic Book.

Pludowski, P., Litwin, M., Niemirska, A., Jaworski, M., Sladowska, J., Kryskiewicz, E. (2009). Accelerated skeletal maturation in children with primary hypertension. *Hypertension, 54*, 1234-1239.

Powers, S. I. (1983). Family interaction and parental moral judgment as a context for adolescent moral development: A Study of patient and non-patient adolescents. *Dissertation Abstracts International, 43*, 3753B. (University Microfilms No. 83-08, 501).

Powlishta, K. K., Sen, M. G., Serbin, L. A., Poulin-Dubois, D., & Eichstedt, J. A. (2001). From infancy through middle childhood: The role of cognitive and social factors in becoming gendered. In R. Unger (Ed.), *Handbook of the psychology of women and gender* (pp. 116-132). New York: John Wiley & Sons, Inc.

Reis, O., & Youniss, J. (2004). Patterns of Identity change and development in relationships with mothers and friends. *Journal of Adolescent Research, 19*, 31-44.

Rest, J., Power, C., & Brabeck, M. (1988). Lawrence Kohlberg, 1927-1987. *American Psychology, 43*(5), 399-400.

Rice, F. P., & Dolgin, K. G. (2008). *The adolescent: Development, relationships, and culture* (12th ed.). Boston: Allyn & Bacon.

Rice, K. G. (1990). Attachment in adolescence: A narrative and meta-analytic review. *Journal of Youth and Adolescence, 19*, 511-538.

Richards, M. H., Boxer, A. M., Petersen, A. C., & Albrecht, R. (1990). Relations of weight to body image in public girls and boys from two communities. *Developmental Psychology, 26*, 313-321.

Robins, R. W., Trzesniewsk, K. H., Tracey, J. L., Porter, J., & Gosling, S. D. (2002). Age differences in self-esteem from age 9 to 90. *Psychology and Aging, 17*, 423-434.

Roeser, R. W., & Eccles, J. S. (1998). Adolescent perceptions of middle school: Relation to longitudinal changes in academic and psychological adjustment. *Journal of Research on Adolescence, 8*, 123-158.

Roeser, R. W., Eccles, J. S., & Freedman-Doan, C. (1999). Academic functioning and mental health in adolescence: Patterns, progressions, and routes from childhood. *Journal of Adolescent Research, 14*, 135-174.

Rogers, C. (1961). *On becoming a person: A therapist's view of psychotherapy*. Boston: Houghton Mifflin.

Rohner, R. P. (1976). Sex Differences in aggression: Phylogenetic and enculturation perspectives. *Ethos, 4*, 57-72.

Roscoe, B., Dian, M. S., & Brooks, R. H. (1987). Early, middle, and late adolescents' views on dating and factors influencing partners' selection. *Adolescence, 22*, 59-68.

Rosenberg, M., Schooler, C., & Schoenbach, C. (1989). Self-esteem and adolescent problem behaviors: Modeling reciprocal effects. *American Sociological Review, 54*, 1004-1018.

Ruble, D. N., & Brooks-Gunn, J. (1982). Psychological correlates of tampon use in adolescents. *Annals of Internal Medicine, 96*(6), 962-965.

Rutter, M., Graham, P., Chadwick, O., & Yule, W. (1976). Adolescent turmoil: Fact or fiction. *Journal of Child Psycholosy & Psychiatry, 17*, 35-36.

Salkind, N. J. (1995). 인간발달의 이론 [*Theories of human development*]. (정옥분 역). 서울: 교육과학사. (원저는 1985년에 출판).

Santrock, J. W. (2004). 청년심리학 [*Adolescence*]. (김현정, 박영신, 방희정, 유성경, 이계원, 정명숙, 조아미, 최윤미 공역). 서울: 박학사. (원저는 2002년에 출판).

Santrock, J. W. (2006). *Adolescence* (12th ed.). New York: McGraw-Hill.

Sarigiani, P. A., Wilson, J. L., Petersen, A. C., & Vicary, J. R. (1990). Self-image and educational plans of adolescents from two contrasting communities. *Journal of Early Adolescence, 10*, 37-55.

Savin-Williams, R. C., & Berndt, T. J. (1990). Friendship and peer relations. In S. S. Feldman & G. R. Elliot (Eds.), *At the threshold: The developing adolescent* (pp. 277-307). Cambridge, MA: Harvard University Press.

Seiffge-Krenke, I., & Gelhaar, T. (2007). Does successful attachment of developmental tasks lead to happiness and success in later developmental tasks?: A test of Havighurst's theses. *Journal of Adolescence*. doi: 10.1016/Journal of Adolescence.2007.04.002.

Selman, R. L. (1977). A structural developmental model of social cognition: Implications for intervention research. *Counselling Psychology, 6*, 3-6.

Selman, R. L. (1980). *The growth of interpersonal understanding*. New York: Academic Press.

Selman, R. L. (1980). *The growth of interpersonal understanding: development and clinical analysis*. New York: Academic Press.

Selman, R. L. (1981). The child as friendship philosopher. In S. R. Asher & J. M. Gottman (Eds.), *The development of children's friendships* (pp. 242-272). Cambridge:

Cambridge University Press.

Selman, R. L., & Schultz, L. H. (1990). *Making a friend in youth: Developmental theory and pair therapy*. Chicago: University of Chicago Press.

Shaffer, D. R. (2000). *Developmental psychology: Childhood and adolescence*. Pacific Grove, CA: Grooks/Cole.

Shaffer, D. R., & Kipp, K. (2012). 발달심리학 [*Developmental psychology*]. (송길연, 장유경, 이지연, 정윤경 공역). 서울: 센게이지러닝코리아. (원저는 2010년에 출판).

Sharabany, R., Geershoni, R., & Hofman, J. (1981). Girl friend, boy friend: Age and sex differences in intimate friendship. *Developmental Psychology, 17*, 800-808.

Shavelson, R. J., Hubner, J. J., & Stanton, J. C. (1976). Self-concept: validation of construct interpretations. *Review of Educational Research, 46*, 407-441.

Shedler, J., & Block, J. (1990). Adolescent drug use and psychological health: A longitudinal inquiry. *American Psychologist, 45*, 612-630.

Sheldon, W. (1992). G. Stanley Hall: From philosophy to developmental psychology. *Developmental Psychology, 28*, 25-34.

Siegel, J. M. (2002). Body image change and adolescent depressive symptoms. *Journal of Adolescent Research, 17*(1), 27-41.

Sigelman, C. K., & Shaffer, D. R. (1991). *Life-span human development*. Pacific Grove, CA: Brooks/cole Publishing Company.

Silverberg, S., & Steinberg, L. (1990). Psychological well-being of parents at midlife: The impact of early adolescent children. *Developmental Psychology, 26*, 658-666.

Simmons, R. G., & Blyth, D. A. (1987). *Moving into adolescence: The impact of pubertal change and school context*. Hawthorn, New York: Aldine & de Gruyter.

Simons, J. M., Finley, R., & Yang, A. (1991). *The adolescent and young adult fact book*. Washington, DC: Children's Defense Fund.

Smetana, J. G., & Asquith, P. (1994). Adolescents' and parents' conceptions of parental authority and adolescent autonomy. *Child Development, 65*, 1147-1162.

Smith, G. W., & Fogg, C. P. (1978). Psychological predictors of early use, late use and non-use of marijuana among teenage students. In D. Kandel (Ed.), *Longitudinal research on drug use: Empirical findings and methodological issues* (pp. 101-113). Washington, DC: Hemisphere-Wiley.

Solomon, J., Scott, L., & Duveen, J. (1996). Large scale exploration of pupils' understanding of the nature of science. *Science Education, 80*, 493-508.

Sørensen, K., Mouritsen, A., Aksglaede, L., Hagen, C. P., & Morgensen, S. S. (2012). Recent secular trends in pubertal timing: implications for evaluation and diagnosis of precocious puberty. *Hormone Research in Pediatrics, 77*(3), 137-145.

Spence, J. T., & Hall, S. K. (1996). Children's gender-related self-perceptions, activity preferences, and occupational stereotypes: A test of three models of gender constructs. *Sex Roles, 35,* 659-692.

Spencer, A. R. et al. (1992). *Human sexuality in a world of diversity* (6th ed.). Boston, MA: Allyn & Bacon.

Spencer, M. B. (1999). Social and cultural influence on school adjustment: The application of an identity-focused cultural ecological perspective. *Educational Psychologist, 34,* 43-57.

Spera, C. (2005). A review of the relationship among parenting practices, parenting styles, and adolescent school achievement. *Educational Psychology Review, 17,* 125-146.

Spivack, G., & Cianci, N. (1987). High-risk early behavior pattern and later delinquency. In J. D. Burchard & S. N. Burchard (Eds.), *Prevention of delinquent behavior* (pp. 44-74). Beverly Hills, CA: Sage.

Steinberg, L. (1990). Autonomy, conflict, and harmony in the family relationship. In S. S. Feldman & G. R. Elliot (Eds.), *At the threshold: The developing adolescent* (pp. 255-276). Cambridge, MA: Harvard University Press.

Steinberg, L. (1991). Parent-adolescent relations. In R. M. Lemer, A. Petersen, & J. Brooks-Gunn (Eds.), *Encyclopedia of adolescence* (pp. 724-727). New York: Garland Publishing Inc.

Steinberg, L. (1993). *Adolescence.* New York: McGraw-Hill.

Steinberg, L. (1999). *Adolescence* (5th ed.). New York: McGraw-Hill.

Steinberg, L., & Silverberg, S. (1986). The vicissitudes of autonomy in early adolescence. *Child Development, 57,* 841-851.

Stephen, J., Fraser, E., & Marcia, J. E. (1992). Moratorium achievement (MAMA) cycles in life span identity development: value orientations and reasoning systems' correlates. *Journal of Adolescence, 15,* 283-300.

Sternberg, R. J. (1985). *Beyond IQ: A triarchic theory of human intelligence.* New York: Cambridge University Press.

Sternberg, R. J. (1986). A triangular theory of love. *Psychological Review, 93,* 119-135.

Stormshak, E. A., Bierman, K. L., & The Conduct Problems Prevention Research Group

(1998). The implications of different developmental patterns of disruptive behavior problems for school adjustment. *Development and Psychology, 10*, 451-468.

Strang, R. (1957). *The adolescent views himself.* New York: McGraw-Hill.

Strong, B., & DeVault, C. (1989). *The marriage and family experience.* St. Paul, MN: West.

Strong, B., & DeVault, C. (1994). *Human sexuality.* Mountain View, CA: Mayfield.

Sullivan, H. S. (1953). *The interpersonnal theory of psychiatry.* New York: W. W. Norton & Company.

Sun, S. S., Schubert, C. M., Chumlea, W. C., Roche, A. F., Kulim, H. E., Lee, P. A., Himes, J. H., & Ryan, A. S. (2002). National estimates of the timing of sexual maturation and racial differences among US children. *Pediatrics, 110*, 911-919.

Suomi, S. J., Harlow, H. F., & Domek, C. J. (1970). Effect of repetitive infant-infant separations of young monkeys. *Journal of Abnormal Psychology, 76*, 161-172.

Sykes, G. M. (1980). The future of crime (National Institute of Mental Health, DHHS Publication No. ADM 80-912). Washington, DC: U.S. Government Printing Office.

Tanner, J. M. (1968). Earlier Maturation in man. *Scientific American, 218*(1), 21-27.

Tanner, J. M. (1974). Sequence and tempo in the somatic changes in puberty. In M. M. Grumbach, G. D. Gravee, & F. E. Mayor (Eds.), *Control of the onset of puberty* (pp. 448-473). New York: John Wiley & Sons.

Tanner, J. M. (1978). *Fetus into man.* Cambridge: Harvard University Press.

Teddlie, C., Kirby, P. C., & Stringfield, S. (1989). Effective vs. ineffective schools: Observable differences in the classroom. *American Journal of Education, 97*, 221-236.

Torrance, E. P. (1959). Current research on the nature of creative talent. *Journal of Counseling Psychology, 4*(4), 6-11.

U. S. Department of Health and Human Service (2012). Youth Risk Behavior Surveillance: United States, 2011. *Morbidity and Mortality Weekly Report, 61*(4), 11-12.

University of California at Los Angeles Medical Center (2000). Acne. patient learning series, www.mednet.ucla.edu/healthtopics/acne.htm

Urberg, K. A., Degirmencioglu, S. M., Tolson, J. M., & Halliday-Scher, K. (1995). The structure of adolescent peer networks. *Developmental Psychology, 31*, 540-547.

van den Berg, S. M., & Boomsa, D. I. (2007). The familial clustering of age at menarche in extended twin studies. *Behavior Genetics, 37*, 661-667.

Vierstein, M. C., McGinn, P. V., & Hogan, R. (1977). The personality correlates of differential verbal and mathematical ability in talented adolescents. *Journal of Youth* and Adolescence, 6(2), 169-178.

Walker, L. J. (1989). A longitudinal study of moral reasoning. *Child Development, 60,* 157-166.

Walker, L. S., & Green, J. W. (1986). The social context of adolescent self-esteem. *Journal of Youth and Adolescence, 15,* 315-322.

Wallach, M. A., & Kogan, N. (1967). *Thinking in young children.* New York: Holt, Rinehart, Winston.

Webster, R. (2002). Metacognition and the autonomous learner: Student reflections on cognitive profiles and learning environment development. Retrieved May, 30, 2015.

Weiner, A., Kuppermintz H., & Guttmann, D. (1994). Video home training (The Orion Project): A short-term preventive and treatment intervention for families of young children. *Family Process, 33*(4), 441-453.

Weng, A., & Montemayor, R. (1997). Conflict between mothers and adolescents. Paper presented at the meeting of the Society for Research in Child Development, Washington, DC.

Wentzel, K. R., & McNamara, C. C. (1999). Interpersonal relationships, emotional distress, and prosocial behavior in middle school. *Journal of Early Adolescence, 19,* 114-125.

White, K. R. (1982). The relation between socioeconomic status and academic achievement. *Psychological Bulletin, 91*(3), 461-481.

Young-Bruehl, E. (1988). *Anna Freud: A biography.* New York: Summit Book.

Youniss, J., & Smollar, J. (1985). *Adolescent relations with mother, father, and friends.* Chicago: University of Illinois Press.

경향신문(2014. 7. 30.). 성경험 평균연령 12.8세, 자궁 등 건강관리 중요.

경향신문(2021. 5. 27.). 초경, 너무 빨라도 늦어도 진단 필요.

국민일보(2001. 10. 13.). 영화 '친구' 모방범죄 왕따 고교생이 친구 살해.

더팩트(2014. 8. 22.). '잔혹 · 엽기'… 또 다른 악마의 탄생 '모방범죄'.

데일리그리드(2014. 6. 25.). 초경 시작한 10대 소녀, 월경불순이나 생리통 있다면 부인과 검진 받아봐야.

서울경제(2021. 10. 15.). '오징어 게임' 폭력 모방하면 '징계'…학교에 내려진 경계령.

서울신문(2008. 11. 15.). 우리 딸 '월경증후군' 있나 챙겨 보세요.

연합뉴스(2019. 4. 1.). 여성 91% 생리통 경험…진통제 복용 40% '효과 불만족'.

이데일리뉴스(2014. 7. 10.). [청소년 통계] 사망원인 1위는 '자살'.

중앙일보(2011. 1. 10.). 사랑도 리모델링 되지요. 그 출발은 스킨십.

중앙일보(2021. 1. 23.). 나 하나도 건사하기 힘든데, 결혼해 아이까지 낳겠나.

한겨레(2016. 11. 13.). 사랑에 빠진 연인들의 뇌는 무엇이 다른가.

교육통계서비스 http://kess.kedi.re.kr

나무위키 https://namu.wiki

네이버 지식백과 https://terms.naver.com

안전Dream 아동 · 여성 · 장애인 경찰지원센터 https://www.safe182.go.kr

한국성폭력상담소 http://www.sisters.or.kr

Abebooks https://www.abebooks.com

Larry Walker, UBC https://larrywalker.ca

찾아보기

내용

저자 소개

김혜수(金憓秀/Kim, Hyesoo)

성신여자대학교 윤리교육과(학사)

University of Southern California 교육심리학(석사 및 박사)

전 한국방송통신대학교 원격교육연구소 연구원

　　한국정보문화진흥원 선임연구원

　　가천대학교 겸임교수

현 한양대학교 강사

대표 저서 청년 심리와 교육(공저, 학지사, 2015), 글로벌 시민교육(공저, 창지사, 2017),
　　　　뉴 노멀 시대의 결혼과 가족(제2판, 공저, 창지사, 2021),
　　　　미래를 여는 부모교육(공저, 학지사, 2021) 외 다수

허혜경(許惠卿/Huh, Hae Gyeoung)

이화여자대학교 사범대학 교육학과(학사 및 석사)

건국대학교 대학원 교육학과(박사)

전 University of Virginia, University of Massachusetts Boston 방문교수

　　가천대학교 교육대학원장, 교육과학연구소장, 생애초기연구소장

　　가천대학교 교양학부장, 중앙도서관장

현 가천대학교 유아교육학과 교수

　　한국영유아교육지원학회장

대표 저서 현대사회와 아동발달(공저, 교육과학사, 2006), 평생교육학개론(공저, 창지사, 2007),
　　　　청년발달(공저, 학지사, 2010), 현대사회와 젠더(공저, 동문사, 2015),
　　　　유아교육개론(공저, 동문사, 2017), 현대사회와 가정(공저, 동문사, 2017),
　　　　현대교육과정의 이해(공저, 문음사, 2018) 외 다수

대표 논문

성인지능의 본질 및 검사방법에 관한 연구(2001)

평생교육의 교육적 효율성 제고를 위한 전생애발달심리학적 방안에 관한 연구(2002)

학교학습준비도 개념의 진화와 효과적인 유아−초등교육 전이(2007)

FIT−Choice Scale로 측정한 유아교사의 교직선택요인과 교직헌신의 관계(2020) 외 다수

작품 사진 제공: 김하림

서울시립대학교 환경조각학과 졸업

State University of New York at Paltz(MFA) 조소과 대학원 졸업

개인전 및 그룹전 40여 회 개최

현 서울시립대학교 강사

포스트 코로나 시대의

청년 심리
Adolescent Psychology in the Post-COVID-19 Era

2022년 3월 20일 1판 1쇄 인쇄
2022년 3월 30일 1판 1쇄 발행

지은이 • 김혜수 · 허혜경
펴낸이 • 김진환
펴낸곳 • ㈜**학지사**
　　　　　　04031 서울특별시 마포구 양화로 15길 20 마인드월드빌딩
대표전화 • 02-330-5114　　팩스 • 02-324-2345
등록번호 • 제313-2006-000265호

홈페이지 • http://www.hakjisa.co.kr
페이스북 • https://www.facebook.com/hakjisabook

ISBN 978-89-997-2630-9　93370

정가 21,000원

출판 · 교육 · 미디어기업 학지사
간호보건의학출판 **학지사메디컬** www.hakjisamd.co.kr
심리검사연구소 **인싸이트** www.inpsyt.co.kr
학술논문서비스 **뉴논문** www.newnonmun.com
교육연수원 **카운피아** www.counpia.com